dtv

Hector Macdonald

WAHRHEIT

Was wir dafür halten und
wie wir damit umgehen

Aus dem Englischen
von Katrin Harlaß

Ausführliche Informationen über
unsere Autoren und Bücher
www.dtv.de

Dieses Buch ist auch als eBook erhältlich.

Satz: KompetenzCenter, Mönchengladbach
Gesetzt aus der Minion
Druck und Bindung: Druckerei C.H. Beck, Nördlingen
Gedruckt auf säurefreiem, chlorfrei gebleichtem Papier
Printed in Germany · ISBN 978-3-423-28979-5

Inhalt

Vorwort

Dieses Buch richtet den Blick nach vorn auf einen Backlash. Geschrieben in einer Phase grassierender Fake News und alternativer Fakten, antizipiert es eine Wiedergeburt der Sorge um die Wahrheit sowie die umfassende Forderung, dass Politiker, Wirtschaftslenker, Campaigner und andere professionelle Kommunikatoren Verantwortung für die (Auf-)Richtigkeit ihrer Äußerungen zu übernehmen haben. Ich bin der festen Überzeugung, dass wir die Wahrheit hoch genug schätzen, um für sie zu kämpfen.

Allerdings ist das mit der Wahrheit nicht so einfach, wie es scheint. Sie kann auf verschiedene Art und Weise gesagt werden, und nicht jede davon ist ehrlich. Zu den meisten Themen gibt es multiple Wahrheiten, und wir können auswählen, welche davon wir kommunizieren. Unsere Wahrheitsauswahl hat einen Einfluss darauf, wie die Menschen um uns herum ein Problem wahrnehmen und darauf reagieren. Wir können Wahrheiten auswählen, die Menschen einbinden und sie zum Handeln inspirieren, oder wir können Wahrheiten einsetzen, um Menschen gezielt in die Irre zu führen. Die Wahrheit hat viele Gesichter. Erfahrene Kommunikatoren können sich diese Variabilität zunutze machen, um unseren Eindruck von der Realität zu formen.

Dies ist ein Buch über die Wahrheit, nicht über die Lüge, auch wenn es sich größtenteils damit beschäftigt, auf welche Weise Wahrheiten wie Lügen eingesetzt werden können. Dieselben Instinkte, derselbe Druck und dieselben Anreize, die Kommunikatoren dazu veranlassen, Dinge zu sagen, die unwahr sind, veranlassen sie auch, die Wahrheit auf höchst irreführende Weise zu benutzen. Indem ich zeige, wie dies genau geschieht, hoffe ich, mehr Menschen dazu zu ermutigen, irreführende Wahrheiten zu entdecken und zu benennen.

Verschiedene Arten von Wahrheit können aber auch auf konstruktivere Weise benutzt werden, nämlich um zu einen, zu inspirieren und zu transformieren. Die Wahl der richtigen Wahrheit kann ein Unternehmen zusammenschweißen, einer Armee Mut einflößen, die Entwicklung einer neuen Technologie beschleunigen, Unterstützer für eine politische Partei mobilisieren und die Energie, Kreativität und Begeisterung ganzer Organisationen bündeln. Führungskräfte und Anführer müssen ihre Kommunikationsoptionen kennen und wissen, wie man jene Wahrheiten aussucht und präsentiert, mit denen man die Menschen am besten erreichen und einbinden kann.

Dieses Buch richtet sich an alle, die aufrichtig kommunizieren wollen, denen zugleich jedoch klar ist, dass ihnen eine Bandbreite von Wahrheiten zur Verfügung steht, aus denen sie auswählen können. Es richtet sich an alle, die es leid sind, mithilfe gut konstruierter, scheinbar stimmiger Wahrheiten von Politikern, Marketingexperten und PR-Leuten für dumm verkauft zu werden. Welche Wahrheit ist die effektivste, um Ihren Standpunkt deutlich zu machen? Welche Wahrheit wird sich inspirierend auf Ihre Organisation auswirken? Welche Wahrheit ist die ethisch einwandfreiste? Welche Wahrheiten könnten andere benutzen, um uns dazu zu bringen, gegen unsere eigenen Interessen zu handeln? Wie können wir irreführenden Wahrheiten begegnen? Mein Buch soll helfen, Antworten auf diese Fragen zu finden.

Ein Buch über die Wahrheit kann leicht zur Zielscheibe von Vorwürfen werden, es sei selbst inkorrekt oder falsch. Ich habe bei der Darstellung der zahlreichen Geschichten und Themen, die hier enthalten sind, mein Bestes versucht, um die Fakten korrekt wiederzugeben. Dennoch werden sich mit Sicherheit Fehler eingeschlichen haben. Daher würde ich mich über Korrekturen vonseiten aufmerksamer Leser*innen oder von Leuten freuen, die über dieses oder jenes der zahlreichen diskutierten Themen besser Bescheid wissen als ich. Wenn Sie mir jetzt gleich Ihr Feedback geben, erspart mir das Peinlichkeiten bei späteren Auflagen. Berichten Sie mir bitte auch von interessanten, durchtriebenen, unerhörten und inspirierenden Wahrheiten, die Ihnen in den Nachrichten, in Ihrer Organisation oder in Ihrem Leben begegnet sind. Bitte senden Sie mir Ihre Korrekturen und Vorschläge über www.hectormacdonald.com/truth.

London, Oktober 2017

Einleitung:

Wenn Wahrheiten aufeinanderprallen

Es gibt keine schlimmere Lüge
als eine missverstandene Wahrheit.
William James, *The Value of Saintliness*

Das Anden-Dilemma

Für Vegetarier und Zöliakier war die Entdeckung der Quinoa eine
Art Wunder. Hier war sie, eine glutenfreie Saat, reich an Magne-
sium und Eisen, die mehr Eiweiß enthielt als jedes Getreide, dazu
alle lebensnotwendigen Aminosäuren, die unser Körper selbst
nicht herstellen kann. Die NASA erklärte Quinoa zu einem der
am perfektesten ausbalancierten Nahrungsmittel der Welt und
befand es als ideal geeignet für Astronauten. »Quinoa schmeckt
köstlich, hat eine zufriedenstellende, ›quicklebendige‹ Textur und
ist eines der gesündesten Lebensmittel überhaupt«, begeisterte
sich 2007 der israelisch-britische Starkoch Yotam Ottolenghi.[1] Angebaut in den Anden, hatte Quinoa eine Geschichte zu bieten, die
westliche Verbraucher in ihren Bann schlug: Den Inkas war diese
Pflanze so wertvoll, dass sie sie als heiliges Gut betrachteten und
die »Mutter allen Getreides« nannten; ihre Herrscher säten die
ersten Samen der Saison mithilfe goldener Werkzeuge aus. Sogar
die Vereinten Nationen feierten das sogenannte Superfood, indem

sie das Jahr 2013 zum »Internationalen Jahr der Quinoa« aus-riefen.

Doch auf die Fans der Körnerfrucht wartete alsbald eine verstö-rende Enthüllung. Zwischen 2006 und 2013 hatten sich in Bolivien und Peru die Preise für Quinoa verdreifacht. Der Preisanstieg wurde zunächst begrüßt, weil sich dadurch der Lebensstandard der armen Bauern in den Anden verbesserte. Dann jedoch ver-breiteten sich Gerüchte, die Menschen dort könnten sich wegen der unstillbaren Nachfrage aus Nordamerika und Europa ihr tra-ditionelles Nahrungsmittel nicht mehr leisten. Im Jahr 2011 warnte der ›Independent‹, der Quinoa-Verbrauch in Bolivien »[ist] im Verlauf von fünf Jahren um 34 Prozent eingebrochen, und ein-heimische Familien sind nicht mehr in der Lage, sich ein Grund-nahrungsmittel zu leisten, das zum Luxusgut geworden ist«.[2] Die ›New York Times‹ zitierte Studien, die zeigten, dass »Mangel-ernährung bei Kindern in den Quinoa-Anbaugebieten auf dem Vormarsch« sei.[3] Der ›Guardian‹ setzte 2013 mit einer provokativen Schlagzeile noch eins drauf: »Können Veganer die ungenießbare Wahrheit über Quinoa verdauen?« Es sei inzwischen, so berichtete die britische Tageszeitung, für die armen Peruaner und Bolivianer billiger, »importiertes Junkfood« zu essen.[4] Und der ›Independent‹ titelte 2013: »Quinoa: Gut für Sie – schlecht für die Menschen in Bolivien«.[5]

Die Story fand ein weltweites Echo und stürzte gesundheits-bewusste Verbraucher in eine Bewusstseinskrise. »Je lieber du Quinoa magst, desto mehr leiden die Menschen in Peru und Boli-vien«, so die Behauptung einer Schlagzeile in der kanadischen ›Globe and Mail‹.[6] In sozialen Medien, Blogs für Veganer und Foren für gesunde Ernährung tauchte die Frage auf, ob es eigent-lich noch in Ordnung sei, die Wundersaat aus den Anden zu essen. »Ich werde kein Quinoa mehr essen«, erklärte eine Frau.

Hier geht es ums Prinzip [...] Die Menschen, für die Quinoa seit un-zähligen Generationen ein Grundnahrungsmittel ist, können es sich nicht mehr leisten, weil Leute wie ich eine derart hohe Nachfrage erzeugt und damit den Preis in die Höhe getrieben haben [...] Wir werden ohne Quinoa weiterleben. Ich werde ohne Quinoa weiterleben.[7]

Die Vorstellung, dass die Menschen in Peru und Bolivien wegen der durch die globale Nachfrage in die Höhen gestiegenen Quinoa-Preise ins Hintertreffen geraten seien, war glaubhaft und wurde weithin akzeptiert. Den Wirtschaftswissenschaftlern Marc Bellemare, Seth Gitter und Johanna Fajardo-Gonzalez allerdings kam sie suspekt vor. Schließlich floss jetzt dank des Handels mit Quinoa eine ganze Menge ausländischen Geldes nach Bolivien und Peru und landete zu einem großen Teil in den ärmsten Gegenden Südamerikas. Nur wenige Getreidesorten gedeihen in einer Höhe von mehr als 4.000 Metern über dem Meeresspiegel derart gut, also war der Quinoa-Boom doch sicher ein Segen für die Region?

Die Ökonomen förderten Umfragedaten zum privaten Konsumverhalten von Familien in Peru zu Tage. Sie unterteilten die Haushalte in jene, die Quinoa anbauten und aßen; jene, die Quinoa aßen, aber nicht anbauten; und jene, in deren Leben Quinoa überhaupt keine Rolle spielte. Wie sie herausfanden, war von 2004 bis 2013 der Lebensstandard aller drei Gruppen angestiegen, wobei die Quinoa-Bauern das schnellste Wachstum bei den privaten Konsumausgaben verzeichneten. Sie verdienten mehr, und sie gaben das zusätzlich verdiente Geld aus, sodass auch ihr Umfeld davon profitierte.[8]

Den Haushalten, in denen Quinoa gegessen, aber nicht selbst angebaut wurde, ging es im Durchschnitt bereits doppelt so gut wie den Bauern, was die Vermutung nahelegte, dass sie es sich leisten konnten, etwas mehr zu bezahlen. Dies ist keine Überraschung: Lediglich 0,5 Prozent aller Ausgaben der privaten Haushalte in Peru fließen in den Kauf von Quinoa. Das Getreide war zu keiner Zeit ein entscheidender Teil des Staatshaushaltes. »Es ist eine echte Erfolgsgeschichte«, so Seth Gitter. »Die ärmsten Menschen profitieren am meisten.«[9]

Doch was war mit dem Einbruch des Verbrauchs um 34 Prozent? Wie sich herausstellte, war der Konsum von Quinoa in beiden Ländern über einen längeren Zeitraum hinweg langsam, aber stetig zurückgegangen, und dieser deckte sich nicht mit dem Zeitraum des Preisanstiegs. Hier schien also kein signifikanter Zusammenhang zu bestehen. Eine wesentlich einleuchtendere Erklärung war es, dass die Menschen in Peru und Bolivien zur Abwechslung einfach mal etwas anderes essen wollten. Tanya Kerssen von der Denkfabrik Food First sagte über die Quinoa-Bauern in den Anden: »Sie sind es, ehrlich gesagt, ziemlich leid, immer nur Quinoa zu essen. Also kaufen sie andere Nahrungsmittel.«[10] Und ein bolivianischer Agrarwissenschaftler stellte fest: »Vor zehn Jahren stand ihnen nur das als Nahrungsmittel zur Verfügung, was in den Anden seit jeher wuchs. Sie hatten keine Wahl. Doch jetzt haben sie eine, und sie wollen Reis, Nudeln, Bonbons, Coca-Cola. Eben alles!«[11]

Ich flog nach Peru, um mir den Quinoa-Anbau im Colca Valley anzusehen. In dieser Gegend des Landes wird schon seit Prä-Inka-Zeiten Landwirtschaft betrieben. Die Quinoa ist eine wunderschöne, getreideähnliche Pflanze mit großen, tiefroten oder intensiv goldenen Fruchtständen. In diesem Teil der Anden wird sie auf terrassenartig angelegten Feldern angebaut, neben ungewöhnlichen einheimischen Varianten von Mais und Kartoffeln. »Die Nachfrage aus dem Ausland ist zu 100 Prozent eine gute Sache«, erklärte mir Jessica, meine peruanische Führerin. »Die Bauern sind sehr glücklich darüber, und jeder, der Quinoa essen will, kann es sich immer noch leisten.« Und es gebe, so erklärte sie mir, noch einen weiteren Vorteil: Vorher hätten die Peruaner in den Städten dazu tendiert, Menschen abschätzig als »Bauern« zu betrachten, weil sie Quinoa aßen. Doch jetzt, wo die Amerikaner und die Europäer so darauf versessen seien, gelte Quinoa als hip. »In Lima haben sie endlich Respekt für die Menschen des Altiplano und für unser Erbe.«

In einer abgelegenen und unwirtlichen Gegend Südwest-Boliviens, die von Salzwüsten und schlummernden Vulkanen geprägt ist, bekam ich dringend notwendige lokale Entwicklungs- und Tourismusprojekte zu sehen, die mithilfe der Einnahmen aus dem Quinoa-Handel entstanden waren. Subsistenz-Bauern, die seit Generationen einen harten Kampf geführt hatten, um ihre Familien zu ernähren, konnten jetzt gezielt in eine bessere Zukunft investieren. José Luis Landívar Bowles, dem Präsidenten des bolivianischen Außenhandelsinstituts, zufolge könnte Quinoa »helfen, eine Menge Menschen aus extremer Armut herauszuholen«.[12]

Die einzige Sorge, die ich im Zusammenhang mit der Pflanze von den Bolivianern zu hören bekam, war die, das wachsende Angebot könnte die Preise *verfallen* lassen. Die Ackerfläche, die in Bolivien dem Quinoa-Anbau dient, hat sich von etwa 50.000 Hektar im Jahr 2007 auf etwa 180.000 Hektar im Jahr 2016 mehr als verdreifacht. »Ich finde, das ist ein trauriges Nachspiel, denn es ist unwahrscheinlich, dass die Preise wieder steigen werden«, sagte Marc Bellemare mir später. »Der Markt funktionierte sozusagen lehrbuchmäßig: Die (vorübergehenden) außergewöhnlich hohen Gewinne wurden durch die Konkurrenz vonseiten neuer Produzenten wieder aufgefressen.«

Als die Sonne über dem pittoresken Colca Valley unterging, fragte ich Jessica, ob sich die Verbraucher in Europa und Nordamerika schuldig fühlen müssten, weil sie Nahrungsmittel konsumierten, die den Peruanern und Bolivianern dann nicht mehr zur Verfügung stünden. Ich konnte mir ihre Antwort schon denken, wollte es aber mit eigenen Ohren aus dem Mund einer Einheimischen hören. Jessica lachte schallend und umschrieb mit einer weit ausholenden Geste das gesamte, üppig bewachsene Tal. »Glauben Sie mir«, sagte sie lächelnd. »Wir haben eine *Menge* Quinoa.«

Auf den ersten Blick, so scheint es, wurde hier also etwas Falsches, nämlich ein seltsames, unwahres Gespinst aus Ernährungstrend, Welthandel und Verbraucherangst, geradegerückt. Tatsächlich sind aber die im ersten Teil aufgestellten Behauptungen genauso wahr wie die im zweiten Teil. Die Preise für Quinoa haben sich tatsächlich verdreifacht, und die Verbraucher in Peru und Bolivien müssen deswegen für eines ihrer traditionellen Grundnahrungsmittel mehr Geld ausgeben. Der Quinoa-Verbrauch in diesen Ländern ist tatsächlich zurückgegangen. Das Einzige, was an dem Ganzen nicht stimmte, war die Schlussfolgerung: dass nämlich die Menschen im Westen, die sich gesundheitsbewusst ernähren, den armen Peruanern und Bolivianern schaden, indem sie ihnen ihr traditionelles Nahrungsmittel wegnehmen. Und dennoch könnten diese Wahrheiten aufgrund ihrer Fehlinterpretation den Menschen des Altiplano in der Tat geschadet haben. »Ich habe Kommentare zu einigen dieser Anti-Quinoa-Artikel gesehen«, berichtet der Filmemacher Michael Wilcox, der einen Dokumentarfilm zu dem Thema gedreht hat. »Da stand dann zum Beispiel: ›Danke, dass Sie die Wahrheit ans Licht gebracht haben. Ich werde kein Quinoa aus Bolivien essen, denn es schadet den Bauern dort‹«. »Nun ja«, fügte er hinzu, »*kein Quinoa* mehr zu essen, das wäre es, was den Bauern dort *wirklich* schaden würde.«[13]

Hier wurden also einige Teilwahrheiten mit falsch verstandenen Zahlen zu einer Story ohne richtigen Kontext zusammengestrickt, wodurch sich sowohl die Erwünschtheit eines Nahrungsmittels als auch die moralische Haltung in Bezug auf dessen Verzehr veränderten. Wie wir noch sehen werden, sind Teilwahrheiten, Zahlen, Geschichten, Kontext, Erwünschtheit und Moral nur einige der Elemente, die erfahrene Kommunikatoren auf allen gesellschaftlichen Ebenen nutzen, um die Realität zu formen, indem sie eine bestimmte Sicht auf die Welt präsentieren. In diesem Fall versuchten Journalisten und Blogger, Verbraucher aus dem nobelsten aller Gründe vom Verzehr von Quinoa abzubringen: Sie machten sich echte Sorgen um das Wohlergehen eines verarmten Volkes, das urplötzlich den tosenden Stürmen des Welthandels ausgesetzt war. Uns werden noch jede Menge Beispiele begegnen, in denen Politiker, Marketingexperten, Aktivisten und sogar Staatsdiener die Realität aus weit weniger wohlmeinenden Gründen geformt haben.

Wahrheit oder Wahrheiten?

Vergleichen Sie diese beiden Aussagen:

Das Internet macht Weltwissen weithin zugänglich.

Das Internet forciert die Verbreitung von Fehlinformationen und Hass.

Beide Aussagen sind wahr. Allerdings würde die erste bei jemandem, der noch nie etwas vom Internet gehört hat, einen völlig anderen Eindruck erwecken als die zweite.

Jede Medaille hat mindestens zwei Seiten. Oder, um das alte Sprichwort etwas abzuwandeln: Aus jeder beliebigen Zusammenstellung von Fakten kann gewöhnlich mehr als eine Wahrheit abgeleitet werden. Dies lernen wir bereits in jungen Jahren: Jeder Junior-Debater und jedes Schulkind, das sich danebenbenommen hat, weiß, wie man sich diejenigen Wahrheiten herauspickt, die der eigenen Sache am besten dienen. Doch vielleicht ist uns manchmal nicht ganz klar, welches Maß an Flexibilität diese unterschiedlichen Wahrheiten Kommunikatoren bieten. Eine wahre Aussage kann in Bezug auf dieselbe Sache einen völlig anderen Eindruck von der Realität vermitteln als eine andere. In vielen Fällen gibt es tatsächlich eine ganze Reihe – vielleicht sogar gleichberechtigter – legitimer Möglichkeiten, eine Person, ein Ereignis, eine Sache oder eine Politik zu beschreiben.

Ich nenne sie »konkurrierende Wahrheiten«.

Vor einigen Jahren wurde ich gebeten, ein global agierendes Unternehmen, das gerade besonders harte Zeiten durchmachte, bei der Umsetzung eines Restrukturierungsprogramms zu unterstützen, kein ungewöhnlicher Auftrag. Meine Karriere als Kommunikationsstratege bot und bietet mir die Möglichkeit, Dutzenden weltweit führender Unternehmen dabei zu helfen, sich über ihr weiteres Vorgehen klar zu werden und die Pläne anschließend ihrer Belegschaft zu vermitteln. Also sprach ich mit den Topmanagern dieses Konzerns und holte deren Meinung über den Zustand ihrer Branche und ihrer Organisation ein. Nach Zusammenstellung aller Fakten, die ich von ihnen bekommen hatte, setzte ich mich in einer opulent ausgestatteten Präsidentensuite in Manhattan mit dem CEO zusammen und fragte ihn, ob ich für sein Unternehmen die Story von der »Goldenen Chance« oder die vom »Brennenden Schiff« schreiben solle?

Die Story von der »Goldenen Chance« würde von den aufregenden technologischen Entwicklungen erzählen, die dem Unternehmen helfen könnten, den wachsenden Bedarf in Schlüsselbereichen des Marktes zu decken und sich so eine florierende, profitable Zukunft aufzubauen. Diese »Goldene Chance« würde allerdings vertan, bekäme man nicht die Unterstützung jedes einzelnen Mitarbeiters für das bevorstehende Restrukturierungsprogramm. Im Gegensatz dazu würde die Story vom »Brennenden Schiff« das aktuelle Scheitern der Organisation und die infolgedessen zerrüttete Unternehmenskultur beschreiben, die in einen Teufelskreis aus Apathie und noch weiter sich verschlechternden Ergebnissen geführt hatten und die gesamte Organisation innerhalb von fünf Jahren in den Abgrund reißen würden. Die einzige Möglichkeit, dieses schlimme Schicksal zu verhindern, bestünde darin, sich die Unterstützung jedes einzelnen Mitarbeiters für das bevorstehende Restrukturierungsprogramm zu sichern.

Beide Geschichten stimmten. Es gab tatsächlich die großartige Chance, das Unternehmen fit zu machen für eine erfolgreiche Zukunft, und wenn man sie nicht ergriff, stand die Existenz der gesamten Organisation auf dem Spiel. Die beiden Versionen von der Wahrheit zielten auf dasselbe Ergebnis ab: sich die Unterstützung der Belegschaft für einen schwierigen und schmerzhaften Restrukturierungsprozess zu sichern. Allerdings würde jede der beiden Storys in den Köpfen eben dieser Belegschaft einen deutlich anderen Eindruck von der Realität erzeugen. Die Geschäftsleitung würde dafür sorgen, dass auch sehr kluge Mitglieder der Belegschaft, manche mit mehreren Uni-Abschlüssen, entweder angstvoll oder erwartungsvoll in die Zukunft blickten, je nachdem, für welche Geschichte der CEO sich entschied. Und dieses Mindset würde auf beinahe alles abfärben, was sie taten, dachten und fühlten.

Die Flexibilität solcher Kommunikationsvorgänge ist beunruhigend. Ich begann, in Nachrichten, Reden von Politikern, in der Werbung, polemisierenden Büchern, Facebook-Newsfeeds und in der Kampagnenliteratur gezielt Ausschau nach konkurrierenden Wahrheiten zu halten. Manche wurden auf gutwillige Art und Weise eingesetzt, um ein gemeinsames Ziel zu erreichen. Andere waren ganz klar dazu gedacht, Menschen in die Irre oder hinters Licht zu führen. Anfangs erfasste ich die konkurrierenden Wahrheiten, die ich fand, einfach in einem Blog. Nach und nach erkannte ich Muster wieder und fing an, sie kritisch zu analysieren und zu vergleichen. Letztendlich begriff ich, wie grundlegend wir alle von konkurrierenden Wahrheiten beeinflusst werden, die andere auswählen.

Drehen Sie die Uhr doch einmal um einige Jahre zurück und stellen sich vor, Sie hätten noch nie etwas von Quinoa gehört. Sie entdecken es im Regal Ihres örtlichen Supermarktes und fragen die nächstbeste Verkäuferin, was das ist. Sie erhalten genau *eine* wahre Information zu dem Tütchen mit Körnern in Ihrer Hand. Die Auswahl könnte folgendermaßen lauten:

Quinoa hat einen hohen Nährwert. Es enthält viel Eiweiß, viele Ballaststoffe und Mineralien, aber wenig Fett.

Oder:

Durch den Kauf von Quinoa erzielen die armen Bauern in Südamerika ein höheres Einkommen.

Oder:

Durch den Kauf von Quinoa wird für die Menschen in Bolivien und Peru ein traditionelles Grundnahrungsmittel teurer.

Oder:

Der Anbau von Quinoa hat ernste Auswirkungen auf das Ökosystem der Anden.

Die Wahrscheinlichkeit, dass Sie Quinoa kaufen, ist größer, wenn Ihnen die Verkäuferin eine der beiden ersten Wahrheiten nennt, und geringer, wenn sie eine der beiden letzteren wählt. Durch ihre Entscheidung für eine bestimmte von mehreren konkurrierenden Wahrheiten hat sie Ihr Kaufverhalten beeinflusst – und damit, wenn auch nur in einem winzigen Punkt, Ihre unmittelbare Realität geformt.

Eigentlich sogar mehr als das. Sie hat damit auch die Art und Weise geformt, wie Sie von jetzt an über Quinoa denken. Sie hat den Grundstein für ein Konglomerat aus Vorstellungen und Überzeugungen gelegt, das sich in Ihrem Kopf zum Thema Quinoa bildet. Dieses *Mindset* wirkt weiter und kann über lange Zeit beeinflussen, was Sie kaufen, was Sie sagen und was Sie essen.

Mindsets sind *Systeme von Überzeugungen, Vorstellungen und Meinungen in Bezug auf uns selbst und die Welt um uns herum.* Unser Mindset bedingt, wie wir über bestimmte Dinge denken und für welche Handlungsweisen wir uns entscheiden.

Mindsets sind in mehrerlei Hinsicht flexibel. Der Teil unseres Mindsets, der sich mit Quinoa beschäftigt, ist äußerst empfänglich für die erste Information, die wir über dieses Nahrungsmittel bekommen. Solange wir nichts über ein bestimmtes Thema oder eine bestimmte Sache wissen, sind wir leicht zu beeinflussen. Haben wir uns jedoch erst einmal eine Meinung zu Quinoa gebildet und unser diesbezügliches Mindset steht fest, dann kann es überraschend schwer sein, dieses zu verändern. Erzählt uns etwa jemand drei Monate, nachdem wir erfahren haben, dass der Quinoa-Anbau die Andenlandschaft zerstört, etwas über den Nährwert der Körner, sind wir schnell dabei, diese Information zu ignorieren, zu bezweifeln oder zurückzuweisen. Es handelt sich hier um eine Art Bestätigungsfehler: Wir neigen dazu, für neue Wahrheiten empfänglicher zu sein, wenn sie gut in unser bereits existierendes Mindset passen, und solchen gegenüber resistent zu sein, die unsere verfestigten Ansichten infrage stellen.

Monate nach dem Einkauf in diesem Laden essen Sie vielleicht mit einer Kollegin zu Mittag, und sie wählt einen Quinoa-Salat. War die erste von Ihnen gehörte Wahrheit die über die ökologischen Auswirkungen des Quinoa-Anbaus, könnte es sein, dass Sie den Drang verspüren, sie für ihre Menüwahl scharf zu kritisieren. Es könnte sogar sein, dass Sie sie zu überreden versuchen, etwas anderes zu bestellen. Ihr Mindset – geformt von der ursprünglich gehörten Wahrheit – treibt auch nach all dieser Zeit noch ihre Gedanken und Handlungen an.

Wir alle betrachten die Welt aus verschiedenen Blickwinkeln, die größtenteils von den verschiedenen Wahrheiten geformt werden, die wir hören und lesen. Ob bewusst oder unbewusst, andere Menschen steuern uns unablässig in Richtung bestimmter Facetten und Interpretationen der Wahrheit. »Unsere Meinungen decken einen größeren Raum, längere Zeiträume und eine größere Anzahl von Dingen ab, als wir direkt beobachten können«, schrieb Walter Lippmann, einer der großen Kommunikatoren des 20. Jahrhunderts und Experte für konkurrierende Wahrheiten. »Sie müssen daher Stück für Stück *aus dem, was andere berichtet haben,* und dem, was wir selbst uns vorstellen können, zusammengesetzt werden.«[14] (Hervorhebung von mir). Was andere berichten, trägt zu unserer *wahrgenommenen Realität* bei. Da jedoch unsere Wahrnehmungen die Basis unseres Handelns sind, hat das, was andere berichten, auch Einfluss auf die *objektive Realität.*

Konkurrierende Wahrheiten formen die Realität.

Konkurrierende Wahrheiten bilden die Basis unseres Mindsets, und unser Mindset bestimmt unsere nachfolgenden Entscheidungen und Handlungen. Wir wählen, kaufen ein, arbeiten, kooperieren und kämpfen auf der Grundlage dessen, was wir als wahr ansehen. An einigen Wahrheiten halten wir unser gesamtes Leben lang fest; sie bestimmen die wichtigsten Entscheidungen, die wir treffen, und definieren die eigentliche Natur unseres Charakters. Ob es um den Einsatz von Schusswaffen durch die Polizei geht, um das Mission Statement eines Unternehmens, um eine Gruppe von Geflüchteten, einen Präsidentschaftskandidaten, ein heiliges Buch, eine wissenschaftliche Erkenntnis, eine umstrittene Skulptur oder eine Naturkatastrophe – unsere Reaktion, die dramatisch, transformativ oder gewalttätig sein kann, wird aus unserem Mindset kommen.

Es ist daher keine Übertreibung zu sagen, dass vieles von dem, was wir denken und tun, von den konkurrierenden Wahrheiten bestimmt wird, die wir hören und lesen. Welche Einflüsse bringen uns dazu, ein bestimmtes Produkt zu kaufen, einen bestimmten Politiker zu unterstützen, eine Person öffentlich zu verunglimpfen oder für eine bestimmte Sache einzutreten? Wenn wir das verstehen wollen, müssen wir verstehen, wie konkurrierende Wahrheiten funktionieren und wie wir mit ihnen umgehen können. In diesem Buch werde ich versuchen, Antworten auf diese Fragen zu geben.

Die Rede des Königs

Als George VI. bei Ausbruch des Zweiten Weltkriegs die berühmte Radioansprache an das Vereinigte Königreich und das britische Empire hielt, war sein Stottern nicht der einzige Grund, warum er sich kurz fasste. Die Worte des Königs mussten bei allen Menschen Gehör finden, ungeachtet ihrer Herkunft, ihres kulturellen Hintergrunds und ihres Bildungsniveaus. Für viele von ihnen war Englisch nicht die Muttersprache, und es wäre ihnen daher schwergefallen, einer langen Darstellung der jüngsten Ereignisse zu folgen. Viele von ihnen hätten die komplexe geopolitische Gemengelage nicht verstanden, die Großbritannien dazu bewogen hatte, dem Deutschen Reich den Krieg zu erklären. Stattdessen kam der königliche Appell an seine Untertanen, »gelassen und standhaft zusammenzustehen«, überraschend simpel daher. Die gesamte Rede umfasst nur knapp über 400 Wörter, und davon machen Fakten lediglich knapp die Hälfte aus:

Zum zweiten Mal im Leben der meisten von uns befinden wir uns im Krieg. Immer und immer wieder, ohne Unterlass, haben wir versucht, einen friedlichen Ausweg zu finden aus dieser Situation. Den bestehenden Differenzen zwischen uns und denen, die mittlerweile unsere Feinde sind. Aber all das war vergebens. Dieser Konflikt wurde uns allen aufgezwungen. Und jetzt sind wir dazu aufgerufen, uns der Herausforderung einer Ideologie zu stellen, die, falls sie sich durchsetzen sollte, für jede zivilisierte Ordnung auf der Welt tödlich wäre. Solch eine Ideologie, auch wenn sie versucht, sich noch so gut zu tarnen, ist sicherlich nur die bloße, primitive Doktrin, dass Macht gleich Recht ist.[15]

Schauen wir uns einmal an, was er alles weggelassen hat: die deutsche Wiederbewaffnung, den Bruch des Versailler Vertrags, das Paktieren der Nazis mit Italien und der Sowjetunion, die Remilitarisierung des Rheinlandes und die Besetzung der Tschechoslowakei. Erstaunlicherweise erwähnt der König Deutschland, Hitler und den Einmarsch in Polen kein einziges Mal. Er konzentriert sich stattdessen auf eine moralische Behauptung mit universellem Anspruch.

Auch wenn er offenkundig Tatsachen weglässt und aus einem höchst spezifischen Blickwinkel spricht, würde kaum jemand behaupten, George VI. hätte die Lage falsch dargestellt. Er sprach eine Reihe perfekt ausgewählter Wahrheiten aus, die dazu dienen sollten, einen Staat zu stabilisieren und dessen Bevölkerung auf einen Krieg vorzubereiten. Mehr Information hätte nicht zu mehr Ehrlichkeit geführt, sondern lediglich die Botschaft verwässert. Konkurrierende Wahrheiten können also auf konstruktive Weise benutzt werden. Verantwortungsbewusste Marketingexperten richten an verschiedene Kundensegmente unterschiedliche Botschaften und konzentrieren sich dabei jeweils auf die Vorzüge von Produkten, die für das betreffende Segment die höchste Relevanz besitzen. Ärzte teilen ihren Patienten nur medizinische Fakten mit, die diese brauchen, um mit der Krankheit umzugehen, ohne sie mit komplizierten Details zu Zellbiologie oder Pharmakologie zu belasten. Verfechter sozialer Gerechtigkeit, Umweltaktivisten, Kirchenleute, staatliche Gesundheitsbehörden und Führungspersönlichkeiten jeglicher Couleur müssen die richtige konkurrierende Wahrheit auswählen, um Köpfe und Herzen zu gewinnen und so ihre wichtigen Ziele zu erreichen.

Zahnpasta und Brustkrebs

Colgate-Palmolive schaltete über viele Jahre Werbeanzeigen mit der Behauptung »Mehr als 80 Prozent der Zahnärzte empfehlen Colgate«.[16] Natürlich nahmen die Verbraucher an, bei der dem Slogan zugrunde liegenden Studie wäre der Anteil der Zahnärzte erhoben worden, die Zahnpasta von Colgate *eher* empfehlen als Zahnpasta *anderer Marken*. Tatsächlich hatte man die Zahnärzte jedoch gefragt, welche Marken (Plural) sie empfehlen könnten, und die meisten von ihnen hatten mehrere genannt; ein Konkurrenzunternehmen wurde sogar beinahe ebenso oft empfohlen. Die eigentlichen Ergebnisse der Studie entsprachen also nicht dem, was man uns glauben machen wollte. Der Slogan von Colgate-Palmolive wurde am Ende von der Advertising Standards Authority, der britischen Werbeaufsichtsbehörde, untersagt – obwohl die Aussage stimmte.[17]

24

Während George VI. konkurrierende Wahrheiten nutzte, um einen zwar stark vereinfachten, dennoch aber wahrheitsgetreuen Abriss der Realität zu geben, und die Quinoa-Blogger sich in aller Unschuld konkurrierender Wahrheiten bedienten, die die Realität verzerrten, setzte Colgate-Palmolive eine konkurrierende Wahrheit ganz bewusst ein, um die Verbraucher zu täuschen. Damit ist das Unternehmen nicht allein. Politiker sind sehr geschickt darin, Wahrheiten so zu verdrehen, dass ein falscher Eindruck entsteht. Zeitungen verbiegen in marktschreierischen Schlagzeilen die Wahrheit, um sie im nachfolgenden Text, den weit weniger Menschen lesen, wieder geradezurücken. Aktivisten picken sich gezielt die Wahrheiten heraus, die ihren Kampagnen dienen, selbst wenn diese eine größere Wahrheit falsch wiedergeben.

»Das Einzige, woran ich nicht glaube, ist die Lüge«, so Frank Luntz, ein Meister der konkurrierenden Wahrheiten, den wir später noch näher kennenlernen werden. »Abgesehen davon kann man beinahe alles machen.«[18]

Überall in unserem Leben treffen wir auf Menschen, die darauf aus sind, uns mithilfe der Wahrheit in die Irre zu führen. In manchen Fällen sogar solche, auf deren unparteiischen, wichtigen Ratschlag man sich eigentlich verlassen können sollte ...

Brustkrebs ist in den USA die zweithäufigste Krebserkrankung bei Frauen und nach Lungenkrebs diejenige, die am häufigsten zum Tod führt. Als das Texas Department of State Health Services (DSHS) im Jahr 2016 eine Broschüre für schwangere Frauen veröffentlichte, in der eine Verbindung zwischen Schwangerschaftsabbruch und Brustkrebs hergestellt wurde, waren zahlreiche Abtreibungsbefürworter zu Recht alarmiert. Das Heft mit dem Titel »A Woman's Right to Know« (Was Frauen wissen sollten) enthielt ein Kapitel mit der Überschrift »Risiken eines Schwangerschaftsabbruchs«. Es listete fünf Risiken auf, darunter Tod, Unfruchtbarkeit und ... »Brustkrebsrisiko«. Hier der offizielle Wortlaut:

Ihr Schwangerschaftsverlauf beeinflusst das Risiko, an Brustkrebs zu erkranken. Bringen Sie das Baby zur Welt, ist Ihr Risiko, in der Zukunft Brustkrebs zu bekommen, geringer. Forschungsergebnisse deuten darauf hin, dass dieser erhöhte Schutz gegen Brustkrebs durch einen Schwangerschaftsabbruch verloren geht.[19]

Es stimmt zwar, dass Frauen, die bereits in jungen Jahren ein Kind bekommen, offenbar ein geringeres Risiko haben, an Brustkrebs zu erkranken. Was aber nicht stimmt, ist, dass ein Schwangerschaftsabbruch das Brustkrebsrisiko erhöht, jedenfalls nach allem, was seriöse Studien auf diesem Gebiet bisher ergeben haben. Die American Cancer Society sagt dazu: »Die vorliegenden wissenschaftlichen Erkenntnisse stützen die These, dass Schwangerschaftsabbrüche, gleich, welcher Art, das Risiko, an Brustkrebs oder irgendeiner anderen Form von Krebs zu erkranken, nicht erhöhen.«[20] Das staatliche Krebsforschungszentrum NCI stimmt dem zu: »Studien haben bisher immer wieder gezeigt, dass kein Zusammenhang besteht zwischen bewusst herbeigeführten oder spontanen Schwangerschaftsabbrüchen und Brustkrebsrisiko.«[21]

Und die staatliche Gesundheitsbehörde in Texas behauptet das eigentlich ja auch nicht. Ihre Aussage impliziert es nur. Die Beamten, die für die Erstellung der Broschüre verantwortlich zeichneten, hätten genauso gut schreiben können: »Wenn Sie verhüten, geht Ihnen dieser erhöhte Schutz gegen Brustkrebs verloren.« Die von ihnen gewählten Worte sind wahr, sollen aber ganz offensichtlich etwas suggerieren, das unwahr ist. Hier hat eine politische Agenda die unparteiische Beratung ersetzt, die Frauen in Texas von ihrer staatlichen Gesundheitsbehörde mit Recht erwarten dürfen.

»Die Formulierung ist äußerst raffiniert«, stellt Otis Brawley, Chief Medical Officer der American Cancer Society, fest. »Technisch gesehen ist der Wortlaut der texanischen Broschüre korrekt, aber sein Ergebnis ist eine Täuschung.«[22]

Ein machtvolles Werkzeug zum Guten oder Schlechten

Jeder Mensch hat eine Agenda, und was Kommunikatoren angeht, so ist es nur natürlich, dass sie Wahrheiten auswählen, die ihre Agenda befördern. Doch dies kann auf ethisch verantwortliche oder betrügerische Weise geschehen: Kommunikatoren können entscheiden, ob sie einen Eindruck von der Realität vermitteln wollen, der mit der objektiven Realität übereinstimmt oder diese bewusst verzerrt. Darüber hinaus kann ihre Agenda mit den Interessen ihrer Zuhörer übereinstimmen oder diesen entgegenstehen; sie kann gutwillig oder böswillig sein. Konkurrierende Wahrheiten sind moralisch neutral: Ähnlich der eines geladenen Gewehrs oder einer Schachtel Streichhölzer wird ihre Wirkung davon bestimmt, wie man sie benutzt. Wir werden im Folgenden konkurrierenden Wahrheiten begegnen, die auf jede nur denkbare Art benutzt werden, zu guten oder schlechten Zwecken.

Der Einfachheit halber gehen wir von drei Typen von Kommunikatoren aus:

Fürsprecher: wählen konkurrierende Wahrheiten aus, die einen einigermaßen korrekten Eindruck von der Realität vermitteln, um ein konstruktives Ziel zu erreichen.

Fehlinformierer: propagieren in aller Unschuld konkurrierende Wahrheiten und verzerren damit unbeabsichtigterweise die Realität.

Irreführer: machen sich konkurrierende Wahrheiten absichtlich zunutze, um ganz bewusst einen falschen Eindruck von der Realität zu erwecken.

Was die oben genannten Fälle betrifft, so war George VI. ein *Fürsprecher*; die Quinoa-Aktivisten waren *Fehlinformierer*; und die Marketingleute von Colgate-Palmolive waren *Irreführer*.

Die texanische Gesundheitsbehörde mag für jemanden, der oder die energisch für den Schutz ungeborenen Lebens plädiert, auf den ersten Blick wie ein *Fürsprecher* wirken. Doch sollte die Absicht dieser Behörde tatsächlich darin bestanden haben, mithilfe wissenschaftlicher Erkenntnisse einen falschen Eindruck zu erwecken, dann gehört sie ebenfalls zu den *Irreführern*. Alle, die absichtlich versuchen, einen verzerrten Eindruck von der Realität zu erwecken, sind *Irreführer*, ganz ungeachtet dessen, ob ihre Agenda berechtigt ist oder ihre Worte wahr sind.

»Wie sich herausstellt, sind Lügen meist völlig unnötig«, schreibt BBC-Journalist Evan Davis, der zahlreiche *Irreführer* interviewt hat. »Eine bemerkenswerte Anzahl machtvoller Täuschungen findet statt, ohne dass auch nur eine einzige Lüge erzählt wird.«[23]

Ab und an mögen Kommunikatoren gute Gründe haben, ihre Zuhörer in die Irre zu führen. Truppenkommandeure müssen unter Umständen die wahre Gefährlichkeit einer militärischen Operation verschleiern, um die Kampfmoral hochzuhalten. Vertreter staatlicher Gesundheitsbehörden müssen unter Umständen das Risiko für den Ausbruch einer Epidemie herunterspielen, um wilde Panik unter der Bevölkerung zu vermeiden. »Politiker sind von Zeit zu Zeit tatsächlich gezwungen, die Wahrheit zu verschleiern, zu verbiegen und sogar zu verzerren, wenn größere strategische Ziele es erfordern«, räumte Tony Blair einmal ein.[24] Mag sein, dass Sie der Auffassung sind, die texanische Gesundheitsbehörde habe mit ihrer irreführenden Aussage das Richtige getan, wenn dadurch ungeborenes Leben gerettet wird. Mein Bestreben besteht nicht darin, Ihnen zu sagen, was richtig oder falsch ist. Ich möchte lediglich die Notwendigkeit verdeutlichen, sich die ethische Dimension solcher Kommunikationen klarzumachen. Ob es überhaupt gerechtfertigt ist, irreführende Wahrheiten einzusetzen, können Sie selbst entscheiden.

Kurze Anmerkung für die Philosophen unter Ihnen

Unter Philosophen ist Wahrheit ein viel diskutiertes Thema. Sie streiten um den Zusammenhang zwischen Wahrheit und Wissen, um Objektivität und Universalismus von Wahrheit, den Platz von Wahrheit in der Religion und vieles mehr. Es gibt eine Fülle von Büchern, die sich mit solchen Themen befassen, doch dieses hier ist keins davon. Ich habe ein paar von ihnen gelesen, und sie verursachen mir, ehrlich gesagt, Kopfschmerzen.

Dieses Buch soll eine praktische Anleitung für Kommunikatoren sein, die Menschen mithilfe wahrer Aussagen überzeugen und inspirieren wollen; darüber hinaus für alle, die sich Sorgen machen, dass sie permanent mithilfe von Wahrheiten in die Irre geführt werden. Es ist kein philosophisches Werk. Dies vorausgeschickt, dürfte jetzt ein guter Zeitpunkt sein, um zu erklären, was ich mit *Wahrheiten* meine.

Es gibt Wahrheiten, die auf Tatsachen beruhen, und daher einigermaßen unumstritten sein dürften.* Das Datum der Unabhängigkeit Indiens oder der Siedepunkt von Wasser sind Beispiele für faktische Wahrheiten, die mithilfe von Recherchen oder wissenschaftlichen Untersuchungen belegt werden können. Doch Menschen treffen jede Menge Aussagen, die nicht auf Fakten beruhen und bei denen es sich dennoch weder um Unwahrheiten noch um Lügen handelt. Wir sprechen darüber, ob etwas gut oder wünschenswert ist oder wie viel es wert ist. Solche Beurteilungen sind oftmals subjektiv. Wir jedoch behandeln sie wie Wahrheiten (was sie, zumindest für diejenigen, die sie aussprechen, auch sind) und neigen häufig dazu, uns mit jedem zu streiten, der uns etwas anderes zu sagen versucht. Dasselbe gilt für manche unserer Voraussagen über die Zukunft und einige unserer ideologischen oder religiösen Überzeugungen.

Eine Definition der Wahrheit, die subjektive Beurteilungen, Voraussagen und Überzeugungen einschließt, mag für den Geschmack einiger Leute vielleicht zu breit gefasst sein. Allerdings würde uns ein Buch, das sich rein auf faktische Wahrheiten be-

---

* Mir ist durchaus klar, dass dies in unserer von Voreingenommenheit geprägten postfaktischen Welt unrealistisch ist.

schränkte, kein umfassendes Verständnis davon vermitteln, wie Kommunikatoren die Realität formen, indem sie wahre (oder zumindest nicht falsche) Aussagen nutzen, um Menschen dazu zu bringen, auf bestimmte Weise zu denken und zu handeln. Sagt mir ein weithin geachteter Restauranttester, ein bestimmtes Gericht schmecke sehr gut, dann nehme ich sein Urteil gern als wahre Aussage und bestelle entsprechend. Brüllt eine erfahrene Hochbau-Ingenieurin »Dieses Gebäude stürzt gleich ein!«, dann werde ich ihre Prognose als wahre Aussage nehmen und um mein Leben rennen.

Dieses Buch beschäftigt sich also nicht nur mit faktischen Wahrheiten, sondern auch mit jenen Aussagen, die wir zur Grundlage unseres Handelns machen, weil wir sie *für wahr halten*. Der Einfachheit halber werde ich solche Überzeugungen, Annahmen, Beurteilungen und Voraussagen als »Wahrheiten« bezeichnen, womit ich einfach meine, dass wir nicht wissen, ob sie unwahr sind. Kommunikatoren machen alle naselang glaubhafte, nichtfaktische Aussagen. Daher ist es wichtig zu verstehen, wann diese zutreffend sind und wann sie womöglich benutzt werden, um uns zu beeinflussen. »Es gibt Wahrheiten, die gelten weder für alle Menschen noch für alle Zeiten«, schrieb einst Voltaire. Dieses Buch macht den Versuch, sie einzubeziehen.

Mein Ansatz mag ein sehr breiter sein, doch Unwahrheiten schließt er nicht ein. Wir werden uns hier nicht mit Lügen, alternativen Fakten, Verschwörungstheorien, Fake News und all dem anderen erstickenden Unrat des postfaktischen Zeitalters befassen. Die zahlreichen Kommentatoren und Journalisten beiderlei Geschlechts, die Tag und Nacht damit beschäftigt sind, die Schwindler und Blender unserer Zeit zu entlarven, leisten hier Hervorragendes. Wir werden uns stattdessen auf jene Irreführer konzentrieren, die sich zur Tarnung das Mäntelchen der Wahrheit umhängen.

Ein letztes Wort an die Philosophen, die an dieser Stelle immer noch mitlesen. Mein Gerede von konkurrierenden Wahrheiten mag bei Ihnen vielleicht den Verdacht aufkommen lassen, ich sei ein perfider Relativist, der glaubt, eine Wahrheit sei so gut wie jede andere, oder dass Wahrheiten wirklich nur Meinungen sind. Ich kann Sie beruhigen, das bin ich nicht. Für mich sind faktische Wahrheiten etwas Absolutes: Die Wahrheit ist irgendwo da draußen, auch wenn wir nur Fragmente davon zu fassen bekommen. Geht es allerdings um Moral- und Werturteile, dann nehme ich, wie im Folgenden klar werden wird, in der Tat eine leicht relativistische Position ein. Da mir klar ist, dass dem persönlichen Wissen Grenzen gesetzt sind, bin ich gewillt, gut belegte Fakten als Wahrheiten anzuerkennen, auch wenn ich selbst kein Augenzeuge war. Ich habe also überhaupt kein Problem damit zu sagen, dass es wahr ist, dass Ghana in Afrika liegt; dass David Bowie tot ist; dass Schweine nicht fliegen können. Sollten Sie zu jener Sorte Skeptiker gehören, die Aussagen wie diesen misstrauen, dann ist dieses Buch wahrscheinlich wirklich nichts für Sie.

Vier Kategorien konkurrierender Wahrheiten

Das Buch wird uns auf eine Reise in die wunderbar vielgestaltige, kreative, gelegentlich haarsträubende Welt konkurrierender Wahrheiten mitnehmen. So werden wir uns unter anderem ansehen, wie an israelischen Schulen Geschichte unterrichtet wird; die Darstellung von Drogenabhängigen über die Jahrzehnte betrachten; den seltsamen neuen Reiz des Scheiterns; wie Feminismus am besten definiert werden kann; was nach Hurrikan Katrina geschah; wie es Politikern gelingt zu argumentieren, dass die Löhne sowohl gestiegen als auch gefallen sind; und warum die Einführung selbstfahrender Autos eine Zeit harter Prüfungen für Gesetzgeber werden wird. Wir werden konkurrierenden Wahrheiten in den verschiedensten Formen begegnen, sei es in der Politik, im Geschäftsleben, in den Medien oder im Alltag. Und wir werden uns einige der Kommunikationstaktiken ansehen, die von Fürsprechern und Irreführern angewandt werden.

Am Ende der Lektüre sollten Sie gut gerüstet sein, um irreführende Wahrheiten, die Sie von allen Seiten umgeben, aufspüren und neutralisieren sowie in Ihrer Familie und im Freundes- und Kollegenkreis effektiver kommunizieren zu können. Wahrheiten klug zu interpretieren und mit großer Überzeugungskraft auszusprechen, wird Sie mit Sicherheit reicher, glücklicher, selbstbeherrschter und attraktiver machen (dies ist eine Voraussage, also nagen Sie mich nicht darauf fest).

Das Buch besteht aus vier Abschnitten:

Teil eins: Teilwahrheiten

Die meisten unserer Aussagen vermitteln, obwohl sie wahr sind, nicht die ganze Wahrheit. Teilwahrheiten entstehen aus der **Komplexität** selbst der alltäglichsten Gegenstände und sind ein unvermeidliches Merkmal unserer Art der Kommunikation. Unser Verständnis von **Geschichte** wird vollständig von Teilwahrheiten geformt und formt im Gegenzug wieder uns. Der **Kontext** kann für das richtige Verständnis von Dingen oder Ereignissen unverzichtbar sein, jedoch auf sehr unterschiedliche Art und Weise dargestellt werden. Statistiken und andere **Zahlen** sind in einer Welt, in der viele von uns nicht immer verstehen, was diese Zahlen bedeuten, eine ergiebige Quelle konkurrierender Wahrheiten. Wir haben uns zu Wesen entwickelt, die größtenteils in Form von **Geschichten** miteinander kommunizieren, doch unsere Storys lassen notwendigerweise eine ganze Menge relevanter Details außen vor.

Teil zwei: Subjektive Wahrheiten

Menschen kämpfen für das, was richtig ist. Sie gehen für das Objekt ihrer Begierde über glühende Kohlen. Sie stehen sich die Beine in den Bauch, um etwas preiswert zu ergattern. Zu sagen, etwas sei gut oder wünschenswert oder wertvoll, bedeutet, eine subjektive Wahrheit auszusprechen. Und weil diese Wahrheit subjektiv ist, ist sie veränderlich. Wir beziehen unsere Motivation zum größten Teil aus unseren Empfindungen in Bezug auf **gesell-schaftliche Normen, Erwünschtheit** und **finanziellen Wert**. Daher liegt in dem Wissen, wie sich die subjektive Wahrheit von Menschen verändern lässt, vielleicht der Schlüssel, wie man sie dazu bringen kann, anders zu handeln.

Teil drei: Künstliche Wahrheiten

Sprache ist inhärent flexibel. Sie kann jede von uns gewollte Bedeutung annehmen, wenn wir die von uns benutzten Wörter mit uns genehmen **Definitionen** versehen. In gleicher Weise können die **Namen**, die wir Produkten, Ereignissen und politischen Entscheidungen geben, über deren Erfolg oder Scheitern entscheiden. Namen und Definitionen sind menschengemacht – es sind künstliche Wahrheiten. Kommunikatoren, die neue, ihren Zwecken dienliche Namen und Definitionen etablieren, schaffen im Grunde neue Wahrheiten. Menschen sind gut darin, abstrakte Dinge auszudenken, seien es nun Währungen, Unternehmen, politische Gebilde oder Marken. Und weil das alles menschliche Erfindungen sind, handelt es sich bei diesen **gesellschaftlichen Konstrukten** um Wahrheiten, die leicht modifiziert werden können.

Teil vier: Unbekannte Wahrheiten

Geht es um Entscheidungen über Investitionen, Eheschließung, Ausbildung und vieles andere im Leben, handeln wir entsprechend jenen **Voraussagen** über die Zukunft, die wir am überzeugendsten finden. Solche Prognosen können erheblich variieren, und Menschen haben die verschiedensten Vorstellungen von der Zukunft. Bis Zeit vergangen ist und wir herausfinden, was wirklich passiert, bleiben es konkurrierende Wahrheiten. Wir mögen niemals die eigentliche Wahrheit in Bezug auf **religiöse und ideologische Überzeugungen** herausfinden, dennoch sind beide gleichermaßen wichtige Motivatoren für Millionen, und solange wir nicht beweisen können, dass sie falsch sind, sind sie für viele von uns eine Form von Wahrheit.

Wähle deine Wahrheit und verändere die Welt

In seinem dystopischen Roman ›1984‹ stellte George Orwell eine alptraumhafte Gesellschaft vor, in der die Bürokraten eines »Wahrheitsministeriums« die Realität verzerren, indem sie Lügen verbreiten und fiktive Darstellungen der Vergangenheit erschaffen. Mithilfe einer restriktiven neuen Sprache und einer »Gedankenpolizei« werden die Menschen davon abgehalten, kritisch über die staatliche Propaganda nachzudenken. Orwells Protagonist, Winston Smith, versucht verzweifelt, sich den Lügen der Regierung zu widersetzen, und redet sich ein: »Es gab die Wahrheit, und es gab die Unwahrheit, und wenn man an der Wahrheit festhielt, sei es auch gegen die ganze Welt, dann war man nicht verrückt.«

Ebenso, wie Orwells Vision einer allgegenwärtigen Überwachung gerade dank sozialer Medien und tragbarer Technik – wenn auch auf eine ganz andere Art, als er es sich vorstellte – wahr zu werden scheint, so waren auch seine Ängste um die Integrität der Wahrheit wohlbegründet. Sie gingen jedoch in die falsche Richtung. Wir werden ja nicht einfach belogen; das Heimtückische – und weitaus ernstere Problem – besteht vielmehr darin, dass wir regelmäßig mithilfe der Wahrheit in die Irre geführt werden.

Wenn wir uns wie Winston Smith verhalten, uns einreden, es gäbe die eine Wahrheit und alles andere ist eine Abweichung von dieser Wahrheit, ein Fehler, eine Lüge, eine »Unwahrheit«, ist das Leben gefühlt einfacher. Die Vorstellung, dass wir die Realität formen können, indem wir einfach eine andere Wahrheit auswählen, ist verstörend. Schon die bloße Vorstellung von konkurrierenden Wahrheiten scheint uns den Boden unter den Füßen wegzuziehen, fühlt sich unaufrichtig, hinterhältig an.

Und doch können sie ungeheuer großen Einfluss entfalten.

Konkurrierende Wahrheiten finden sich in beinahe jedem Bereich menschlichen Handelns, und die Beispiele, die ich heranziehen werde, spiegeln diese Vielfalt wider. Es liegt in der Natur dieses Themas, dass manche von ihnen, ähnlich dem Hinweis der texanischen Gesundheitsbehörde an schwangere Frauen, politischer Natur oder strittig sind. Es spielt keine so große Rolle, ob Sie in jedem einzelnen Fall mit meiner Sichtweise der Dinge übereinstimmen, wichtig ist vielmehr, dass Sie jeweils das Potenzial für die verschiedenen Wahrheiten erkennen, die zum Ausdruck gebracht werden können, sowie die Konsequenzen, wenn dies geschieht.

Das Formen von Realität mithilfe konkurrierender Wahrheiten kann zu Desorientierung führen und verwirrend sein, insbesondere dann, wenn es die Gültigkeit von Dingen in Frage stellt, die wir lange Zeit als gegeben angesehen haben. Es kann erschöpfend sein und in Pedanterie ausarten, wie etwa dann, wenn auf ebenso geschickte wie hinterhältige Weise Statistiken und Definitionen ins Feld geführt werden. Es kann erfrischend und erhellend sein, wenn sich unser Verständnis der Welt plötzlich verschiebt und sich neue Möglichkeiten eröffnen. Auf jeden Fall sind konkurrierende Wahrheiten für uns alle von Relevanz und beeinflussen tagtäglich unser Leben, ob uns das nun gefällt oder nicht. Wir sind es uns selbst und der Gesellschaft schuldig, dass wir uns darin schulen, sie zu erkennen, sie verantwortungsvoll zu nutzen und ihnen, wo nötig, zu widerstehen.

Praktische Tipps

Für gewöhnlich gibt es mehr als einen richtigen Weg, um über etwas zu sprechen. Wir können konkurrierende Wahrheiten auf konstruktive Weise nutzen, um Menschen einzubinden und Handeln anzustoßen. Zugleich sollten wir jedoch vor Kommunikatoren auf der Hut sein, die konkurrierende Wahrheiten benutzen, um uns in die Irre zu führen. Am Ende jedes Kapitels finden Sie für beides eine kurze praktische Anleitung.

Der Einsatz konkurrierender Wahrheiten wirft häufig ethische Probleme auf. Ich schlage daher vor, dass wir, statt diese in jedem einzelnen Kapitel zu erörtern, gleich zu Beginn eine einfache Faustregel aufstellen:

Wüssten Ihre Zuhörer alles, was Sie selbst über Ihren Gegenstand wissen, wären sie dann der Meinung, Sie hätten ihn fair und ausgewogen dargestellt?

Können Sie diese Frage mit Ja beantworten, dann sind Sie wahrscheinlich auf der richtigen Spur.

Abgesehen von dieser Faustregel habe ich drei Kriterien für eine ethisch einwandfreie Kommunikation:

1. Sie ist faktisch korrekt.
2. Sie ist dazu gedacht, ein konstruktives Ergebnis zu erreichen, das die Unterstützung der Zuhörer finden würde.
3. Sie führt nicht dazu, dass sich Zuhörer auf eine Weise verhalten, die ihnen oder anderen Schaden zufügt.

Sie selbst mögen andere Kriterien haben – mein Appell an Sie besteht lediglich darin, dass Sie *überhaupt irgendwelche* Kriterien haben sollten, die sicherstellen, dass Sie nicht als Irreführer/in enden ... es sei denn, Sie wollen mit Absicht eine/r sein.

I

Teilwahrheiten

1 Komplexität

Die Wahrheit ist wie ein zerschlag'nes Glas,
in tausend Teilen scheint sie jeweils klar,
wer eines sieht, der glaubt hinfort nur das.

Richard Burton,
Die Kasidah des Jahi Abdu El-Yezdi

Die Realität ist kompliziert

Auf dem Tisch ist ein Ei.

Eine einfache, eindeutige Aussage.

Können Sie sich dieses Ei vorstellen?

Schließen Sie einen Moment lang die Augen und sehen Sie das Ei auf einer glatten, weißen Tischplatte vor sich.

Wie sicher sind Sie, dass Sie dasselbe Ei sehen wie ich?

Haben Sie an ein Hühnerei gedacht?

Wieso nicht an ein Entenei? Oder ein Straußenei? Wie wäre es mit dem Ei eines Dinosauriers oder eines Frosches oder eines Störs? Warum nicht ein menschliches Ei?

Oder wie wäre es mit einem juwelengeschmückten Fabergé-Ei, einem Schokoladenosterei oder dem berühmten Humpty Dumpty aus ›Alice hinter den Spiegeln‹?

Gehen Sie zurück zu dem Hühnerei. Haben Sie ein ganzes Ei mit Schale gesehen oder war es ein Spiegelei auf einem Teller? War es gebraten oder gekocht oder war es ein Rührei? Wenn es ein vollständiges Ei war, frisch aus der Packung: Haben Sie nur die Schale gesehen, oder haben Sie auch Eigelb und Eiklar gesehen? Haben Sie an das bisschen Blut gedacht; die Proteine und Fette; die molekulare Struktur der verschiedenen in ihm enthaltenen Stoffe; die DNA und die Tausenden Gene, die sie in sich trägt; die Vielzahl der zellulären Prozesse, die in ihnen kodiert ist; die Trillionen Atome; die ganze erstaunliche Komplexität der chemischen Verbindungen?

Was ist mit der Symbolhaftigkeit, den Verwendungen und dem ganzen kulturellen Ballast dieses Eis? Haben Sie an einen Neuanfang gedacht, einen schöpferischen Funken? Eine Verkörperung unseres gesamten Universums? Vielleicht dachten Sie an Kuchen und Baisers, oder an denkwürdige Eier-Szenen wie in ›Der Unbeugsame‹ oder ›Happy Feet‹? Haben Sie das Ei als Waffe in der Hand eines Protestlers gesehen oder vielleicht als Spardose? Haben Sie ein gemaltes Ei gesehen und wenn ja, ist das dann überhaupt ein Ei?

Wie sich herausstellt, sind Eier eine komplizierte Sache.

Im Jahr 1986 schaltete der ›Guardian‹ eine TV- und Kinowerbung, die sich mir eingeprägt hat wie kaum eine andere. Schwarz-weiß, im Stil einer alten Wochenschau gehalten, zeigte sie einen Skinhead, der vor einem herannahenden Auto wegrannte. Es gab keinen Soundtrack, abgesehen von einer respekteinflößenden Stimme aus dem Off: »Ein Ereignis, aus einer bestimmten Perspektive gesehen, erzeugt einen bestimmten Eindruck.« Dann wird derselbe Mann aus einem anderen Blickwinkel gezeigt: Er rennt direkt auf einen Geschäftsmann zu, offenbar in der Absicht, diesen anzugreifen oder seine Brieftasche zu stehlen. »Aus einer anderen Perspektive gesehen, erzeugt es einen ganz anderen Eindruck.« Ein weiterer Schnitt, und wir sehen die Szene von oben. Über dem Kopf des Geschäftsmannes schwingt ein außer Kontrolle geratenes Bündel Baumaterial hin und her. Der Skinhead reißt ihn zur Seite, während es zu Boden kracht, und rettet ihm damit das Leben.

»Doch erst, wenn man das ganze Bild kennt, kann man verstehen, was wirklich vor sich geht«, schlussfolgert die Stimme aus dem Off.

Kreiert wurde dieser Spot »Perspektive« von John Webster von der Werbeagentur Boase Massimi Pollitt, und er gilt auch heute noch als einer der besten Fernsehwerbespots, die je geschaffen wurden. Er verankerte in den Köpfen einer gehörigen Anzahl von Zuschauern in Großbritannien die Auffassung, allein der ›Guardian‹ präsentiere die Welt, wie sie wirklich ist, anstatt nur eine einzige, politisch motivierte Seite der Story zu zeigen. Der Spot ist unwiderstehlich und wurde ein solcher Erfolg, dass die Zeitung für eine Werbekampagne 2012 erneut auf das »ganze Bild«-Thema zurückgriff.

Das Problem besteht darin, dass niemand das ganze Bild kennt. Dazu ist das Leben viel zu kompliziert.

Werfen Sie mal kurz einen Blick aus dem Fenster. Was haben Sie gesehen? Wie viele Autos waren da? Welche Farbe, welches Fabrikat? Wie viele verschiedene Arten von Pflanzen? Waren Gullydeckel zu sehen? Aus welchem Material bestanden die umliegenden Gebäude? Wie viele Fenster standen in ihnen offen?

Wenn schon eine vollständige Beschreibung dessen schwierig ist, was Sie bei einem einzigen Blick aus Ihrem Fenster sehen, dann versuchen Sie doch einmal, alles zusammenzufassen, was Sie über ein einzelnes Individuum wissen. Kommt Ihre Tochter, Nichte oder Schwester in der Schule besser zurecht als ihre Mitschülerinnen? Falls ja, dann denken Sie höchstwahrscheinlich an die Noten, die sie bekommt, oder vielleicht an die Wettläufe, die sie gewinnt. Aber sind dies wirklich ausreichende Maßstäbe, um ein sich schnell veränderndes menschliches Wesen mit unzähligen Facetten zu beurteilen? Wie geht ihre moralische Entwicklung voran? Wählt sie beim Mittagessen gesunde Gerichte aus? Wie viele Likes bekommen ihre Selfies?

Unser Kopf würde explodieren, würden wir versuchen, alle

verfügbaren Informationen einzubeziehen, bevor wir ein praktisches Verständnis unserer Realität entwickeln. Uns bleibt gar keine andere Wahl, als zu vereinfachen und zu selektieren. Wir alle tun das, die ganze Zeit. Doch die Sache ist die: Wir können die Facetten unserer Welt, die die Realität repräsentieren, auf unterschiedliche Weise auswählen. Sie könnten, wenn Sie aus dem Fenster schauen, fünf verschiedene Baumarten sehen; ich könnte Gullydeckel sehen.

Wir alle blicken auf dieselbe Welt, doch unser Verständnis von ihr unterscheidet sich radikal. Wir sind wie die blinden Männer, die in dem berühmten indischen Gleichnis einem Elefanten begegnen:

Der Blinde, der das Bein befühlt, sagt, ein Elefant sei wie eine Säule; der, der den Schwanz befühlt, dass ein Elefant sich wie ein Seil anfühle; der, der den Rüssel befühlt, ein Elefant habe Ähnlichkeit mit einem Ast; der, der das Ohr befühlt, ein Elefant müsse wie ein Handfächer sein; der, der den Bauch befühlt, ein Elefant stelle sich wie eine Wand dar; der, der den Stoßzahn befühlt, ein Elefant müsse wie eine solide Röhre sein.

Wie entscheiden wir in unserem Beispiel, welche Facetten der Realität wir einschließen? Vielleicht wählen wir sie unbewusst aus, basierend auf unseren Interessen oder unserer naturgemäßen Voreingenommenheit oder einfach anhand dessen, was uns gerade im Kopf herumgeht. Vielleicht fokussieren wir uns auf die Dinge, die für uns einen Sinn ergeben oder die in unser Mindset passen, und lassen Vorstellungen und Daten, die mit unserem aktuellen Verständnis der Welt kollidieren, weg oder spielen sie herunter. Vielleicht wählen wir aber auch in voller Absicht jene Facetten der Wirklichkeit aus, die in unsere Agenda passen.

Fahrtest

Irgendwann in nicht allzu ferner Zukunft werden unsere Gesetzgeber mit einer Frage konfrontiert sein, die ungefähr so lautet:
»Sollen wir auf unseren Straßen private autonome Fahrzeuge (AF)
zulassen?«

Wie sollen sie reagieren?

Bisher sind Autos ohne Fahrer für die meisten von uns eine
Kuriosität. Google macht etwas in dieser Richtung, Tesla etwas
anderes. Auch die großen Autohersteller haben ihre eigenen Programme. Sie haben vielleicht das Video über die seltsame
»Google-Kugel« von Waymo gesehen. Womöglich hat dieses
Design Ihre Meinung beeinflusst? Sie haben vielleicht gehört, dass
jemand in einem Fahrzeug von Tesla, das im Autopilotmodus
fuhr, ums Leben gekommen ist. Womöglich hat *das* Ihre Meinung
beeinflusst?

Verantwortungsvolle Gesetzgeber würden vermutlich erst einmal mehr Informationen von Beamten, interessierten Kreisen und
politischen Beratern einholen, bevor sie eine Entscheidung träfen.
Im Zuge dessen könnten ihnen eine ganze Reihe konkurrierender
Wahrheiten zu Ohren kommen, je nachdem, wen sie gefragt
haben:

Antwort eines Ökonomen: Die Produktion von AF könnte sich zu
einer riesigen neuen Branche entwickeln, die technologischen
Fortschritt und Verbrauchernachfrage vorantreibt und damit das
Wirtschaftswachstum stimuliert. Abgesehen davon würden AF
Milliarden von Fahrstunden zum Erwerb von Führerscheinen
überflüssig machen – Zeit, die den Menschen für produktivere
Tätigkeiten oder für den Konsum von noch mehr digitaler Unter-
haltung zur Verfügung stünde, beides Dinge, die ebenfalls der
Wirtschaft zugutekämen.

Antwort einer Gewerkschaftsvertreterin: AF brauchen keine
Fahrer. Aus diesem Grund würden Millionen von Jobs in der Per-

sonen- und Güterbeförderung verlorengehen. Damit würde die Ungleichheit in der Gesellschaft zunehmen, weil Unternehmen wie Uber und UPS in der Lage wären, ihre Gewinne auf Kosten der arbeitenden Bevölkerung zu steigern.

Antwort eines Umweltschützers: AF würden die Preise für Taxifahrten verringern und die Attraktivität alternativer Mobilitätsmodelle erhöhen. In der Folge würden weniger Menschen Autos kaufen, was sowohl zu weniger Staus als auch zu sinkenden Energie- und Rohstoffverbräuchen führen würde. Darüber hinaus fahren AF auch effizienter als Menschen, wodurch Emissionen und Abnutzung sinken würden.

Antwort eines Sicherheitsexperten: Jedes Jahr kommen knapp 1,3 Millionen Menschen bei Autounfällen ums Leben, von denen der Großteil durch menschliches Fehlverhalten verursacht wird. Zwar wird es, etwa wegen fehlerhafter Software oder Schwierigkeiten beim schnellen Erkennen von Gefahren, gelegentlich auch Unfälle mit AF geben, dennoch werden unsere Straßen sicherer werden, wenn Menschen nicht mehr die Kontrolle haben.

Antwort einer Politikberaterin: Die Toleranz der Wähler ist bei Problemen, die seit langer Zeit bestehen, größer als bei neuen Problemen. Führen Ausfälle von AF-Systemen zum Tod Hunderter Menschen auf unseren Straßen, dann könnte dies politisch inakzeptabel sein, selbst wenn die Gesamtzahl der tödlichen Verkehrsunfälle sinkt.

Antwort eines Herstellers von AF: Eigentlich gibt es viele verschiedene Typen von AF. Einige erfordern menschliche Mitwirkung im Rahmen eines »fortschrittlichen Fahrerassistenzsystems«, andere bieten optionale Kontrollmöglichkeiten für den Menschen, wieder andere haben überhaupt keine Mensch-Maschine-Schnittstellen. Dies ist keine Frage, die einfach mit Ja oder Nein zu beantworten ist. Es geht vielmehr darum, wie viel Autonomie man zulassen will.

Antwort eines Versicherers: Autoversicherungen werden ihren Schwerpunkt vom Schutz des einzelnen Fahrers in Fällen von menschlichem Fehlverhalten auf den Schutz des jeweiligen Herstellers für Fälle von technischem Versagen verlagern müssen, was potenziell Chaos in der allgemeinen Versicherungsindustrie stiften könnte.

Antwort einer Stadtplanerin: AF müssen nicht unbedingt in den Stadtzentren geparkt werden, sodass große Flächen hochwertigen Baulands, das derzeit für Parkplätze vorgehalten wird, einer gewinnbringenden Bebauung zugeführt oder für Infrastruktureinrichtungen wie Parks und Spielplätze genutzt werden können.

Antwort eines Beamten der Stadtverwaltung: Wir sind auf die Einnahmen aus Parkgebühren angewiesen, um andere Dienstleistungen bereitstellen zu können. Wenn die Leute ihre Autos nicht mehr kostenpflichtig parken, müssten wir die Steuern erhöhen oder öffentliche Dienstleistungen einstellen, und dies träfe wieder die Bedürftigsten.

Antwort einer Unternehmerin: AF werden eines Tages weltweit Standard sein. Je eher wir sie auf unseren Straßen zulassen, desto größer Vorsprung und Wettbewerbsvorteil unserer heimischen Unternehmen bei der Entwicklung der globalen AF-Industrie.

Ein Sicherheitsexperte: AF sind anfällig für Hacker. Wir könnten eines Tages aufwachen und feststellen, dass unsere Fahrzeuge unbrauchbar gemacht wurden oder von Terroristen oder feindlichen Staaten für Anschläge missbraucht werden.

Ein Moralphilosoph: Wir werden die AF so programmieren müssen, dass sie auch mit kritischen Situationen umgehen können: zum Beispiel die Entscheidung zu treffen, entweder ein Kind zu überfahren, das auf die Straße gelaufen ist, oder diesem scharf auszuweichen und dabei womöglich die Passagiere zu töten. Sie als Gesetzgeber werden entscheiden müssen, wie sich AF in einer Vielzahl möglicher Gefahrensituationen zu verhalten haben.

Solche breit angelegten Konsultationen könnten Gesetzgebern, wenngleich sie deren Entscheidung nicht unbedingt leichter machen, zumindest ein hinreichend ausgewogenes Bild von einem hochkomplexen Gegenstand vermitteln. Doch nehmen wir einmal an, die Gesetzgeber wären – wie es ja häufig vorkommt – mit anderen Problemen beschäftigt und jeder Einzelne von ihnen würde sich nur von einem einzigen vertrauten Berater informieren lassen. Dann bekämen sie lediglich eine einzige, dominante Perspektive vermittelt. Sie wären wie die Blinden, die auf den Elefanten treffen. Sie alle würden nur ein teilweises – und möglicherweise irreführendes – Verständnis von der Angelegenheit entwickeln.

Jetzt stellen Sie sich bitte einmal vor, die Frage würde zum Gegenstand eines Referendums gemacht. Wenn schon Politiker größte Schwierigkeiten haben, alle diesbezüglich relevanten Aspekte zu bedenken, wie wahrscheinlich ist es dann, dass die Mehrheit der Wähler sich die Zeit nehmen würde, alle relevanten Aspekte zu prüfen?

Die Komplexität von Problemen wie diesem in Verbindung mit dem Tempo und der kurzen Aufmerksamkeitsspanne, die das moderne Leben prägen, führt dazu, dass wir in den meisten Diskussionen immer nur einige wenige Facetten jedes beliebigen Gegenstandes in Betracht ziehen können. Doch solange wir nicht sicherstellen, dass wir eine Bandbreite von Stimmen zu einem Thema hören, gelangen wir nicht zu einem auch nur annähernd vollständigen Bild von der Realität.

Das geht den meisten Menschen so. Wir alle beziehen unsere Informationen aus einer kleinen Zahl von Quellen und bilden uns daraufhin unsere Meinung. Probleme diskutieren wir tendenziell mit Freunden oder Kollegen, die unserer Meinung sind. Bestätigungsfehler sind an der Tagesordnung. Ideen oder Daten, die dem widersprechen, woran wir glauben, blenden wir unbewusst aus. Dies macht uns anfällig für höchst selektive Darstellungen in lebenswichtigen Fragen. Zu viel zu vielen Problemen erreicht uns nur ein kleiner Teil der verfügbaren konkurrierenden Wahrheiten.

Eine griffige Analogie für eine konkurrierende Wahrheit ist ein Foto.

Machen Sie ein Bild, nimmt Ihre Kamera exakt das auf, was sie vor der Linse hat. Allerdings haben Sie die Möglichkeit, die fotografische Realität auf sehr verschiedene Weise zu formen. Sie entscheiden, was auf das Bild kommt. Sie können die Zoom-Funktion benutzen, um die Größenverhältnisse zwischen den einzelnen Bildelementen zu verändern, sich auf ein Element konzentrieren und dafür ein anderes vernachlässigen, die Aufnahme mit einem Blitz erleuchten oder gezielt unterbelichten. Nachdem das Foto geschossen ist, können Sie mithilfe digitaler Werkzeuge etwa einen Teil des Bildes aufhellen und einen anderen dunkler machen, die Farben verändern, Kontrast hinzufügen oder das Bild mehr oder weniger körnig aussehen lassen.

Die Kamera lügt nie ... und doch ist es möglich, von ein und derselben Szene tausend verschiedene Aufnahmen zu machen.

Genauso, wie Sie auswählen müssen, was auf einem Foto zu sehen sein soll, können Sie auch entscheiden, unerwünschte Elemente wegzulassen. Sie können Tante Doreen nicht leiden? Bewegen Sie die Kamera oder schneiden Sie das Bild zurecht, und schon ist es, als hätte sie niemals existiert. Genau dasselbe tun wir, wenn wir miteinander kommunizieren.

Unsere viel beschäftigte Gesetzgeberin konsultiert ihren Fachberater, der alles über autonome Fahrzeuge gelesen hat, was verfügbar ist. Dieser müsste geradezu heldenhaft unvoreingenommen sein, um all den verschiedenen Meinungen ein angemessenes Gewicht zu verleihen, anstatt jene zu bevorzugen, die seine eigene Agenda unterstützen. Es ist unwahrscheinlich, dass ein Berater, der in die Hersteller von AF investiert hat, sich allzu lange mit der Gefahr des Gehacktwerdens oder den zu erwartenden Arbeitsplatzverlusten aufhalten würde. Ein Berater, dessen Frau Taxifahrerin ist, wird dagegen womöglich die Vorteile herunterspielen, die AF für die Umwelt und unsere Sicherheit mit sich brächten.

Und der Gesetzgeberin geht es genauso: Hat sie sich erst einmal eine Meinung gebildet, wie wird sie ihre Position im Parlament, im Kongress oder in den Medien vertreten? Unter Umständen wird sie ihren Diskussionsgegnern das eine oder andere Argument zugestehen, doch den größten Teil ihrer Reden und Briefings wird sie den Punkten widmen, die ihre eigene Position stützen.

Komplexität, Taktik 1
Weglassen

Weglassen ist eine natürliche Taktik, die wir alle beherrschen. Wir posten weder unvorteilhafte Fotos auf Facebook, noch erzählen wir beim ersten Date, dass wir schnarchen, oder erwähnen schwierige Verwandte. Je komplexer ein Gegenstand, umso größer die Möglichkeit, Wahrheiten, die uns nicht hilfreich erscheinen, wegzulassen – es gibt ja so viel anderes zu sagen!

Wie wir noch sehen werden, wird die Taktik des Weglassens nur allzu oft benutzt, um wichtige Wahrheiten zu verschleiern und die Realität zu verzerren. Assetmanager legen eine ganze Reihe unterschiedlichster Fonds auf, veröffentlichen aber nur die Wachstumsraten derjenigen mit der besten Performance. Gesundheitsverwaltungen verkünden feierlich einen Rückgang bei den Patienten, die an Krebs sterben, lassen aber die Zunahme bei den im Krankenhaus erworbenen Infektionen unerwähnt. Nahrungsmittelhersteller listen auf der Vorderseite ihrer Verpackungen gesunde Inhaltsstoffe in Großbuchstaben auf, während sie die ungesunden ins Kleinstgeschriebene auf der Rückseite verbannen.

Doch Weglassungen müssen nicht unbedingt irreführend sein. Hersteller und Verkäufer von PCs könnten uns mit unzähligen hochtechnischen Produkteigenschaften und Designdetails verwirren, in denen sich ihre Modelle von denen ihrer Mitbewerber unterscheiden. Doch sie wissen genau, dass wir eine solche Flut von Informationen nicht verarbeiten könnten. Also lassen sie das meiste davon weg und konzentrieren sich auf einige wenige Parameter wie Speicherkapazität und Prozessorgeschwindigkeit. All die anderen subtilen Unterschiede zwischen einem Gerät und einem anderen bleiben für uns unsichtbar, und dafür sind wir dankbar.

Das Komplexitätskaufhaus

»Ist Amazon wirklich der Teufel?«, fragte ›Publishers Weekly‹ 2014[1], als das Verlagshaus Hachette dem Einzelhandelsgiganten wegen des Rechts auf die Festsetzung eigener Preise für E-Books den Krieg erklärte. »Manche Buchfachleute und Verleger«, stellte das Branchenmagazin mit bewundernswerter Ausgewogenheit fest, »stoßen sich an der weitverbreiteten Auffassung, dass Amazon der personifizierte Teufel sei.«

Buchhändler verabscheuen – und das ist durchaus verständlich – den Onlinehändler schon seit Langem, denn Amazon hat zum Niedergang der Buchläden beigetragen. James Daunt, Chef der britischen Buchhandelskette Waterstones, nannte Amazon einen »rücksichtslosen, geldgierigen Teufel«.[2] Autoren, die sich mithilfe der Verkaufsaktivitäten zahlreicher real existierender Buchläden eine riesige Leserschaft aufgebaut haben, prangern ihr Verschwinden an. »Amazon versucht auf aggressive Weise, uns aus dem Weg zu räumen«, so die Autorin und Buchhandlungsgründerin Ann Patchett.[3] Scott Turow, ehemaliger Präsident des US-Schriftstellerverbandes, bezeichnete Amazon als »Darth Vader des Literaturbetriebs«.[4]

Mittlerweile versetzt die Dominanz, die der Onlinegigant in der Branche erlangt hat, sogar Verleger in Angst und Schrecken, die sich anfangs über die zusätzlichen Verkäufe freuten, die Amazon ihnen bescherte. Der Rechtsstreit mit Hachette war nur der prominenteste einer ganzen Reihe von gerichtlichen Auseinandersetzungen in Zusammenhang mit Verkaufskonditionen. Als Amazon begann, Hachette-Autoren zu »sanktionieren«, indem es den Versand ihrer Bücher verzögerte und die Aufmerksamkeit der Kaufinteressenten gezielt von deren Werken weglenkte, unterzeichneten mehr als 900 Autoren einen Protestbrief. Die Aktivistengruppe Authors United wandte sich mit der Bitte, den Online-Einzelhändler unter die Lupe zu nehmen, an das US-Justizministerium: »Amazon hat seine Dominanz auf eine Weise ausgenutzt, die unserer Auffassung nach den amerikanischen Leserinnen und Lesern zum Nachteil gereicht, die Buchlandschaft verarmen lässt, die Karriere zahlreicher Autoren ruiniert (und Angst unter den übrigen erzeugt) und den freien Fluss von Ideen in unserer Gesellschaft behindert.«[5]

Andererseits sehen zahlreiche Autoren und kleine Verleger Amazon als ihren Retter an. Die Plattform Kindle Direct Publishing (KDP) bietet vielen von ihnen, deren Werke von konventionellen Verlagen abgelehnt oder fallengelassen wurden, die Möglichkeit, ihre eigenen E-Books herauszubringen und 70 Prozent des Verkaufspreises zu behalten – ein weit größerer Anteil, als sie jemals von Penguin Random House oder Hachette bekommen hätten. Solche Autoren betrachten Jonathan Derbyshire vom Magazin ›Prospect‹ zufolge Amazon als »Wegbereiter einer gigantischen Demokratisierung der literarischen Produktionsmittel und Verteilungsstrukturen«. Eine Umfrage der britischen Society of Authors unter ihren Mitgliedern erhielt »weitaus mehr Rückmeldungen, die Amazon lobten, als solche, die versuchten, Amazon niederzumachen«.[6]

»Mehr und mehr Leute kaufen mehr und mehr Bücher als jemals zuvor, und mehr und mehr Leute verdienen ihren Lebensunterhalt damit, diese Bücher zu schreiben«, so die Beobachtung von Schriftsteller Barry Eisler. »Warum sollten Autoren, die Millionen verdienen, ausgerechnet jenes Unternehmen zerstören wollen, das dies alles erst möglich gemacht hat?«[7]

Auch kleine Verlage können die KDP-Plattform nutzen, um ihre E-Books und gedruckten Exemplare an Leserinnen auf der ganzen Welt zu verkaufen. Hier erhalten sie ihr Geld innerhalb von 30 Tagen, etwas, das nur wenige andere Einzel- und Großhändler bieten. Alle Autorinnen und Verleger, deren Titel normalerweise niemals in einem Buchladen auftauchen würden und in den »Long Tail« der Veröffentlichungen kommen, sollten Amazon dankbar sein. Genauso, wie manche Leser den Verlust ihres Buchladens um die Ecke beklagen, freuen sich andere über die niedrigeren Preise, jedenfalls in Ländern, in denen die Verkaufspreise der Bücher nicht festgelegt sind, und das sind die meisten, und die größere Auswahl bei Amazon. Mit seinen Kindle-Readern hat der Onlinehändler mehr für die Etablierung des E-Books getan als jedes andere Unternehmen und damit womöglich Millionen von Menschen ermuntert, Bücher zu lesen.

Natürlich vereinfache ich hier. Es gibt noch eine ganze Menge anderer Dinge, die man über Amazons Einfluss auf die Buchbranche sagen könnte. Haben Sie gewusst, dass Amazon eine Online-Bibliothek für E-Books betreibt und inzwischen auch als Verleger tätig ist? Diese Branche ist derart komplex, dass Autoren, Verlage, Buchhändler und Leser sich völlig verschiedene Meinungen bilden und völlig verschiedene Botschaften über Amazon vermitteln können, je nachdem, wie viele der konkurrierenden Wahrheiten ihnen zu Ohren kommen und welche zu propagieren sie sich entscheiden.

Und dabei geht es »nur« um Bücher.

Was ist mit all den anderen Dingen, die Amazon verkauft?

Was ist mit all den anderen Dingen, die Amazon *tut*?

Über Amazon Marketplace bietet der Internet-Gigant Millionen anderer Firmen und Individuen die Möglichkeit, ihre Waren direkt an Amazon-Kunden zu verkaufen und leistet so einen wertvollen Beitrag, um angehenden Unternehmern den Weg in den Markt zu ebnen. Amazon hält sogar deren Bestände vor und wickelt Bestellungen in ihrem Namen ab.

Amazon streamt Videos und Musik und produziert eigene Fernsehserien und Filme.

Amazon ist Eigentümer der Biosupermarktkette Whole Foods.

Amazon betreibt die größte öffentliche Cloud der Welt und hatte 2017 einen Anteil von 34 Prozent am Markt für Cloud-Dienstleistungen (auf Platz Zwei lag Microsoft mit lediglich 11 Prozent).[8] Amazon Web Services (AWS) ist in der Lage, Speicherkapazitäten in der Cloud so billig und zuverlässig anzubieten, dass selbst Unternehmen wie General Electric und Apple diese anstelle eigener

Server nutzen. Zahllose Internet-Startups verlassen sich auf AWS und verschaffen damit dem Service eine ebenso wichtige Funktion für junge Web-Unternehmer wie sie der Marketplace angehenden Einzelhändlern bietet. Alle Arten von branchenumwälzenden Unternehmen wie Airbnb und Netflix verwandeln aus der Amazon-Cloud heraus unsere Welt. Selbst von der CIA wird sie genutzt.

Das ist nicht der Ort, um darüber zu sprechen, wie Amazon im Detail operiert, doch die Arbeitsbedingungen in diesem Unternehmen und seine Steuerangelegenheiten würden diesem Kurzporträt eine Flut weiterer Wahrheiten hinzufügen. Was steht für die Zukunft an? Lieferung per Drohne, ein Marktplatz für Dienstleistungen, ein Verbraucherlogistikgeschäft, ein neues weltweites Bezahlsystem, 3-D-Druck, künstliche Intelligenz – immer mehr Komplexität, die selbst Alexas Verständnis von ihrem eigenen Unternehmen an seine Grenzen bringen könnte.

Was also ist Amazon? Die Antwort auf diese Frage hängt davon ab, welche Wahrheiten Sie favorisieren. Vernichter von Buchläden, Heiland der Autoren, monopolistischer Rüpel, Förderer von Kleinst- und Kleinunternehmern, Gemüseladen, Steuervermeider, Förderer des Lesens, Filmstudio, Technologieinnovator, tyrannischer Arbeitgeber, virtueller Marktplatz, globaler Händler oder Anwalt von Verbraucherinteressen. Suchen Sie sich was aus. Aller Wahrscheinlichkeit nach werden Sie weder die Zeit noch das Bedürfnis haben, sich all die vielen Facetten dieses Unternehmens ins Gedächtnis zu rufen, wenn Sie das nächste Mal den Namen Amazon hören oder ein für Sie bestimmtes Paket mit Amazon-Logo bei Ihren Nachbarn abholen. Eine oder zwei Kernwahrheiten werden dominieren. Was ist Amazon? Entscheiden Sie selbst.

Komplexität gezielt ausnutzen

Amazon-Hasser sind jetzt wahrscheinlich kurz davor, in die Luft zu gehen. Sie könnten das Gefühl haben, ich würde ihre speziellen

Sorgen verharmlosen oder alles durcheinanderbringen, indem ich über die zahlreichen anderen Facetten des Unternehmens spreche. Amazon bietet also billige Cloud-Dienstleistungen für Startups an. Na und? Das wiegt doch nicht den Schaden auf, den sie meinem Kiezbuchhändler zugefügt haben!

Hier haben wir eine weitere wichtige Taktik, die Kommunikatoren nutzen, um die Realität zu formen. Anstatt unbequeme Wahrheiten wegzulassen, begraben sie sie unter einer Masse anderer Wahrheiten. *Ja, es ist wahr: Unsere geplante Steuerreform wird behinderte Menschen benachteiligen. Aber lassen Sie mich ein paar Dinge über die Bevölkerungsgruppen sagen, die davon profitieren werden.*

Ein Fürsprecher könnte diese Taktik nutzen, um eine unvorteilhafte Wahrheit mithilfe einer Reihe gleichermaßen relevanter, jedoch besser verträglicher konkurrierender Wahrheiten zu kaschieren. Eine unvoreingenommene Zuhörerin könnte dann zu dem Schluss kommen, dass diese anderen Punkte im Ergebnis schwerer wiegen als die unvorteilhafte Wahrheit.

Ein Irreführer könnte *irrelevante Wahrheiten* nutzen, um dasselbe Ergebnis zu erzielen. *Ja, es ist wahr: Unsere geplante Steuerreform wird behinderte Menschen benachteiligen. Aber es sind heute mehr Menschen mit Behinderung in Arbeit als jemals zuvor, und die Technologie hilft Menschen zunehmend, ihre Behinderungen zu überwinden.* Bei allen drei Aussagen handelt es sich um Wahrheiten, und alle drei scheinen miteinander zusammenzuhängen. Ihre Interpretation könnte also lauten, dass behinderte Menschen aufgrund ihrer besseren Beschäftigungslage und dank des technologischen Fortschritts nicht mehr so stark auf die Hilfe der Regierung angewiesen sind. Doch eigentlich leisten die zweite und die dritte Wahrheit nichts, um die erste abzumildern: Behinderte Menschen werden von dieser Politik benachteiligt werden. Ende der Diskussion.

Einer der dramatischsten Fälle von Verschleierung der letzten Jahre, der in Südafrika immensen Schaden angerichtet hat, betrifft die Guptas, eine unfassbar reiche Familie, die wegen ihrer unübersehbaren Macht und ihres offensichtlichen Einflusses auf die Staatspolitik in den Fokus der Medien geriet. Die engen Beziehungen der Guptas zu Staatspräsident Jacob Zuma hatten zu dem Vorwurf Anlass gegeben, sie würden »Staats-Kidnapping« betreiben – systematische politische Korruption, bei der das Handeln der Regierung auf breiter Front von privaten Interessen bestimmt wird. Die Nation war schockiert, als herauskam, dass der Familie gestattet worden war, eine Basis der Südafrikanischen Luftstreitkräfte für persönliche Zwecke zu nutzen. 2016 sah sich Präsident Zuma gezwungen, vor dem Parlament in aller Öffentlichkeit zu bestreiten, dass er die Guptas Minister seiner Regierung habe aussuchen lassen.

Anfang desselben Jahres engagierte Oakbay Investments, eine den Guptas gehörende Firma, Bell Pottinger, ein britisches PR-Unternehmen, das für seine Zusammenarbeit mit einigen zutiefst widerwärtigen Kunden berüchtigt ist. Die Wahrheits-Weglassungstaktiken der Firma waren einige Jahre zuvor ans Licht gekommen. Damals ergaben Untersuchungen durch das Bureau of Investigative Journalism, dass jemand mithilfe eines Bell-Pottinger-Computers negative Inhalte auf den Wikipedia-Seiten der Kunden des Unternehmens gelöscht hatte.[9] Oakbay heuerte die PR-Firma an, um in ganz Südafrika »ein Narrativ« zu propagieren, das sich um »die Existenz ›ökonomischer Apartheid‹* und die Notwendigkeit einer größeren ›wirtschaftlichen Emanzipation‹ rankte«.[10] Der zynische Zweck dieses Auftrags, der Bell Pottinger etwa 100.000

---

* *Apartheid* war das System der Rassentrennung, das bis 1991 galt. Der Begriff ruft bis heute in Südafrika starke Emotionen wach.

Dollar pro Monat einbrachte, bestand offenbar darin, die Aufmerksamkeit von dem eigentlichen Skandal, nämlich dem von der Familie Gupta betriebenen »Staats-Kidnapping«, abzuziehen. Das ganze Land sollte dazu gebracht werden, über etwas anderes nachzudenken und sich auf einen anderen Feind zu konzentrieren: »weißes Monopolkapital«.

Ob Bell Pottinger diesen alten, jedoch nach wie vor toxisch wirkenden Begriff absichtlich reaktivierte oder nicht, ist bis heute unklar. Doch geleakter E-Mail-Verkehr zwischen Pottinger und Oakbay enthüllt die Absicht der PR-Firma, »die jeweils passende Gefechtstaktik strategisch geschickt einzusetzen, sei es im Radio, in den sozialen Medien und/oder in Form von Twitter-Slogans wie #Endeconomicapartheid«.[11] Die historisch aufgeladenen Begrifflichkeiten und Formulierungen waren von Beginn ein zentraler Bestandteil der Kampagne.

Bell Pottinger wurde inzwischen ebenfalls beschuldigt, Fake News zu erfinden, doch tatsächlich waren die in den von ihnen verbreiteten aufwieglerischen Materialien enthaltenen Informationen größtenteils faktisch korrekt. Mehr als ein Vierteljahrhundert nach dem Ende der politischen Apartheid in Südafrika konzentrierte sich der Löwenanteil des Reichtums des Landes nach wie vor in den Händen der weißen Minderheit. Bei einer Untersuchung der Einkommensverteilung in Südafrika 2015 fand der Ökonom Thomas Piketty »dieselbe Struktur der Ungleichheit zwischen den Rassen«[12] vor wie während der Apartheid-Ära. Victoria Geoghegan, die Partnerin bei Bell Pottinger, die für die Kampagne verantwortlich zeichnete, drückte es so aus: »Einsatz überzeugender Forschungsergebnisse, Fallstudien und Daten, um die Apartheid zu illustrieren, die immer noch existiert.«[13]

Also handelte es sich bei den von Bell Pottinger zusammengestrickten Reden, Postings in sozialen Medien und Slogans tatsächlich größtenteils um Wahrheiten. Doch der Grund, warum das Unternehmen so großzügig dafür entlohnt wurde, dass es sie in Umlauf brachte, war ein anderer: Es sollte von den Guptas abgelenkt werden. Diese Wahrheiten wurden in einer politisch hoch aufgeladenen Atmosphäre ganz bewusst eingesetzt, um die Sicht zu trüben. Tragischerweise war das Narrativ von der wirtschaftlichen Apartheid in einem Land, das ohnehin mit sozialen und politischen Problemen zu kämpfen hatte, nur allzu erfolgreich. Ganz Südafrika wurde von einer Welle des Zorns gegen das »weiße Monopolkapital« erfasst, und 2017 sah sich Bell Pottinger mit der Anschuldigung konfrontiert, sie würden eine Kampagne fahren, die die Rassen gegeneinander aufhetze, und damit alles zerstören, was in den Jahren der Versöhnung in mühevollster Kleinarbeit aufgebaut worden war. Nachdem einige prestigeträchtige Kunden abgesprungen waren, wurde Geoghegan gefeuert, der CEO trat zurück, und Bell Pottinger meldete Insolvenz an. Ein Unternehmen, das für seine Fähigkeit bekannt war, die Realität zu formen, war am Ende unfähig, den eigenen Ruf zu retten. Die Lektion für andere Irreführer ist klar: Wenn du schon etwas verschleiern musst, dann achte sehr sorgfältig darauf, welche belanglosen Wahrheiten du ins Spiel bringst – sie könnten auf dich zurückfallen.

Komplexität, Taktik 3
Assoziation

Die Verschleierungstaktik erlaubt Irreführern, schlechte Nachrichten unter einem Wust anderer Wahrheiten zu verbergen. Assoziation gibt ihnen die Möglichkeit, den Eindruck zu erwecken, als bestünde ein bedeutungsvoller Zusammenhang zwischen zwei oder mehr Wahrheiten, wo in Wirklichkeit keiner existiert.

Der folgende Text erläuterte in einem 2017 in der ›Times‹ erschienenen Artikel, der sich kritisch mit einer bestimmten ökologischen Energiepolitik beschäftigte, das Foto eines ehemaligen britischen Kabinettsministers:

Während seiner Zeit als Minister für Energie und Klimawandel setzte sich Chris Huhne für die Subventionierung von Holzpellets ein. 2013 kam der 62-jährige wegen Rechtsbeugung ins Gefängnis.[14]

Chris Huhne war zu der Haftstrafe verurteilt worden, weil er in Zusammenhang mit einem Verkehrsdelikt gelogen hatte. Diese Angelegenheit hatte mit seiner politischen Agenda rein gar nichts zu tun. Die ›Times‹ erweckt jedoch, indem sie die beiden eigenständigen Wahrheiten miteinander kombiniert, den Eindruck, Huhne hätte bei der Umsetzung seiner Politik böswillig, ja sogar verbrecherisch gehandelt. Eine wesentlich relevantere Wahrheit taucht drei Absätze weiter unten auf: Huhne »ist mittlerweile Europachef von Zilkha Biomass, einem US-amerikanischen Hersteller von Holzpellets«. Hätten die Redakteure der ›Times‹ diese Wahrheit neben dem Foto platziert, hätten sie die Motive des ehemaligen Kabinettsministers auf weitaus ehrlichere Art in Zweifel ziehen können. Vielleicht hatten sie das Gefühl, diese Information würde in den Köpfen der Leser die beabsichtigte Wirkung nicht ganz so zuverlässig entfalten wie die damit in keinerlei Zusammenhang stehende zu Huhnes Gefängnisaufenthalt.

Als George W. Bush ein Jahr nach den Anschlägen vom 11. September 2001 eine Fernsehansprache an die Bürger der Vereinigten Staaten von Amerika hielt, plädierte er für einen Krieg gegen den Irak. Um seine Entscheidung zu untermauern, brachte er Al-Qaida und den Irak wie folgt miteinander in Verbindung:

Wir wissen, dass der Irak weiterhin Terrorismus finanziert und Gruppen unterstützt, die den Frieden im Nahen Osten durch terroristische Aktivitäten unterminieren.

Wir wissen, dass der Irak und das Al-Qaida-Terrornetzwerk einen gemeinsamen Feind haben, nämlich die Vereinigten Staaten von Amerika. Wir wissen, dass der Irak und Al-Qaida hochrangige Kontakte gehabt haben, die schon vor zehn Jahren geknüpft wurden. Einige Führer der Al-Qaida flohen aus Afghanistan in den Irak. Dies gilt auch für einen sehr hochrangigen Al-Qaida-Führer, der dieses Jahr in Bagdad medizinisch behandelt wurde und der mit der Planung chemischer und biologischer Angriffe in Verbindung gebracht wird. Wir fanden heraus, dass der Irak Mitglieder der Al-Qaida im Bau von Bomben und im Umgang mit Giften und tödlichen Gasen ausgebildet hat.[15]

Soweit mir bekannt ist, war jede Einzelne dieser Aussagen wahr. Zusammengenommen vermittelten sie den Eindruck, der Irak finanziere Al-Qaida, Al-Qaida operiere vom Irak aus und Al-Qaida entwickle gemeinsam mit dem Irak Pläne für einen Angriff auf die USA. Nichts von all dem stimmte, und Bush hat es ja so auch nicht gesagt. Das brauchte er gar nicht. Er verwob sorgfältig ausgewählte Wahrheiten über eine hochkomplexe Situation miteinander und ließ die Nation ihre eigenen Schlüsse ziehen.

Irreführer können gezielte Assoziationen nutzen, um ganze Projekte und Kampagnen zum Scheitern zu bringen. Rudy Giuliani wurde als Kandidat der Republikaner für die Präsidentschaftswahl 2008 durch privates Fehlverhalten einiger seiner engsten Verbündeten schwer beschädigt. Den größten Teil des Jahres 2007 über hatte der ehemalige Bürgermeister von New York im Vorwahlkampf die Nase vorn gehabt. Doch im Juni wurde sein State Chairman in South Carolina, Thomas Ravenel, wegen Kokainhandels angeklagt. Im darauffolgenden Monat wurde David Vitter, Giulianis Wahlkampfleiter für die Südstaaten, beschuldigt, Dienste von Prostituierten angenommen zu haben. Später erhielt ein anderer langjähriger Verbündeter, Bernard Kerik, eine Haftstrafe wegen Steuerhinterziehung. Niemand konnte Giuliani irgendeine Schuld an diesen Aktivitäten geben (noch von ihm erwarten, dass er davon hätte wissen müssen), und doch war dies alles explosive Munition für seine Gegner. »Kokain, Korruption und Prostitution«[16], mit diesen Schlagworten begann ein Artikel, der im Juli 2007 in der ›New York Times‹ erschien. Die Assoziation dieser

Teilwahrheiten mit dem Wahlkampf des hoffnungsvollen Präsidentschaftskandidaten trug zweifellos zu dessen krachender Niederlage bei.

Eine Assoziation mit Schuld nach ganz ähnlichem Muster hätte im darauffolgenden Jahr um ein Haar den demokratischen Präsidentschaftskandidaten Barack Obama zu Fall gebracht, als der Nachrichtensender ABC News die öffentliche Aufmerksamkeit auf ausgewählte Passagen aus den Predigten von dessen damaligem Gemeindepfarrer Jeremiah Wright lenkte. In den zitierten Abschnitten übte dieser scharfe Kritik an der US-Regierung, und sie enthielten den Satz »Nein, nein, nein! Nicht: Gott schütze Amerika! Gott verfluche Amerika!«[17] Obama selbst hatte niemals solche Ansichten geäußert oder derart vergiftende Formulierungen benutzt. Trotzdem sah er sich gezwungen, sich von seinem Pfarrer zu distanzieren und aus seiner Kirchengemeinde auszutreten, um seinen Wahlkampf zu retten.

Weder Obama noch Giuliani trugen die Schuld an irgendeinem Aspekt dieser Skandale. Dennoch waren ihre politischen Gegner in der Lage, ihnen großen Schaden zuzufügen, indem sie Teilwahrheiten über Menschen veröffentlichten, die ihnen nahestanden. Ähnliche Taktiken werden eingesetzt, um Marken zu schädigen, wissenschaftliche Erkenntnisse zu diskreditieren und den guten Ruf zahlreicher Menschen in den Augen der Öffentlichkeit zu zerstören. In einer Zeit, in der immer mehr Informationen über die Personen und Organisationen, die uns umgeben, öffentlich verfügbar sind, werden wir alle zunehmend verletzbarer und laufen Gefahr, durch unfaire Assoziationen mit den Teilwahrheiten anderer verunglimpft zu werden.

Alles ist kompliziert

Sie mögen einwenden, ich hätte für dieses Kapitel einige ganz besonders komplexe Beispiele ausgesucht. Autonome Fahrzeuge und Amazon sind überaus facettenreiche Produkte unserer modernen, technologiegeprägten Ökonomie. Auch der Skandal um Bell Pottinger und die Invasion im Irak waren alles andere als eindimensional. Nicht alles im Leben ist derart kompliziert.

Aber denken Sie noch einmal an das Ei. Komplexität gibt es überall. Menschen, die wir kennen, Orte, die wir besuchen, und Dinge, von denen wir abhängig sind, haben mehr Seiten, als sich die meisten von uns jemals vorzustellen versuchen. Gewiss, wir haben nicht die Zeit, sie alle vollumfänglich zu beschreiben. Das nächste Mal, wenn Sie jemanden einen Satz sagen hören, der mit Worten anfängt wie »Frauen bevorzugen ...«, »Banker sind ...«, »Muslime wollen ...« oder »Die Schwulengemeinde hat den Eindruck ...«, denken Sie einfach mal an die bunte Mischung aus komplexen, grundverschiedenen Menschen, die mit einer Aussage, die so beginnt, in einen Topf geworfen werden. Mag sein, dass es sich hier um so etwas wie eine Wahrheit handelt, doch lassen sich mit Sicherheit aus jeder der genannten Gruppen eine ganze Menge konkurrierender Wahrheiten ableiten.

Der Gegenstand dieses Kapitels ist Komplexität, doch die Argumentation ist einfach: Die meisten der Probleme und Dinge, mit denen wir zu tun haben, sind zu kompliziert, um sie in ihrer Gesamtheit darzustellen. Wir haben gar keine andere Chance, als mithilfe von Teilwahrheiten zu kommunizieren, denn das Leben ist viel zu verschachtelt, um irgendetwas Umfassenderes anbieten zu können. Dieser Umstand erlaubt es Fürsprechern und Irreführern gleichermaßen, die Realität zu formen, indem sie nur jene Wahrheiten auswählen, die ihre Agenda unterstützen.

Wir sollten misstrauisch sein gegenüber Politikern, Kommentatoren und Aktivisten, die nichts weniger im Sinn haben, als uns das ganze Bild zu präsentieren, und uns daher unvermeidlich nur jenen Teil zeigen, der ihren Zwecken am besten dient. Doch zugleich haben wir auch selbst die Möglichkeit, aus einem komplexen Zusammenhang einfache Wahrheiten herauszugreifen, um uns effektiver auszudrücken. Solange die Teilwahrheiten, die wir gezielt auswählen und betonen, eine korrekte Wiedergabe der Tatsachen sind, wie wir sie kennen, können Vereinfachung und Selektivität für Kommunikatoren wie Publikum eine gute Sache sein. Komplexitätsgetriebene Teilwahrheiten gibt es in mehreren Geschmacksrichtungen. In den folgenden Kapiteln werden wir vier davon erkunden: Geschichte, Kontext, Zahlen und Geschichten.

In der Praxis

- Führen Sie sich die vielen verschiedenen Aspekte eines wichtigen Themas vor Augen und streben Sie eine ausgewogene Bandbreite der einzelnen Sichtweisen an.
- Wählen Sie Wahrheiten aus, die ihre Argumente untermauern, ohne den Eindruck von der Realität, den Sie vermitteln, zu verzerren.
- Lassen Sie Wahrheiten weg, um eine Sache klarer darzustellen, aber achten Sie darauf, die Menschen, die Sie ansprechen wollen, nicht in die Irre zu führen.

Doch Vorsicht vor ...

- Irreführern, die wichtige Wahrheiten unter einem Berg von irrelevanten Fakten vergraben.
- Irreführern, die Menschen und Projekte allein auf assoziativer Basis angreifen.

2 Geschichte

Wer die Vergangenheit kontrolliert, kontrolliert
die Zukunft. Wer die Gegenwart kontrolliert,
kontrolliert die Vergangenheit.

George Orwell, *1984*

Die Erfindung der Fanta

Coca-Cola produzierte 2011 anlässlich der Feier eines Meilen-
steins in seiner Firmengeschichte eine 27 Seiten lange »Kurze Geschichte« mit dem Titel ›125 years of sharing happiness‹ (125 Jahre
Lebensfreude).[1] Die wunderschön illustrierte und mit farben-
frohen Werbeanzeigen aus vergangenen Jahrzehnten geschmückte
Broschüre enthält Fakten für beinahe jedes Jahr seit 1886. Fanta,
die zweitgrößte internationale Marke des Unternehmens, taucht
genau einmal in dieser Geschichte auf, und zwar im Jahr 1955: »In
der italienischen Stadt Neapel wird Fanta Orange eingeführt, das
erste von Coca-Cola vertriebene neue Produkt. In die USA kommt
die Produktlinie aromatisierter Getränke mit dem Markennamen
Fanta 1960.«

Merkwürdigerweise ist in dieser Firmengeschichte von Coca-
Cola die eigentliche Erfindung und Markteinführung der Fanta
nicht verzeichnet, die bereits fünfzehn Jahre zuvor stattfand. Der
Eintrag für 1940 lautet lediglich: »An die Verbraucher werden
Broschüren von Laura Lee Burroughs zur Kunst des Blumenbin-
dens verteilt. Mehr als fünf Millionen dieser Heftchen gelangen in
US-amerikanische Haushalte.« Warum wird ein derart bedeuten-
der Meilenstein wie die Erfindung der Fanta ausgelassen?

Nun, womöglich deshalb, weil die Fanta in Nazideutschland erfunden wurde.

Vor dem Zweiten Weltkrieg war Deutschland der erfolgreichste internationale Markt für Coca-Cola. Als der Krieg jedoch ein Handelsembargo auslöste, konnte der deutsche Ableger des Unternehmens die notwendigen Zutaten für Coke nicht mehr importieren. Also machten sich die Mitarbeiter in Deutschland daran, eine Alternative zu entwickeln, ein zuckerhaltiges Getränk, das aus Abfallprodukten der Nahrungsmittelherstellung wie Molke und Apfelfasern bestand. Der Name ist von dem deutschen Wort »Fantasie« abgeleitet – der Chef der Coca-Cola GmbH hatte einen Wettbewerb ausgeschrieben und seinen Angestellten gesagt, dass sie ihrer Fantasie freien Lauf lassen sollten.

Das neue Produkt war ein Riesenhit: 1943 wurden knapp drei Millionen Flaschen verkauft. Da Zucker rationiert war, benutzten manche Leute Fanta sogar, um Suppen und Eintöpfe zu süßen. Das Ganze ist eine wirklich interessante Geschichte über eine Erfindung in schwierigen Zeiten, doch in der »Kurzen Geschichte« von Coca-Cola sucht man sie vergeblich.[*]

Geschichte, Taktik 1
Die Vergangenheit vergessen

Könige können gewisse Dinge tun, die würde sich nicht einmal Coca-Cola trauen. Das Edikt von Nantes (1598), eine Proklamation König Heinrichs IV. von Frankreich, beginnt mit den folgenden Worten:

> »... haben Wir ... durch dieses immerwährende und unwiderrufliche Edikt gesagt, erklärt und befohlen, sagen, erklären und befehlen:

---

[*] Coca-Cola gab später folgende Erklärung dazu ab: »Fanta wurde während des Zweiten Weltkriegs in Deutschland erfunden, doch unsere 75 Jahre alte Marke hatte weder eine Verbindung zu Hitler noch zur Nationalsozialistischen Partei.«

1. Erstlich, daß die Erinnerung an alle vergangenen Dinge von der einen wie von der anderen Seite, die seit dem Anfang des Monats März 1585 bis zu Unserer Thronbesteigung, sowie während und aus Anlass der anderen vorhergehenden Unruhen sich zugetragen haben, ausgelöscht und niedergeschlagen sein sollen, wie etwas Nichtgeschehenes.«

Diese sogenannte Politik der *oubliance* (des Vergessens) wurde eingeführt, um ein Wiederaufflammen der verheerenden Religionskriege zu verhindern, in denen sich Katholiken und Protestanten mehr als dreißig Jahre lang bis aufs Blut bekämpft hatten. Heinrich IV. wollte seinem traumatisierten Land den Frieden bringen, indem er seinen Untertanen befahl zu vergessen, was geschehen war.* Alle offiziellen Dokumente und Erinnerungen an den Konflikt wurden auf Befehl des Königs vernichtet. Morde und andere Verbrechen, die im Zusammenhang mit den religiösen Auseinandersetzungen verübt worden waren, wurden nicht vor Gericht gebracht. Gefangene wurden freigelassen. Anspielungen auf die jüngsten Kriegsereignisse in Theaterstücken und Gedichten wurden verboten. Aus den Kriegsjahren anhängige Gerichtsprozesse wurden annulliert und die diesbezüglichen Protokolle und Beweisstücke vernichtet. Den königlichen Anklägern wurde auch im Hinblick auf alle Taten, die Hugenotten verübt hatten, »ewiges Stillschweigen« auferlegt. »Vergeben und Vergessen« war nicht einfach eine Redensart; im Frankreich des 17. Jahrhunderts war es im wahrsten Sinne des Wortes ein königlicher Befehl.

Als Politik der Versöhnung war die *oubliance* nur zum Teil und nur für kurze Zeit erfolgreich. Heinrich der IV., selbst ein Hugenotte, wurde 1610 von einem katholischen Fanatiker ermordet, und wenige Jahre später flammten die religiösen Konflikte wieder

---

* In Südafrika verfolgte die Wahrheits- und Versöhnungskommission genau den entgegengesetzten Ansatz, indem sie den zahlreichen Verbrechen und Übergriffen der Apartheid-Ära nachging. »Amnesie ist keine Lösung«, so Erzbischof Desmond Tutu. »Ohne Erinnerung gibt es keine Heilung.«

auf. Das Edikt von Nantes wurde 1685 von Louis XIV. widerrufen, was zu einer Massenauswanderung von Hugenotten aus Frankreich führte. Wie sich herausstellte, war es nicht so einfach, die Erinnerungen an die Kriege des vorangegangenen Jahrhunderts auszulöschen.

Sünden verschweigen

Für den Fall, dass verordnetes Vergessen keine Option ist, verfügen Kommunikatoren trotzdem über Möglichkeiten, uns von den historischen Wahrheiten abzulenken, die nicht ihren Bedürfnissen dienen. Wie die Jubiläumsbroschüre von Coca-Cola zeigt, besteht der einfachste Weg, die Geschichte so umzumodeln, damit sie einer modernen Agenda entspricht, darin, die unbequemen Teile wegzulassen. Die Auslassung historischer Tatsachen wird flächendeckend in Lehrbüchern praktiziert, indem die Beamten und Politiker, die über staatliche Lehrpläne entscheiden, sich dazu entschließen, die peinlicheren und unangenehmeren Aspekte in der Geschichte ihres Landes zu ignorieren.

Für viele Bürger der USA sind die Sklaverei und der nachfolgende Umgang mit Schwarzen in den Südstaaten ein grundlegender Bestandteil der Geschichte ihres Landes. James M. McPherson, Historiker und Pulitzer-Preisträger, sagt dazu: »Der Bürgerkrieg brach aus, weil es zwischen den freien Staaten und den Sklavenstaaten unüberbrückbare Differenzen in der Frage gab, ob die nationale Regierung die Macht besitze, die Sklaverei in jenen Territorien zu verbieten, die noch keine Bundesstaaten waren.«[2] Nach der Abschaffung der Sklaverei verabschiedeten die Südstaaten die berüchtigten Jim-Crow-Gesetze, um schwarze und weiße Amerikaner in allen öffentlichen Einrichtungen voneinander zu trennen. Diese Rassentrennung, die sich auch auf Schulen, Busse und Trinkbrunnen erstreckte, blieb bis 1965 in Kraft. Im selben Zeitraum terrorisierte der Ku-Klux-Klan als Verfechter der Überlegenheit der weißen Rasse Afroamerikaner, Juden und Bürgerrechtsaktivisten.

Im Jahr 2015 gab der Bundesstaat Texas neue Richtlinien für
den Unterricht in Amerikanischer Geschichte heraus. Diese erwähnten weder die Jim-Crow-Gesetze noch den Ku-Klux-Klan.[3]
Die fünf Millionen Schüler staatlicher Schulen, die das neue
Lehrbuch im Unterricht benutzen, lesen dort, dass der Bürgerkrieg, der über 600.000 Amerikaner das Leben kostete, vorrangig
um die »Rechte der Bundesstaaten« geführt worden sei. Sklaverei,
so Patricia Hardy vom Texas State Board of Education, sei bei dem
Bürgerkrieg ein »Nebenthema« gewesen. Tatsächlich handelte es
sich bei den »bundesstaatlichen Rechten«, die die Südstaaten am
vordringlichsten schützen wollten, vor allem um die Rechte im
Zusammenhang mit dem Kauf und Verkauf von Menschen. In
einem Lehrbuch findet sich in Bezug auf den transatlantischen
Sklavenhandel sogar die euphemistische Aussage, dieser habe
»Millionen von Arbeitern« auf die Plantagen der Südstaatenfarmer
gebracht.[4]

Das Verschweigen und Herunterspielen von Sklaverei und
Rassenunterdrückung in dem Geschichtsbild, das in manchen
US-Schulen vermittelt wird, wird langfristige Folgen haben. Die
Lücken in unserem Geschichtswissen sind schon ohne staatliche
Bildungsbehörden, die diese mit voller Absicht vertiefen, schlimm
genug. Einer vom Pew Research Center 2011 durchgeführten Umfrage zufolge waren lediglich 38 Prozent der befragten US-Bürger
der Auffassung, beim Bürgerkrieg sei es »hauptsächlich um die
Sklaverei« gegangen.[5] »Eine Menge Südstaatler sind in dem Glauben aufgewachsen, die Konföderierten hätten für irgendeine noble
Sache gekämpft und nicht in einem Krieg, der der Verteidigung
einer schrecklichen Institution diente, die Millionen Menschen
versklavte«, so Dan Quinn von der Non-Profit-Organisation Texas
Freedom Network.[6] Solche verzerrten Abbilder von der US-amerikanischen Geschichte führen lediglich dazu, dass eben jene Verfechter weißer Überlegenheit gestärkt werden, deren Hass und

Bigotterie sich 2017 in Charlottesville, Virginia, auf so widerliche Weise offenbarten.

Israel erlebte in Bezug auf den Exodus der Palästinenser, der den Arabern als Nakba, »Katastrophe«, bekannt ist, eine ähnliche Kontroverse. Als im Jahre 1948 der Staat Israel gegründet wurde, verließen mehr als 700.000 palästinensische Araber ihr Zuhause – oder wurden dazu gezwungen. Die meisten endeten als Flüchtlinge in der West Bank, Gaza, Jordanien, dem Libanon und Syrien. Diese Flüchtlinge und ihre Nachkommen zählen inzwischen mehr als vier Millionen Menschen. Die Gesetze Israels verwehren es ihnen bis heute, nach Hause zurückzukehren oder ihr Eigentum zurückzufordern, das zum größten Teil in die Hände von israelischen Juden gelangte.

Viele Jahre lang fand die Nakba in den Geschichtslehrbüchern für die israelischen Grundschulen keine Erwähnung. Dann, im Jahre 2007, gab das israelische Bildungsministerium bekannt, eine neue Lehrbuchreihe für Acht- und Neunjährige werde zum ersten Mal die Katastrophe erwähnen, die die palästinensische Tragödie so nachhaltig prägte.[7] Dies wurde weltweit als positiver Schritt hin zu Versöhnung und einem besseren Verständnis zwischen den beiden einander verbittert gegenüberstehenden Parteien gewertet. Tatsächlich waren die überarbeiteten Lehrbücher jedoch nur auf Arabisch und für den Gebrauch durch die große Gruppe der arabischstämmigen Bevölkerung in Israel bestimmt. Die hebräischen Lehrbücher wurden nicht überarbeitet, und jüdische Kinder lernen weiterhin eine andere Version von der gemeinsamen Vergangenheit. Zwei Jahre später kam eine neue Regierung ins Amt, und der Hinweis wurde auch aus den arabischen Lehrbüchern wieder entfernt. Gideon Sa'ar, der neue Bildungsminister, führte zur Begründung an, es könne von keinem Staat der Welt erwartet werden, seine eigene Gründung als Katastrophe darzustellen. »Die Einbeziehung des Begriffs in den offiziellen Lehrplan der arabischen Gemeinde war ein Fehler«, sagte er.[8]

Auf den ersten Blick scheint es vernünftig zu sein, die Konfrontation Achtjähriger mit einer entsetzlichen Leidensgeschichte, die untrennbar mit dem Entstehen ihrer Nation verwoben ist, zu vermeiden. Etwas wegzulassen ist keine Lüge. Doch das Verschweigen der Nakba in israelischen Lehrbüchern hat nicht nur für die arabischstämmige Bevölkerung des Landes fundamentale Konsequenzen, sondern ebenso für das Bild von den historischen Realitäten in den Köpfen junger jüdischer Israelis. Kinder, die nicht gelehrt bekommen, dass ihre Urgroßeltern Hunderttausende von Menschen gezwungen haben, ein Zuhause zu verlassen, das ihre Familien seit Generationen bewohnt hatten, entwickeln womöglich weniger Bereitschaft, Mitgefühl für die anhaltende Zwangslage von vier Millionen palästinensischen Flüchtlingen zu empfinden.

Irreführer können möglicher Kritik aus dem Weg gehen, indem sie es vermeiden, Sünden aus der Vergangenheit zu erwähnen. Ebenso können sie ihre Gegner schwächen, indem sie deren Erfolge ignorieren oder herunterspielen.

Die zahlreichen Kritiker von George W. Bush sind schnell mit Negativbeispielen zur Hand, etwa der Invasion im Irak oder der nicht durchweg angemessenen Reaktion auf Hurrikan Katrina. Nur wenige von ihnen erinnern sich an den von diesem Präsidenten aufgelegten Krisenplan zur Bekämpfung von AIDS (PEPFAR). Der Plan, der 2003 in Kraft trat, war die größte globale Gesundheitsinitiative gegen eine einzelne Krankheit, die es jemals gegeben hat. Bush gelang es, Regierungszuschüsse in Höhe von mehr als 15 Milliarden US-Dollar über fünf Jahre sicherzustellen, um die Programme zur Vorsorge und Behandlung von HIV/AIDS in Entwicklungsländern zu unterstützen. Vor PEPFAR hatten 50.000 Menschen in Subsahara-Afrika Zugang zu antiretroviralen Medikamenten. Am Ende von Bushs Präsidentschaft waren es 1,3 Millionen.[9] Bush legte ebenfalls eine Initiative im Umfang von 1,2 Milliarden US-Dollar für den Kampf gegen Malaria auf. Im

Laufe seiner Präsidentschaft lenkte er mehr finanzielle Hilfen nach Afrika als alle Präsidenten vor ihm. Er tat dies nicht, um Wählerstimmen zu gewinnen. Einer seiner Vorgänger, der Demokrat Jimmy Carter, war so bewegt, dass er sich sogar dazu hinreißen ließ, seinen ideologischen Gegner zu loben: »Herr Präsident, ich möchte Ihnen sagen, dass ich von Bewunderung und tiefer Dankbarkeit erfüllt bin angesichts des großartigen Beitrags, den Sie für die Bedürftigsten auf dieser Erde geleistet haben.«[10]

Einem anderen ehemaligen republikanischen Präsidenten wird nicht genug Anerkennung für seinen Beitrag zum Schutz der Umwelt zuteil. Ende der 1960er Jahre nahm in den gesamten USA angesichts von Ölkatastrophen, der Verklappung von Chemikalien, giftigen Pestiziden, radioaktiven Störfällen und der Ausplünderung natürlicher Lebensräume die Sorge um die Umwelt dramatisch zu, und der amtierende Präsident kam zu dem Schluss, es seien radikale Maßnahmen nötig. Er setzte den National Environmental Policy Act in Kraft, ein Gesetz, das Bundesbehörden beim Bau von Straßen und Kraftwerken, der Erteilung von Landnutzungsgenehmigungen und zahlreichen anderen Aktivitäten verpflichtete, die Auswirkungen auf die Umwelt zu prüfen. Er weitete den Clean Air Act aus, das Gesetz zur Reinhaltung der Luft, das sich gegen Luftschadstoffe wie Schwefeldioxid, Stickoxid und Feinstaub richtete. Er unterzeichnete den Endangered Species Act, das Gesetz zum Schutz bedrohter Arten, den Marine Mammal Protection Act, das Gesetz zum Schutz von Meeressäugetieren, und den Ocean Dumping Act, das Gesetz gegen Verklappung von Abfällen im Meer. Außerdem brachte er den Entwurf für einen Safe Drinking Water Act ein, ein Gesetz für sicheres Trinkwasser. Die bedeutendste Leistung in diesem Zusammenhang war jedoch die Schaffung der Environmental Protection Agency, einer der weltweit effektivsten Regierungsorganisationen für Umweltschutz und -politik.

Dieser Präsident war kein anderer als der berüchtigte und viel geschmähte Richard Nixon.

Langzeitgroll

Während Weglassung die einfachste und noch aufrichtigste Form der Manipulation historischer Tatsachen darstellt, ist parteiliche Auswahl wahrscheinlich die am weitesten verbreitete. Das liegt uns allen im Blut. Niemand braucht eine Anleitung, die ihm oder ihr erklärt, wie man einen Lebenslauf verfasst, der die Aufmerksamkeit von Personalchefs auf die positivsten Aktivitäten in der Vergangenheit lenkt. Fragen Sie mal einen 12-Jährigen, was er so gemacht hat, seit er aus der Schule nach Hause gekommen ist, und er wird mit Sicherheit eher die Hausaufgaben herausstreichen, die er erledigt hat, als die Computerspiele, die er gespielt hat.

Selektive Darstellungen von Geschichte können extrem irreführend sein. Ich könnte ein bestimmtes historisches Ereignis ziemlich wahrheitsgetreu wie folgt beschreiben:

Bedeutende Technologien entwickelten sich, insbesondere auf den Gebieten Transportwesen, Essbesteck und persönliche Hygiene. Es herrschte eine florierende Demokratie; immer mehr Menschen wurden Gewerkschaftsmitglieder und erlangten das Wahlrecht. Die soziale Gerechtigkeit nahm zu. Die Ernährung vieler armer Menschen verbesserte sich, wodurch diese stärker und fitter wurden. Die Kindersterblichkeit ging zurück, und die Lebenserwartung stieg an. Man zählte deutlich weniger Fälle von Trunksucht. Es gab mehr Arbeitsplätze, vor allem für Frauen, was den Weg hin zu mehr Geschlechtergerechtigkeit ebnete.

Von welchem Ereignis spreche ich?

Vom Ersten Weltkrieg.

Im Verlaufe dieses Kriegs wurden neue Technologien und Produkte entwickelt, darunter Flugzeuge, Edelstahl und Monatsbinden. In Großbritannien wurde das allgemeine Wahlrecht für Männer eingeführt, und auch etwa 40 Prozent der Frauen erhielten zum ersten Mal das Wahlrecht. In Deutschland, Österreich,

Russland und der Türkei brachen alte Reiche zusammen und ebneten den Weg für demokratischer geprägte Regierungsformen. Rekruten erhielten nährstoffreichere Mahlzeiten, als viele von ihnen gewohnt waren, und für die britischen Truppen gab es »täglich Fleisch«. Als Millionen von Männern an die Front mussten, wurden deren Arbeitsplätze in den Munitionsfabriken und in der Landwirtschaft von Frauen besetzt. Vollbeschäftigung ermöglichte vielen Familien einen höheren Lebensstandard, als sie sich jemals hätten träumen lassen. Neue Gesetze begrenzten den Alkoholkonsum und führten zu einem Rückgang häuslicher Gewalt. Der britische Labour-Politiker und spätere Premierminister Ramsay MacDonald, ein Kriegsgegner, stellte später fest, dieser Krieg habe mehr für die Durchsetzung sozialer Reformen in Großbritannien geleistet, als alle Anstrengungen von Gewerkschaften und Humanitariern in den fünfzig Jahren zuvor.

Und doch wäre es haarsträubend, ein Ereignis, das mehr als 15 Millionen Menschenleben forderte, allein mithilfe dieser Wahrheiten zu schildern.

Geschichte, Taktik 2
Selektives Erinnern an die Vergangenheit

Als das Vereinigte Königreich zum ersten Mal versuchte, der Europäischen Wirtschaftsgemeinschaft (EWG) beizutreten, der Vorläuferin der Europäischen Union, war Charles de Gaulle französischer Präsident. Er legte sein Veto gegen den Antrag der Briten ein. Vier Jahre später versuchte Großbritannien es ein zweites Mal. Wieder war de Gaulle dagegen, und Frankreich machte als einziges Mitglied der EWG sein Vetorecht gegen die Aufnahme der Briten geltend.

Nur zwei Jahrzehnte, nachdem die britisch-amerikanischen Streitkräfte enorme Mengen Blut vergossen und immense finanzielle Mittel eingesetzt hatten, um Frankreich vom Joch der Nazis zu befreien, nahm sich dieses Verhalten wie himmelschreiende

Undankbarkeit aus. Großbritannien hatte de Gaulle und seinen *Forces françaises libres* (Streitkräften für ein freies Frankreich) während des Zweiten Weltkriegs sogar eine Basis in London zur Verfügung gestellt und ihm politische, militärische und finanzielle Unterstützung gewährt. Ohne Großbritannien hätte es kein freies Frankreich gegeben, das de Gaulle hätte regieren können, und auch keine EWG.

Viele waren außer sich wegen de Gaulles Haltung gegenüber dem Land, das so viel für sie getan hatte, darunter Paul Reynaud, ein enger Kollege und ehemaliger französischer Premierminister. Er schickte einen Protestbrief an de Gaulle. Als Antwort sandte dieser ihm einen leeren Umschlag, auf dessen Rückseite er geschrieben hatte: »Falls abwesend, bitte nach Agincourt oder Waterloo weiterleiten.« Auf diese Weise stellte de Gaulle seinen historischen Bezugsrahmen klar. »Unser größter Erbfeind war nicht Deutschland, sondern England«, verkündete er einmal. Seine Auswahl historischer Wahrheiten ließ ihn auf eine Weise handeln, die ungeheure Auswirkungen auf die Beziehungen Großbritanniens zum übrigen Europa hatte (und womöglich immer noch hat).

Willst du die Zukunft bauen, dann schau zurück

Ericsson ist ein Telekommunikationsmulti mit einer reichhaltigen und beeindruckenden Geschichte. In den 1990er-Jahren war das schwedische Unternehmen einer der weltweit größten Hersteller von Mobiltelefonen, hatte sich jedoch während einiger Krisenjahre aus diesem Geschäft zurückgezogen und sich auf den Aufbau von Kommunikationsnetzwerken verlegt. Derzeit befindet sich Ericsson auf einer spannenden Mission – der Schaffung des Internets der Dinge. Bereits jetzt hat das Unternehmen in Zusammenarbeit mit dem dänischen Logistikriesen Maersk das »größte Flotten-Mobilfunkkommunikationsnetzwerk der Welt« geschaffen und arbeitet inzwischen zusammen mit Scania und Volvo an der mobilen Vernetzung von Straßenfahrzeugen. Doch der Transformationsprozess, den Ericsson durchlaufen muss, um seine neuen Geschäftsfelder im Bereich Cloud-, TV- und IP-Netzwerke sowie Internet der Dinge aufzubauen, ist für die mehr als 100.000 Beschäftigten des Unternehmens eine große Herausforderung.

Ich habe mit einer der größten Abteilungen von Ericsson gearbeitet, um sie dabei zu unterstützen, ihre Mitarbeiter auf diese anspruchsvolle Umgestaltung vorzubereiten. Der beste Ansatz, so entschieden wir, bestünde darin, Ericsson als *Technologie-Pionier* zu positionieren. Es gäbe auch viele andere Möglichkeiten, diese gigantische Organisation zu beschreiben, doch durch eine Konzentration auf die kühne, wegweisende Seite des Unternehmens hofften wir, die Mitarbeiter ermutigen zu können, die neuen Herausforderungen anzunehmen und offen für alle unter Umständen notwendigen Veränderungen ihrer Rolle oder der Ausrichtung ihres Arbeitgebers zu sein. Um den Anspruch des zukunftsorientierten High-Tech-Unternehmens auf die Vorreiterrolle zu untermauern, warfen wir einen Blick in seine Geschichte.

Wir riefen uns ins Gedächtnis, dass der Gründer, Lars Magnus Ericsson, 1878 an der Entwicklung des Telefons zu arbeiten begann, lange, bevor die meisten Menschen überhaupt von dieser neuen Technologie gehört hatten. Sein Telefonvermittlungssystem 500-Switch, das 1923 das erste Mal zum Einsatz kam, verband Anrufer aus der ganzen Welt miteinander. 1981 brachte Ericsson das erste moderne Mobiltelefonsystem auf den Markt. Die Programmiersprache Erlang, die 1986 das erste Mal zum Einsatz kam, wird heute von WhatsApp, Facebook und Amazon verwendet und kommt in Millionen Smartphones zum Einsatz. Ericsson entwickelte die Standards für GSM 2G, 3G und LTE 4G oder brachte sie an den Markt. Ingenieure von Ericsson erfanden 1998 Bluetooth.

Indem wir ausgewählte Elemente aus der Firmengeschichte hervorhoben, konnten wir zeigen, dass Ericsson in der Tat ein Wegbereiter neuer Technologien war und ist – und bereit für neue Abenteuer auf bislang unerforschten Gebieten.

74

Gleichzeitig sah sich Ericsson mit einer zweiten, weitaus kniff-
ligeren Herausforderung konfrontiert: Einer der größten Absatz-
märkte des Unternehmens war Russland, und dieses Land steckte
seit Kurzem wegen der Invasion auf der Krim, dem schwelenden
Krieg in der Ostukraine und der Lieferung der Waffe, die benutzt
wurde, um Flug Nr. 17 der Malaysia Airlines abzuschießen, in
einem ernsthaften Konflikt mit der Europäischen Union. Obwohl
die EU-Sanktionen gegen Russlands Banken-, Energie- und Ver-
teidigungssektor verhängt hatte, war der Handel mit Telekommu-
nikationstechnologien noch erlaubt. Doch die russischen Mobil-
funknetzbetreiber zögerten, sich mit längerfristigen Investitionen
an einen europäischen Anbieter zu binden. Bei einem Rivalen aus
China, Huawei, wäre die Wahrscheinlichkeit, dass er sich aus dem
Land zurückzog, womöglich geringer. Ericsson musste seinen
Kunden und Mitarbeitern in Russland glaubhaft machen, dass es
diesem Markt auch weiterhin voll verpflichtet bleiben würde.

Wieder blickten wir zurück in die Vergangenheit, um unsere
beabsichtigte Botschaft zu vermitteln. Ericsson hatte seinen Ge-
schäftsbetrieb in Russland mehr als 130 Jahre zuvor aufgenommen,
als das Unternehmen die Ausrüstung für die russische Post- und
Telegraphenverwaltung lieferte und ein Werk in St. Petersburg er-
richtete. Anfang des 20. Jahrhunderts schien der russische Markt
größere Wachstumschancen zu bieten als Schweden, und Lars
Magnus Ericsson erwog sogar die Verlegung des Hauptsitzes seines Unternehmens nach St. Petersburg. Ericsson hatte trotz der
Revolution 1905, des Krieges in Japan, des Ersten Weltkriegs und
einer Seeblockade weiterhin Handel mit Russland getrieben. Das
schwedische Unternehmen war in Russland tief verwurzelt. Kurz-
fristige politische Streitigkeiten würden sein langes Engagement
in einer großen Nation mit 140 Millionen Einwohnern nicht gefährden.

Für eines der prominentesten Unternehmen, die uns derzeit die
Zukunft bringen, erweist sich die Firmengeschichte als wertvolles
Vermögen. Es ist eine selektive Geschichte – wir erwähnten weder

die Tatsache, dass Ericsson, wie viele andere ausländische Unternehmen auch, 1917 im Gefolge der bolschewistischen Revolution des Landes verwiesen, noch den Umstand, dass das Werk in St. Petersburg entschädigungslos verstaatlicht wurde und dennoch hat die uralte Beziehung zu Russland trotzdem dabei geholfen, den Fortbestand der Handelsbeziehungen mit diesem wichtigen Markt zu bekräftigen.

Ein großer Topf konkurrierender Wahrheiten

Einer meiner Lehrer verglich die Geschichte einmal mit einem Topf Spaghetti. Die dünnen Nudeln lägen alle durcheinander, und Historiker müssten eine einzelne aus dem Wust herausziehen, um ein kohärentes Bild von der Vergangenheit zu zeichnen. Ich denke immer noch, dass es eine großartige Metapher ist. Jede Nudel ist eine konkurrierende Wahrheit: Die eine, die du auswählst und aus dem Topf herausziehst, bestimmt dein Verständnis von der Vergangenheit, und dieses wiederum treibt dein Handeln in der Gegenwart an.

Doch nicht nur geopolitische Geschichte oder Firmengeschichte sind von Bedeutung. Wer hat nicht schon einmal versucht, die Historie einer Beziehung oder eines Streits neu zu interpretieren? Unser Verständnis dessen, was in der Vergangenheit geschehen ist, hat eine große Bedeutung für unsere Gegenwart und Zukunft. Unsere Geschichte formt unsere Identität. Sie formt unsere Art zu denken.

Doch historische Zusammenhänge können ein Topf mit extrem vielen Spaghetti sein, Tausenden verschiedener Stränge, aus denen man auswählen kann. Auch dann, wenn wir gerade keine aktuelle Agenda haben, müssen wir immer wieder aus einer Fülle verschiedener Darstellungen vergangener Ereignisse auswählen, denn eine einzelne wird niemals alle Menschen, Handlungen, Details und externen Faktoren einbeziehen, die unsere Interpretation der

Vergangenheit beeinflussen könnten. *Fehlinformierer* vermitteln oftmals einen stark verzerrten Eindruck von Geschichte, indem sie nur über den einen Strang sprechen, den sie für sich entdeckt haben.

Was wir mit Sicherheit über die letzten paar Tausend Jahre sagen können, ist, dass es stets genauso viele Frauen gab wie Männer. Geschichtsbücher vermitteln ein ganz und gar anderes Bild. Abgesehen von Jeanne d'Arc, Anna Boleyn, Elisabeth I., Florence Nightingale, Marie Curie und ein paar Zahlen, an die sich nur selten jemand erinnert, dreht sich die Überlieferung traditionell um Männer. Es ist nicht so, als hätten die Geschichtsschreiber Frauen aus ihren Berichten bewusst ausgeklammert (obwohl: einige vielleicht schon) – sie fanden Frauen einfach nicht so wichtig wie die Männer, die Völker beherrschten, Armeen kommandierten und Rebellionen anführten. Dasselbe lässt sich von den meisten einfachen Menschen sagen: Geschichtsbücher machen sich selten die Mühe, ihre Geschichten zu erzählen, selbst dann, wenn ihre Briefe, Tagebücher und Aufzeichnungen bewahrt wurden. Vielleicht fällt Ihnen das Übergewicht von Kriegsbezügen in diesem Kapitel auf. Kriege bekommen stets eine ganze Menge mehr Aufmerksamkeit als all die Jahre des Friedens dazwischen.

Rufen Sie sich doch einmal die Geschichte eines Ortes oder einer Organisation ins Gedächtnis, den oder die Sie gut kennen. Auch Sie werden sich gezwungen sehen, den Großteil aller möglichen Elemente dieser Geschichte wegzulassen. Wir haben einfach nicht die Zeit, jedes Meeting, jede Transaktion, jeden Bericht, jede Errungenschaft, jeden Fehler, jede Diskontinuität und jeden Vorschlag darzustellen, selbst *wenn* wir uns an das alles erinnern würden. Daher nehmen Sie – und das ist ganz natürlich – eine Auswahl vor. Und über diese Auswahl formen Sie die Geschichte.

Dann fügen Sie noch eine aktuelle Agenda hinzu, und die umgeformte Vergangenheit kann beinahe jede Gestalt annehmen.

Demütigungen glorifizieren

Schauen wir uns einmal an, wie unterschiedlich die USA, Groß-britannien und China drei Ereignisse historischen nationalen Scheiterns betrachten: den Fall von Saigon, die Evakuierung von Dünkirchen und das sogenannte Jahrhundert der Demütigung. Am 30. April 1975, als nordvietnamesische Truppen die süd-vietnamesische Hauptstadt Saigon stürmten, wurde der US-Bot-schafter per Helikopter aus der dortigen Botschaft evakuiert. Schon vor dem Fall der Stadt war Vietnam für die USA zu einer entsetz-lichen Peinlichkeit geworden. Eine bisher nie dagewesene, mit Fotos unter anderem von der Selbstverbrennung eines Mönchs, entsetzlichen Hinrichtungen, dem Massaker von My Lai und einem von Napalm verbrannten Kind angereicherte Kriegsbericht-erstattung hatte dazu geführt, dass viele Amerikaner die mora-lischen Grundlagen dieses Kriegs infrage stellten. Manche nannten die US-Soldaten »Babymörder«. Andere verzweifelten am Versa-gen ihres Militärs, dem es nicht gelang, einen offensichtlich unter-legenen Gegner zu besiegen. Vietnam war der erste Krieg, den die USA verloren.

Die Veröffentlichung der »Pentagon Papers«, die 1971 geheime Bombenangriffe in Kambodscha und Laos enthüllten, sollten der ›New York Times‹ zufolge zeigen, dass Präsident Johnsons Regie-rung im Verlaufe eines Krieges, in dem fast 60.000 Amerikaner getötet wurden, »systematisch gelogen [hat], und zwar nicht nur gegenüber der Öffentlichkeit, sondern auch gegenüber dem Kon-gress«.[11] Talkmaster Dick Cavett nannte den Krieg einen »abscheu-lichen Fall geradezu verbrecherischer politischer Unfähigkeit und Fehlkalkulation, der die Welt in ihren Grundfesten erschüttert hat«.[12]

Aus diesem Grunde ist es wohl natürlich, dass viele Amerikaner sich an den endgültigen Rückzug der USA aus Saigon lieber gar nicht erinnern wollen. Und doch war diese Militäroperation an sich eine bemerkenswerte Leistung: Helikopterbesatzungen arbeiteten bis zum Einmarsch der siegreichen nordvietnamesischen Armee verbissen und ohne Unterlass an der Evakuierung von 1.373 Amerikanern und 5.595 Vietnamesen sowie Angehörigen anderer Nationalitäten. Dabei taten Menschen immer wieder weit mehr als nur ihre Pflicht und vollbrachten zahlreiche Heldentaten, aus denen eine demoralisierte Nation hätte Stolz schöpfen können. Stattdessen war die überwältigende Reaktion eine andere: Scham.

»Ich habe geweint, und ich glaube, alle anderen haben auch geweint. Wir weinten aus den verschiedensten Gründen«, sagte Major James Kean über die Evakuierung der Botschaft. »Doch vor allem schämten wir uns. Wie hatte es nur so weit kommen können, dass sich die Vereinigten Staaten von Amerika in einer Lage befanden, in der wir nur noch den Schwanz einziehen und um unser Leben laufen konnten?«[13]

Ein solches Maß an Überraschung war allerdings unangebracht: Bereits mehr als zwei Jahre zuvor hatten Präsident Richard Nixon und sein nationaler Sicherheitsberater Henry Kissinger, als sie die US-Truppen abzogen und die Südvietnamesen in diesem Krieg allein weiterkämpfen ließen, gewusst, dass ihr Verbündeter nicht überleben würde. Kissinger soll sich während der Verhandlungen mit China bemüht haben, einen »angemessenen zeitlichen Abstand« zwischen dem Rückzug der USA und dem Zusammenbruch Südvietnams auszuhandeln.[14] Angesichts der öffentlichen Stimmung, die entschieden gegen den Krieg gerichtet war, und der Tatsache, dass der Kongress jede weitere militärische Unterstützung Südvietnams abgelehnt hatte, blieb der Regierung wahrscheinlich keine andere Wahl. Dennoch dürften heute viele den Abzug der US-Truppen und schließlich auch ihres Militärattachés und Botschaftspersonals nicht nur als bloßes Scheitern, sondern als schwerwiegenden Verrat bezeichnen.

Die Konsequenzen dieser Beurteilung sind nicht nur für die Vereinigten Staaten düster, sondern für die ganze Welt. Manche behaupten, der Rückzug aus Vietnam habe seither die gesamte

US-Außenpolitik geprägt. Der ehemalige Auslandsredakteur des ›Guardian‹, Martin Woollacott, schrieb:

Alles, was die USA seitdem weltweit unternehmen, ist von der Angst vor den Konsequenzen bestimmt, die ein Versuch mit sich brächte, ihre Ansprüche wieder auf militärische Art und Weise zu bekräftigen – und von ihrem Drang, eben dieses zu tun. Die Angst ist die vor einem weiteren Vietnam, einer weiteren Zwickmühle, einem weiteren Debakel. Der Drang dagegen sucht sich immer wieder andere Ort als Ventil, Orte, an denen etwas Vietnam Vergleichbares noch einmal in Angriff genommen werden kann, dieses Mal jedoch mit einem klaren, überzeugenden Sieg. Wieder und wieder haben die USA einen solchen kompensatorischen Sieg angestrebt, zuletzt in Afghanistan und im Irak. Vietnam, gleich Hamlets Geist, will einfach nicht verschwinden.«[15]

Wie anders nimmt sich dagegen die Erinnerung der Briten an Dünkirchen aus.

Nach dem Ausbruch des Zweiten Weltkriegs war das Britische Expeditionskorps zur Unterstützung der französischen und belgischen Streitkräfte nach Frankreich entsandt worden, um den Vormarsch der deutschen Armee aufzuhalten. Die Operation schlug auf ganzer Linie fehl. Zwischen dem 27. Mai und dem 4. Juni 1940 mussten nach einer verheerenden Niederlage gegen die Deutschen mehr als 300.000 britische und französische Soldaten von der Küste und aus dem Hafen von Dünkirchen in Nordfrankreich gerettet werden. Tausende weitere gerieten in Gefangenschaft oder wurden getötet. Ein Berg von Vorräten, Waffen, Fahrzeugen und Munition ging an das Dritte Reich verloren, und Hitler hatte danach für die nächsten vier Jahre die beinahe vollständige Kontrolle über Frankreich. Die Kampfhandlungen, die in den Wochen davor stattfanden und am Ende zu der Evakuierung von Dünkirchen führten, waren außerordentlich heftig. Zahlreiche britische Einheiten bewiesen großartigen Mut, indem sie trotz der

Kapitulation der belgischen Armee, die ihre östliche Flanke katastrophal entblößte, unmögliche Stellungen hielten. Das Ergebnis war dennoch nicht zu leugnen: Die britischen und französischen Streitkräfte waren ausmanövriert und zahlenmäßig unterlegen. Die deutsche Zeitschrift ›Der Adler‹ schrieb dazu:

> Für uns Deutsche wird das Wort ‹Dünkirchen› für alle Zeiten gleichbedeutend sein mit dem Endsieg in der größten Vernichtungsschlacht der Kriegsgeschichte. Der Begriff ‹Dunkerque› aber muss den Engländern und Franzosen, die dabei waren, bis an ihr Lebensende die Erinnerung an eine Niederlage wachhalten, wie sie größer noch keine Armee hat auf sich nehmen müssen.[16]

Das entspricht jedoch nicht der Wahrheit. Fragen Sie irgendjemanden in Großbritannien, wofür Dünkirchen steht, und er oder sie wird von der Flotte von Fischerbooten, Ausflugsschiffen und Privatyachten schwärmen, die Richtung französische Küste in See stachen, und den Tausenden tapferen Soldaten, die sie retteten. Ungeachtet der Tatsache, dass der größte Teil der Evakuierung durch Schiffe der Royal Navy erfolgte, sind diese »kleinen Schiffe« am stärksten im Gedächtnis geblieben. Sie hatten nur kleine Besatzungen, waren in einigen Fällen sogar mit nur einem einzigen Skipper bemannt. Viele waren nur 10 bis 15 Meter lang. Manche wurden als Fähren eingesetzt und brachten Soldaten von der Küste vor Dünkirchen zu den größeren Marineschiffen, die auf dem offenen Meer warteten, in Gewässern, die dem Dauerbeschuss durch die deutsche Artillerie ausgesetzt waren. Andere sammelten so viele Männer ein wie möglich und fuhren mit ihnen unter Dauerbeschuss durch die deutsche Luftwaffe zurück nach England, um anschließend zurückzukehren und weitere Soldaten heimzuholen. Ihre mutigen Anstrengungen trugen dazu bei, die britische Armee vor der vollständigen Vernichtung zu bewahren. Winston Churchill nannte die Aktion ein »Wunder der Erlösung«. Mit einer zwar arg gebeutelten, jedoch immer noch beinahe vollständigen Armee im Rücken, die imstande gewesen wäre, Großbritannien im Falle einer möglichen Invasion zu verteidigen, konnte er jeden Vorschlag einer Kapitulation abschmettern. Die Evakuierung von Dünkirchen war in der Tat eine herausragende Leistung. Dennoch wäre es ebenso gut möglich gewesen, dass die Menschen im Land und auch die Geschichte sie lediglich als positive Fußnote zu einem ausgesprochen desaströsen militärischen Abenteuer vermerkt hätten. Stattdessen, so schrieb Duncan Anderson, Chef des War Studies Department an der Königlichen Militärakademie in Sandhurst, sei »der Spin«, den Churchill dieser Aktion durch seine berühmte Rede verliehen habe, »beinahe zu erfolgreich« gewesen. »Ganz Großbritannien wurde von einer Welle der Euphorie erfasst«:

Zunehmend besorgt angesichts der Atmosphäre des Irrealen, die ganz Großbritannien zu durchdringen schien, wandte sich Churchill am 4. Juni [1940] in einer Rede an das Unterhaus und machte seinen Landsleuten mit sehr deutlichen Worten die wahrhaft verzweifelte Lage klar, in der sie sich befanden. Er rief ihnen ins Gedächtnis, dass Kriege nicht durch Evakuierungen gewonnen wurden, und dass das, »was in Frankreich und Belgien geschehen ist, ... ein kolossales militärisches Desaster« war. Doch die Briten glaubten ihm nicht; sie zogen vielmehr den Mythos der Realität vor, und sie waren nicht gewillt, irgendjemandem zuzuhören, der ihren Glauben erschüttern wollte, nicht einmal Churchill selbst.[17]

Der Ausdruck »Geist von Dünkirchen« fand Eingang in die englische Sprache, wo er großen Mut, Geschlossenheit und Entschlossenheit im Angesicht von Widrigkeiten bezeichnet. Dünkirchen gilt trotz der vollständigen Niederlage der britischen Streitkräfte in der Schlacht um Frankreich in Großbritannien immer noch als eine Art Sieg. Das Vereinigte Königreich hat sich dazu entschlossen, ein Ereignis zu feiern, das eine andere Nation womöglich lieber vergessen hätte. Dies hat zweifellos die britische Kultur geformt und Großbritannien mit Sicherheit geholfen, den Krieg zu gewinnen.

Die Amerikaner blicken voller Scham auf Saigon zurück, die Briten voller Stolz auf Dünkirchen. Und wenn die Chinesen auf ihr »Jahrhundert der Demütigung« zurückschauen, dann ist ihr Blick erfüllt von bewusstem, zielgerichtetem Zorn.

Es begann mit dem Ersten Opiumkrieg. Großbritannien schickte 1840 zum Schutz seines Opiumhandels ein Expeditionskorps nach China, nachdem das Land große Mengen der Droge konfisziert und die britischen Händler mit einer Blockade belegt hatte. Britische Kanonenboote und Truppen besiegten dank besserer Bewaffnung und Marinetechnologie eine zahlenmäßig überlegene imperiale Streitmacht der Chinesen. 1842 sah sich China gezwungen, den Vertrag von Nanking zu unterzeichnen – bekannt als der erste der »ungleichen Verträge«, denn seine Verpflichtungen lagen ausschließlich auf chinesischer Seite. China musste Reparationen zahlen, »Vertragshäfen« für den Handel mit dem Ausland öffnen und Hongkong an die Briten abtreten.

Der Zweite Opiumkrieg war noch schlimmer. Dieses Mal – und mit noch weniger Berechtigung – marschierten Großbritannien und Frankreich mit vereinten Streitkräften in China ein. Der Krieg erreichte seinen Höhepunkt mit einer Vergeltungsaktion: der Zerstörung des Alten Sommerpalasts des Kaisers bei Peking. Bekannt als »Garten der vollkommenen Klarheit«, war dieser prachtvolle Gebäudekomplex mit ausgesuchten Kostbarkeiten ausgestattet und beherbergte einzigartige Schätze. Heute sind von den Gebäuden nur noch Ruinen übrig, und vieles von dem, was sich einst in ihnen befand, ziert nun britische und französische Sammlungen.

Während China im Zweiten Opiumkrieg kämpfte, machte sich Russland dessen Schwierigkeiten zunutze und drohte mit Invasion. Der hieraus resultierende Vertrag von Aigun zwang China, weite Teile seines Territoriums an Russland abzutreten. Unterdessen wurde das Großreich von einem Bürgerkrieg erschüttert, der als Taiping-Aufstand bekannt ist und geschätzt 20 Millionen Tote forderte.

Es folgten weitere Kriege und Invasionen, die im Ergebnis zu einer verheerenden Dominanz Japans führten. Der Erste Japanisch-Chinesische Krieg wurde um Korea geführt, einen ehemaligen Vasallenstaat Chinas. Japan errang einen entscheidenden Sieg und eignete sich später Korea und Formosa (Taiwan) an.

In den folgenden Jahren erlangte Japan zunehmend die Kontrolle über die Mandschurei (den Nordosten Chinas), die es schließlich 1931 besetzte. Der Zweite Japanisch-Chinesische Krieg brach 1937 aus, als die japanische Armee Peking, Shanghai und Nanjing eroberte. Die chinesische Nationalrevolutionäre Armee war nach Monaten blutiger Häuserkämpfe gegen die einfallende Kaiserliche Japanische Armee zum Rückzug aus Shanghai gezwungen. Die epische Schlacht kostete mehr als 200.000 Chinesen das Leben; wenige Wochen später sollte ein Massaker an geschätzten 50.000 bis 300.000 Zivilisten in Nanjing folgen.

Diese hundert Jahre waren für China in der Tat eine entsetzliche Zeit. Eigentlich würde man erwarten, dass eine derart stolze, aufstrebende Nation diese schlimmsten Aspekte ihrer Geschichte herunterspielt. Doch das Gegenteil ist der Fall. Die chinesische Regierung hat dafür gesorgt, dass sie sich mit jedem einzelnen Detail in das kollektive Bewusstsein der Nation einbrennen. Im Rahmen eines »patriotischen Bildungsprogramms« werden unzählige Chinesen mit Reisebussen zu den Ruinen des Sommerpalastes gekarrt, um sich die Beweise für die von den Briten und Franzosen verübten Grausamkeiten anzusehen. Die Gedenkstätte für das Massaker von Nanjing ist das meistbesuchte Touristenziel in der ehemaligen Hauptstadt.

Manche behaupten, die Kommunistische Partei Chinas habe sich im Gefolge der Proteste und des Massakers auf dem Tiananmen-Platz 1989 dazu entschlossen, diese schmerzhaften historischen Wunden wieder aufzureißen, um die Bevölkerung davon zu überzeugen, dass das Land eine starke, unangefochtene Regierung braucht, um eine Wiederholung solcher von Ausländern verübten Gräueltaten zu verhindern. Tatsächlich aber haben chinesische Führer bereits seit den 1920er-Jahren vom »Jahrhundert der Demütigung« gesprochen. Die Historikerin Julia Lovell weist darauf hin, dass China aus den Opiumkriegen einen Gründungsmythos gestrickt hat, der China – eine der größten Nationen der Geschichte – zum Opfer stilisiert.

Die Begründung der Regierung dafür, dass sie diesen brennenden Groll weiter anfacht, ist allerdings vor allem eine motivatorische. Die lange Reihe von Demütigungen wird dem Scheitern der Strategie des imperialen China zur Last gelegt, mit der technologischen Entwicklung des Westens Schritt zu halten. Dieses Scheitern, so die stillschweigende Übereinkunft, darf sich niemals wiederholen. Auf diese Weise soll das chinesische Volk motiviert werden, sein Land aufzubauen, voranzuschreiten, Erfindungen zu machen, zu triumphieren.

Unsere Geschichte sind wir

Was verleiht einem Individuum, einer Organisation oder einer Nation seine oder ihre Geschichte? Kultur vielleicht, oder Persönlichkeit, Werte und Fähigkeiten. Doch all dies hängt von unserer Geschichte ab. Das Fundament für unser Verständnis davon, dass wir gut oder fähig oder entschlossen sind, bildet unsere Vergangenheit. Ganze Nationen wie Israel, Italien und Deutschland wurden auf der Grundlage einer selektiven Erinnerung an Ereignisse zusammengeschmiedet, die vor Menschengedenken stattfanden. »Für die Gründungsmythen unseres Stammes oder unserer Nation greifen wir auf die Vergangenheit zurück«, bemerkte Hilary Mantel, Verfasserin historischer Romane. »Wir gründen sie auf Ruhm oder auf Trauer, aber nur selten gründen wir sie auf nackten Fakten.«[18]

Geschichte formt unsere Identität, und Menschen, Organisationen und Nationen handeln entsprechend der Identität, die sie annehmen. »Wir werden von der Geschichte gemacht«, sagte Martin Luther King Junior. Das ist der Grund, warum George Orwell in ›1984‹ die Bürokraten von Ozeanien so viel Zeit darauf verwenden lässt, die Geschichte umzuschreiben. Alles, was wir tun, wurzelt zumindest teilweise in unserem Verständnis von der Vergangenheit.

Einer Vergangenheit, die unbegrenzt umgeschrieben werden kann.

In der Praxis

- Nutzen Sie relevante historische Ereignisse und Leistungen, um die aktuelle Identität von Organisationen zu formen.
- Rufen Sie erfolgreiche Aktionen und Ereignisse aus der Vergangenheit wieder auf, um heute andere zum Handeln zu inspirieren.

Doch Vorsicht vor ...

- Irreführern, die relevante und bedeutende historische Tatsachen ignorieren, um sich selbst Peinlichkeiten zu ersparen oder Gegner zu schwächen.
- Irreführern, die hochselektive Schilderungen der Vergangenheit benutzen, um Gewalt, Diskriminierung und ethnische Konflikte zu befördern.

3 Kontext

Wie schlimm kann es werden?

Stellen Sie sich vor, jemand hätte Sie bis auf die Unterwäsche aus-
gezogen und in einen See geworfen. Sie haben nicht die leiseste
Ahnung, wo Sie sich befinden, und als Sie erschöpft ans Ufer krie-
chen, gibt es weit und breit keinerlei Anzeichen für menschliche
Behausungen oder Landwirtschaft. Sie scheinen am Ende der Welt
zu sein.

Erschreckend?

Nicht, wenn Sie die heldenhafte Astronautin in dem Spielfilm
›Gravity‹ sind und es entgegen aller Wahrscheinlichkeit zurück auf
die Erde geschafft haben, nachdem Sie im Weltall gestrandet
waren und dem Tod durch Kollision, Verbrennen oder Ersticken
ins Auge gesehen haben. Es spricht für das erzählerische Können
der Filmemacher, dass wir, als Sandra Bullock sich mit letzter Kraft
auf diesen fremden Strand zieht und ihre Hände in den nassen
Sand krallt, innerlich in Jubel ausbrechen, weil wir der festen
Überzeugung sind, jetzt wird alles gut. Sie atmet frische Luft! Sie
hat wieder festen Boden unter den Füßen!

Allerdings hätte exakt dieselbe Szene auch der Beginn eines harten Überlebenskampfes in einer kalten, feindlichen Umgebung
sein können: Eine Frau muss barfuß, ganz auf sich allein gestellt,

ohne Nahrung, ohne Landkarte, Streichhölzer, Telefon oder Wissen über die Wildnis, in der sie gestrandet ist, ihren Weg zurück in die Zivilisation finden. Beängstigende Aussichten. Doch wir wissen ja, um wie vieles schlimmer ihre Lage nur kurz zuvor noch war, und erwarten eine Rettungsmission durch die NASA. Daher empfinden wir diese Szene als glückliches Ende.

Kontext macht in unserer Wahrnehmung der Realität den entscheidenden Unterschied. Ich habe mit Unternehmen gearbeitet, die es ausgelassen feierten, wenn sie gerade mehrere Millionen Dollar verloren hatten, denn in den Jahren davor waren die Geschäfte noch sehr viel schlechter gelaufen. Ein bescheidenes Geschenk von einem Kind kann sehr viel kostbarer sein als dasselbe Geschenk, wenn es von einem reichen Erwachsenen kommt. Ein kaltes Bier schmeckt nach einem langen, heißen Tag mit schwerer körperlicher Arbeit anders. Parteichef Jeremy Corbyn behauptete 2007, Labour habe die Wahlen in Großbritannien »gewonnen«, ungeachtet der Tatsache, dass auf seine Partei nun 56 Parlamentssitze weniger entfielen als auf die regierende Conservative Party, und zwar einfach deshalb, weil alle mit einem weitaus besseren Ergebnis für Theresa May gerechnet hatten. Kontext verändert Bedeutung.

Derartiger Kontext ist Teil der komplexen Welt, die wir zu verstehen versuchen. Die Forderung, dass wir den Kontext aller Handlungen und Ereignisse, die wir bewerten, kennen sollten, ist leicht aufgestellt. Doch *welcher* Kontext relevant oder angemessen ist, ist sehr viel schwerer zu sagen. Eine Geschichte, die wir hören, wird, je nach dem Kontext, mit dem sie versehen ist, jeweils einen anderen Eindruck vermitteln. Die Entscheidung, welcher Kontext betont und welcher heruntergespielt werden soll, ist elementarer Bestandteil der Gestaltung von Realität.

Ein Ding ist nicht bloß ein Ding

Der Psychologe Paul Rozin gelangte in akademischen Kreisen zu Berühmtheit, weil er ein besonderes Experiment entwickelte, um menschliche Reaktionen auf Ekel zu untersuchen. Er zeigte seinen Probanden eine nagelneue Bettpfanne, frisch aus der Verpackung des Herstellers, und wiederholte mehrfach, sie sei noch nie benutzt worden, was seine Testpersonen auch gerne glaubten. Dann füllte er das Gefäß mit Apfelsaft und bot ihnen an, daraus zu trinken.

Die meisten lehnten ab.

Es handelt sich hier nicht um irgendeine angeborene Aversion, die in unseren Genen festgeschrieben ist. Unsere Vorfahren hätten bereitwillig aus diesem praktisch geformten, unberührten Gefäß getrunken. Wir jedoch assoziieren das Objekt dermaßen stark mit Urin, dass wir es nicht mehr über uns bringen, daraus zu trinken. Rozins Probanden ekelten sich bei dieser Vorstellung, »obwohl sie wussten, das Gefäß ist fabrikneu, es ist kein Urin darin, es gibt keine Verunreinigung«.[1]

Der Gegenstand ist nicht bloß ein Gegenstand – er hat einen Kontext, und dieser Kontext bestimmt, wie wir ihn wahrnehmen.

Wäre eine von Rozins Testpersonen in einer Wüste gestrandet und sehr durstig gewesen, hätte sie höchstwahrscheinlich aus der Bettpfanne getrunken, ohne auch nur eine Sekunde zu zögern. Der Kontext ist ein anderer, also handelt sie auch anders.

Bei einer Fülle von Objekten hängen unsere Reaktionen stärker vom Kontext ab als von den Objekten selbst. Stellen Sie sich vor, Sie besäßen eine Designeruhr. Wie würden Sie sich fühlen, wenn sich fünf Ihrer Kollegen dieselbe Uhr kauften? Was, wenn Sie herausfinden, dass die Uhr von einem Unternehmen hergestellt wird, das für seine Steuervermeidung berüchtigt ist? Was, wenn Sie in einem Nachrichtenbeitrag einen Prominenten sehen, den Sie nicht ausstehen können, und er trägt genau diese Uhr? Das

Objekt hat sich nicht verändert, doch es ist durch den jeweiligen Kontext kompromittiert worden. Auch ein alter Silberlöffel übt auf Sammler eine unterschiedliche Anziehungskraft aus, wenn sie wissen, dass er einst von Adolf Hitler benutzt wurde.

In der Downing Street Nr. 10 lebt viele Jahre lang eine schwarz-weiße Katze namens Humphrey. Der Kater teilte sich sein Domizil mit insgesamt drei Premierministern, darunter Margaret Thatcher von den Konservativen und Toni Blair von Labour. Er war Gegenstand eines Experiments, das Bände spricht. Britische Wähler bekamen ein Bild von Humphrey gezeigt und wurden gefragt, ob sie ihn mochten oder nicht. Wurde er als »Thatchers Katze« bezeichnet, erhielt Humphrey eine Nettozustimmungsrate von 44 Prozent unter konservativen Wählern und lediglich 21 Prozent unter Labour-Wählern. Als »Blairs Katze« erreichte er 27 Prozent unter den konservativen Wählern und 37 Prozent unter den Labour-Wählern.[2] Selbe Katze, anderer Kontext.

Die physische Beschreibung eines Objektes (oder einer Katze) ist eine Wahrheit; bei den verschiedenen möglichen Kontexten dieses Objektes handelt es sich um konkurrierende Wahrheiten, die sehr verschiedenartige Reaktionen in uns auslösen können. Die vielleicht eindeutigste Methode, dies zu illustrieren, besteht darin, sich eine Branche anzusehen, die Objekte beinahe ausschließlich nach ihrem Kontext bewertet: das Kunstgeschäft.

Besser als Matisse

In den Jahren unmittelbar nach dem Zweiten Weltkrieg herrschte in Europa Chaos. Städte lagen in Trümmern, Millionen Menschen waren durch die Kriegshandlungen vertrieben und obdachlos, Grenzen hatten sich verschoben und die Sowjetunion hatte den Osten größtenteils unter ihre Kontrolle gebracht. Es war eine Zeit großer Entbehrungen und großen Leids, doch es war auch eine Zeit der Chancen.

Im Februar 1947 checkte in einem Hotel in Kopenhagen ein Mann ein, der behauptete, ein enteigneter ungarischer Aristokrat zu sein. Er erzählte eine tragische Geschichte: Alle Mitglieder seiner Familie seien von den Nazis ermordet und ihre ausgedehnten Ländereien und Besitztümer von den Russen konfisziert worden. Er selbst habe als homosexueller Jude die meiste Zeit des Krieges in einem deutschen Konzentrationslager verbracht. Während eines Verhörs durch die Gestapo habe man ihm ein Bein gebrochen, und er habe es nur deshalb mit Mühe und Not geschafft, aus dem von der Sowjetunion kontrollierten Ostblock zu entkommen, weil es ihm gelungen sei, Grenzschützer mit ein paar Diamanten zu bestechen, die in seinen Mantel eingenäht gewesen wären. Alles, was ihm geblieben sei, seien fünf Picassos – letzte Überbleibsel des einstmals großen Vermögens seiner adligen Familie.

Er befände sich in einer völlig verzweifelten Lage; er müsse sie verkaufen.

Ein ortsansässiger Händler zeigte sofort Interesse. Die Zeichnungen schienen aus der klassischen Periode des Künstlers zu stammen und inzwischen eine Menge wert zu sein. Die Story, die der Flüchtling erzählte, ergab Sinn: Zahllose wertvolle Kunstobjekte waren im Angesicht drohender Plünderungen oder Bombenangriffe durch die Nazis hastig zusammengepackt und in Sicherheit gebracht worden und nun über ganz Europa verstreut.

Als solche Arbeiten nach und nach wieder aus den Trümmern auftauchten, konnten clevere Sammler echte Schnäppchen machen. Das hier war eine Chance, die man nicht ungenutzt verstreichen lassen durfte.

Der Händler arrangierte einen Termin für die Begutachtung der Zeichnungen durch einen Experten, und schon bald lag ihm die Aussage vor, dass es sich um Originale handele. Am Ende stimmte eine Galerie in Stockholm zu, die Werke für 6.000 US-Dollar anzukaufen. Der Flüchtling bekam einen Scheck überreicht, der auf den Namen ausgestellt war, den er angegeben hatte: Elmyr de Hory.

Zum Leidwesen der Stockholmer Galerie (und nicht nur dieser, sondern während der folgenden Jahrzehnte einer Vielzahl von Kunstkäufern) handelte es sich bei dem Mann, der sich de Hory nannte, um einen Meisterfälscher. Die Zeichnungen stammten nicht von Picasso. De Hory hatte sie selbst angefertigt. Er war noch neu im Geschäft und hatte im Jahr davor seinen ersten »Picasso« eher durch Zufall verkauft: Ein Freund hatte eine seiner Zeichnungen falsch zugeordnet und ihn gefragt, ob er sie kaufen könnte. So zumindest lautet die offizielle Geschichte – obwohl alles, was in Zusammenhang mit de Hory und seinem Biografen Clifford Irving (einem weiteren großartigen Fälscher, der seine Bekanntheit vor allem durch die erfundene Autobiografie des exzentrischen Milliardärs Howard Hughes erlangte) bekannt ist, bezweifelt werden darf.

Mutmaßlich unter dem Namen Elemér Albert Hoffmann als Kind einer normalen ungarischen Mittelschichtfamilie in Budapest geboren, entwickelte de Hory bemerkenswerte künstlerische Fähigkeiten und fälschte in der Folge Hunderte von Meisterwerken, die unter anderem die Signatur von Matisse, Picasso, Modigliani, Monet und Degas trugen. Er und seine Komplizen betrogen im Verlaufe ihrer beinahe 30 Jahre währenden Verbrecherkarriere Galerien und private Kunstsammler um Millionen von Dollar. Hory lebte mehr als ein Jahrzehnt in den Vereinigten Staaten und nannte sich Baron de Hory. »Die Gemälde und Zeichnungen, die ich den Museen angeboten habe, wurden alle gekauft«, behauptete er. »Keines ist jemals abgelehnt worden, kein Einziges.«[3] Noch lange Zeit, nachdem er durch misstrauisch gewordene Händler in den USA aufgeflogen und vom FBI gejagt worden war, produzierte er auf der spanischen Insel Ibiza, wo sein Charme, sein Talent und seine Hartnäckigkeit ihm eine komfortable Villa und die Gesellschaft von Prominenten wie Marlene Dietrich und Ursula Andress eintrugen, weiter seine Fälschungen.

De Hory fertigte allerdings keine Kopien existierender Kunstwerke an. Seine Methode bestand darin, etwas Neues zu kreieren, das bekannte Künstler gezeichnet oder gemalt *haben könnten*. Er achtete sorgfältig darauf, gealterte Leinwände und Rahmen und gealtertes Papier zu benutzen, kaufte hin und wieder alte Gemälde wegen ihrer Leinwand an oder riss für Skizzen leere Seiten aus antiquarischen Büchern. Er konnte den Stil der Meister der Moderne so gut imitieren, dass nur wenige Experten in der Lage waren, den Unterschied zu erkennen. Ein lebender Künstler, Kees van Dongen, war sogar überzeugt davon, ein Werk, das in Wahrheit de Hory geschaffen hatte, selbst gemalt zu haben. Der Besitzer einer Kunstgalerie in New York erklärte: »Wenn es darum ging, einen Matisse zu malen, dann war de Hory besser als das Original.« Tatsächlich kursiert auch weiterhin die Behauptung, noch heute würden in Galerien auf der ganzen Welt viele seiner Arbeiten hängen, fälschlicherweise berühmten Künstlern zugeschrieben.

»Hängt eines meiner Werke nur lange genug in einem Museum«, sagte de Hory einmal, »dann wird es echt.«[4]

Darüber ließe sich gewiss streiten. Außer Frage steht aber die Tatsache, dass die Unterschiede zwischen einem echten Picasso und einem De-Hory-Picasso absolut minimal sind. Und doch ist der eine Millionen Dollar wert, der andere erheblich weniger. De Hory stellte die Frage auch selbst: Warum sollten seine Fälschungen im Vergleich zu den Originalen der Künstler, die er imitierte, als weniger wertvoll angesehen werden, wenn nicht einmal die meisten Experten in der Lage seien, sie auseinanderzuhalten? Kunstkenner schätzten seine Matisse-Gemälde, bis sie deren wahre Natur erkannten, als ebenso echt ein wie die des Meisters. Worin genau liegt also der wahre Wert eines Gemäldes, das von einem »echten« Meister geschaffen wurde?

Das Ganze lässt sich auch auf andere Weise veranschaulichen. Stellen Sie sich vor, Ihnen würde eine exakte, bis in die einzelnen Atome übereinstimmende Replik des Picasso-Gemäldes ›Die Frauen von Algier‹ (Version O) angeboten. Das Original erzielte bei einer Auktion 2015 die sagenhafte Summe von 179,3 Millionen US-Dollar. Das Gemälde, das Sie in Händen halten, ist nicht das Original, und es wird Ihnen auch niemals gelingen, es als Original auszugeben, und doch ist es mit diesem absolut identisch. Wie viel würden Sie dafür bezahlen?

Wahrscheinlich nicht allzu viel. Falls Sie über genügend Geld verfügen und es Ihnen gefällt, bieten Sie dafür vielleicht ein paar Tausend Dollar. Mit Sicherheit nicht mehr als 300.000 Dollar – was nahelegt, dass der enorme Wert des Originals nicht im physischen Objekt selbst zu suchen ist, sondern in dessen Kontext liegt – seiner Provenienz, seiner Geschichte, seinem Markennamen, seiner Seltenheit, seiner Einzigartigkeit. Leinwand, Farben und künstlerische Qualität sind höchstens ein paar Tausend Dollar wert, der Kontext über 179 Millionen.

Das ist gar nicht so verrückt, wie es zunächst klingt. Es stimmt tatsächlich, dass wir mehr Genuss aus Kunstwerken ziehen, wenn wir davon überzeugt sind, dass sie von geachteten Künstlern stammen und nicht von jemandem, der sie bloß imitiert. Die jüngsten Entwicklungen in der Neurowissenschaft gestatten es Forschern inzwischen, die Aktivitäten in jenen Teilen des Gehirns zu verfolgen, die mit dem »hedonischen Wert« in Verbindung stehen. Ein Team legte seine Testpersonen in einen Kernspintomografen und bat sie, eine Reihe von abstrakten Gemälden nach deren Wert einzustufen. Die Hälfte der Gemälde, die man ihnen zeigte, waren mit der Information versehen, sie kämen aus einer bekannten Kunstgalerie, von der anderen Hälfte hieß es, sie wären von den Forschern am Computer generiert worden.

Niemanden überraschte es, dass die Probanden im Durchschnitt den »Galerie«-Gemälden ein höheres subjektives Rating gaben als den »Computer«-Gemälden, und dies ungeachtet der Tatsache, dass man den Kunstwerken die entsprechenden Informationen völlig willkürlich zugeordnet hatte. Uns allen, müssten wir ein ästhetisches Urteil abgeben, würde es schwerfallen, uns dem Einfluss derart starker kontextueller Wegmarken zu entziehen. Die eigentliche Erkenntnis fand sich jedoch in den vom MRT aufgezeichneten Daten. Die Bereiche des Gehirns, die mit hedonischem Wert in Verbindung stehen, zeigten eine höhere Aktivität, wenn die Testpersonen die »Galerie«-Gemälde betrachteten. Wenn sie der Ansicht waren, dass die Kunstwerke von echten Künstlern geschaffen worden waren, dann hatten sie mehr Freude daran als an der Betrachtung von Werken, von denen sie annahmen, dass die Wissenschaftler sie am Computer erzeugt hatten.

Während also der überhöhte Kaufpreis für die ›Frauen von Algier‹ (Version O) das Ergebnis einer ganzen Reihe von Faktoren ist (und nicht zuletzt davon abhängt, welchen Preis der Käufer beim Weiterverkauf erzielen zu können glaubt), muss ein Teil davon auch auf das zusätzliche Vergnügen zurückzuführen sein, das uns erfasst, wenn wir ein Bild betrachten, von dem wir glauben, es sei von Picasso gemalt. Es ist daher nicht unbegründet, dass Galerien mehr für Arbeiten von Künstlern bezahlen, deren Namen den Besuchern bekannt sind. Der Kontext »Name« fügt der Leinwand und den Farben einen messbaren hedonischen Wert hinzu.

Schon Fälscher wie de Hory haben die Frage aufgeworfen, worin denn der Wert eines Kunstwerkes eigentlich liegt. Der Fortschritt bei den additiven Herstellungstechnologien – gemeinhin als 3-D-Druck bekannt – könnte dazu führen, dass sie in Zukunft noch viel virulenter wird. Wie wird sich unser Verständnis von künstlerischem Wert verändern, wenn wir in der Lage sind, perfekte Repliken der Venus von Milo oder von van Goghs ›Sternennacht‹ zu erzeugen? Wenn sich der Kontext wandelt, werden dann Gemälde und Skulpturen, deretwegen sich heute noch endlose Schlangen vor den Museen dieser Welt bilden, bald genauso wertlos sein wie Kunstplakate an den Wänden von Studentenzimmern?

Was Elmyr de Hory betrifft, so ist er mit seiner provokativen Frage nach dem Minderwert qualitativ hochwertiger Fälschungen bereits in gewissem Maße bestätigt worden. Seine gefälschten Picassos, Modiglianis und Monets verkaufen sich heute unter echtem Namen für viele tausend Dollar. Ironischerweise tauchen inzwischen auf dem Kunstmarkt sogar hier und da gefälschte

de Horys auf; der Name gibt mittlerweile einen ausreichend berühmten Kontext ab, um Fälschungen von Fälschungen lohnens-
wert erscheinen zu lassen. Kunstsammler fragen heute: »Ja, aber
ist das wirklich ein ›echter‹ de Hory?«

Traurigerweise erlebte de Hory selbst das nicht mehr mit. Er
nahm 1976 angesichts seiner drohenden Ausweisung aus Frankreich wegen Betruges eine Überdosis Schlafmittel und starb auf
Ibiza.

Zumindest sollen wir das glauben.

Von Kunst zu Fleisch

Kunst war und ist ungeachtet ihres hedonischen Wertes für viele
Menschen ein reines Nischenthema. Weitaus drängender ist die
Frage, wie wir uns ernähren, doch auch hierbei könnte der Kon-
text in Zukunft eine essenzielle Rolle spielen.

Unser derzeitiger Fleischverbrauch ist nicht nachhaltig. So
schmackhaft und nahrhaft Fleischprodukte auch sein mögen,
industriell erzeugtes Fleisch stellt nicht nur eine hohe Belastung
für die Umwelt dar, sondern auch für die Tiere selbst. Etwa ein
Drittel der weltweiten Getreideernte und 8 Prozent der weltweiten
Trinkwasservorräte werden von Nutztieren verbraucht, und auf
ihr Konto gehen ebenfalls 15 Prozent der vom Menschen verursach-
ten Treibhausgase.[5] Große Teile des Amazonas-Regenwaldes wurden gerodet, um Platz für Viehfarmen zu schaffen. Die moderne
Intensivtierhaltung (Concentrated Animal Feeding Operations,
CAFO), bei der die Tiere in fensterlosen Gebäuden oder zu Massen auf viel zu engem Raum gehalten werden und wochenlang
ohne Frischfutter auskommen müssen, gelten manchen als Konzentrationslager für Tiere. Entwickelt in den Vereinigten Staaten,
breiten sich CAFOs inzwischen auf der ganzen Welt aus und liefern eine unvorstellbare Anzahl von empfindsamen Tieren uner-
bittlichen, miserablen Lebensbedingungen aus. Die enormen

Mengen an Urin und Fäkalien, die solchen »Megafarmen« entströmen, verunreinigen das Grundwasser und führen zu gefährlichen Algenblüten. In dem Maße, wie Millionen von Menschen in Asien in die Mittelschicht aufsteigen, dürfte sich die Nachfrage nach Fleisch und damit unser negativer Einfluss auf Umwelt und Nutztiere auch weiterhin drastisch erhöhen.

Dies ist der Kontext zu den Steaks und Burgern, die wir uns heute schmecken lassen.

Viele von uns kaufen ihre Lebensmittel ein, kochen und essen meist, ohne diesen Kontext mitzudenken. Unsere Sorge gilt eher so unmittelbaren Dingen wie der Qualität des Fleisches, seinen Nährwerten und seinem Preis, während wir konkurrierende Wahrheiten wie das Leid der Tiere und die entstehenden Umweltschäden vergessen – oder bewusst ausblenden. Ich bin hier genauso schuldig wie jeder andere Fleischliebhaber. Unser blinder Fleck im Hinblick auf die weniger angenehmen konkurrierenden Wahrheiten unseres Kaufverhaltens wird noch vergrößert durch das, was wir tagtäglich in diesem Zusammenhang an Informationen aufnehmen. Dabei geht es meist um die Saftigkeit dieses speziellen Fleischproduktes oder die Gefahr, die von jener speziellen Fleischsorte für unsere Arterien ausgeht. Gelegentlich gibt es Lebensmittelskandale, doch solche alarmierenden Vorkommnisse sind im Geflimmer neuer Nachrichten über leckere Rezepte oder unschlagbare Preise meist schnell wieder vergessen. Und so bleibt der Kontext, der die Umwelt und das Wohlergehen der Tiere betrifft, weitestgehend ausgeblendet.

Für alle, denen es um die Gesundheit des Planeten oder die Linderung des Leids von Milliarden Tieren geht, besteht die drängendste Aufgabe darin, mehr Menschen über den breiteren Kontext des Fleisches aufzuklären, das wir konsumieren.

Allerdings könnte dieser Kontext eines Tages sehr viel anders aussehen. Wissenschaftler und Unternehmer haben nämlich inzwischen damit begonnen, Fleisch künstlich *wachsen* zu lassen.

Im Jahr 2013 stellte ein von Professor Mark Post geleitetes Forscherteam an der Universität Maastricht einen künstlich erzeugten Burger her. Das Fleisch dafür hatten sie aus einer kleinen Probe Kuhstammzellen gezüchtet, den natürlichen Vorlagen, aus denen sich später die spezialisierten Zellen entwickeln. Das holländische Team manipulierte die Stammzellen so, dass sie Muskelfasern und Fett wachsen ließen. Die richtige Farbe erhielt der weltweit erste Burger aus Fleisch, das nicht aus einem Tierkörper herausgeschnitten war, durch Rote-Beete-Saft, und seine Herstellung kostete um die 300.000 US-Dollar. Abgesehen davon war dies eine herausragende Leistung, die womöglich den Grundstein für eine ganze neue Nahrungsmittelindustrie gelegt hat.

Es könnte sein, dass kultiviertes Fleisch oder »sauberes Fleisch«, wie es einige Fürsprecher nennen, nur die Hälfte des kalorischen Inputs und lediglich einen Bruchteil der Menge an Wasser und Land benötigen und gleichzeitig sehr viel weniger Treibhausgase und Abfallprodukte erzeugen würde. Außerdem ist sein Verzehr sicherer, denn es wird in sterilen Umgebungen gezüchtet, wo kein Risiko einer Verseuchung durch Antibiotika, Bakterien oder Kot gegeben ist.

Diverse Start-up-Unternehmen erkunden bereits Möglichkeiten, wie kultiviertes Fleisch zu ökonomisch vertretbaren Kosten hergestellt werden kann. Memphis Meat aus Kalifornien zum Beispiel entwickelt gezüchtete Fleischbällchen. Uma Valeti, der Geschäftsführer der Firma, verkündete anlässlich der Präsentation ihres ersten Produktes: »Dies ist das erste jemals aus Fleischzellen hergestellte Fleischbällchen. Dafür musste keine Kuh geschlachtet werden.«[6] Das israelische Start-up SuperMeat entwickelt derzeit Maschinen für den Anbau von Hühnerfleisch, die nicht nur in Restaurants und Supermärkten einsetzbar sein sollen, sondern sogar zu Hause.

Es werden noch einige Jahre, wenn nicht sogar Jahrzehnte, ins Land gehen, bis die Herstellung von kultiviertem Fleisch so billig ist, dass es mit konventionell produziertem Fleisch von Tierfarmen konkurrieren kann. Und es bleibt abzuwarten, ob es auch genauso gut schmeckt. Doch stellen Sie sich einmal vor, Sie bekämen eines Tages einen Burger aus künstlich angebautem Fleisch vorgesetzt, der genauso viel kostet und genauso schmackhaft ist wie ein klassischer Burger. Mit anderen Worten, das Objekt wäre völlig identisch, der Kontext jedoch ein völlig anderer. Würden Sie den Burger essen?

Ihre Antwort könnte ein lautes, begeistertes *Ja!* sein, nämlich dann, wenn Sie Fleisch eigentlich mögen, aus ethischen Gründen jedoch beschlossen haben, keines mehr zu essen. Dann wäre dieses Produkt Gottes Antwort auf Ihre Gebete. Es könnte aber auch sein, Sie flippen bei der Vorstellung, dass dieses Fleisch in einer Fabrik gezüchtet wurde, völlig aus und lehnen es rundheraus ab. Oder Ihre Reaktion hinge davon ab, wie Ihnen dieser neue Kontext erklärt, wie andere sich dazu verhalten oder wie kultiviertes Fleisch in den Medien dargestellt würde. Für Befürworter von kultiviertem Fleisch – zu denen sich alle zählen sollten, die sich Sorgen um das Wohlergehen der Tiere und die Umwelt machen – wird es entscheidend sein, dass dieser neue Kontext auf die richtige Weise kommuniziert wird. Die Zukunft des Planeten könnte davon abhängen.

Ich habe die Diskussion um kultiviertes Fleisch mit der Aufzählung der Bedrohungen begonnen, die eine stetig wachsende Fleischerzeugung für die Umwelt mit sich bringt. Jemand anders hätte als Erstes vielleicht eine theologische Frage gestellt: Wer sind wir, dass wir uns dazu aufschwingen, Gott zu spielen, hätte er fragen und die moralischen oder spirituellen Gefahren betonen können, die entstehen, wenn wir beginnen, uns in die Schöpfung einzumischen. Und eine dritte Autorin hätte womöglich mit einer Diskussion um das Ideal des Natürlichen begonnen: Wir sind uns doch sicher alle einig, dass natürlich entstandene Nahrungsmittel besser sind als künstlich hergestellte? Sie hätte vielleicht die problematischen Herstellungsmethoden ins Feld geführt, denen wir schon heute eine ganze Menge Nahrungsmittel in unseren

Supermarkregalen verdanken, etwa Olestra (ein synthetischer Fettersatz), Nitrate und gehärtete Fette.

Wir drei setzen jeweils einen anderen Kontext oder »Bezugsrahmen« für die anschließende Diskussion um kultiviertes Fleisch. Indem wir einen möglichen Kontext in den Vordergrund schieben und die anderen zurückdrängen, verlagern wir auf effektive Weise das Mindset unserer Leser oder Zuhörer, bevor diese anfangen, tiefer über das behandelte Problem nachzudenken. Würde man eine willkürlich ausgewählte Gruppe von Personen bitten, den Wert von kultiviertem Fleisch einzuschätzen, würden sie aller Wahrscheinlichkeit nach zu unterschiedlichen Schlussfolgerungen gelangen, je nachdem, welcher der genannten Kontexte ihnen vorgegeben wurde. Eine Gruppe, die von Autor Nummer zwei oder Autorin Nummer drei beeinflusst wurde, könnte weitaus weniger geneigt sein, kultiviertes Fleisch zu essen oder für dessen Verzehr zu werben als eine Gruppe, deren Aufmerksamkeit auf die Vorteile für die Umwelt und das Wohlergehen der Tiere gelenkt wurde.

Kontext, Taktik 1
Framing

Dieser *Framing-Effekt* kann viele Formen annehmen, doch das Aufrufen eines Kontexts, der Ihre Agenda befördert, ist eine besonders wirkungsvolle Kommunikationstaktik. Begnadeten Rednern gelingt es manchmal, einen Streit zu ihren Gunsten zu entscheiden, noch bevor sie überhaupt alle ihre Argumente vorgetragen haben, indem sie einfach einen Kontext setzen, der vorherbestimmt, wie die Leute auf ein bestimmtes Thema reagieren. Eltern, die ihre Kinder dazu ermuntern wollen, großzügig zu sein, werden ab und an mit ihnen über Kinder sprechen, denen es nicht so gut geht, die kein Spielzeug haben oder nicht genug zu essen – und zwar unmittelbar, bevor sie ihnen ihr Taschengeld geben. Politiker, die für höhere Sozialhilfeausgaben eintreten, könnten ihre Argumentation damit beginnen, die schreckliche Zwangslage zu schildern, in der sich ein bestimmter Teil der Wählerschaft befindet. Geschäftsführer schicken der Verkündung eines Stellenabbaus oder Gehaltsstopps eine Darstellung der harten Wettbewerbsbedingungen oder des herrschenden Preisdrucks voraus, denen sich ihr Unternehmen stellen muss.

Das Setzen des richtigen Kontexts schafft den Rahmen für eine überzeugende Argumentation. Dieses Framing beeinflusst, wie Menschen die Informationen verarbeiten, die ihnen innerhalb dieses Rahmens präsentiert werden.

Doch Framing kann Zustimmung auch verhindern. Gehen zwei Seiten an ein komplexes Problem mit völlig unterschiedlichem Bezugsrahmen heran, ist es unwahrscheinlich, dass es ihnen gelingt, sich auf irgendetwas zu einigen. Ein tragisches Beispiel hierfür ist der israelisch-palästinensische Konflikt: Viele jüdische Israelis betrachten die Frage entweder von dem Standpunkt aus, dass ihnen das Heilige Land von Gott versprochen wurde, oder sie sehen sie im Licht einer mühevoll errungenen Sicherheit inmitten einer ihnen feindlich gesinnten Nachbarschaft. Palästinenser betrachten das Ganze vor dem Hintergrund erlittenen Unrechts, denn sie wurden gezwungen, ihre Häuser und ihr Land zu verlassen. Beide Seiten haben jeweils ihren eigenen Kontext, ihre eigenen konkurrierenden Wahrheiten, und diese Unvereinbarkeit des Rahmens macht Kompromisse weitestgehend unmöglich. Manchmal fällt es uns sogar schwer, Informationen, die nicht in unseren aktuellen Rahmen passen, auch nur bewusst aufzunehmen.

Oft sind wir uns der Frames, die unsere Gedanken und unser Verhalten formen, noch nicht einmal bewusst. Sie sind Teil des Mindsets, das wir uns über Jahre aufgrund von Informationen und gemachten Erfahrungen aufgebaut haben. Manche Menschen nennen es unsere Weltsicht oder Weltanschauung. Ich komme aus einem westlichen Kontext, wo die Menschen Allesfresser sind, daher fand ich es recht natürlich, im vorhergehenden Abschnitt über Fleisch zu schreiben. Wäre ich als Hindu oder Veganer aufgewachsen, hätte ich vielleicht ein anderes Beispiel gewählt. Sollten einige der Ideen oder Geschichten in diesem Buch bei Ihnen ein Gefühl des Missbehagens erzeugen, dann vielleicht deswegen, weil wir eine unterschiedliche Weltsicht haben.

Unbewusst wenden wir, wenn sich unser Kontext verändert, solche Frames sogar auf uns selber an: Bei einem Spiel der Fußballmannschaft Ihres Sohnes begegnen Sie an der Seitenlinie einem unbekannten Mann. Sie stellen sich ihm als Vater von ... vor, und er sagt dann auch so etwas wie: »Hallo, ich bin der Vater von Danny.« Womöglich ist er ein berühmter Chirurg oder Fernsehmoderator. Der Kontext hat sich verändert und damit auch das Selbstbild dieses Mannes.

Frames sind unverzichtbar, denn sie helfen uns, Ereignisse zu interpretieren. Ebenso gut können sie jedoch benutzt werden, um uns zu manipulieren oder zu etwas zu überreden. Gefällt uns die Richtung nicht, in die sich eine Diskussion oder Interaktion entwickelt, dann sind wir unter Umständen in der Lage, deren Verlauf zu ändern, indem wir für uns selbst und die anderen Teilnehmer einen anderen Rahmen setzen. Wir können einen anderen Kontext einführen – andere Wahrheiten nutzen –, um einer Verhandlung oder einem Streit eine neue Richtung zu geben. Reframing – Verändern von Kontext – ist eine unverzichtbare Fähigkeit, wenn es um die Lösung von Konflikten und den Umgang mit Innovationen und Wandel geht.

Mann, Mann, Mann

Im Sommer 2014 kursierte in den sozialen Medien ein Foto, das im Handumdrehen einen Sturm der Entrüstung und des Protests auslöste, obwohl es auf den ersten Blick recht banal zu sein schien: Es zeigte Teilnehmer einer Podiumsdiskussion auf einer Konferenz, was normalerweise nichts ist, das den unvermeidlichen Zorn der Twitter-Gemeinde auf sich zieht. Dennoch waren da einige Details, die in ihrer Gesamtheit viralen Sprengstoff lieferten. Der

Aufmacher, zu sehen an der Wand über den Diskussionsteilneh-mern, lautete nämlich »Global Summit of Women 2014« – und bei den Teilnehmern der Podiumsrunde handelte es sich ausnahmslos um Männer.

»Ein Bild sagt mehr als tausend Worte«, schrieb die Konferenz-teilnehmerin, die das Bild auf Twitter postete.[7] Dessen ungeachtet fügten die zahlreichen zu Recht erbosten Frauen und Männer, die den Tweet teilten, genüsslich jede Menge eigenen Text hinzu. »Soll das ein Witz sein? Das muss ein Witz sein«, so lautete noch eine der freundlichsten Reaktionen. »Die Männer wissen es doch bes-ser. Echt absurd«, lautete eine andere.[8] Die Tatsache, dass es sich bei den abgebildeten Personen samt und sonders um ältere weiße Männer in dunklen Anzügen handelte, war nicht gerade hilfreich. »Ich weiß nicht, ob ich heulen oder lachen soll«, schrieb die femi-nistische Autorin Kathy Lette.[9]

Ich erinnere mich, dieses Gefühl von Bitterkeit und Bestürzung für einen kurzen Moment geteilt zu haben, als ich das Bild zum ersten Mal sah. Doch dieser erste Eindruck zerstreute sich schnell, denn ich merkte, dass ich einen der Diskussionsteilnehmer kannte. Es war Michel Landel, der CEO des französischen Dienstleis-tungsunternehmens Sodexo, mit dem ich einige Wochen zuvor an einem groß angelegten Restrukturierungsprogramm gearbeitet hatte. Während unserer Gespräche hatte er immer wieder deutlich gemacht, dass der Fahrplan, den wir erarbeiten und kommuni-zieren wollten, vor allem die Bedeutung und den Stellenwert von Diversität betonen sollte. Er war, wie ich aus eigener Erfahrung wusste, ein Mann, der wirklich an die Gleichberechtigung der Geschlechter glaubte. Sechs von dreizehn Mitgliedern seines Vor-stands waren Frauen. Nicht eine Sekunde lang glaubte ich, dass Michel Landel sich für irgendeine Form von patriarchalischem »Mansplaining« hergeben würde.

Also überprüfte ich den Kontext.

Der Global Summit of Women wird von GlobeWomen aus-gerichtet, einer Organisation die, »konzipiert [ist] als Bindeglied, das alle Sektoren – öffentlichen Sektor, Privatsektor und gemein-nützigen Sektor – unter dem Dach einer gemeinsamen Vision zu-sammenbringt, nämlich die ökonomischen Chancen von Frauen auf der ganzen Welt dramatisch zu verbessern«.[10] Wie nicht anders zu erwarten, wird sie von Frauen geleitet, und ihre Konferenzen werden von einem Planungskomitee organisiert, in dem aus-schließlich Frauen sitzen. Die meisten Rednerinnen sind Frauen, ebenso die Masse der Teilnehmer. Die Geschlechterfrage, so es hier überhaupt eine gibt, manifestiert sich in einem Mangel an Männern. Hier der erste Beitrag aus dem Newsletter von Globe-Women, der am 18. Dezember 2013 erschien, sechs Monate, bevor das verfängliche Foto entstand:

I. STIMMEN MÄNNLICHER CEOS AUF DEM GLOBAL SUMMIT
   OF WOMEN 2014
In Reaktion auf die Forderung von Gianmarco Monsellato, CEO von Taj Frankreich (einer großen französischen Kanzlei), bei Frauenveran-staltungen als Teil ihrer eigenen »fortdauernden Erziehung« auf dem Gebiet der Geschlechterbeziehungen mehr Männer zuzulassen, haben wir zum Global Summit of Women 2014, der vom 5.–7. Juni statt-finden wird und zu dem sich 1.000 Frauen aus mehr als 70 Ländern angemeldet haben, mehrere männliche CEOs eingeladen, größtenteils Franzosen.[11]

Das einzige Ziel der Podiumsdiskussion hatte darin bestanden, Männer zu Wort kommen zu lassen, die über Erfahrungen hin-sichtlich der Unterstützung von Frauen bei der Wahrnehmung beruflicher Chancen verfügten. Ein derart kluger und inklusiver Schachzug, ähnlich gesinnte Männer in die Diskussion über die Gleichberechtigung der Geschlechter einzubeziehen, hätte begeis-tert begrüßt werden sollen.

Bei den meisten Menschen, die mit Wut und Entrüstung auf das Foto von dem ausschließlich männlich besetzten Podium beim Global Summit of Women reagierten, handelte es sich um *Fehlinformierer*, denen der Kontext nicht klar war. Sie hätten die Fakten checken sollen, bevor sie ein Urteil dazu abgaben. Allerdings kann man ihnen nicht vorwerfen, die Wahrheit bewusst falsch dargestellt zu haben. Leider manipulieren oder ignorieren viele professionelle Kommunikatoren auch ganz gezielt den Kontext, um Menschen in die Irre zu führen.

Politiker verfälschen gern die Positionen ihrer Gegner, indem sie Zitate aus dem Zusammenhang reißen. Dieses Vorgehen wird gelegentlich als *Strohmann*-Taktik bezeichnet: Der Politiker schiebt einen Strohmann vor – die bewusste Falschdarstellung der Sichtweise eines anderen Politikers –, um diesen anschließend niederzumachen. So könnte etwa ein britischer Labour-Politiker selektiv einen Gesundheitsminister von der Conservative Party zitieren, der eine Rede über das Outsourcing von Serviceleistungen für Krankenhäuser gehalten hat, und so den Eindruck erwecken, der Betreffende spräche sich für die Privatisierung des Nationalen Gesundheitswesens NHS aus – was in Großbritannien einem politischen Selbstmord gleichkommt. Oder ein Politiker der AfD reißt ein Zitat der Bundeskanzlerin Angela Merkel aus dem Kontext, um den Eindruck zu erwecken, diese sei fest entschlossen, *alle* ausländischen Migranten ins Land zu lassen, und nicht nur die verzweifelten Flüchtlinge, die sie eigentlich gemeint hat.

Ein eng damit verwandter Trick besteht darin, Unterstützung für ein Argument einzufordern, indem man das Zitat einer hochgeachteten Persönlichkeit ohne Kontext verwendet. Diese *Anrufung einer höheren Instanz* ist einer der ersten rhetorischen Kniffe, die Kinder lernen: »Aber Mami hat gesagt, ich darf nach dem Zähneputzen noch fernsehen«, erklärt der kleine Junge allen

Ernstes seinem verwirrten Babysitter, und lässt dabei den Kontext weg, der besagt, dass diese Regelung nur samstags gilt. Unternehmensberater tun etwas Ähnliches, wenn sie ihren potenziellen Kunden von den neuesten Erkenntnissen auf dem Gebiet der Neurowissenschaften erzählen und damit implizit den Eindruck erwecken, diese würden ihren Ansatz zur Weiterentwicklung der Geschäftsführung stützen, wobei sie die Tatsache, dass es sich um Ergebnisse von Untersuchungen an Gefangenen, Kleinkindern oder Ratten handelt, geflissentlich ignorieren.

Als sich der Republikaner Ted Cruz als Präsidentschaftskandidat seiner Partei bewarb, genehmigte er einen TV-Werbespot, der eine kurze Aufnahme von Donald Trump enthielt, der sagte: »Planned Parenthood dient einem guten Zweck«.[12] Die US-amerikanische Non-Profit-Organisation bietet vor allem Dienste im Bereich Reproduktionsmedizin an, darunter STI-Tests (Untersuchungen auf sexuell übertragbare Infektionen) und Verhütungsmittel. Am bekanntesten ist sie jedoch, weil sie etwa die Hälfte aller in den USA vorgenommenen Abtreibungen durchführt. Vielen konservativen Wählern ist das ein absoluter Gräuel, weshalb Cruz' Wahlwerbung Trump eine Menge Stimmen hätte kosten können. Allerdings führte Cruz' Wahlkampfteam die Zuschauer bewusst in die Irre, und zwar auf mehreren Ebenen. Hier zunächst das, was Trump in dem Interview mit Fox News 2015, aus dem der Ausschnitt stammte, tatsächlich gesagt hat:

Ich hatte viele konservative republikanische Frauen, die zu mir gekommen sind und gesagt haben: ›Planned Parenthood dient einem guten Zweck, abgesehen von diesem einen Aspekt [Abtreibung].‹

Cruz' Wahlkampfteam hatte lediglich fünf von Trumps Worten weggelassen, aber dessen Aussage völlig verändert. Damit führten sie die Menschen ebenso in die Irre, als hätten sie Trumps Aussage folgendermaßen verkürzt: »Ich hatte viele konservative republikanische Frauen«. Das wäre zumindest unterhaltsam gewesen.

Cruz' Wahlwerbespot war sogar zweifach verlogen, denn er ließ nicht nur den unmittelbaren Kontext von Trumps Aussage weg, sondern auch den breiteren Kontext, der sich aus dem Rest des Interviews ergab. Bevor er die Worte aussprach, die Cruz' Team für sich ausschlachtete, hatte sich Trump nämlich in aller Ausführlichkeit zu seiner festen Überzeugung geäußert, dass Abtreibung eine große Sünde sei, um es auch noch der letzten Zuschauerin klarzumachen:

> In gewissem Sinne gibt es zwei Planned Parenthoods. Da haben Sie zum einen die Abtreibungskliniken – nun, das ist ein relativ geringer Teil ihrer Arbeit. Aber es ist ein brutaler Teil, und ich bin vollkommen dagegen [...] Ich bin total gegen diesen Teil der Arbeit von Planned Parenthood. Aber ich hatte viele konservative republikanische Frauen ...

Was immer wir auch über Donald Trump und *dessen* erschreckendes Verhältnis zur Wahrheit denken, eines steht außer Zweifel: In diesem Fall wurde er von Ted Cruz' Wahlkampfteam mit Absicht falsch zitiert.

Kontextkompetenz

Heutzutage bekommen wir Informationen gern in mundgerechten Häppchen serviert. Journalistische Langformen werden zunehmend von Newstickern und Twitter-Feeds abgelöst. Wurde einst die Rede einer Politikerin in voller Länge wiedergegeben, so kann sie heute froh sein, wenn in den Abendnachrichten ein zehn Sekunden langer Ausschnitt auftaucht. Wir sind einfach zu beschäftigt, um lange Artikel zu verdauen oder uns detaillierte Erklärungen zu politischen Themen oder weltweit bedeutenden

Ereignissen anzuhören. Am Arbeitsplatz werden Memos, wenn sie zu viel von unserer Aufmerksamkeit beanspruchen, ungelesen gelöscht. Wir haben nicht die Zeit, auch nur einen Bruchteil der Informationen zu verarbeiten, die wir präsentiert bekommen.

Die unvermeidliche Folge davon ist, dass uns Kontext verlorengeht. Wir reagieren auf Ereignisse, Kommentare, Ankündigungen und das, was andere uns erzählen, ohne wirklich zu wissen, was vor sich geht. Unsere sich immer schneller drehende Welt und stetig sinkende Aufmerksamkeitsspanne führten dazu, dass wir in Situationen, die wir nicht gänzlich überblicken, gefährlich schnell handeln. Wollen wir vermeiden, dass wir Menschen in unfairer Weise anprangern, von politischen Irreführern und Kommentatoren übertölpelt werden oder uns selbst schaden, indem wir uninformierte Entscheidungen treffen, dann müssen wir sicherstellen, dass wir mindestens den wichtigsten jeweils relevanten Kontext kennen.

In der Praxis

- Prüfen Sie stets den Kontext!
- Stärken Sie Ihre Argumente, indem Sie sie in den Rahmen eines möglichst hilfreichen Kontexts stellen.
- Verändern Sie Haltungen gegenüber Dingen, Menschen und Problemen, indem Sie den Kontext verändern.

Doch Vorsicht vor:

- Fehlinformierern, die scheinbar schockierende Neuigkeiten teilen, ohne sich über den vollständigen Kontext im Klaren zu sein.
- Irreführern, die entscheidenden Kontext bewusst weglassen, insbesondere, wenn sie andere zitieren.

4 Zahlen

Foltere Zahlen,
und sie werden alles gestehen.

Gregg Easterbrook

Verflixte Statistik

Linkshänder haben es nicht immer leicht. Kartoffelschäler und Scheren sind für Rechtshänder konstruiert. »Linksausleger« stören den Boxunterricht. Das Ausstellen eines Schecks oder das Schreiben in einem Ringordner kann zum Problem werden. Versuchen Sie mal, an einer eng besetzten Tafel ihre Suppe mit der linken Hand zu löffeln. Das geht mit Sicherheit nicht ohne Unfall ab. Selbst der bescheidene Reißverschluss an einer Hose bevorzugt den Rechtshänder.

Diane F. Halpern von der California State University in San Bernardino und Stanley Coren von der University of British Columbia untersuchten den Tod von 1.000 Kaliforniern und fanden heraus, dass Rechtshänder durchschnittlich im Alter von 75 Jahren starben, Linkshänder dagegen schon mit 66. In ihrem Aufsatz ›Linkshändigkeit: ein Marker für verminderte Überlebensfähigkeit‹ stellten sie die These auf, dass »ein Teil des erhöhten Risikos für Linkshänder offenbar auf Umweltfaktoren zurückzuführen [ist], die die Wahrscheinlichkeit erhöhen, dass diese Menschen Unfällen zum Opfer fallen«.[1] Werkzeuge und Fahrzeuge seien für Rechtshänder ausgelegt, so die Logik, was die Wahrscheinlichkeit erhöhe, dass Linkshänder einen Unfall mit dem Auto oder einer Kettensäge hätten. Die ›New York Times‹ merkte hierzu düster an: »Der Anteil der Linkshänder an der Gruppe der 20- bis 29-Jährigen liegt bei 13 Prozent, doch in der Gruppe der 80- bis 89-Jährigen machen sie lediglich 1 Prozent aus.«[2] Linkshänder zu sein schien der Gesundheit ebenso abträglich zu sein wie das Rauchen.

Die Auffassung, dass Linkshänder ein früher Tod erwarte, verbreitete sich rasend schnell, und erst 2013 verspürte die BBC das Bedürfnis, die Frage erneut zu untersuchen. Sie fragte: »Sterben Linkshänder tatsächlich früher?«[3]

Die Antwort ist ein klares Nein. Das Ganze ist völliger Unsinn. Coren und Halpern hatten die Wahrheit, die sich aus ihren Zahlen ergab, falsch interpretiert. Sie waren zu *Fehlinformierern* geworden.

Als jemand, der in den ungezwungenen 1970ern aufwuchs, wurde ich ermuntert, meine Linkshändigkeit anzunehmen. Frühere Generationen waren diesbezüglich nicht so offen. Linkshändern wurde mit Misstrauen begegnet. Sie bekamen das Etikett »unheimlich« oder »linkisch« verpasst, denn einstmals hatte der Glaube geherrscht, sie wären vom Teufel berührt worden. Linkshänder wurden gemieden und diskriminiert. Infolgedessen taten Eltern alles, was in ihrer Macht stand, um ihre Kinder als Rechtshänder aufzuziehen. Kleinkinder, die Schreibgeräte oder eine Gabel mit der falschen Hand aufnahmen, wurden schleunigst korrigiert. Obwohl der natürliche Anteil der Linkshänder an der Bevölkerung bei 10 bis 12 Prozent liegt, fielen im 19. und frühen 20. Jahrhundert nur sehr wenige von ihnen in der Öffentlichkeit auf. Erst in jüngerer Zeit besteht eine größere Wahrscheinlichkeit, dass Linkshänder auch als solche aufwachsen.

Infolgedessen war die Gruppe der Linkshänder 1991 im Durchschnitt jünger als die Gruppe der Rechtshänder. Starben Linkshänder, waren sie mit hoher Wahrscheinlichkeit jünger als ihre Friedhofsnachbarn. Dies lässt sich am besten mithilfe einer Analogie zeigen. Digital Natives, die bereits tot sind, starben im Durchschnitt in jüngeren Jahren als Non-Digital Natives. Und das steht völlig außer Zweifel, denn alle Menschen, die in eine Welt hineingeboren wurden, in der das Internet allgegenwärtig ist, sind unter 25 Jahre alt. Was noch lange nicht bedeutet, dass es ein Gesundheitsrisiko darstellt, Digital Native zu sein.

1991 traf es zu, dass die Linkshänder, die starben, in einem deutlich jüngeren Alter aus dem Leben schieden als Rechtshänder. Doch diese Wahrheit wurde weitestgehend falsch interpretiert, was unnötigen Aufruhr unter Linkshändern auf der ganzen Welt verursachte. Alle Linkshänder, die immer noch Angst haben, dass sie nicht allzu lange leben werden, können beruhigt sein. Eine konkurrierende Wahrheit besagt nämlich, dass Linkshänder und Rechtshänder, die heute gleichaltrig sind, in etwa auch die gleiche Lebenserwartung haben.

Zahlen sind etwas Wunderbares. Sie verschaffen uns einen klaren Blick auf die Welt, in der wir leben, wie er sich mit Worten oftmals nicht herstellen lässt. Sie erlauben uns, Dinge miteinander zu vergleichen, Dinge einzustufen, Veränderungen zu messen, die gesamte Galaxie in einer einzigen Zahl zusammenzufassen. Alle Menschen, welcher Kultur auch immer sie entstammen, können sie verstehen. Ihre Sprache ist universell. Das Problem mit Zahlen ist jedoch, dass wir so viele von ihnen so häufig und so gründlich missverstehen. Wenn selbst zwei Wissenschaftler mit Ausbildung in Statistik nicht erkennen konnten, was ihre eigenen Zahlen ihnen sagten, ist es dann eine Überraschung, dass so viele Menschen sich immer wieder verwirrt fragen, was diese oder jene Zahlen denn nun eigentlich bedeuten?

Dies ist keine Frage mathematischer Fähigkeiten. Die wenigsten unter uns haben es heute noch nötig, Zahlen im Kopf zu multiplizieren oder zu dividieren. Und es spielt wirklich keine Rolle mehr, ob jemand weiß, was eine quadratische Gleichung ist. Was zählt, und zwar für alle, ob sie nun einen Staatshaushalt zu verwalten haben oder eine verantwortungsvolle Regierung wählen möchten, ist, dass wir verstehen, was eine bestimmte Zahl *bedeutet*.

Doch da es so vielen unter uns schwerfällt, sich eine Statistik anzusehen oder die geplanten Kosten für eine neue Schule oder die Größe einer Bevölkerung und zu begreifen, was diese wirklich bedeuten, haben Irreführer die Möglichkeit, die Wirklichkeit zu formen, indem sie solchen Zahlen ihre eigene Bedeutung zuschreiben. Eigentlich sollten Zahlen die transparenteste Form der Kommunikation sein, die es überhaupt gibt, und daher auch die, die am schwersten zu missbrauchen ist. Stattdessen finden sich konkurrierende Wahrheiten, die Zahlen für ihre Zwecke vereinnahmen, in allen Lebensbereichen.

Äpfel, Orangen und Morde in Chicago

Bevor wir zu den Zahlen als solchen kommen, müssen wir prüfen, was sie eigentlich repräsentieren. Rühmt sich ein Unternehmen seines Beschäftigungsrekords, wenn es von Vollzeitkräften, Subunternehmern, unbezahlten Praktikanten oder »Vollbeschäftigungseinheiten« (VbE) spricht? Zitiert der Demagoge Zahlen zu Migranten, illegalen Migranten, Wirtschaftsmigranten oder Flüchtlingen? Sind all die Menschen, die von »Stütze« leben, arbeitslos, oder haben sie lediglich Anspruch auf Kindergeld oder Einkommensbeihilfen? Bevorzugen sieben von zehn Menschen tatsächlich Produkt X, oder handelt es sich um 70 Prozent der Einwohner einer Stadt, die kürzlich mit Werbung für Produkt X überschwemmt wurde? Beziehen sich diese oder jene Regierungsstatistiken auf die Menge des angebauten Getreides, die Menge des verkauften Getreides, Haushalte oder Einzelpersonen, Steuerzahler oder Einwohner? Hinter solchen Abgrenzungen kann sich eine riesige Bandbreite an Informationen verbergen, und in dieser Bandbreite liegen Chancen für konkurrierende Wahrheiten.

Kanada und Australien haben weltweit den höchsten Anteil an Geiselnahmen. Ehrlich, das stimmt. Allerdings nicht deshalb, weil das Leben in diesen Ländern gefährlicher wäre als in Mexiko oder Kolumbien, sondern weil die Regierungen dieser Staaten in ihre entsprechenden Statistiken die Streitigkeiten zwischen Eltern um das Sorgerecht für gemeinsame Kinder einbeziehen. Schweden gilt als das Land mit der weltweit zweithöchsten Zahl an Vergewaltigungen. Dort werden jährlich mehr als 60 Fälle pro 100.000 Einwohner registriert (für Indien liegt dieser Prozentsatz bei 2 pro 100.000).[4] Dies zeigt jedoch lediglich, dass in Schweden zum einen mehr Vergewaltigungen zur Anzeige gebracht werden, und zum anderen, dass die dort angewandte Definition für ein solches Verbrechen breiter gefasst ist.

Im Jahr 2001 versuchte Vizepräsident Dick Cheney, sich für die Erschließung von Ölvorkommen im nördlichsten Naturschutzgebiet der USA, dem Arctic National Wildlife Refuge, starkzumachen. Sein Argument: Es wären nur etwa 800 Hektar betroffen beziehungsweise »ein Fünftel der Fläche des Washington Dulles International Airport«. Wie später durchsickerte, bezog seine Zahl nur Flächen ein, auf denen »Produktions- und Serviceanlagen« errichtet werden sollten, ließ jedoch alle Flächen aus, die für Straßen und andere infrastrukturelle Einrichtungen benötigt werden würden, sowie alle Flächen, die so eng an das Bohrungsgelände angrenzen würden, dass Tiere und Umwelt gestört oder sogar vergiftet werden konnten. Und das war noch nicht alles. Dort, wo eine oberirdische Pipeline verlaufen sollte, waren in die Berechnung der benötigten Fläche lediglich die Grundflächen der Stützen einbezogen worden, auf denen diese stehen sollte, jedoch nicht der Grund und Boden direkt unterhalb der Trasse. Die von Cheney genannte Zahl war in höchstem Maße irreführend, und der Vorschlag wurde im Senat denn auch folgerichtig blockiert.

Zahlen, Taktik 1
Hilfreiche Einheiten wählen

Als Präsident Trump 2017 vor dem Kongress verkündete, dass »94 Millionen Amerikaner nicht Teil der Erwerbsbevölkerung«[5] seien, erweckte er den Eindruck, alle diese Menschen seien unfreiwillig arbeitslos. In Wahrheit hatte das Bureau of Labor Statistics alle Studenten im Alter über 16 Jahre sowie Pensionäre und Menschen, die gar keine Arbeit suchten, einbezogen. Die echte Arbeitslosenzahl für die USA – Menschen also, die arbeiten wollen, aber keinen Job fanden – belief sich Anfang 2017 auf etwa 7,6 Millionen, weniger als ein Zehntel dessen, was Trump verkündet hatte.[6]

Ähnlich verhielt es sich, als Trump behauptete: »Länder wie Afghanistan sind sicherer als manche unserer Innenstädte.«[7] Bei dieser Aussage hatte er entweder einen Vergleich zwischen der Anzahl von Morden in Chicago und der Anzahl getöteter *US-Amerikaner* in Afghanistan nicht richtig in Erinnerung, oder er interpretierte diesen bewusst falsch. Zwischen 2001 und 2016 wurden in Chicago 7.916 Morde registriert; im selben Zeitraum starben in Afghanistan 2.384 US-Amerikaner.[8] Die *Gesamtzahl* der Menschen, die in Afghanistan gewaltsam zu Tode kamen, lag jedoch weit höher (eine wissenschaftliche Schätzung geht davon aus, dass seit 2001 im Afghanistan-Krieg mehr als 100.000 Menschen getötet worden sind)[9], und der Anteil der gewaltsam ums Leben gekommenen US-Amerikaner überstieg, gemessen an der relativ kleinen Zahl von US-Amerikanern in Afghanistan, den der in Chicago ermordeten um ein Beträchtliches. Trumps Aussage war lediglich insofern zutreffend, als in Chicago (wo sehr viel mehr US-Amerikaner leben) tatsächlich mehr US-Amerikaner getötet wurden als in Afghanistan. Mithilfe einer derartigen Logik hätte er auch behaupten können, es sei sicherer, auf der Sonne zu leben.

Ist das eine große Zahl?

Im Werbematerial für ein Duschgel der Marke Original Source wird Folgendes behauptet: »Dieses Duschgel enthält 7.927 erfrischende Blätter Minze und Teebaum.« Die Zahl 7.927 steht groß und fett auf der Verpackung. Sind 7.927 Minz- und Teebaumblätter viel? Ich habe keine Ahnung. Es sind Tausende von Rosen nötig, um ein paar Milliliter Rosenöl zu gewinnen, also vielleicht nicht. Hier soll aber ganz klar der Eindruck erweckt werden, dass es sich um eine *große Zahl* handelt.

Im Kontext eines spielerischen Markenkonzeptes ist das nicht ganz so wichtig. Aber wie steht es mit den folgenden Aussagen?

Wir stellen 1.000 neue Pflegekräfte ein.

Unsere neuen Lieferfahrzeuge verbrauchen pro Jahr 3,8 Millionen Liter weniger Kraftstoff.

Handelt es sich hier um große Zahlen? Dieser Eindruck soll jedenfalls erweckt werden, so viel ist klar. Doch solange wir den Kontext nicht kennen, können wir das nicht abschließend beurteilen. 1.000 neue Pflegekräfte würden in Estland, wo es etwa 8.000 ausgebildete Pflegekräfte gibt, eine beträchtliche Hausnummer darstellen. In Deutschland mit insgesamt rund 900.000 ausgebildeten Pflegekräften würden 1.000 zusätzliche Stellen kaum auffallen. Für ein Unternehmen wie UPS mit einem Fuhrpark von mehr als 100.000 Lieferfahrzeugen wären 3,8 Millionen Liter Kraftstoff pro Jahr ein Rundungsfehler.

Junge Menschen in Großbritannien haben es heutzutage sehr schwer, ein Haus zu kaufen, denn es herrscht ein Mangel an »erschwinglichen« Objekten. Theresa May verkündete in einer wichtigen Rede, die sie im Oktober 2017 hielt: »Ich werde meine Amtszeit als Premierministerin der Lösung dieses Problems widmen.«[10] Und weiter: »Heute kann ich ankündigen, dass wir zusätzliche 2 Milliarden Pfund (etwa 2,3 Milliarden Euro) in bezahlbaren Wohnraum investieren werden.« Das sollte nach einer großen Zahl klingen, doch die Medien ließen diese Seifenblase im Handumdrehen platzen: Für 2 Milliarden Britische Pfund kann man zusätzlich etwa 25.000 neue Häuser bauen, ein Tropfen auf den heißen Stein in einem Land, in dem 1,2 Millionen Haushalte auf den Wartelisten der Gemeinden für bezahlbaren Wohnraum stehen.[11]

Versucht jemand, Sie davon zu überzeugen, dass eine Zahl besonders entscheidend ist, dann sollten Sie diese Zahl als Erstes in eine Wahrheit mit mehr Aussagekraft übersetzen, die relevanten Kontext einbezieht. Prozentangaben sind oftmals informativer als absolute Zahlen. Sie sind beeindruckt von der Tatsache, dass Total die Summe von 1,4 Milliarden US-Dollar in den Solaranlagenhersteller SunPower investiert? Immer schön langsam mit der Prognose einer grünen Revolution bei dem französischen Öl- und Gasriesen: Diese Summe macht einen Anteil von weniger als ein Prozent an der Bilanzsumme des Unternehmens aus. In Wyoming gab es 2015 nur 145 Tote bei Verkehrsunfällen, wohingegen in Texas im gleichen Jahr 3.516 Menschen bei Verkehrsunfällen starben. Allerdings hat Wyoming nur 586.000 Einwohner und damit eine alarmierend hohe Zahl von 24,7 Prozent Verkehrsunfalltoten pro 100.000 Einwohner im Vergleich zum stark bevölkerten Texas mit lediglich 12,8.[12]

Im Jahr 2010 versuchten 18 chinesische Angestellte des Elektronikherstellers Foxconn, Selbstmord zu begehen; 14 von ihnen gelang es. Die Story machte deswegen im Westen Schlagzeilen, weil Foxconn das iPhone von Apple sowie eine ganze Reihe von Produkten für weltweite Marken wie Samsung, Dell und Sony herstellt. Foxconn und Apple sahen sich im Handumdrehen mit Vorwürfen wegen Arbeitsrechtsverletzungen und schlechter Arbeitsbedingungen konfrontiert. Natürlich waren diese Selbstmorde eine Tragödie, doch deuteten sie auf ein echtes Problem bei Foxconn hin? Das Unternehmen beschäftigte zu diesem Zeitpunkt knapp eine Million Mitarbeiter, woraus sich eine Selbstmordrate von etwa 1,5 pro 100.000 ergibt. Die durchschnittliche Selbstmordrate in China lag 2010 bei 22 pro 100.000.[13] Mit anderen Worten, die Selbstmordrate bei Foxconn betrug weniger als sieben Prozent des landesweiten Durchschnitts. Vierzehn medienwirksame Fälle hatten eine konkurrierende Wahrheit, die weitaus positiver war, verdeckt.

Barack Obama wurde für seine Aussage kritisiert, durch Terrorismus kämen weniger US-Bürger ums Leben als in der häuslichen Badewanne. Dabei hatte er absolut recht. Dem National Safety Council zufolge ertranken 2013 in den USA 464 Menschen in ihrem eigenen Bad; 1.810 in natürlichen Gewässern; 903 wurden versehentlich erstickt oder im Bett erwürgt; und mehr als 30.000 starben durch Stürze.[14] Im selben Jahr wurden in den USA nur drei Menschen von islamistischen Terroristen getötet, und zwar während des Marathons in Boston[15] – weniger als ein Prozent der Opfer, die in ihrer eigenen Badewanne ums Leben kamen.

Doch auch relative Zahlen können uns in die falsche Richtung leiten. Irreführer, die eine große Zahl verschleiern möchten, können diese zum Beispiel als kleinen Prozentsatz an etwas noch viel Größerem darstellen. Etwas, das nur einen winzigen Bruchteil von etwas anderem bildet, lässt sich leichter von der Hand weisen, selbst dann, wenn die absolute Zahl beträchtlich ist.

»Drei Prozent aller von Planned Parenthood angebotenen Gesundheitsdienstleistungen betreffen Abtreibungen«, erklärte die US-amerikanische Non-Profit-Organisation auf ihrer Webseite.* Dem Jahresbericht 2014–15 zufolge steht die überwiegende Anzahl der angebotenen Dienstleistungen im Zusammenhang mit STI-Tests und -Behandlungen (45 Prozent) sowie Verhütung (31 Prozent).[16] Drei Prozent klingt, als handele es sich bei Abtreibungen um eine geringfügige Nebentätigkeit der Organisation. Doch wie ist sie auf diese Zahl gekommen? Der zitierte Jahresbericht listet für 2014–15 insgesamt 9.455.582 erbrachte »Dienstleistungen« auf. Knapp eine Million davon betrafen die Bereitstellung von Notfallsets für Empfängnisverhütung. Mehr als eine

---

* Diese Behauptung ist inzwischen entfernt worden, steht jedoch weiterhin im Jahresbericht 2014–15.

Million waren Schwangerschaftstests. Mehr als 3,5 Millionen STI-Tests. Keine dieser Dienstleistungen ist auch nur im Entferntesten mit einem Schwangerschaftsabbruch vergleichbar, weder, was die Kosten angeht, noch die damit verbundene Arbeit oder die Auswirkungen auf die betreffende Person. Dennoch lassen die hohen Zahlen für solche routinemäßigen Aktivitäten die 323.999 »echten« Schwangerschaftsabbrüche, die im erfassten Zeitraum durchgeführt wurden, klein erscheinen. Abgesehen davon repräsentiert diese Zahl* knapp 50 Prozent aller in den USA registrierten Schwangerschaftsabbrüche.[17]

Die britische Regierung gibt 0,7 Prozent des Bruttonationaleinkommens (BNE) für Maßnahmen im Rahmen der Entwicklungs- und Auslandshilfe aus. Dies entspricht der seit 1970 von den UN für die Industriestaaten ausgegebenen Zielmarke. Allerdings ist das Vereinigte Königreich eines von lediglich sechs Ländern, die dieses Ziel erreichen. Sollten die britischen Steuerzahler jetzt stolz sein auf diese Großzügigkeit, oder zahlen wir zu viel? Der winzige Satz von 0,7 Prozent des BNE klingt nach einer harmlosen Verpflichtung. Bezogen auf das Jahr 2016 steht er jedoch für eine Summe von 13,6 Milliarden Pfund (14,7 Mrd. Euro).[18] Das ist wirklich eine große Zahl. Es ist mehr, als die britische Regierung für die Universitäten des Landes ausgibt. Es ist mehr, als sie für die Polizei ausgibt.

Ausgaben in Höhe von jährlich 13,6 Milliarden Pfund zur Deckung des substanziellen Bedarfs anderer Länder an Gesundheitsleistungen, Nahrungsmitteln und Infrastruktureinrichtungen mögen durchaus angemessen sein für ein reiches Land. Dennoch haben offenbar nur wenige Kommentatoren allzu viele Gedanken auf den absoluten Geldbetrag verschwendet – im Gegensatz zu dessen Anteil am BNE. Während des Wahlkampfes 2017 gab es

---

* Unter der Annahme, dass jeder entsprechende »Eingriff« auch tatsächlich zu einem Abbruch der Schwangerschaft führt.

eine schier endlose Debatte um den Plan der Konservativen, das kostenlose Mittagessen für Schüler im Alter von vier bis sieben Jahren abzuschaffen (erwartete Einsparungen: 650 Millionen Pfund) und durch ein kostenloses Frühstück zu ersetzen (erwartete Ausgaben: 60 Millionen Pfund), doch über die weitaus höheren Ausgaben von 13,6 Milliarden Pfund für Auslands- und Entwicklungshilfe sprach kaum jemand.

Als hätten wir nicht schon genug Probleme mit den grundlegenden Zahlen an sich, sind Politiker, Vermarkter und Journalisten inzwischen auch zu wahren Experten geworden, wenn es darum geht, diese größer oder kleiner wirken zu lassen, als sie tatsächlich sind. Ein sehr beliebter Trick, die erwarteten Staatsausgaben herunterzuspielen, besteht darin, in der Form von Kosten pro Tag anstatt pro Jahr oder gar pro Steuerzahler oder Einwohner über sie zu sprechen. »Was für ein Schnäppchen! Wie es kommt, dass die Königliche Familie Sie pro Jahr nur ganze 56 Pence kostet«, lautete eine Schlagzeile des königstreuen ›Daily Express‹[19] (Kosten für die Steuerzahler in jenem Jahr: 35,7 Millionen Pfund). Ein Krebsmedikament »kostet pro Patient nur ganze 43 Pence pro Tag«, verkündet eine proaktive Tageszeitung; die Gesamtkosten für den Staat interessieren sie offenbar nicht.[20] »Eine kostenlose vierjährige College-Ausbildung für alle US-Amerikaner würde die Steuerzahler lediglich 70 Cent pro Tag kosten«, behauptet ein rechenkundiger Aktivist.[21] Um eine Zahl größer aussehen zu lassen, verlängert man einfach die Zeitspanne: »Die Regierung hat kürzlich ihren Willen bestätigt, Radfahren und Laufen fördern zu wollen, und für die laufende Legislaturperiode entsprechende Investitionen in Höhe von mehr als 300 Millionen Pfund angekündigt«[22], klingt großzügiger als 60 Millionen Pfund pro Jahr. »Kanadische Regierung kündigt zusätzliche Investitionen in Höhe von 81 Milliarden Dollar in die öffentliche Infrastruktur an«[23] ist eine aufregendere Schlagzeile als »Kanada investiert in den kommenden elf Jahren zusätzlich 7,36 Milliarden Dollar jeweils«.

Alternativ können Kommunikatoren etwas billig oder teuer wirken lassen, indem sie es in eine zusammenhanglose Maßeinheit umrechnen, etwa Pflegekräfte oder Heißgetränke. »Ihre Krankenhausversicherung bekommen Sie bereits für weniger, als ein Kaffee und ein Stück Kuchen pro Woche kosten«, versprach jüngst die Werbeanzeige eines Gesundheitsversicherers. Oder warum nicht die Krankenhäuser selbst als Maßeinheit nutzen? Der Parlamentsabgeordnete und Euroskeptiker Daniel Hannan behauptete, die von der EU im Jahr 2013 für falsche Zwecke ausgegebene Geldsumme hätte »dem NHS ausgereicht, um zehn modernst ausgestattete staatliche Krankenhäuser zu errichten«.[24]

Von den riesigen Preisspannen bei Kuchen und Krankenhäusern mal abgesehen – solche kreativen finanziellen Spielereien können das Fahrwasser gefährlich trüben. Etwas kostet, was es kostet, ob in Dollar, Euro oder Pfund. Jede Adaption dieser Kosten ist eine konkurrierende Wahrheit und dient mit hoher Wahrscheinlichkeit einem ganz bestimmten Interesse.

Der Brexit in Zahlen

Das Referendum über den Brexit wurde von einer allgegenwärtigen Zahl dominiert: »Großbritannien zahlt 350 Millionen Pfund pro Woche an die EU«. Chef-Brexiteer Boris Johnson fuhr sogar in einem kleinen »Schlachtenbus« durchs Land, auf dessen Karosserie die Behauptung prangte. Das Ganze war eine fette Lüge. In einem Buch über die Wahrheit gibt es dazu nichts weiter zu sagen.

Doch andere Zahlen, in denen mehr Wahrheit steckte, wurden ebenfalls auf clevere Weise benutzt, um die Menschen in die Irre zu führen. So trat etwa Schatzkanzler George Osborne als Befürworter eines Verbleibs in der EU auf und bediente sich dafür einer besonders ins Auge springenden Zahl. Das Finanzministerium veröffentlichte eine Prognose, der zufolge das britische BIP bei einem Austritt Großbritanniens aus der EU bis 2030 ganze sechs Prozent niedriger läge als bei einem Verbleib. Osbornes Pressemitteilung lautete: »Großbritannien wird um 4.300 Pfund pro Jahr pro Haushalt schlechter dastehen, wenn das Votum zugunsten des Brexit ausfällt.«[25]

Was stimmt damit nicht? Erstens vermittelt Osbornes Pressemitteilung den Eindruck, Großbritannien stünde »schlechter da« als *heute*. Tatsächlich aber zeigt die Prognose des Finanzministeriums, dass das britische BIP 2030 deutlich höher liegen wird, ob als Mitglied der EU oder außerhalb. Eine vollständigere und ehrlichere Überschrift hätte gelautet: »*Großbritannien wird zwar weniger gut dastehen, als es unter anderen Umständen dastehen könnte, auf jeden Fall aber besser als heute.*«

Und dann ist da noch die Sache mit den Privathaushalten. Die Pressemitteilung impliziert (obwohl sie es nicht ausdrücklich sagt), dass jeder britische Privathaushalt 4.300 Pfund weniger zur Verfügung hätte (Zeitungen, die die Pressemitteilung druckten, interpretierten sie genau in diesem Sinne). Doch in der Analyse des Finanzministeriums ist vom Einkommen der privaten Haushalte gar nicht die Rede – das Bruttoinlandsprodukt ist eine völlig andere Kiste, denn in seine Berechnung fließen auch Faktoren wie Unternehmensinvestitionen und Staatsausgaben ein. Im Jahr 2015 lag das BIP des Vereinigten Königreichs bei 1.869 Milliarden Pfund beziehungsweise, umgerechnet auf 27 Millionen Privathaushalte, bei über 69.000 Pfund pro Haushalt. Der Median des verfügbaren Einkommens dagegen lag in den Jahren 2014 – 15 bei nur etwa einem Drittel dieses Betrages, nämlich 25.700 Pfund. Daraus erschließt sich im Handumdrehen, dass der Vergleichsmaßstab BIP pro Haushalt ziemlich bedeutungslos ist. George Osborne und sein Team im Schatzamt waren sich dessen sehr wohl bewusst: Die Überschrift, die sie für ihre Pressemitteilung wählten, enthielt eine Wahrheit, doch diese Wahrheit sollte bewusst in die Irre führen.

Was gibt's Neues?

Im Jahr 2016 veröffentlichte die britische Kinderkrebshilfeorganisation Children with Cancer eine verstörende Pressemitteilung: »Krebserkrankungen bei Kindern und Jugendlichen haben in den vergangenen 16 Jahren um 40 Prozent zugenommen«.[26] Dies veranlasste den normalerweise nüchternen ›Telegraph‹ zu der schlichtweg absurden Schlagzeile: »Das moderne Leben tötet unsere Kinder«.[27] Offenbar in Unkenntnis der Tatsache, dass die Krebssterblichkeitsrate bei Kindern in Großbritannien innerhalb der letzten Dekade um erstaunliche 24 Prozent gesunken war[28], zitierte die Zeitung den »wissenschaftlichen Berater« der Hilfsorganisation, der alles Mögliche für die dramatische Entwicklung verantwortlich machte, vom Haushaltsstrom bis hin zum Fön.

Es stimmt, dass die Zahl der Krebserkrankungen bei Kindern in Großbritannien gestiegen ist. Dafür gibt es allerdings zwei sehr gute Gründe. Zum einen hat sich die Gesamtzahl der in Großbritannien lebenden Kinder im selben Zeitraum ebenfalls erhöht; mehr Kinder – mehr Fälle. Zum anderen verfügen die Ärzte über deutlich verbesserte diagnostische Methoden, was dazu führt, dass weitaus mehr Krebserkrankungen entdeckt und früher behandelt werden können.[29] Vorher wurde Krebs bei Kindern häufig nicht bemerkt oder tauchte erst in Krankheitsstatistiken auf, wenn sie erwachsen waren. Beide Tatsachen sind der Hilfsorganisation bekannt, daher ist die Überschrift der Pressemitteilung als Täuschung zu werten, auch wenn es sich um eine Wahrheit handelt. Eine andere Krebshilfeorganisation, Cancer Research UK, gibt weitaus realistischere Zahlen an. Ihren Schätzungen zufolge hat die Häufigkeit von Krebserkrankungen bei Kindern seit Beginn der 1990er-Jahre um elf Prozent zugenommen.[30]

Einige unserer bedeutsamsten Wahrheiten leiten sich davon ab, wie sich wichtige Zahlen im Lauf der Zeit verändern. Verbessert oder verschlechtert sich ein bestimmtes gesellschaftliches Problem? Gibt eine Regierung mehr Geld aus oder weniger? Wächst ein Unternehmen oder schrumpft es? Zahlen sollten in der Lage sein, uns auf solche Fragen eine direkte Antwort zu liefern. Doch ein Irreführer könnte eine völlig andere Geschichte erzählen, indem er sich für eine ähnliche, damit in Zusammenhang stehende Zahl entscheidet. Mehr Jugendliche werden inhaftiert? Wächst die Bevölkerung, geht der *Anteil* der inhaftierten Jugendlichen in Wahrheit vielleicht zurück. Was ist mit der Anzahl der unter 16-Jährigen? Oder dem Anteil schwarzer Jugendlicher? Oder der Zahl von Jugendlichen, die wegen schwerer Verbrechen im Gefängnis sitzen? Oder den inhaftierten Jugendlichen in einer bestimmten Stadt? Oder jugendlichen Wiederholungstätern? Eine dieser Metriken führt bestimmt in die richtige Richtung.

Durch die Wahl eines anderen Zeitpunkts für den Beginn des betrachteten Zeitraums kann die Wahrheit zu jedem beobachteten Wandel verändert werden. Im Januar 2011 konnten sich US-Unternehmen über zwei Jahre eines ungebremsten Wachstums ihrer Börsenwerte freuen, denn der Index S&P 500 lag 36 Prozent höher als im Januar 2009. Ebenso hätten sie aber einen drei Jahre andauernden Rückgang ihres Börsenwertes betrauern können, denn seit Januar 2008 war der S&P 500 um 10 Prozent gefallen.

»Die Kriminalstatistik für diese Woche fällt ziemlich schlimm aus«, räumte Labour-Meinungsmacher Lance Price in einem privaten Tagebucheintrag vom 20. Januar 2000 ein. Price war einer der wichtigsten Männer in Tony Blairs Wahlkampfteam. »Wir hatten im Vorfeld ein verrücktes Meeting. Irgendjemand wies hilfreicherweise darauf hin, dass die Verbrechensrate zurückgegangen war, wenn man die Bereiche, in denen die Kriminalität gestiegen war, weglieẞ! Mir kam die Idee, dass wir dasselbe Prinzip auch auf die Wartelisten für Krankenhausbetten anwenden könnten.«[31]

Zwei Jahre später untersuchte ein Team von Wissenschaftlern eine Reihe statistischer »Indikatoren«, die Labour veröffentlicht hatte. Die Studie trug den Titel ›Was Labour in Ihrem Wahlkreis geleistet hat‹ und maß die Fortschritte in Bereichen wie Bildung,

Gesundheitswesen, Polizeiarbeit und Wirtschaft. »Was uns hellhörig werden ließ«, so die Forscher, war der Eindruck, den die Labour-Zahlen erweckten, nämlich dass »alles überall besser zu werden schien«.[32] So gut konnte eine Regierung doch gar nicht sein, oder? Um herauszufinden, wie es Labour gelungen war, die Dinge in einem derart positiven Licht erscheinen zu lassen, untersuchten die Forscher jeden einzelnen Indikator sehr genau:

Hatte sich ein Indikator für einen bestimmten Zeitraum nicht verbessert, dann war der betrachtete Zeitraum für diesen Wahlkreis durch einen ersetzt worden, in dem sich die Bedingungen verbessert hatten. Darüber hinaus beziehen sich die Indikatoren auf verschiedene räumliche Ebenen ... im Fall der Verbrechensstatistik etwa werden für Wahlkreise, wenn diese in Gegenden mit massiver Polizeipräsenz oder in Regionen lagen, in denen die Anzahl der Verbrechen gestiegen war, Indikatoren angegeben, die den Durchschnittswerten für England und Wales zusammengenommen entsprechen. Auf diese Weise war laut Webseite der Labour Party die Anzahl der Verbrechen während ihrer Regierungszeit flächendeckend zurückgegangen.

Wie es scheint, hatte sich dieses »verrückte Meeting« in der Downing Street offenbar in einer ernsthaften Kommunikationsstrategie niedergeschlagen.

Zahlen, Taktik 3
Trends kaschieren oder aufbauschen

Geht es um Grafiken, können Irreführer Wahrheiten transformieren, indem sie den zugrunde liegenden Maßstab verändern oder Achsen verwenden, die nicht bei 0 beginnen. Rückläufige Tendenzen können so verändert werden, dass ein gleichbleibender Verlauf suggeriert wird, und geringfügiges Wachstum kann bedeutend wirken, wenn die Daten entlang einer günstigen Achse dargestellt werden. Hat sich etwa die Anzahl der Krankenhausbetten in Ihrer Region von 15.134 auf 15.326 erhöht, dann lässt sich diese lächerliche Verbesserung um ein Prozent mithilfe eines Diagramms, dessen y-Achse bei 15.000 beginnt, als herausragende Errungenschaft präsentieren.

Die Tatsache, dass sich Ihr führendes Produkt nur schleppend verkauft, können Sie auf dieser heiklen Investorenkonferenz kaschieren, indem Sie kumulative Verkaufszahlen präsentieren – etwa die Gesamtzahl aller bis dato verkauften Produkte statt der Verkäufe des laufenden Jahres. Für Irreführer ist das Tolle an kumulativen Diagrammen, dass sie niemals nach unten gehen können. Kumulativ gesehen ist es schlichtweg unmöglich, im laufenden Jahr weniger Produkte verkauft zu haben als im letzten Jahr, es sei denn, Sie verfolgen eine äußerst großzügige, kundenfreundliche Rückgabestrategie. Apple-CEO Tim Cook stellte 2013 ein Diagramm mit dem Titel ›Kumulative iPhone-Verkäufe‹ vor und kaschierte auf diese Weise zwei Quartale mit rückläufigen Verkaufszahlen. Dasselbe wiederholte er nur einen Monat später für die iPod-Verkäufe, die ebenfalls zwei Quartale in Folge zurückgegangen waren. Quartz, eine Online-Plattform für Nachrichten aus der Geschäftswelt, konstatierte in diesem Zusammenhang: »Bei Apple sind sie entweder ziemlich unfähig, Diagramme zu erstellen, oder sie gehen davon aus, dass der Unterschied niemandem auffällt.«[33]

Im Web gibt es ein sehr schönes Diagramm. Es zeigt den Rückgang der Anzahl von Piraten seit 1820 im Zusammenhang mit dem Anstieg der globalen Durchschnittstemperatur. Die Korrelation ist in der Tat verblüffend: In dem Maße, wie die Anzahl der Piraten abnahm, ist es auf der Erde wärmer geworden. Na klar doch! Der Rückgang der Kriminalität auf den Weltmeeren lässt einen ausgedehnteren interkontinentalen Handel zu, und dieser wiederum hat eine globale Erwärmung ausgelöst!

Diese Schlussfolgerung ist natürlich kompletter Unsinn. Wie auch noch der letzte Trottel sehen kann, verhält es sich nämlich genau umgekehrt: Steigende Temperaturen führen dazu, dass der in den Rumvorräten der Piratenschiffe enthaltene Alkohol verfliegt, wodurch die Moral der Mannschaften sinkt, was diese Verbrecher dazu bringt, ehrlicheren Geschäften nachzugehen.

Diese Parodie sollten wir als Warnung vor dem Schluss oder vielmehr Trugschluss betrachten, dass eine zwischen zwei Zahlen beobachtete Korrelation bereits einen irgendwie gearteten kausalen Zusammenhang impliziert. Es wurde auch beobachtet, dass in Seebädern umso mehr Menschen ertrinken, je mehr Eis dort verkauft wird. Das bedeutet jedoch nicht, dass der Genuss von Eis zu tödlichen Krämpfen führt; Menschen neigen nun mal dazu, Eis zu essen und schwimmen zu gehen, wenn es warm wird. Es besteht kein kausaler Zusammenhang zwischen vermehrtem Eiskonsum und der steigenden Anzahl von Todesfällen durch Ertrinken. Beides wird von einem dritten Faktor verursacht.

Fehlinformierer gehen nur allzu leicht in solche Fallen. So gilt seit neuestem der augenscheinliche Zusammenhang zwischen Armut und Fettleibigkeit in Industrieländern als besorgniserregendes Phänomen. »Heutzutage können Sie aufgrund des Körpergewichts einer Person beinahe schon auf deren finanziellen Hintergrund schließen«[34], sagte 2013 die britische Gesundheitsministerin Anna Soubry. Die Wahrscheinlichkeit, fettleibig zu sein, liegt für die ärmsten Kinder im Vereinigten Königreich knapp doppelt so hoch wie für die reichsten. Bedeutet dies, dass Armut Fettleibigkeit verursacht und also lebensgefährlich ist?

Manche Politiker haben genau das behauptet und zitierten als Beweis die niedrigen Preise für Junkfood. Und Aktivisten machten sich diese Korrelation zunutze, um für politische Strategien zu streiten, die Armut eindämmen sollen. Der kausale Zusammenhang ist allerdings nicht eindeutig geklärt. Billige Nahrungsmittel müssen nicht unbedingt sehr viel Zucker und Fett enthalten. Fettleibigkeit dürfte eher von mangelnder Bildung und anderen kulturellen Faktoren abhängen, die mit der Benachteiligung bestimmter Regionen in Zusammenhang stehen. Eine einfache Aufstockung der finanziellen Hilfen für bedürftige Familien würde nicht notwendigerweise zu einer Verbesserung in deren Ernährungsgewohnheiten führen. Dieses Geld dürfte für die Finanzierung öffentlicher Informationskampagnen, Sportstätten oder gehaltvollerem Schulessen vermutlich sinnvoller ausgegeben sein. So notwendig Maßnahmen zur Linderung von Armut auch sein mögen – bei einer Argumentation in dieser Richtung, die sich auf den Zusammenhang zwischen Armut und Fettleibigkeit stützt, handelt es sich aller Wahrscheinlichkeit nach um die Instrumentalisierung einer konkurrierenden Wahrheit.

Lügen und verdammte Lügen

Ein populäres Sprichwort lautet: »Es gibt drei Arten von Lügen: Lügen, verdammte Lügen und Statistik.« Dennoch sind wir von statistischen Daten abhängig, um in zahlreichen Bereichen wie Gesundheit, Politik, Investitionen, Bildung und so weiter die richtigen Entscheidungen zu treffen. Statistiken sind keine Lügen; als Wahrheiten lassen sie sich allerdings weit stärker verbiegen, als es bei einfachen Zahlen zu erwarten wäre.

Eine der bekanntesten statistischen Zahlen ist der Durchschnitt. Um die durchschnittliche Körpergröße einer Bevölkerungsgruppe einzuschätzen, könnten wir zum Beispiel die Größe von 75 Menschen messen und den Durchschnitt für diese Testgruppe bestimmen. Man sollte es nicht denken, aber es ist durchaus möglich, um etwas so Einfaches wie den Durchschnitt herum konkurrierende Wahrheiten zu erzeugen – es gibt nämlich mehr als nur einen Durchschnitt. Da haben wir zunächst das *Mittel*. Dieses erhalten wir, indem wir die Körpergröße aller Personen in unserer Testgruppe addieren und durch 75 teilen. Zum zweiten gibt es den *Median*: Ordnen wir die 75 Menschen nach ihrer Körpergröße an, dann steht die Person, die sich genau in der Mitte der Reihe befindet, für den Median der Körpergröße. Bei diesen beiden Durchschnitten wird es sich um verschiedene Zahlen handeln.*

Die Entscheidungsmöglichkeit zwischen Mittel und Median kann von Irreführern ausgenutzt werden, wenn sie sich an Zuhörer wenden, die den Unterschied vermutlich nicht kennen. Im Zeitraum 2014 – 15 lag der *Median* für das Einkommen vor Steuern in Großbritannien bei 22.400 Pfund. Das *mittlere* Einkommen vor Steuern für denselben Zeitraum lag bei 31.800 Pfund (beide Zahlen beziehen sich ausschließlich auf Steuerzahler).[35] Dass der Mittelwert höher ist, sollte uns in einer Gesellschaft, in der eine kleine Zahl von Menschen viele Millionen verdient, nicht überraschen: Im Median machen sie kaum einen Unterschied aus, doch das Mittel ziehen sie mit ihren riesigen Einkommen beträchtlich nach oben.

Aus diesem Grund hätte 2015 jede der beiden folgenden Aussagen der Wahrheit entsprochen:

Ein Lehrer, der 28.000 Pfund pro Jahr verdient, liegt unter dem Durchschnittseinkommen.

Ein Lehrer, der 28.000 Pfund pro Jahr verdient, liegt über dem Durchschnittseinkommen.

Die meisten Kommentatoren machen sich nicht die Mühe, genauer zu erläutern, welche Art von Durchschnitt sie benutzen. Clevere Politiker, Gewerkschaftsführer und Aktivisten werden die Variante wählen, die ihrer Agenda am besten dient.

Zahlen, Taktik 4
Statistische Rosinenpickerei

---

* Es gibt auch noch einen dritten Durchschnitt, der nur selten Verwendung findet: Der Modus oder Modalwert bezeichnet den am häufigsten vorkommenden Wert innerhalb einer Stichprobe.

Das statistische Mittel ist auch sonst recht schwankender Boden. Viele Eltern sind besorgt wegen der großen Klassenstärken an den Schulen ihrer Kinder. Sie präferieren in der Regel kleinere Klassen, in denen die Lehrer mehr Zeit für das einzelne Kind haben. Aus diesem Grund sind Politiker stets darauf bedacht zu zeigen, dass die Klassenstärken im Durchschnitt klein sind. Dies bedeutet jedoch nicht, dass das durchschnittliche Kind in einer kleinen Klasse lernt.

Um dieses kontraintuitive Phänomen zu illustrieren, stellen Sie sich vor, es gäbe in Ihrer Stadt nur zwei Schulklassen. Die eine hat zehn Schüler, die andere 50. Das Mittel für die Klassenstärke liegt bei 30, was sich zunächst recht vernünftig anhört. Die Mehrzahl der Kinder ist jedoch in der Klasse mit 50 Schülern. Das »durchschnittliche« Kind wird also ebenfalls in der Klasse mit 50 Schülern sein. Genauer gesagt liegt die mittlere Klassenstärke für jedes beliebige Kind bei etwas über 43. Sprechen Politiker also wahrheitsgemäß über die durchschnittliche Klassenstärke in einem Land oder Bundesstaat, dann wird diese Zahl niedriger sein als die Zahl der Kinder in der Klasse des durchschnittlichen Kindes. Derselbe Trick kann auch auf überbelegte Gefängnisse, Züge, Krankenhäuser und so weiter angewendet werden. Der Landes- oder Bundesdurchschnitt wird deshalb stets niedriger liegen als die von den Menschen gemachte Durchschnittserfahrung.

Betrachten Sie einmal folgendes Rätsel: Ein Mann mit längerem Haar als der Durchschnitt betritt eine Bar, und die durchschnittliche Länge der Haare in der Bar nimmt ab. Wie ist das möglich?

Es ist ein simples Rätsel, doch es illustriert einen problematischen Aspekt der Statistik, der als Simpsons Paradoxon bekannt ist. Problematisch deshalb, weil dieselben Zahlen zwei sehr verschiedene Wahrheiten vermitteln können. Bevor wir das Rätsel lösen, schauen wir uns ein reales Beispiel an.

Zwischen 2000 und 2012 stieg der Median für Löhne und Gehälter in den USA inflationsbereinigt um 0,9 Prozent an.[36] Das klingt nach einer guten Nachricht. Allerdings ging im selben Zeitraum der Median bei Löhnen und Gehältern für Highschool-Abbrecher um 7,9 Prozent zurück, für Highschool-Absolventen um 4,7 Prozent, für Menschen mit einer College-Ausbildung um 7,6 Prozent und für Menschen mit mindestens einem Bildungsabschluss um 1,2 Prozent.

Einfacher ausgedrückt: Sämtliche Wirtschaftsgruppen in den USA verzeichneten Lohnrückgänge, obwohl der Durchschnittslohn insgesamt anstieg.

Nun wissen Sie, warum das Ganze Paradoxon heißt.

Zurück zu unserem Rätsel. Seine Lösung hängt davon ab, was mit »länger als der Durchschnitt« gemeint ist. Wir sprechen hier nicht über den »Durchschnitt« für die gesamte Stichprobe; die Haare des Mannes sind länger als der Durchschnitt bei den *Männern*. In der Bar halten sich aber natürlich auch Frauen auf, und die Haare des Neuankömmlings sind kürzer als der Durchschnitt für die Frauen. Zwar ist die durchschnittliche Haarlänge für die Untergruppe der Männer in der Bar gestiegen, die durchschnittliche Haarlänge der Frauen in der Bar blieb dagegen unverändert; ergo ist die durchschnittliche Haarlänge aller Personen in der Bar zurückgegangen.

Der Schlüssel zu Simpsons Paradoxon liegt darin, den Unterschied zwischen Gruppe und Untergruppe zu erkennen.

Sehen wir uns noch einmal die oben beschriebenen Lohn- und Gehaltsrückgänge an. Sind Sie von der Annahme ausgegangen, dass jede der erwähnten Untergruppen (Highschool-Abbrecher, Leute mit College-Ausbildung etc.) über den gesamten Zeitraum hinweg stabil war? Wie wir wissen, trifft dies nicht zu: Heute verfügen weitaus mehr Amerikaner über einen College-Abschluss. Mit anderen Worten, die bestbezahlten Untergruppen sind in Relation zu den am schlechtesten bezahlten Untergruppen heute größer als im Jahr 2000. Obwohl also der Median der Löhne und Gehälter für College-Absolventen gesunken ist, hat deren größere Anzahl den Gesamtdurchschnitt ansteigen lassen.

Das ist von Bedeutung, denn die unterschiedlichen Schluss-folgerungen, die sich auf der Ebene der Gesamtgruppe und der Ebene der Untergruppen hieraus ziehen lassen, gestatten es US-Politikern zu behaupten, die Löhne und Gehälter seien entweder gestiegen oder gefallen, und *beides* ist wahr.

Die meisten Menschen haben noch nie etwas von Simpsons Paradoxon gehört und verfügen auch nicht über die notwendigen statistischen Kenntnisse, um zu verstehen, dass zwei dermaßen gegensätzliche Wahrheiten nebeneinander existieren können. Ergebnis: Sie werden einfach die Version glauben, die sie zu hören bekommen. Oder womöglich – falls sie beide hören – das Vertrauen in die Statistik komplett verlieren.

Löhne und Gehälter sind gestiegen, und hier sind die statistischen Daten, die das belegen!

Löhne und Gehälter sind gesunken, und hier sind die statistischen Daten, die das belegen!

Beides wahr.
Leicht zu verstehen, dass manche zynisch werden.

Grob irreführend?

Gilt es zu verstehen, wie es um die wirtschaftliche Gesundheit eines Staates bestellt ist, wird keine Zahl genauer beobachtet als das Bruttoinlandsprodukt (BIP). Eine einzige Zahl soll Umfang und Leistungskraft einer Volkswirtschaft einfangen, die aus Milliarden von Transaktionen und Investitionen besteht. Das BIP misst den – inflationsbereinigten – Wert, der innerhalb einer Volkswirtschaft geschaffen wird. Auf seiner Grundlage werden nicht nur Zinssätze festgelegt, sondern auch die Kreditwürdigkeit von Staaten, Rentenzahlungen, Steuersätze und Staatsausgaben.

Steigt das BIP, dann rechnen wir damit, dass sich der Lebensstandard der Menschen verbessert; fällt es zwei Quartale hintereinander, verkünden wir eine Rezession und fahren wichtige Ausgaben zurück. Das BIP hat Auswirkungen auf uns alle.

Die Republik Irland verzeichnete für 2015 einen Anstieg des BIP um 26 Prozent. Eine verblüffende Leistung, könnte man denken, für dieses kleine Land in der Eurozone. In Indien legte das BIP um 7,6 Prozent, in China um 6,9 Prozent zu. Das durchschnittliche Wachstum in der Eurozone betrug magere 1,7 Prozent. Wie haben die Iren das gemacht?

Traurigerweise hatten die Menschen in Irland nicht viel damit zu tun, dass das BIP ihres Landes in die Höhe schoss, und sie werden auch kaum davon profitieren. Stattdessen hatte eine kleine Gruppe ausländischer Unternehmen auf dem weltweiten Spieltisch aus Steuergründen ein paar Chips verschoben, und dabei landete ein Bündel wertvoller Assets in Irland, wo sie jetzt beträchtliche Erträge generieren. Irland erhebt eine Unternehmenssteuer von lediglich 12,5 Prozent, was das Land zu einem extrem attraktiven Rechtssystem für weltweit operierende Unternehmen macht, die in der Lage sind, ihren Firmensitz mithilfe von Corporate Inversion und anderen Arrangements beliebig zu verlagern. Über 700 US-Unternehmen haben inzwischen ihren Firmensitz offiziell in Irland. 2015 wurde Produktionsvermögen im Wert von dreihundert Milliarden Euro transferiert, darunter Flugzeuge des niederländischen Leasingunternehmens AerCap im Wert von 35 Milliarden Euro sowie eine ganze Menge geistigen Eigentums, das Technologiegiganten wie Apple gehört.

Doch was bedeuten all diese zusätzlichen Assets und das zusätzliche Nationaleinkommen für die Menschen in Irland? Offenbar nicht viel. Offiziellen Angaben zufolge stiegen 2015 die Exporte des Landes von 220 Milliarden Euro auf 295 Milliarden Euro, doch der größte Teil der Güter und Dienstleistungen, die für diese gigantische Steigerung verantwortlich waren, wurden nicht in Irland hergestellt. Betrieb und Management von US-Unternehmen, die ihren Firmensitz nach Irland verlagert haben, verbleiben meist in den USA. Es gab einen Anstieg bei den Einnahmen aus der Unternehmenssteuer, was die von Sparzwängen geplagten öffentlichen Haushalte ein wenig entlastete, doch auf das Einkommen der meisten Iren wird das Ganze keinen Einfluss haben. Dem irischen Amt für Statistik zufolge haben sich die Beschäftigungszahlen kaum verändert. Vermögen und Zukunftsaussichten der meisten Einwohner des Landes werden mehr oder weniger unverändert bleiben.

Worin liegt also dann der Sinn der Messgröße BIP? Wenn ein Land auf dem Papier ein so beträchtliches Wachstum verzeichnet, während sich die materielle Lage der überwiegenden Mehrheit seiner Einwohner nicht verbessert, können wir dann wirklich sagen, dass die Messgröße BIP für den angestrebten Zweck geeignet ist? Im Fall von Irland dürfte sie jedenfalls auch weiterhin gründlich in die Irre führen. Anfang 2016 brach dort großer Jubel aus, weil sich das Verhältnis der Schulden gegenüber dem BIP von über 125 Prozent im Jahr 2013 auf unter 100 Prozent verringert hatte. Diese Leistung erweist sich im Kontext eines künstlich aufgeblähten BIP als Luftnummer. Gemessen an der Pro-Kopf-Verschuldung liegt Irland nach wie vor auf Platz zwei der meistverschuldeten Länder weltweit.

Im Fall von Irland handelt es sich um einen außergewöhnlichen Fall von BIP-Verzerrung, doch problematisch ist diese Messgröße für uns alle. Baut eine Motorradfahrerin in Colorado einen Unfall und bricht sich ein Bein, dann ist das schlecht für diese Frau, aber gut für das BIP: Sie oder ihr Versicherer wird für den Krankenwagen zahlen müssen, für die medizinische Behandlung, das Krankenhausbett, die Physiotherapie, vielleicht sogar für Anwälte und ein neues Motorrad. Ihr Missgeschick führt zu gesteigerten Wirtschaftsaktivitäten, was wiederum das BIP nach oben treibt. Ähnliches geschieht, wenn eine ländliche Gemeinde in Afrika eine Dürreperiode durchmacht und Lebensmittel zukaufen muss, anstatt sie selbst zu produzieren. Dann steigt als direkte Folge ihrer Not das BIP. Und es steigt auch immer dann, wenn die Holzindustrie einen ursprünglichen Regenwald plündert oder ein Erdbeben den Bau neuer Häuser erforderlich macht. Erfindet dagegen ein Autohersteller ein billigeres, effizienteres Fahrzeug, gehen die Ausgaben für Autos und Kraftstoff unter Umständen zurück und führen zu einem Rückgang des BIP. Obwohl es also weithin als derzeit beste verfügbare Messgröße angesehen wird, um die Gesundheit einer Volkswirtschaft zu beurteilen, bedeutet ein Anstieg des BIP nicht automatisch, dass auch Zufriedenheit und Wohlstand wachsen. Die Wahrheit, dass das BIP zugelegt hat, kann sehr gut neben der konkurrierenden Wahrheit existieren, dass es vielen Menschen in Bezug auf ihre Gesundheit und ihre Zufriedenheit schlechter geht.

Diese Diskrepanz zwischen BIP und menschlichem Wohlergehen gewinnt zunehmend an Bedeutung, je stärker der Technologiewandel unsere Aktivitäten und die Dinge, die wir schätzen, verändert. In den meisten Industrieländern befindet sich das BIP seit mehreren Jahren in einer Phase überwiegender Stagnation. Kommentatoren haben daraus geschlossen, unser Lebensstandard stagniere ebenfalls. Allerdings hat sich in dieser Zeit die Qualität unserer Maschinen, Kommunikationsmöglichkeiten und medizinischen Versorgung enorm verbessert, und wir haben jetzt beinahe unbeschränkten Zugang zu Wissen, Musik, Fernsehen, Büchern, Netzwerk- und Spielressourcen. Junge Menschen, die sich früher sehnlichst ein eigenes Auto oder einen Schrank voller schicker Klamotten gewünscht haben, sind heute vielleicht eher daran interessiert, Aufrufe auf YouTube zu sammeln oder Selfies auf Instagram zu posten. Wir ziehen enormen Wert aus dem Streamen von Musik, dem Zugang zu Online-Informationen, Massen-Online-Rollenspielen, der Online-Suche nach Jobs oder Partnern, dem Aufbau unserer Netzwerke. Und da wir all das tun können, ohne auch nur einen einzigen Cent auszugeben, tauchte ein Gutteil dieses Wertes in den BIP-Statistiken gar nicht auf. Eine App, die

Ihnen bei der Koordination eines Carsharings oder bei der gegen-seitigen Kinderbetreuung hilft, dürfte wesentlich zu einer Steige-rung Ihrer Lebensqualität beitragen; aller Wahrscheinlichkeit nach führt sie aber auch zu einem Rückgang des BIP, denn sie verringert unter Umständen Ihre Ausgaben für Taxifahrten und Babysitting.

Der stellvertretende Direktor des Staatlichen Amts für Statistik in China hat dieses Problem erkannt und forderte 2016, kostenlos angebotene Dienstleistungen in die BIP-Berichterstattung aufzu-nehmen. »Die digitalisierte Wirtschaft lässt neue Geschäftsmodelle entstehen und führt zu einer beträchtlichen Anzahl nichtwährungs-basierter Transaktionen«, so Xu Xianchun. »Ihre Gewinne gene-riert sie überwiegend aus Online-Werbung und nicht über die Nutzer, die diese Dienstleistungen tatsächlich in Anspruch nehmen. Deshalb wird der Wert, den diese für den Verbraucher kosten-losen Leistungen letztlich schaffen, häufig unterschätzt oder außer Acht gelassen.«[37] Das britische Office for National Statistics wurde mit einer Untersuchung dahingehend beauftragt, wie die Share Economy in die BIP-Schätzungen einbezogen werden könnte. Eine Antwort auf die Frage, wie der tatsächliche Wert von Whats-App-Nachrichten, Google Maps oder YouTube-Videos quantifi-ziert werden könnte, steht noch aus.

Doch selbst dann, wenn es Statistikern gelingen sollte, eine Methode dafür zu finden, wie man die kostenlosen digitalen Güter und Dienstleistungen der Share Economy, die in unserer Epoche entstehen, in die Berechnung des BIP einbezieht, sollten wir uns der Begrenztheit dieser Messgröße bewusst sein, wenn wir das nächste Mal hören, wie ein Politiker lautstark ihren leichten An-stieg verkündet. Denn, wie Robert F. Kennedy schon 1968 über das eng mit diesem zusammenhängende Bruttosozialprodukt (BSP) so treffend bemerkte: »Das Bruttosozialprodukt misst weder unseren Verstand noch unseren Mut, weder unsere Weisheit noch die Art, wie wir lernen. Es misst auch nicht unser Mitgefühl oder unsere Hingabe an unser Land. Kurz gesagt, es misst alles außer dem, was das Leben lebenswert macht.«[38]

Von Zahlen erschlagen

Die Forscher, die 2002 die Leistungsindikatoren der Labour Party einer kritischen Prüfung unterzogen, kamen zu folgendem Schluss:

> Fairerweise muss man sagen, dass nichts von dem, was die Labour Party auf ihrer Webseite präsentiert, im engen Sinn des Wortes unwahr ist. Lediglich die Art und Weise, wie die statistischen Daten zusammengestellt wurden – Vermischung von Jahren und Zurechtstutzen von Gebieten, um das bestmögliche Bild von den erreichten Verbesserungen zu erzeugen – ist insgesamt unaufrichtig.

Solche Manipulationen statistischer Daten sind dermaßen weit verbreitet, dass sie beinahe schon als Fair Play durchgehen. Wenn man naiv genug ist, um den Zahlen zu glauben, die von einer parteiisch agierenden Organisation veröffentlicht werden, so könnten einige argumentieren, dann muss man sich nicht wundern, wenn man verschaukelt wird. Das Problem liegt darin, dass viele Menschen sich derartig unwohl mit Zahlen fühlen, dass sie in deren Gegenwart das kritische Denken vollkommen aufgeben. Wenn uns der Mann vom Ministerium eine Reihe von Zahlen vor die Nase hält, wer sind wir, sie in Zweifel zu ziehen? Wenn uns rivalisierende Denkfabriken widersprüchliche Zahlen präsentieren, wie sollen wir herausfinden, welche davon die größere Wahrheit widerspiegeln?

Unser Verständnis von der Welt hängt davon ab, wie wir sie messen. Dieses Verständnis wiederum bestimmt unsere Wahlentscheidung, unser Handeln und unsere Einstellungen. Zahlen sind wichtig. Wir dürfen unser Vertrauen in sie nicht verlieren. Aber wir müssen besser darin werden, sie zu interpretieren und Irreführer zur Rechenschaft zu ziehen, wenn sie numerische Wahrheiten benutzen, um uns zu belügen.

In der Praxis

- Graben Sie tief, um zu verstehen, wofür die Zahlen in einer bestimmten Debatte wirklich stehen.
- Stellen Sie sicher, dass Sie die Einheiten mit der höchsten Relevanz verwenden, und vergleichen Sie niemals Äpfel mit Birnen.
- Stellen Sie Zahlen in einen Kontext, indem Sie sie mit anderen relevanten Zahlen vergleichen, um herauszufinden, wie groß sie wirklich sind.

Doch Vorsicht vor:

- Irreführern, die versuchen, eine Zahl größer oder kleiner aussehen zu lassen oder eine Tendenz deutlicher, als diese es in Wahrheit sind.
- Fehlinformierern, die einen kausalen Zusammenhang zwischen zwei scheinbar korrelierten Datensätzen unterstellen.
- Irreführern, die sich aus einer beliebigen Statistik nur bestimmte Daten herauspicken oder bewusst im Unklaren lassen, welchen Durchschnitt sie verwendet haben.

5 Geschichten

> *Zur Hölle mit Fakten!*
> *Wir brauchen Geschichten!*
> Ken Kesey

Die komplizierteste Geschichte der Welt?

Als Mervyn King, ehemaliger Chef der Bank of England, sich daranmachte zu erklären, wie es zur Finanzkrise 2008 kommen konnte, versah er seinen Text mit der Überschrift: »Die Geschichte von der Krise«.[1]

»Wir müssen«, so schreibt er, »am zentralen Wendepunkt ansetzen – dem Fall der Berliner Mauer.« Lord King beschreibt, wie der »Niedergang des sozialistischen Modells einer Planwirtschaft« China, Indien und andere Länder dazu ermutigte, das internationale Handelssystem zu übernehmen, mit dem Ergebnis, dass sich der Pool der verfügbaren Erwerbstätigen, auf dem das System beruhte, mehr als verdreifachte. Er erklärt, wie dies zu riesigen Handelsüberschüssen in Asien führte, was schließlich in weltweit exzessives Sparen mündete. Da die Zinssätze für langfristige Anlagen vom globalem Gleichgewicht zwischen Einsparungen und Ausgaben bestimmt werden, verursachte die »Ersparnisschwemme« einen Absturz der Zinssätze und einen Anstieg der Vermögenswerte. Geld zu leihen wurde enorm billig, was Unternehmen dazu verführte, immer stärker in grenzwertige Projekte zu investieren. Assetmanager und Banken waren unterdessen verzweifelt auf der Suche nach Investitionsmöglichkeiten, die bessere Renditen versprachen als niedrig verzinste Anleihen und Kredite.

King ruft noch einmal ins Gedächtnis, wie sich diese Entwicklung in aufgeblähten Bankbilanzen niederschlug, in denen sich massenweise Risikoinvestments fanden, häufig in Form von neu entwickelten Finanzinstrumenten, die nur wenige Menschen verstanden; wie das alles in Verbindung mit dem Ungleichgewicht in der Weltwirtschaft zu einem höchst instabilen wirtschaftlichen Pulverfass wurde, das nur einen Funken brauchte, um zu explodieren; wie dieser Funke schließlich übersprang, als das gegenseitige Vertrauen der Banken, aufgenommene Kredite zurückzahlen zu können, wegen der aufgehäuften hochrisikoreichen, undurchsichtigen Investments, die sie eingegangen waren, verloren ging. Finanzinstitute konnten nicht sicher sein, ob ihre Geschäftspartner in der Lage wären, im Fall der Fälle Bargeld aufzutreiben. Also hörten sie auf, sich gegenseitig Geld zu leihen, und verschärften so das bereits bestehende Liquiditätsproblem noch weiter. Was folgte – der Zusammenbruch von Lehmann Brothers, der Absturz der Aktienmärkte und die viele Milliarden Dollar schweren Rettungsschirme für ganze Staaten – ist uns allen noch in leidvoller Erinnerung.

Die drei wichtigsten Komponenten einer (guten) Geschichte

Warum nannte Mervyn King diese Wiedergabe einer Kette derartig ernster und welterschütternder Ereignisse eine »Geschichte«? Um diese Frage zu beantworten, müssen wir verstehen, was eine Geschichte ist.

Viele Menschen denken, wenn sie dieses Wort hören, zuerst an Märchen und Romane, an Drachen und Spione und romantische Liebe. »Erzähl mir eine Geschichte«, lautet häufig die Bitte von kleinen Kindern. Geschichten sollen Spaß machen. Sie sind fürs Kino da, für Eskapisten und für Journalisten auf der Suche nach einer exklusiven Story. Geschichten stehen für viele Menschen wohl in einem eher lockeren Bezug zur Wahrheit.

Ich habe ein ganzes Jahrzehnt damit verbracht, Storytelling zu betreiben, also Geschichten für Unternehmen und Regierungsorganisationen zu schreiben. Daher möchte ich gern eine andere Definition vorschlagen:

Geschichten sind kohärente und selektive Darstellungen von Veränderungsprozessen, die kausale Zusammenhänge zwischen Situationen und Ereignissen betonen.

Ich weiß, ich weiß … das klingt, als hätte ich ein amüsantes Konzept hergenommen und durch Verwendung langweiliger Fachbegriffe ruiniert. Doch Geschichten sind ein derart essenzieller Bestandteil unserer Art der Kommunikation, dass sich der Versuch zu verstehen, warum sie funktionieren, auf alle Fälle lohnt. Hier sind die drei unverzichtbaren Elemente einer jeden Geschichte:

Ein Wandlungsprozess

Wenn sich nichts verändert, dann gibt es auch keine Geschichte. Kommt unser Held unverändert wieder genau am Ausgangspunkt an, gibt es keine Geschichte. Michael Corleone verwandelt sich von einem ehrbaren Soldaten in einen der berüchtigtsten Mafiabosse aller Zeiten. Dorothy kehrt verändert aus dem Land Oz zurück, und diese Veränderungen sind unumkehrbar. Die Entwicklung, die schließlich in der Finanzkrise von 2008 gipfelte, katapultierte uns von einer Ära globalen ökonomischen Gleichgewichts und konservativ aufgestellter Bankbilanzen in eine Zeit zunehmenden Ungleichgewichts und risikoreicher Bankbilanzen. Im Gegensatz dazu gäbe die Beschreibung von Banken, die Jahr für Jahr dieselben Einlagen haben und dieselben Kredite ausgeben, überhaupt keine Geschichte ab.

Kausale Zusammenhänge

Zum Kern jeder Geschichte gehören Ursache und Wirkung. Weil der Tim aus ›Tim und Struppi‹ in einem Modellbauschiff eine alte

Pergamentrolle findet, begibt er sich auf Schatzsuche in die Karibik. Weil die Trojaner beschließen, ein gigantisches hölzernes Pferd hinter ihre Mauern zu holen, gelingt es den Griechen, die Stadt zu überrennen und einzunehmen. Weil die Zinsen so niedrig waren, gingen Investoren auf der Jagd nach Gewinn immer größere Risiken ein. Das bringt Logik in eine Geschichte und macht sie für das Publikum glaubhaft: Geschichtenerzähler machen klar, *warum* etwas geschieht.

Trigger

Bringt man Kausalität und Wandel zusammen, entsteht daraus das, was Drehbuchschreiber als »erregendes Moment« bezeichnen: der Grund, aus dem ein Wandlungsprozess beginnt. Mervyn King nennt ihn in seiner Geschichte den »zentralen Wendepunkt« – der Fall der Berliner Mauer. Jede Geschichte braucht einen Trigger, der die Ereignisse ins Rollen bringt. Dracula heuert eine Anwaltskanzlei an, um den Verkauf seines Anwesens in England zu regeln. Mister Darcys Freund mietet das große Haus in der Nähe des Ortes, wo Elizabeth Bennet wohnt. Prinzessin Leia gelangt an die Pläne für den Todesstern und versteckt sie im Droiden R2-D2. Natürlich sind auch vorher schon Dinge geschehen (wie eines der jüngsten Prequels zu ›Star Wars‹ über den Diebstahl dieser Pläne illustriert). Doch dieser Punkt markiert den eigentlichen Anfang der Geschichte. Der Trigger ist innerhalb einer Darstellung vielfältiger Ursachen und Wirkungen der eigentliche Auslöser oder Grund.

Zu einer guten Geschichte gehören noch viele andere Elemente – eine Heldin, ein Bösewicht, ein Mentor, Trickster, Verbündete, Rückschläge und Hindernisse, dramatische Wendungen und Enthüllungen – doch diese drei genannten Komponenten sind die tragenden Säulen, auf denen jede Geschichte ruht. So sehen sie in Shakespeares ›Hamlet‹ aus:

Der Trigger: Der Geist von Hamlets Vater, dem früheren König, erscheint und enthüllt seinem Sohn, dass er von Claudius, Hamlets Onkel, dem jetzt der Thron und die Königin gehören, ermordet wurde.

Die kausalen Zusammenhänge: Weil Hamlet von den Behauptungen des Geistes in tiefe Zweifel gestürzt wird, ersinnt er einen Test, um Claudius' Schuld zu beweisen; weil Ophelias Vater von dem Mann getötet wird, den sie liebt, verfällt sie dem Wahnsinn und ertränkt sich; weil Claudius Hamlet fürchtet, schmiedet er Pläne, diesen zu töten; weil Ophelia stirbt, sinnt ihr Bruder auf Rache.

Der Wandlungsprozess: Hamlet erfährt die Wahrheit über den Tod seines Vaters; Ophelia verfällt dem Wahnsinn; die meisten der Hauptfiguren werden getötet; der dänische Thron fällt an den norwegischen Kronprinzen.

Ein Wandlungsprozess, kausale Zusammenhänge und ein Trigger: Mervyn Kings Beschreibung der Ursprünge der Finanzkrise von 2008 hat alle drei.

Unsere Welt verstehen

Doch warum überhaupt eine Geschichte? Was ist so besonders an dieser uralten kognitiven Struktur, dass ein ehemaliger Chef der Bank of England sich entscheidet, sie zu nutzen, um einen derart komplexen Gegenstand zu erläutern?

Die Antwort liegt in den erwähnten kausalen Zusammenhängen. Der Mensch giert nach Erklärung. Geschieht etwas von Bedeutung, wollen wir verstehen, *warum* es geschieht. Weil Geschichten scheinbar zeigen, wie eins zum anderen führt, helfen sie uns dabei, uns in einer chaotischen Welt zurechtzufinden. Während der Finanzkrise sind gigantisch viele Dinge passiert, und viele davon waren beängstigend, destruktiv und rätselhaft. Kings Geschichte bahnt mit Hilfe der Logik einen kohärenten und verständlichen Weg durch das Dickicht der Ereignisse.

In den einfachsten Geschichten gibt es für jede Wirkung genau eine Ursache, und diese Wirkung wiederum wird zur Ursache für die nächste Wirkung. So einfach ist Kings Geschichte nicht. Er beschreibt vielfältige Gründe für eine Vielzahl von Wirkungen, und seine Geschichte über komplexe Wechselwirkungen innerhalb der Wirtschaft, innerhalb der Banken sowie zwischen Wirtschaft und Banken erstreckt sich über mehrere Seiten. Aufmerksame Leser und Leserinnen werden dennoch am Ende das Gefühl haben, dass sie verstehen, warum es zu dieser Krise gekommen ist. Darin liegt der wahre Wert von Geschichten als Mittel der Kommunikation: Sie verleihen komplexen Gegenständen Kohärenz und Klarheit.

Doch für diese Kohärenz und Klarheit zahlen wir einen Preis. Das Problem mit Geschichten ist nämlich, dass sie höchst selektiv sind. Geschichten zeigen, grob gesagt, niemals das ganze Bild. Es sind Teilwahrheiten. Filme sind eine buchstäbliche Verkörperung dieser Tatsache, denn hier überbrücken Schnitte zwischen einzelnen Szenen beträchtliche Zeitspannen, und der gewählte Kamerawinkel lässt vieles von dem, was stattfindet, außen vor. Drehbuchautoren, Regisseure und Cutter wählen aus einer Vielzahl von Optionen jene aus, die sie zeigen wollen. Charles Dickens erzählt in seiner Geschichte von David Copperfield nur wenige Episoden aus dem Leben seiner Hauptfigur. David Nicholls zeichnet in seinem Roman ›Zwei an einem Tag‹ das Porträt zweier Menschen über zwanzig Jahre, indem er lediglich die Ereignisse eines einzigen Tages in jedem Jahr erzählt.

Ebenso verhält es sich mit Sachgeschichten. Wenn wir eine Abfolge von Ereignissen beschreiben, treffen wir Entscheidungen darüber, an welchem Punkt wir beginnen, welche Momente wir herausgreifen, auf welche Weise wir Menschen darstellen. Damit vereinfachen wir Ursache und Wirkung ganz entscheidend. Geschichten sind in dieser Hinsicht sehr stringent: Weil Paris Menelaos die Helena raubt, erklären die Griechen den Trojanern den Krieg; weil Heathcliff lauscht und Cathy sagen hört, eine Ehe mit ihm würde sie gesellschaftlich erniedrigen, verlässt er sein Zuhause und gewinnt das Vermögen, das ihn zum Herrn von Wuthering Heights macht. Das wahre Leben ist selten so schwarz-weiß. Ereignisse haben häufig vielerlei Ursachen. Es kann gut sein, dass X einer der Gründe für Y war, doch ebenso waren es U, V und Z. Politiker führen die Schuldenkrise von Regierungen routinemäßig auf das Aufkommen des sogenannten Islamischen Staates zurück und erzählen simple Geschichten von Ursache und Wirkung, die ihrer eigenen Agenda dienen. Ihre politischen Gegner erzählen alternative Geschichten mit anderen kausalen Zusammenhängen, die unter Umständen genauso wahr sind. Gelehrte wie Nassim Nicholas Taleb sprechen sogar von einer »narrativen Verzerrung« – unserer »eingeschränkten Fähigkeit, Reihen von Fakten zu betrachten, ohne eine Erklärung in sie hineinzuweben oder, was dasselbe bedeutet, gewaltsam eine logische Verknüpfung, einen Beziehungspfeil, zwischen ihnen herzustellen«.[2]

Die Geschichte von Katrina

In ihrem polemischen Buch ›Die Schock-Strategie‹ erzählt Naomi Klein die Geschichte vom Umgang mit den Folgen des Hurrikans Katrina.[3] Die Katastrophe hätte der Regierung von Präsident George W. Bush die Chance geboten, schreibt sie, neoliberale Politikstrategien wie Privatisierung, Deregulierung, geringeren staatlichen Einfluss und Freihandel auf die verrottende öffentliche Infrastruktur von New Orleans anzuwenden. Der verheerende Hurrikan (in ihrer Geschichte der Trigger) hätte derartige Verwerfungen in der Bevölkerungsstruktur und Betriebsstörungen bei öffentlichen Einrichtungen zur Folge gehabt, dass einigen die Stadt als freies Spielfeld erschienen wäre, auf dem sie ungehemmt ihre Ideen vom freien Markt ausprobieren konnten. Die amerikanische Golfküste sei »innerhalb weniger Wochen … zu einem einheimischen Testlabor für [die] … Übernahme staatlicher Aufgaben durch Privatunternehmen« geworden.

146

Inspiriert vom nobelpreisgekrönten Ökonomen Milton Friedman, enthielt die Bush-Administration staatlichen Organisationen dringend benötigte Notfallhilfen vor und leitete stattdessen 3,4 Milliarden Dollar an Privatunternehmen des »Katastrophen-kapitalismus« wie Halliburton, Bechtel und Blackwater um. Die Stadtverwaltung von New Orleans, durch die Naturkatastrophe ihrer Steuereinnahmen beraubt, musste 3.000 Angestellte entlassen; an deren Stelle heuerte die Bundesregierung private Berater an, um den Wiederaufbau zu planen, wobei sie Grundstücksentwickler gegenüber Einwohnern der Stadt bevorzugte. Staatlich geförderte Wohneinheiten auf hochwertigen Grundstücken, hinter denen Developer schon lange her waren, wurden sofort nach der Evakuierung ihrer Bewohner zum Abriss freigegeben. Staatliche Schulen wurden in sogenannte »Charterschulen« umgewandelt, auch dies eine Idee des freien Marktes. Präsident Bush führte neue Steuererleichterungen für in der Region ansässige Großunternehmen ein und setzte gesetzliche Regelungen zum Schutz von Arbeitskräften und Gehältern außer Kraft.

Die (in der überwiegenden Mehrzahl schwarzen) Armen von New Orleans waren durch den Hurrikan viel zu stark betroffen und traumatisiert, um sich diesen unverhohlen neoliberalen Maßnahmen entgegenzustellen. Sie standen derart »unter Schock«, dass sie all dies widerstandslos hinnahmen. Und so waren »Leute, die nichts von Regierungen halten« (so Kleins Umschreibung für die Verfechter des freien Marktes) in der Lage, eine Naturkatastrophe auszunutzen, um einen »nahezu komplett mit öffentlichen Geldern finanzierten privatwirtschaftlichen Schattenstaat« aufzubauen. Die Reichen und die Mittelschicht, so ihre Behauptung, würde künftig innerhalb umzäunter Communities in Saus und Braus leben, umsorgt von privaten Sicherheitsunternehmen, Schulen und Krankenhäusern, während die Armen wegziehen oder unter dem schwachen Schutz eines zunehmend in die Bedeutungslosigkeit gedrängten öffentlichen Sektors ein erbärmliches Dasein fristen müssten.

Kleins Buch ist ein beeindruckendes und sorgfältig recherchiertes Werk, und es liegt keineswegs in meiner Absicht, ihre Geschichte von New Orleans zu bestreiten. Die Fakten, die sie präsentiert, sind meiner Kenntnis nach alle wahr. Doch mithilfe anderer Fakten, die ebenfalls in Zusammenhang mit Katrina stehen, ließe sich auch eine völlig andere Geschichte erzählen:

Die Reaktion des Staates auf Hurrikan Katrina war völlig unzureichend. Die staatliche Behörde für Notfallmanagement (FEMA) war desorganisiert und handelte viel zu langsam. Hunderte von freiwilligen Feuerwehrleuten aus anderen Städten befanden sich in Atlanta im Wartestand. Ray Nagin, der Bürgermeister von New Orleans, versäumte es, eine Evakuierung anzuordnen. Er tat dies erst ganze 24 Stunden, bevor Katrina auf Land traf, und lehnte es selbst dann noch ab, eine Schulbusflotte einzusetzen, um ältere und behinderte Einwohner aus der Stadt zu bringen. Die Polizei war nicht in der Lage, die um sich greifenden Plünderungen unter Kontrolle zu bringen. Einheiten der Nationalgarde in Louisiana verfügten nicht über ausreichende Truppenstärke und waren damit beschäftigt, ihre eigenen Hauptquartiere vor der Flut zu schützen und Soldaten zu retten, die nicht schwimmen konnten. Alles in allem war die Reaktion der Regierung laut Kongressbericht 2006 gekennzeichnet von »untauglichen Mitteln, wildem Aktionismus und organisatorischer Lähmung«.

Glücklicherweise verfügte der Privatsektor über die nötige Ausrüstung und war bereit, in die Bresche zu springen und den Job zu machen. Unternehmen wie Halliburton, Bechtel und Blackwater konnten in einem äußerst schwierigen Umfeld das Personal, die Erfahrung und die Führungsstärke aufbieten, um schnell und effektiv zu reagieren. Sie waren in der Lage, Lebensmittel und Wasser, medizinische Versorgung und Notunterkünfte bereitzustellen sowie die Aufräumarbeiten zu organisieren, und das alles weitaus schneller als die völlig überlasteten städtischen Behörden oder die FEMA. Das niederländische Unternehmen de Boer wurde beauftragt, eine gigantische temporäre Totenhalle zu errichten, da die staatlichen Einrichtungen für die erwartete Zahl von Todesopfern nicht ausreichten. Das Pionierkorps der US-Streitkräfte heuerte im Rahmen von Verträgen über insgesamt zwei Milliarden Dollar vier Unternehmen zur Beseitigung der Trümmer an, weil es nicht über die nötigen Kapazitäten verfügte, um diese Aufgabe selbst zu bewältigen. Es ist das Verdienst der Regierung Bush, dass sie willens war, privates Unternehmertum zu nutzen, um den dringenden öffentlichen Bedarf zu decken. Darüber hinaus unternahm sie angemessene Schritte, um sicherzustellen, dass die staatlichen Finanzhilfen weise ausgegeben wurden: 30 Ermittler und Revisoren des Heimatschutzministeriums wurden abgestellt, um die Arbeit der beauftragten Unternehmen an der Golfküste zu überwachen. Die Regierung Bush mobilisierte alle verfügbaren Ressourcen und zeigte so genau jene Flexibilität und jenen Pragmatismus, die infolge der anfangs bedauerlich ineffizienten Reaktion der öffentlichen Stellen auf die Katstrophe so dringend nötig waren.

Beide Geschichten präsentieren eine Reihe von mehr oder weniger korrekten Fakten, doch ihr Ton und ihre Botschaft könnten unterschiedlicher nicht sein. Neoliberale Verschwörung oder gut gemeinter Pragmatismus? Ohne Einblick in die Seelen von George W. Bush und seiner Berater kann man hier kaum sicher sein. Also bleibt uns in Ermangelung einer definitiven Wahrheit nur wieder übrig, auf die Teilwahrheiten zurückzugreifen, die die beiden Geschichten repräsentieren.

Sie mögen eher zu der einen oder zu der anderen Geschichte neigen. Das hängt davon ab, welche Meinung Sie über die Bush-Administration oder zu Themen wie Privatisierung und Verschwörungstheorien haben. Ihr Mindset oder Ihre Weltsicht könnten dazu führen, dass Sie gegenüber der einen oder anderen Version positiv voreingenommen sind. Dessen ungeachtet sind beide Geschichten wahr, und zwar insoweit, als die Fakten, auf denen sie beruhen, der Wahrheit entsprechen. Wie diese Fakten miteinander in Zusammenhang gebracht werden, um eine Reihe von Kausalitäten zu ergeben, die zu einer ultimativen Botschaft

verschmelzen ... nun, genau darin liegt die Kunst des Geschichtenerzählens.

Geschichten, Taktik 1
Fakten miteinander verbinden, um Kausalität zu suggerieren

Mervyn Kings Geschichte von der Finanzkrise 2008 klingt zwar
glaubhaft und ergibt Sinn, doch andere Kommentatoren haben
eine andere Geschichte erzählt. Wo King mit dem Fall der Berliner
Mauer beginnt, entscheiden sich andere für einen anderen Trigger: die Deregulierung des Finanzsektors, die Erfindung forde-
rungsbesicherter Wertpapiere (CDOs) oder die Immobilienblase
in den USA. Manche stellen die Gier der Banker in den Mittelpunkt, andere den Leichtsinn der Verbraucher, wieder andere die
Inkompetenz der Politiker oder die Verderbtheit der Ratingagen-
turen. All diese Geschichtenerzähler wählen Trigger und priorisie-
ren kausale Zusammenhänge, die ihrem Thema dienen. Manche
geben politischen Entscheidungsträgern wie King die Schuld, und
ihre Geschichten beschreiben die verheerenden Auswirkungen
eben jener Deregulierung, die King und andere Notenbanker zu
verantworten haben. Im Gegensatz dazu impliziert Kings Geschichte von übermächtigen makroökonomischen Tendenzen hilfreicherweise, dass Notenbanken und Regulierer nur wenig tun
konnten, um die heraufziehende Katastrophe abzuwenden.

Die schiere Komplexität der Finanzkrise macht es möglich, eine
beliebig große Anzahl von Geschichten über sie zu erzählen, die
allen möglichen Absichten dienen.

Ich möchte hier keinesfalls suggerieren, dass Geschichten immer
die Wahrheit verzerren oder von Haus aus irreführend sind. Die
meisten von uns erklären Dinge, indem sie Geschichten erzählen,
ob bewusst oder unbewusst. Ob wir es wollen oder nicht: Die
Struktur unserer Präsentationen oder unserer Wiedergabe von Ereignissen nimmt häufig die Form einer Geschichte an, beinhaltet
einen Trigger, kausale Zusammenhänge und einen Wandlungs-

prozess. So sind wir nach Abermillionen von Jahren, in denen wir uns Geschichten über Götter, Bestien, Feinde und Beziehungen erzählt haben, eben einfach gestrickt.

Doch wenn wir eine Geschichte erzählen wollen, sollten wir die richtige Geschichte erzählen. Wir müssen uns der Tatsache bewusst sein, dass es verschiedene Möglichkeiten gibt, aus den verfügbaren Fakten eine Geschichte zu konstruieren, und dass wir damit unsere Zuhörer zu unterschiedlichen Schlussfolgerungen führen können.

Sinn und Zweck eines Gartens

Royal Botanic Gardens, Kew, ist eine britische Organisation, die sich der Erforschung und Konservierung von Pflanzen und Pilzen verschrieben hat. Vielleicht haben Sie von den Kew Gardens gehört, sie gar schon einmal besucht. Falls ja, dann wird der erste Satz Sie vielleicht überraschen. Ist Kew denn nicht dieser wunderschöne, denkmalgeschützte botanische Garten im Südwesten Londons?

Das glauben viele. Entscheidend aber ist, dass es auch viele britische Politiker glauben. Das ist wichtig, denn Kew ist zum Teil von öffentlichen Zuschüssen abhängig: Der Garten erhält etwa 20 Millionen Pfund (22,6 Millionen Euro) pro Jahr von der britischen Regierung. Das hört sich nach einer ganzen Menge an für einen Garten, insbesondere einen, der Jahr für Jahr eine stabile Menge zahlender Besucher anzieht. Andererseits leistet Kew einen wertvollen Beitrag zur Erhaltung der Biodiversität, zur Minderung der Auswirkungen des Klimawandels, zur Sicherung des weltweiten Nahrungsangebots und Reduzierung des Risikos von Pandemien. So betrachtet, sind 20 Millionen Pfund pro Jahr eine lächerlich geringe Summe.

2015 hatte Kew mit einer Finanzlücke von mehr als 5 Millionen Pfund zu kämpfen. Und Kürzungen im Staatshaushalt von Spar-

britannien hätten aller Voraussicht nach die öffentlichen Zuschüsse für die Organisation noch einmal drastisch beschnitten. Mitarbeiter wurden entlassen und wichtige Infrastrukturmaßnahmen zurückgestellt. Direktor Richard Deverell musste irgendwie klarmachen, dass seine Organisation international eine unverzichtbare Rolle spielte, und Argumente für die Beibehaltung einer stabilen staatlichen Unterstützung liefern.

Als ehemaliger Controller bei der BBC wusste Deverell um die Macht des Geschichtenerzählens, und so lud er mich ein, ihm bei der Ausarbeitung eines neuen Narrativs für Kew zu helfen. Um die Dinge ins Rollen zu bringen, setzten wir uns zusammen, und er erzählte mir von Kew. Zuerst erinnerte er sich daran, wie die Gärten entstanden waren. Als geschichtsbegeisterter Mensch schwärmte er von Prinzessin Augusta, die rund um Kew Palace königliche Gärten anlegen ließ, und ihrem Sohn, Georg III., der die beiden königlichen Besitztümer Richmond Gardens und Kew Gardens zu einem Anwesen zusammenlegte und sie 1841 dem Staat schenkte. Wir hatten eine Stunde Zeit, und allein die ersten fünfzehn Minuten gingen für diesen historischen Abriss drauf. Das kam für mich nicht überraschend. Deverells Mitarbeiter hatten mich bereits mit Transkripten seiner jüngsten Reden vor wichtigen Interessengruppen versorgt; beide begannen mit der Geschichte von Kew.

Der allerwichtigste Beitrag, den ich 2015 für Kew leistete, bestand in dem Hinweis, dass eine Organisation, die sich als hochmoderne Forschungseinrichtung des 21. Jahrhunderts positionieren wollte, ihr Narrativ nicht in einer sepiafarbenen Vergangenheit gründen sollte. Alles, was Deverell über Prinzessin Augusta und George III. gesagt hatte, stimmte. Doch es erzählte die falsche Geschichte. Das Schwelgen in Erinnerungen an königliche Anwesen und wohltätige Vermächtnisse verstärkte nur das »Denkmal-Image«, das Kew ja gerade abzuschütteln versuchte. Natürlich sprach Deverell in seinen Reden auch über Naturschutz und einzigartige Pflanzensammlungen und wissenschaftliche Partnerschaften mit führenden Institutionen, allerdings bestand das Risiko, dass die Zuhörer Kew an diesem Punkt im Geiste bereits in der Schublade »glorreiche Vergangenheit« eingemottet hatten.

Unser neues Narrativ für Kew begann weit, weit weg von den Gärten im Südwesten Londons.

Im ersten Teil kam Kew überhaupt nicht vor. Hier wurde die unverzichtbare Rolle von Pflanzen bei der Lösung einiger der größten globalen Herausforderungen unserer Zeit beschrieben, darunter der Klimawandel, die Bereitstellung erneuerbarer Energien und Ernährungssicherung sowie die tragische Tatsache, dass viele Arten, in denen der Schlüssel zu neuen Nahrungsmitteln, Materialien, Medikamenten und Kraftstoffen liegen könnte, ausgerottet werden, noch bevor wir sie überhaupt entdecken. Kurz gesagt, Pflanzen sind enorm wichtig, und wir müssen im Interesse unseres eigenen Überlebens mehr über sie lernen, bevor sie für immer verloren sind.

Erst an diesem Punkt der Geschichte kam Kew ins Spiel. Und dieses Kew war keine verstaubte Schatztruhe aus alten Zeiten. Es war eine globale wissenschaftliche Ressource von einzigartiger Bedeutung und verfügte über die größte Sammlung botanischer Daten weltweit: eine lebende in den Gärten, dazu eine Kollektion getrockneter Präparate, eine DNA-Sammlung und eine Samensammlung in Gestalt der berühmten Millennium Seed Bank. In einer Welt, die Big Data zum Idol erhebt, stellten diese Ressourcen einen großen Vermögenswert für das Vereinigte Königreich und die internationale Forschung dar. Zusätzlich zu diesen Datensammlungen verfügte Kew auch über eine der weltweit besten Kombinationen von Kenntnissen, Fähigkeiten und Fertigkeiten auf dem Gebiet der Botanik in Gestalt führender Experten auf dem Gebiet der Pflanzenbestimmung und -kultivierung. Und schließlich konnten sich die Beziehungen, die Kew mit Forschungseinrichtungen auf der ganzen Welt unterhielt, durchaus mit den umfangreichen diplomatischen Beziehungen messen, derer sich die britische Regierung rühmte.

Mit anderen Worten: Kew war bestens positioniert, um sich der Herausforderung zu stellen, mehr über die Pflanzen zu erfahren, die zum Überleben unserer eigenen Spezies beitragen werden, und diese zu erhalten.

Der Rest der Geschichte legte dar, welche Pläne Kew entwickelt hatte, um sich dieser Herausforderung zu stellen: Digitalisierung der Sammlungen, um die Daten weltweit zugänglich zu machen; Führungsrolle bei internationalen Anstrengungen zum Naturschutz; gezielte Lenkung von Mitteln in Projekte zum Erhalt der Biodiversität mit Relevanz für Wohlergehen und Entwicklung der Menschheit. Im Ergebnis würde dieser Weg zu einem besseren Verständnis und dem Schutz der genetischen Vielfalt, neuen Nahrungsmitteln, Materialien, Kraftstoffen und der Entdeckung neuer Medikamente führen.

Die Geschichte begann mit dem Trigger des Artensterbens. Sie beschrieb einen Weg der Veränderung, nicht nur für Kew, sondern auch für die globale Biodiversität. Sie zeigte kausale Zusammenhänge zwischen den Bestrebungen von Kew und einer vielversprechenderen Zukunft für die Menschheit auf. Sie war kohärent, und vor allem war sie selektiv, indem sie nur jene Aspekte von Kew beschrieb, die die Organisation als modernen wissenschaftlichen Vermögenswert positionierten.

Geschichten, Taktik 2
Geschichten nutzen, um Identität zu stiften

Zu dieser Geschichte ist einiges anzumerken.

Sie präsentiert nur eine Version von Kew. Bei Kew arbeiten einige der besten Gärtner der Welt. Wenn sie diese Geschichte hören, fühlen sie sich womöglich durch den Fokus auf die Wissenschaft mit Recht zurückgesetzt: Dank ihrer großartigen Fähigkeiten und ihres Engagements ist Kew *auch* ein gut gepflegter, wunderschöner Garten. Weiterhin verfügt Kew über einige sehr bemerkenswerte historische Gebäude, darunter das viktorianische Palmenhaus, die

Georgianische Pagode und Kew Palace. Einem Publikum, das aus Gärtnern oder Historikern bestünde, würde man eine deutlich andere Geschichte erzählen, vielleicht mit Prinzessin Augusta und ihrem gefeierten Gärtner William Aiton beginnen, oder den Fokus auf die Freude und die Bildungsmöglichkeiten legen, die der Garten jedes Jahr mehr als einer Million Besuchern bietet. Jede dieser möglichen Geschichten ist eine konkurrierende Wahrheit über Kew.

Sie stellt kausale Zusammenhänge her, die mögliche andere kausale Zusammenhänge in den Hintergrund rücken lassen. Die Quintessenz der Geschichte liegt in der Verbindung zwischen der dringend notwendigen Erforschung von Pflanzen, um die Herausforderungen zu meistern, denen sich die Menschheit gegenübersieht, einerseits und Kews Daten- und Forschungsressourcen sowie Bestimmungskapazitäten andererseits. Es bestehe ein globaler Bedarf, und Kew, so die Implikation, sei bestens aufgestellt, um diesen Bedarf zu decken. Man könnte aber auch eine ähnliche Geschichte schreiben, die eine andere botanische Einrichtung zur Heldin macht. Oder argumentieren, dass die Regierungen der Welt zusammenkommen sollten, um eine *neue* botanische Forschungsorganisation zu gründen, weil die bestehenden Institutionen bisher nicht imstande waren, den Bedarf zu decken. Andere Geschichten mit anderen kausalen Zusammenhängen bilden konkurrierende Wahrheiten.

Sie blickt in die Zukunft. Die Geschichte beginnt in der Gegenwart mit all ihren Herausforderungen durch Klimawandel und Nahrungsmittelknappheit und setzt sich in die Zukunft fort. Sie stellt einen Ablauf der Dinge vor, bei dem Kew dazu beiträgt, einige dieser Herausforderungen zu meistern. Menschen empfinden Geschichten als etwas, das in der Vergangenheit stattgefunden hat, doch in Wahrheit beschreiben die meisten Unternehmensgeschichten, die ich verfasse, einen Kurs in die Zukunft. Dies ist eine wirkungsvolle Methode, um Interessenvertreter zu inspirieren und ihnen ein Gefühl dafür zu vermitteln, wohin die Reise ihrer Organisation gehen und wie sie ans Ziel gelangen könnte. Zugleich schafft sie jedoch weiteres Potenzial für konkurrierende Wahrheiten. Werfen wir einen Blick in die Zukunft, dann können wir eine ganze Reihe unterschiedlicher, gleichwertiger Geschichten darüber erzählen, wo die Reise wohl hingehen wird.

Es gibt so vieles, was man über Kew sagen *könnte*. Die Frage ist, was man sagen *sollte*. Für ein Publikum aus Parlamentsabgeordneten und Beamten, die eine Voreinstellung hatten und Kew als historisches Erbe betrachteten, lag die Antwort definitiv nicht darin, noch mehr Geschichten aus der Geschichte zu erzählen. Stattdessen stellten wir die wissenschaftliche Forschung und die Daten in den Mittelpunkt und blickten in die Zukunft statt in die Vergangenheit. Die Gärten selbst spielten in einer Geschichte, die Kew eher als wissenschaftliche Fakultät einer führenden Universität darstellte und nicht als Sammelsurium von Sträuchern, eleganten Gebäuden und jahrhundertealten Bäumen, nur eine kleine Rolle. Im darauffolgenden Jahr schloss Kew eine neue Finanzierungsvereinbarung ab. Die Regierung garantierte der Organisation trotz umfangreicher Sparmaßnahmen nicht nur unveränderte staatliche Zuschüsse in Höhe von 20 Millionen Pfund für weitere vier Jahre, sondern machte auch noch einmal zusätzliche 50 Millionen Pfund für Großprojekte locker.

Kurze Story, große Reichweite

Business Storytelling hat sich unterdessen zu einer eigenen Branche gemausert, nicht zuletzt dank der bahnbrechenden Arbeit von The Storytellers, einem britischen Unternehmen, für das ich viele Jahre lang tätig war. Allerdings nimmt es meistens eine andere Form an als die zukunftsorientierte Organisationsgeschichte, die ich eben anhand von Kew illustriert habe. Sprechen Personal- oder Marketingchefs vom Storytelling, meinen sie im Allgemeinen den gezielten Einsatz von Anekdoten oder Entstehungsgeschichten, um Best Practices zu teilen, bestimmte Verhaltensweisen zu befördern oder eine Marke aufzubauen.

Entstehungsgeschichten von Unternehmen sind beliebte Vehikel, um Mitarbeiter zu motivieren oder Kunden zu binden. Die Marken North Face und Patagonia werden untermauert von den Geschichten ihrer Gründer, die erzählen, wie sie Ausrüstungsgegenstände und Bekleidung entwarfen, die ihren eigenen Bedürfnissen als Abenteurer entsprangen. Barclays ist stolz auf seine Gründer, Angehörige der Quaker-Gemeinde. Deren Prinzipien wie Ehrlichkeit, Integrität und Redlichkeit sind nützliche Losungen auch für die heutigen Mitarbeiter der Bank. Selbstverständlich handelt es sich hier um selektives Storytelling. Es ruft nur die Elemente aus der Vergangenheit der Unternehmen auf, die dafür sorgen, dass die heutigen Organisationen gut dastehen.

Nike hat eine komplexe Mythologie rund um den Lauftrainer und Unternehmensmitbegründer Bill Bowerman gestrickt. Dieser – so die Geschichte – goss zu Hause geschmolzenes Gummi in ein Waffeleisen, um bessere Sportschuhe für sein Team herzustellen. Die Firma startete in den 1970er-Jahren ein Storytelling-Programm und verpflichtete ihre Topmanager, als »Corporate Storytellers« aufzutreten. Markenbotschafter, sogenannte »Ekins« (»Nike« rückwärts), besuchen im Rahmen ihrer Ausbildung Orte, die für die Entstehungsgeschichte des Unternehmens von entscheidender Bedeutung waren, und nehmen auf der Bahn des Hayward Field, wo Bowerman als Trainer wirkte, an Laufwettbewerben teil.

Anekdoten sind in jeder Organisation ein machtvolles Werkzeug. Diese Teilwahrheiten erzählen von besonderen Menschen oder Ereignissen und sind dazu gedacht, allgemeinere Veränderungen in Mindsets und Verhaltensweisen herbeizuführen. Hier ein typisches Beispiel:

Die Putzkraft Sally Faucet hatte das alte Ehepaar in Raum 406 kennengelernt, während sie saubermachte, und ihr war aufgefallen, dass Mister Bradshaw Insulin spritzen musste. Am Dienstagmorgen bemerkte sie, wie die Bradshaws zur Anlegestelle gingen, um sich dem Tagesausflug nach Turtle Island anzuschließen. Als sie in das Zimmer der beiden ging, um aufzuräumen, fand sie Mister Bradshaws Insulin-Kit. Es lag auf dem Bett. Hatte er es vergessen? Sie wollte nicht, dass der alte Mann ohne Medizin auf einer Insel festsaß. Das Risiko war einfach zu groß.

Also schnappte sie sich das Täschchen und lief zur Anlegestelle, doch das Boot hatte bereits abgelegt. Sally hatte einen Freund, der eine Motorbarkasse besaß. Sie borgte sich also das Auto ihres Chefs, fuhr an den Strand und überredete ihren Freund, sie nach Turtle Island zu bringen. Als sie dort ankamen, trafen sie auf die Bradshaws, die bereits fieberhaft nach dem Insulin-Kit suchten. »Ich bin Sally unglaublich dankbar für ihren Einsatz und die Mühe, die sie sich meinetwegen gemacht hat«, sagte Mister Bradshaw später. Die Bradshaws haben bereits wieder zwei Wochen Urlaub im Golden Sands für nächstes Jahr gebucht.

Diese Geschichte ist fiktiv, doch sie wurde nach dem Vorbild von Anekdoten gestrickt, die viele Unternehmen benutzen, um ihre Mitarbeiter zu inspirieren und Verhalten zu lenken. Sie illustriert bestimmte Tugenden: die Dinge mit den Augen der Gäste betrachten, proaktiv handeln, vorhandene Ressourcen auf kreative Weise nutzen und nicht nur Dienst nach Vorschrift machen. Sie zieht eine direkte Linie vom aufmerksamen Dienst am Kunden zu Unternehmenserfolg und Anerkennung der Mitarbeiter. Dadurch, dass sie Sallys Geschichte mit anderen Angestellten teilen, wollen die Manager diese inspirieren, dem Beispiel zu folgen. Literaturkritiker mögen sich an der Banalität der Geschichte stoßen, doch innerhalb eines unternehmerischen Umfelds kann eine schnörkellose, wahrheitsgetreue Wiedergabe von Ereignissen dieser Art einen sinnvollen Motivationszweck erfüllen.

Geschichten, Taktik 3
Beispielgeschichten nutzen, um bestimmte Verhaltensweisen anzuregen oder zu verändern

Sie denken nun vielleicht, dass solche simplen Geschichten nur Mindsets in Umgebungen beeinflussen, die geringe Fähigkeiten und Kompetenzen erfordern. Doch ich selbst habe Geschichten wie diese über Wissenschaftler geschrieben, die mithilfe der Proteinkristallografie pharmazeutische Komponenten entwickelten; über Bankfachleute, die in Hongkong Betrügern das Handwerk legten; über Gesundheitsexperten, die neue Wege in der Therapeutik gingen; sogar über Atomspezialisten, die Plutonium umpackten. Alle diese Geschichten wurden erfolgreich eingesetzt, um hochgebildete Mitarbeiter zu inspirieren und anzuleiten. Einfache Anekdoten können selbst auf den komplexesten Gebieten enorme Wirkung entfalten.

Allerdings können Anekdoten auch eine ganz andere Resonanz hervorrufen, wenn sie von Politikern und Journalisten benutzt werden, um eine strittige Argumentation daran aufzuhängen:

Am Montag, dem 23. Januar, kurz nach drei Uhr nachmittags, stürmten die Schüler der Capital-Academy-Oberschule im Nordwesten Londons nach dem Ende des Unterrichts wie üblich lärmend aus der Schule. Doch plötzlich herrschte Totenstille. »Die Kinder tobten umher wie sonst auch«, erzählte ein Nachbar. »Doch auf einmal wurde es ganz still. Ich stand auf und schaute aus dem Fenster. Da sah ich, wie Kinder schreiend wegliefen.«
Auf Quamari Barnes, einen 15-jährigen Schüler, war mehrfach mit einem Messer eingestochen worden. Nur wenige Meter vom Schultor entfernt brach er zusammen. Während Rettungssanitäter herbeieilten, um ihn ins Krankenhaus zu bringen, hielt eine Frau ihn in den Armen und wiegte ihn sanft.

Mit diesen Worten beginnt ein großer Artikel, der 2017 im ›Guardian‹ erschien und sich dem Thema »Messerstechereien unter Jugendlichen in Großbritannien« widmete.[4] Quamari Barnes überlebte seine Verletzungen nicht. Sein Tod durch die Hand eines anderen Jungen war eine Tragödie, doch in diesem Artikel erfüllt seine Geschichte eine ganz bestimmte Funktion: Die Geschichte von einem Kind, das auf dem eigenen Schulhof erstochen wird, zieht die Leserschaft weit eher in ihren Bann, als es einer ausgewogenen Präsentation trockener Fakten über Messerstechereien unter Jugendlichen je gelingen würde.

Doch zeugt es von Verantwortungsbewusstsein, eine solche emotional bewegende Story zu benutzen, um den Rahmen für dieses schwierige und politisch aufgeladene Thema zu setzen? Der Autor des Artikels, Gary Younge, macht im Folgenden Kürzungen bei den staatlichen Zuschüssen für Jugenddienste und psychologische Betreuungsangebote für Kinder sowie bei der Polizei und im Bildungswesen für die jüngste Zunahme von Messerstechereien und Waffenbesitz unter Jugendlichen verantwortlich. »Alle Anstrengungen, diese Entwicklung positiv zu beeinflussen, sind nichts im Vergleich zu dem, was die Regierung tut und womit sie die Situation nur verschlimmert«, schreibt er. Stützt die Geschichte von Quamari Barnes diese Anschuldigungen auf irgendeine Weise?

Sie können den Artikel online lesen (»Beyond the blade: the truth about knife crime in Britain«) und diese Frage für sich selbst beantworten, doch meiner Meinung nach hat die einführende Anekdote nur wenig mit den von Younge angeführten Hauptargumenten zu tun. Es wird kein kausaler Zusammenhang zwischen dem Mord an Barnes und den unterfinanzierten öffentlichen Einrichtungen und Dienstleistungen hergestellt. Vielmehr wird hier ein tragisches Ereignis vereinnahmt, um unsere Emotionen anzusprechen und uns lange genug bei der Stange zu halten, um uns auf die Seite des Journalisten zu ziehen.

Eröffnungsanekdoten sind eine derart weit verbreitete journalistische Technik, dass wir sie kaum noch bemerken. Ich habe diesen speziellen Artikel herausgegriffen, weil er gut geschrieben, durchdacht und differenziert ist. Tausende weniger guter Artikel greifen auf dieselbe Methode zurück. Und es sind nicht nur Journalisten, die Anekdoten benutzen, um die Menschen auf ihre Seite zu ziehen. Der Leitfaden der BBC zum Thema »Überzeugen, Argumentieren, Beraten – Wie schreibe ich?« bietet Schulkindern einen »Werkzeugkasten für Überzeuger«. Werkzeug Nr. 1 heißt »Anekdoten«.[5] TED-Talks beginnen mit einer Story, die das Thema des Sprechers unterstreicht. Fundraiser stellen die Geschichte einer einzelnen Person heraus, die von dem von ihnen gesammelten Geld profitiert hat und deren Leben durch ihre Arbeit völlig verändert wurde.

Politiker lieben es, Geschichten von völlig verarmten Wahlkreisen zu erzählen, um sich anschließend für eine neue Politik stark zu machen. Tony Blair transformierte Ideologie und Wesen der linksgerichteten Labour Party auf der Grundlage einer Anekdote über einen einzelnen Wähler:

Ich traf einen Mann, der gerade dabei war, seinen Ford Sierra auf Hochglanz zu polieren. Sein Vater würde Labour wählen, meinte er. Er selbst hätte bisher auch Labour gewählt. Doch jetzt habe er sich ein eigenes Haus gekauft. Es ginge ihm sehr gut. »Also bin ich jetzt ein Tory.« Diesem Mann, der sein Auto putzte, war alles ganz klar. Sein Instinkt sagte ihm, dass man im Leben vorankommen muss. Und unsere Instinkte, dachte er, wollten ihn dabei aufhalten.[6]

Dieses Buch ist voller Geschichten, die ich gezielt einsetze, um meine diversen Argumente zu stützen. Einige der populärsten Sachbuchautoren unserer Zeit haben mitreißende Anekdoten zum Aufhänger ganzer Bücher gemacht. Schriftsteller, TED-Sprecher, Politiker, Wohlfahrtsorganisationen und Journalisten, die für ihre Sache argumentieren wollen, reagieren damit auf ein grundlegendes Merkmal der menschlichen Psychologie:

Menschen lieben Geschichten und – weitaus wichtiger – *Menschen finden Geschichten überzeugend.*

Doch Geschichten beweisen gar nichts. Bestenfalls sind sie individuelle Datenpunkte, die, in ausreichender Anzahl vorgetragen, eine Art von Beweis für ein bestimmtes Argument bilden. Eine einzelne Anekdote sagt uns nicht mehr über die menschliche Verfassung, das Wahlverhalten oder Messerstechereien unter Jugendlichen als ein einzelnes Ereignis. Es ist ein logischer Trugschluss, von einem speziellen Fall auf eine allgemeingültige Regel hochzurechnen.

Wann also ist es für einen Fürsprecher legitim, eine Geschichte zu nutzen, um ein bestimmtes Argument zu stützen? Die beste Anwendungsmöglichkeit für eine Geschichte liegt darin zu zeigen, wie etwas so und so sein *könnte*, und nicht darin, beweisen zu wollen, dass etwas so und so *ist*. Eine wahre Geschichte illustriert Chancen. Die Geschichte von der Sterblichkeitsrate unter Linkshändern zeigt, wie Zahlen fehlinterpretiert werden *können*; etwas Definitiveres belegt sie nicht. Schon gar nicht, dass alle Wissenschaftler statistische Blindflieger sind oder dass sich Experten grundsätzlich irren.

Ich bin ein Geschichtenerzähler. Geschichten durchdringen und prägen alles, was ich schreibe. Allerdings versuche ich, Anekdoten lediglich als Datenpunkte zu nutzen oder um etwas zu illustrieren, niemals als Basis für ein Argument. Ich bin eher bestrebt, Ihnen interessante Ideen vorzustellen und sie mit Anekdoten anzureichern, möchte mich aber dennoch an nüchterne Zahlen und Fakten halten, wenn ich etwas belegen will.

Ein Happyend?

Geschichten haben enorme Macht. Sie können, manchmal ungerechtfertigterweise, mit Leichtigkeit überzeugen, weil sie uns helfen, in unserer komplexen Welt einen Sinn zu erkennen, und weil ihre Struktur aus uralten psychologischen Mustern schöpft. Deshalb neigen wir dazu, sie als *die Wahrheit* zu nehmen, obwohl sie häufig nur *eine Wahrheit* erzählen.

Wir kommunizieren mit Hilfe von Geschichten, und zwar unablässig. Es dürfte schwer sein, über den Tag zu kommen, ohne das Story-Format zu nutzen, um ein Ereignis zu beschreiben, einen Sachverhalt zu erklären oder ein Ergebnis vorherzusagen. Daher sollten wir uns, wenn wir Geschichten hören und erzählen, stets daran erinnern, wie überaus flexibel die Wahrheit sein kann, die sie abbilden.

In der Praxis

- Nutzen Sie Geschichten, um zu verdeutlichen, warum Dinge passiert sind oder wie Dinge passieren könnten.
- Wählen Sie die Geschichte, die Sie über eine Organisation erzählen, um deren Identität zu prägen, mit Sorgfalt aus.
- Teilen Sie Anekdoten zu Best Practices, um andere zu inspirieren, sich auf dieselbe Weise zu verhalten.

Doch Vorsicht vor:

- Irreführern, deren Geschichten über wahre Ereignisse kausale Zusammenhänge implizieren, wo keine sind.
- Fehlinformierern, die einzelne Anekdoten als Beweis für eine allgemeinere Behauptung nehmen.

II

Subjektive Wahrheiten

1 Gesellschaftliche Normen

Töten ist verboten.
Deshalb werden alle Mörder bestraft,
es sei denn, sie töten in Massen
oder zum Klang von Fanfaren.
Voltaire

Wanderer, kommst du nach Athen ...

Irgendwann um die Wende vom 5. zum 4. Jahrhundert vor Christus wurde in Griechenland ein bemerkenswertes Dokument verfasst. »So ist es etwa bei den Lakedaimoniern schicklich, dass die jungen Mädchen nackt trainieren [und] sich nur in ärmellosen Kleidern und ohne Untergewand in der Öffentlichkeit zeigen, die Ionier hingegen halten das für unanständig«, so die Beobachtung des unbekannten Autors. »Die Thraker sehen es als Schmuck an, wenn die jungen Frauen sich tätowieren lassen, bei den anderen (Hellenen) sind Tätowierungen eine Form der Bestrafung für Unrechtstäter.« Nun, Kulturen sind eben verschieden. Das ist keine Überraschung.
Doch der Autor fährt fort:

Die Skythen wiederum halten es für schicklich, dass derjenige, der einen Mann tötet [und] ihn skalpiert, dessen Haupthaar vorne am Pferd befestigt, sowie dessen Schädel vergoldet [und] versilbert, um daraus zu trinken und ein Trankopfer an die Götter darzubringen. Bei den Hellenen möchte einer nicht einmal dasselbe Haus betreten wie jemand, der das getan hat.

Die Massageten erschlagen ihre Eltern und verzehren sie, und sie halten es für die schönste Form der Bestattung, in den Kindern bestattet zu sein; wenn jemand in Hellas hingegen derartiges täte, würde er aus Hellas vertrieben und einen schlimmen Tod sterben, da er Schändliches und Grauenerregendes begangen hätte.

Und das ist noch nicht alles. Die Perser, so berichtet der Verfasser, hielten es für schicklich, wenn die Männer mit ihren Töchtern, Müttern oder Schwestern verkehrten, während es den Lydern schicklich erschiene, wenn junge Mädchen Geld durch Prostitution verdienten, bevor sie verheiratet würden, wohingegen bei den Hellenen keiner eine solche Frau würde haben wollen.

Die ›Dissoi Logoi‹ sind keine anthropologische Studie über die kulturellen Eigenheiten der antiken Welt, sondern eine Übung in Rhetorik und dazu gedacht, Schüler zu lehren, wie man die beiden Seiten einer Argumentation auslotet. Der Verfasser nimmt den Standpunkt ein, dass Gut und Böse keine absoluten Kategorien sind. Er ist vielmehr der Auffassung, dass etwas, das für eine Person gut ist, für eine andere böse sein kann, und führt als Beweis die divergierenden moralischen Werte an, die sich in verschiedenen Kulturen finden. Für uns mag Familienkannibalismus der blanke Horror sein, doch die Massageten sahen das anders. Prostitution mag in vielen Gesellschaften stigmatisiert sein, doch in Lydien war sie absolut üblich.

Dazu noch einmal der unbekannte Verfasser: »Ich glaube, wenn man allen Menschen befehlen würde, die Dinge, die sie jeweils für schimpflich halten, an einer Stelle zusammenzubringen und von den dort aufgehäuften Dingen wiederum die wegzunehmen, die sie jeweils als schicklich betrachten, so würde nichts übrig bleiben.«

Philosophen, Theologen und Politiker sprechen schon seit Menschengedenken von *moralischen Wahrheiten*. »Amerika wird solange ein Leuchtturm der Freiheit für die Welt bleiben, solange es zu den moralischen Werten steht, die den unmittelbaren Kern seiner historischen Erfahrung bilden«, verkündete Papst Johannes Paul II.[1] »In der christlichen Religion«, so die britische Premierministerin Margaret Thatcher, »sind viele der großen spirituellen und moralischen Wahrheiten des Judentums verkörpert.«[2] Und Rick Santorum, Möchtegern-Präsidentschaftskandidat der Republikaner: »Die moralischen Wahrheiten, denen eine gerechte Gesellschaft folgen sollte, sind jedermann zugänglich.«[3]

Wir anderen mögen zwar diesen recht erhabenen Begriff weitaus seltener benutzen, dennoch neigen wir zu der Annahme, dass bestimmte moralische Ansichten selbstredend wahr sein müssen:

Stehlen ist falsch.
Spenden für wohltätige Zwecke ist gut.
Wir sollten Menschen in Bedrängnis helfen.

Doch wie die ›Dissoi Logoi‹ so schön illustrieren, kann die moralische Wahrheit einer Person für eine andere eine kulturelle Verirrung sein. Am krassesten sehen wir das heute anhand der unterschiedlichen moralischen Werte, denen sich verschiedene Kulturen verpflichtet fühlen. Weltweit vertreten Gesellschaften stark gegensätzliche Standpunkte zu Themen wie Sterbehilfe, Sex und Abtreibung, welche Kleidung Frauen tragen sollten, was man essen darf, wie Ressourcen verteilt und Verbrecher behandelt werden sollten. Darüber hinaus verändern sich moralische Werte mit der Zeit: In den letzten Jahrzehnten etwa vollzog sich ein tiefgreifender Meinungswandel in Bezug auf Homosexualität und Atheismus. Gut und Böse sind nicht in Stein gemeißelt.

Der Sozialpsychologe Jonathan Haidt macht sechs moralische »Grundpfeiler« aus, die verschiedene Gruppen oder Kulturen unterschiedlich stark betonen. Liberal gesinnten Menschen, so seine Beobachtung, geht es eher um *Fairness, Fürsorge* und *Freiheit,* während Konservative diese Werte mit *Autorität, Loyalität* und der *Unantastbarkeit des (menschlichen) Lebens* ausbalancieren.

Haidt zufolge werden wir alle mit denselben moralischen Grund-
anlagen geboren, doch die Gesellschaft, in der wir leben, ermutigt
uns, sie in den unterschiedlichsten Kombinationen weiterzuent-
wickeln. Und dort, wo gemeinsame Moralvorstellungen vorhanden
sind, wenden wir sie auf deutlich unterschiedliche Art und Weise
an.

Ein moralisches Konzept, das der Evolution oder kulturellen
Variation unterliegt, ist eine konkurrierende Wahrheit. Und es
kann, wie andere konkurrierende Wahrheiten auch, manipuliert
werden. Fähige Kommunikatoren – vor allem solche, denen die
moralische Führung einer Gesellschaft anvertraut ist – können die
Realität für uns umformen, indem sie Dinge, Ereignisse oder sogar
Menschen in einem anderen moralischen Licht erscheinen lassen.

Böse Pflanzenextrakte

Ada Lovelace ist eine Heldin der Mathematik und eine Ikone des
Feminismus. Ihre Arbeit an der Analytical Engine (Analytische
Maschine) von Charles Babbage hat manche dazu veranlasst, sie
als erste Computerprogrammiererin zu bezeichnen. Sie war auch
drogenabhängig. Im Gefolge von Asthmaanfällen und Verdauungs-
problemen bekam sie von den Ärzten Opium und Laudanum als
Schmerzmittel verschrieben und entwickelte eine Abhängigkeit,
die sie für den Rest ihres kurzen Lebens nicht mehr loswerden
sollte. Damit war sie nicht allein. Laudanum, eine Form von
Opium, war im 19. Jahrhundert als Analgetikum weit verbreitet.
Mary Todd Lincoln, die Ehefrau des US-Präsidenten, war davon
abhängig; ebenso Samuel Taylor Coleridge. Zu den regelmäßigen
Konsumenten von Laudanum zählten auch Charles Dickens,
Lewis Carroll, George Eliot und Bram Stoker. William Wilberforce,
der berühmte Abolitionist, bevorzugte Opium als Palliativum
gegen seine Magen- und Darmbeschwerden. Opiumbasierte Produkte wie Mother Bailey's Quieting Syrup wurden sogar Babys

verabreicht. Mittlerweile ist auch bekannt, dass Königin Victoria und Papst Leo XIII. starke Konsumenten von Vin Mariani gewesen sein sollen, einem Wein, der 6 mg Kokain pro Flüssigunze enthielt. 1886 kam ein nichtalkoholisches Getränk auf Kokainbasis mit dem sinnfälligen Namen Coca-Cola auf den Markt. Und Sears Roebuck vertrieb in den 1890er-Jahren ein Kokain-Set inklusive einer Viole Kokain und Injektionsspritze für 1,50 Dollar.

Opium und Kokain galten einfach als moralisch völlig unproblematisch. Aus Pflanzen gewonnene berauschende und halluzinogene Substanzen wurden schließlich gewohnheitsmäßig in fast allen Kulturen weltweit seit Tausenden von Jahren genutzt.

Schneller Sprung in die zweite Hälfte des 20. Jahrhunderts. Plötzlich konnte es in einem Hollywoodfilm keinen schlimmeren Bösewicht geben als einen Drogendealer. Sogar Don Vito Corleone, jener Mafiaboss, für den es völlig in Ordnung ging, Menschen unter Druck zu setzen, zu erpressen, zu terrorisieren, zu foltern und zu ermorden, zog beim Drogenhandel eine rote Linie. Und die Konsumenten waren nicht viel besser: Daryl F. Gates, der Polizeichef von Los Angeles, sagte bei einer Senatsanhörung 1990, Leute, die gelegentlich Drogen konsumierten, »sollten aus ihren Löchern geholt und erschossen werden«, und fügte später hinzu, Drogenkonsum sei »Verrat«.[4] Innerhalb weniger Jahrzehnte hatten sich diese Pflanzenextrakte von moralisch neutralen Substanzen mit beträchtlichem pharmakologischem und Freizeitwert in Verkörperungen des absolut Bösen verwandelt.

Doch warum? Und: *Wie* ging das vor sich?

In Großbritannien erkannte die frühe Drogengesetzgebung die mit diesen Substanzen verbundenen sehr realen Gesundheitsgefahren an und legte fest, dass Opiate und Kokain als Gifte zu kennzeichnen seien. Doch verboten wurden sie nicht. In den USA führten hohe Abhängigkeitsraten gegen Ende des 19. Jahrhunderts zu einem vertieften Verständnis für Drogensucht. Dessen ungeachtet sah sich die American Medical Association 1906 immer noch imstande, eine jüngst erfundene Substanz mit Namen Heroin zu medizinischen Zwecken freizugeben. Insgesamt galt es in den Augen der Öffentlichkeit eher als unklug denn als unmoralisch, Opiate oder Kokain zu konsumieren.

Und dann wurde alles anders.

Während der ersten Jahrzehnte des 20. Jahrhunderts wurden internationale Verträge geschlossen und Gesetze verabschiedet, die die Herstellung, den Handel und den Gebrauch von Drogen kontrollieren sollten. »Gleichzeitig«, schreibt Julia Buxton, Professorin für Vergleichende Politikwissenschaft an der Central European University, »fuhren die Regierungen eine abgestimmte Kampagne zur Dämonisierung von Drogen und Drogenkonsumenten, wobei sie große Unterstützung durch die Print- und Rundfunkmedien erhielten ... Wie in den Vereinigten Staaten, so strich die Antidrogenpropaganda auch in Europa den Zusammenhang zwischen gefährlichen Substanzen, ›Außenseitergruppen‹ und drohender Kriminalität heraus.«[5]

Diese Assoziation von Narkotika mit »Außenseitergruppen« – ethnischen Minderheiten, Homosexuellen, Künstlern und später auch Kriegsgegnern – ist ein besonders widerliches Kapitel in der Geschichte der Drogenprohibition. »Kokainschnupfende Niggerjunkies sind das neue Kreuz des Südens«, titelte ein Artikel, der 1914 in der ›New York Times‹ erschien und sich ausführlich mit der »Mordlust« und dem »Wahnsinn« beschäftigte, die unter den Angehörigen der »schwarzen Unterschicht« immer weiter um sich griffen.[6] »Die meisten Attacken gegen weiße Südstaatlerinnen sind eine direkte Folge kokainverseuchter Niggerhirne«, erklärte Christopher Koch, Chef des State Pharmacy Board (Arzneimittelbehörde) des Bundesstaates Pennsylvania.[7] Der US-Opium-Beauftragte behauptete, Kokain würde »von Menschenhändlern benutzt, um junge weiße Mädchen zu verderben«.[8] ›Good Housekeeping‹, das Handbuch für gute Haushaltsführung, versetzte Leserinnen mit der Behauptung, »alte Farbige« würden »unter dem Namen ›Flake‹ oder ›Coke‹ in den Pausen Kokain [sic] an Schulkinder [verkaufen]«, in Angst und Schrecken.[9]

In den 1920er und 1930er-Jahren, schreibt Susan Speaker im
›Journal of Social History‹, »bezeichneten Verfasser sowohl die
Drogen als auch deren Konsumenten und Verkäufer routinemäßig
als ›böse‹ und behaupteten oder implizierten, es sei eine große,
finstere Verschwörung im Gange, um die US-amerikanische Gesellschaft und deren Werte mithilfe von Drogenabhängigkeit zu
unterminieren.«[10] Eine ähnliche Verbindung wurde zu den Mar-
xisten in Europa hergestellt.

Die Vereinigten Staaten haben sich seither immer wieder als
Anführer der Propagandaoffensive gegen Drogen geriert, mit
merklichen Ausschlägen der Paranoia nach oben unter den Regierungen Nixon und Reagan. »Drogenkriminelle sind erfinderisch …
Sie arbeiten Tag für Tag an ihrer Verschwörung zur Entwicklung
immer neuerer und besserer Methoden, um das Leben unserer
Kinder zu stehlen«, behauptete Nancy Reagan während ihrer »Just
Say No«-Kampagne.[11] In einem Aufsatz, den er 2016 für das
›Harper's Magazine‹ verfasste, zitierte Dan Baum Richard Nixons
innenpolitischen Berater John Ehrlichman mit diesem außergewöhnlichen Eingeständnis:

> Das Weiße Haus unter Nixon … hatte zwei Feinde: linke Kriegsgegner
> und Schwarze. Verstehen Sie, was ich sage? Uns war klar, dass wir
> weder Kriegsgegner noch Schwarze für illegal erklären konnten. Doch
> indem wir die Öffentlichkeit dazu brachten, Hippies mit Marihuana
> und Schwarze mit Heroin zu assoziieren, und dann beide Gruppen auf
> das Heftigste kriminalisierten, konnten wir beiden Communities
> schwer schaden. Wir konnten ihre Anführer einsperren, ihre Häuser
> und Wohnungen durchsuchen, ihre Treffen auflösen und sie Abend
> für Abend in den Nachrichten verteufeln. Ob wir wussten, dass wir im
> Hinblick auf die Drogen Lügen verbreiteten? Natürlich wussten wir
> es.[12]

Seither wurden von Politikern, Strafverfolgungsbeamten und
Journalisten vielfältigste Anstrengungen unternommen, um Nar-

kotika zu verteufeln. 2017, als sich die Vereinigten Staaten im Würgegriff einer verschärften Opiat-Krise sahen, verkündete US-Justizminister Jeff Sessions, seine neue, härtere Strategie zur Verurteilung von Drogenkonsumenten sei »moralisch und gerecht«.[13] Über die Jahrzehnte wurden Millionen Menschen eingesperrt, was zu schrecklichen Konsequenzen für ihre Beschäftigungsaussichten, ihre Familien und ihre geistige Gesundheit führte. Ein großer Teil von ihnen, besonders in den USA, kam allein wegen Drogenbesitzes in Haft.

Gesellschaftliche Normen, Taktik 1
Dämonisierung

Ungeachtet der Haltung der Trump-Administration gegenüber Drogen ist in vielen Teilen der Gesellschaft eine gegenläufige Tendenz zu beobachten. Legalisierungsbefürworter fahren breit angelegte Kampagnen, um Drogenabhängigkeit in einen neuen Kontext zu stellen, und zwar als Gesundheitsproblem, das der Behandlung bedarf, und nicht als moralische Verfehlung, die Strafe verdient. Die mehr als zwei Millionen Amerikaner, die derzeit drogenabhängig sind, brauchen Hilfe statt verdammt zu werden. Gil Kerlikowske, Präsident Obamas oberster Drogenbeauftragter, nahm 2013 diese Botschaft auf: »Ich habe mein gesamtes Berufsleben in der Strafverfolgung verbracht. Den größten Teil dieser 37 Jahre lebte ich, ebenso wie die meisten Menschen, in dem Glauben, dass jemand, der drogenabhängig war, ein moralisches Problem hatte – es war ein Fehlverhalten, mangelnde Willenskraft. Damit lag ich falsch. Abhängigkeit ist kein moralisches Versagen.«[14]

In Reaktion auf diese Entwicklung experimentieren die Verfechter der Prohibition mit neuen und äußerst modernen Methoden, um Drogenkonsumenten als moralisch verderbt hinzustellen. Durch den Kauf von Drogen, so sagen sie, trügen die Konsumenten dazu bei, einen Handelszweig fortzuschreiben, der in den Zuliefer- und Transitstaaten großen sozialen und ökologischen

Schaden anrichte. Die Verantwortung der Verbraucher für schädliche globale Lieferketten ist das jüngste Schlachtfeld, auf dem der Moralkrieg gegen Drogen ausgetragen wird.

Gut oder böse?

Sich vorzustellen, irgendjemand könnte jemals der Meinung gewesen sein, Kannibalismus sei moralisch akzeptabel, fällt schwer. Sich vorzustellen, Menschen könnten ihrer Homosexualität wegen zum Tode verurteilt werden (und dass das mancherorts immer noch geschieht), genauso. Unsere Vorfahren wären angesichts unserer moralischen Panik in Bezug auf Drogen fassungslos gewesen, und es kann gut sein, dass die nachfolgenden Generationen wieder derselben Meinung sind. Zu anderen Zeiten und in anderen Gesellschaften gelten andere moralische Wahrheiten.

Vielleicht sind Sie mittlerweile an dem Punkt, wo Sie meinen moralischen Relativismus als echte Zumutung empfinden. »Wir wissen doch, dass an Homosexualität moralisch nichts Verwerfliches ist und auch niemals war!«, könnten Sie sagen. Oder, sollten Sie in einer bestimmten Gesellschaft leben, vielleicht auch das genaue Gegenteil. Ob so oder so, Sie könnten jedenfalls ernsthafte Einwände gegen die Vorstellung erheben, eine alternative moralische Sichtweise sei »wahr«. Genau darin liegt das Problem mit gesellschaftlichen Normen: Egal, ob wir sie für eine psychologische Adaption, ein soziales Konstrukt oder ein universelles, gottgegebenes Gesetz halten – Tatsache ist, dass wir in einer Welt leben, in der viele Menschen an moralische Wahrheiten glauben, die sich von unseren eigenen stark unterscheiden. Und für diese Menschen sind ihre moralischen Wahrheiten genauso gültig wie unsere für uns.

Selbst das Nachdenken über mögliche Alternativen zu den moralischen Wahrheiten in Bezug auf lange diskutierte Themen kann schwierig sein. Haben Sie ein fest verankertes Mindset, demzufolge Drogen etwas Böses sind, dürfte es jemand anderem äußerst schwerfallen, Sie vom Gegenteil zu überzeugen. Die potenzielle Flexibilität moralischer Wahrheiten lässt sich leichter anhand eines Themas demonstrieren, zu dem wir noch keine festgefügte Meinung haben.

Die Spende von Lebendorganen, vor allem als Akt des Altruismus einem Fremden gegenüber, scheint eine moralisch bewundernswerte Handlung zu sein. Doch wie steht es mit einer Organspende über die sozialen Medien? Bisher war es traditionell so, dass Menschen, wenn sie die zutiefst großzügige Entscheidung getroffen hatten, eine Niere oder einen Teil ihrer Leber einer fremden Person zu spenden, nicht bestimmen konnten, wer ihre Spende bekam. Heute ermöglichen Facebook oder spezielle Plattformen wie MatchingDonors.com, online nach kompatiblen Patienten zu suchen, die das jeweilige Organ brauchen, und eine bevorzugte Kandidatin oder einen bevorzugten Kandidaten auszuwählen. So können sich Spender eine Empfängerin etwa aufgrund einer bestimmten Familiensituation, eines bestimmten Hintergrunds oder Berufes aussuchen, aber auch aufgrund von Rassenzugehörigkeit, Glaubensbekenntnis oder einfach dem Aussehen nach. Und warum auch nicht? Wenn man sich schon anschickt, eine Niere zu opfern, sollte es dann nicht möglich sein, sie dem hübschen weißen Christenmädchen zu geben, das gerade ein Stipendium für Harvard bekommen hat?

Nun, vielleicht deshalb, weil es unfair wäre gegenüber weniger fotogenen Patienten. Oder jenen, die über weniger Talent zum Erzählen erfundener Geschichten verfügen. Oder jenen, deren Präsenz in den sozialen Medien nicht so stark ist. Oder jenen, die sich unwohl damit fühlen, ihr Problem im Internet publik zu machen. Vielleicht deshalb, weil das Format des Schönheitswettbewerbs in Fragen von Leben und Tod ein zutiefst untaugliches ist. Vielleicht deshalb, weil ein hochemotionales YouTube-Video Leute dazu bringen könnte, etwas zu tun, das sie später bereuen. Vielleicht deshalb, weil es ein gut funktionierendes Transplantationssystem untergraben würde, das seit Jahrzehnten Empfänger und Spender auf effiziente Weise zusammenbringt.

Gesundheitsexperten sind sich offenbar darin einig, dass dies in moralischer Hinsicht problematisch wäre. Diverse Ärzteteams haben es abgelehnt, Transplantationen zwischen kompatiblen Spendern und Empfängern vorzunehmen, die über die sozialen Medien miteinander in Kontakt gekommen waren. Ist ihre Ablehnung moralisch gerechtfertigt? Was, wenn eine derartige Prinzipienfestigkeit potenzielle Empfänger das Leben kostet?

Dies ist ein neues moralisches Dilemma, für das wir eine Lösung finden müssen. Es steht zu erwarten, dass sich die einzelnen Gesellschaften auf eine moralische Wahrheit im Zusammenhang mit Organspende über soziale Medien verständigen werden und die meisten Menschen, die in dieser Gesellschaft leben, sich daran halten. Was das für eine Wahrheit sein wird, wissen wir derzeit noch nicht. Doch es bestehen gute Chancen, dass sie von den konkurrierenden Wahrheiten geformt werden wird, die über Kampagnen in den Medien oder den sozialen Netzwerken kommuniziert werden.

Meine Gruppe, richtig oder falsch

Die meisten von uns gehören Gruppen wie politischen Parteien, Unternehmen, akademischen Einrichtungen, Sportclubs, Wohngemeinschaften oder Glaubensgemeinschaften an, und wir neigen dazu, uns den vorherrschenden moralischen Wahrheiten unserer Gruppe anzupassen. Wenn eine moralische Kontroverse entsteht, richten wir uns nach der Reaktion der Mehrheit in der Gruppe. Bekunden andere, die unsere politische Zugehörigkeit teilen, via Twitter ihre Unterstützung für Muslime, denen am Flughafen die Einreise verweigert wurde, werden wir wahrscheinlich dasselbe tun. Wachsen wir in einer Community auf, die Abtreibung als

Mord ansieht, schließen wir uns wahrscheinlich den Protesten von Abtreibungsgegnern an. Gruppen werden von moralischen Wahrheiten zusammengehalten – tatsächlich sehen Evolutionsbiologen Moral tendenziell als einen Komplex psychologischer Adaptionen, die sich entwickelt haben, um die Kooperation innerhalb von Gruppen zu stärken. Sobald die Mitglieder einer Gruppe beginnen, verschiedene moralische Wahrheiten anzunehmen, löst sich die kooperative Funktion von Moral in Luft auf und der Gruppenzusammenhalt wird ausgehöhlt. Infolgedessen ist der Druck auf Gleichgestellte, sich den moralischen Wahrheiten ihrer Gruppe zu unterwerfen, in sämtlichen Kulturen stark ausgeprägt.

Wird die Position unserer Gruppe zu einem bestimmten moralischen Problem infrage gestellt, werden wir diese Position verteidigen, selbst dann, wenn wir selbst an ihr zu zweifeln beginnen, denn dies ist ein Weg, die Gruppe zu verteidigen und unsere Mitgliedschaft in der Gruppe zu rechtfertigen. Das kann sogar so weit gehen, dass wir unsere Gruppe in Opposition zu anderen Gruppen definieren, je nach den moralischen Wahrheiten, die miteinander in Konflikt stehen. Eine solche moralische Unterscheidung in *Wir* gegen *Die* lässt Gesellschaften weiter auseinanderdriften, insbesondere dann, wenn wir anderen Gruppen vorwerfen, »unmoralisch« zu sein, und daher meinen, diese hätten es irgendwie verdient, wenn sie unter Beschuss geraten.

Einzelne Gruppen können zu moralischen Wahrheiten gelangen, die sich stark von denen der übrigen Gesellschaft unterscheiden, in der sie leben. Diese moralische Dislokation kann sich in Form einer graduellen Verlagerung innerhalb relativ isolierter Gruppen vollziehen, im Allgemeinen wird sie jedoch mit vollster Absicht von politischen Anführern oder Einflussnehmern in die Wege geleitet, die, aus welchen Gründen auch immer, die Gruppe in eine bestimmte moralische Richtung steuern wollen. Das Christentum beruht auf einer Reihe von Geschichten, in denen Jesus seine Anhänger davon überzeugt, Dinge anders zu sehen als der Rest der jüdischen Gesellschaft. »Auge um Auge« schien ein äußerst fairer Ansatz zu sein, bevor Jesus Vergebung über Gerechtigkeit stellte, indem er die andere Wange hinhielt. Starke Kommunikatoren können ganze Gruppen ermutigen, neue moralische Wahrheiten anzunehmen.

Gesellschaftliche Normen, Taktik 2
Die Moral(vorstellungen) von Gruppen formen

Eine moralische Wahrheit, die mit Fug und Recht Anspruch darauf erheben kann, ein universelles Moralgesetz zu sein, ist die, dass wir einander nicht töten sollten. Und doch sind die meisten Gesellschaften von einer Gruppe unter ihresgleichen abhängig, deren Mitglieder bereit sind, auf Befehl zu töten. Wir nennen diese Menschen Soldaten, und wir versuchen, ihnen die moralische Wahrheit einzupflanzen, dass Töten unter bestimmten Umständen richtig ist. Das ist nicht einfach. Untersuchungen, die Brigadegeneral S. L. A. Marshall während des Zweiten Weltkriegs durchführte, deuteten darauf hin, dass weniger als ein Viertel der US-Soldaten im Kampf ihre Waffen tatsächlich abfeuerten. »Der häufigste Grund für verlorene Gefechte«, schrieb er, »war die Angst zu töten, nicht die Angst, getötet zu werden.«[15]

Heute werden Soldaten auf verschiedenste Weise zum Töten konditioniert. Bei Übungen feuern sie immer wieder auf Bilder möglicher Feinde oder stechen mit dem Bajonett auf diese ein. Sie müssen aggressive Ausbildungseinheiten durchlaufen und werden Bedingungen ausgesetzt, die sie gezielt brutalisieren. Doch die moralische Kontextveränderung des Tötens erfolgt mithilfe von Worten. So wird etwa anderes Vokabular verwendet. Töten auf dem Schlachtfeld wird nicht als Mord bezeichnet, häufig ist noch nicht einmal von »Töten« die Rede: Soldaten sprechen mit höherer Wahrscheinlichkeit von »Feindkontakt« oder »Unschädlichmachen des Gegners«. Die Tötung eines gegnerischen Soldaten, der über die Mittel verfügt, ebenfalls zu töten, wird in den Kontext von Selbstverteidigung gerückt. Und der Akt des Tötens selbst ist vor allem ein Dienst an der Öffentlichkeit: »Soldaten ist es nicht nur moralisch erlaubt, gegnerische Soldaten im Kampf zu töten«, schreibt Pete Kilner, Dozent für Philosophie an der US-Militärakademie West Point, »sondern sie sind sogar moralisch verpflichtet, alle notwendigen Mittel anzuwenden, um die Rechte jener zu verteidigen, die auf sie angewiesen sind.«[16]

Staatliche Gesundheitsbehörden vertreten andere moralische Wahrheiten als die meisten Ärzte und Schwestern. Staatsbedienstete, die über epidemische Krankheiten und breit gefächerte gesundheitliche Herausforderungen nachdenken müssen, haben in Bezug auf Risiken und Mittel Entscheidungen zu treffen, die im Interesse der Gesamtbevölkerung liegen. Das Hauptaugenmerk von Klinikärzten und Pflegefachkräften ist dagegen auf Gesundheit und Wohlergehen von Einzelpersonen gerichtet. Infolgedessen kann ein Beamter im staatlichen Gesundheitswesen die Entscheidung treffen, teure Medikamente zu rationieren, Antibiotika zurückzuhalten, persönliche Freiheiten einzuschränken und Menschen, die Infektionskrankheiten ausgesetzt waren, mit einer Zwangsquarantäne zu belegen, selbst dann, wenn als Folge davon einige Patienten leiden müssen. Krankenhausärzte hingegen werden alles in ihrer Macht Stehende tun, um zu vermeiden, dass ein einzelner Patient Schaden nimmt oder leiden muss, selbst wenn das ein Kostenrisiko oder eine Gefahr für ihre Gemeinschaft darstellt. Antibiotikaresistenz wäre nicht zu einem derart riesigen Problem geworden, hätten die verschreibenden Ärzte das Wohl der Gemeinschaft über das Wohl von Einzelnen gestellt.

Rund um den Erdball beschäftigen die Weltgesundheitsorganisation, die Zentren für Seuchenprävention und -bekämpfung sowie ihnen gleichgestellte Gesundheitsorganisationen viele Tausend Mitarbeiter. Sie alle müssen sich, um ihre Arbeit gut zu machen, an moralische Wahrheiten gebunden fühlen (oder moralische Wahrheiten entwickeln), die die Interessen der Gesamtbevölkerung über die Interessen eines beliebigen Individuums stellen. Unter extremen Umständen – zum Beispiel während eines Ebola-Ausbruchs – kann dies gegebenenfalls bedeuten, einige Menschen sterben zu lassen, um die Mehrheit zu schützen. Die meisten von uns würden jeden Kontakt zu einem Hausarzt vermeiden, der sich solchen utilitaristischen moralischen Wahrheiten verschrieben hätte.

Ein Forschungsteam der Harvard University unter Leitung des Psychologen Joshua Greene testete die Reaktionen von Vertretern des staatlichen Gesundheitswesens auf eine Reihe von ethischen Dilemmata. Wie die Wissenschaftler herausfanden, vertreten diese typischerweise einen stärker utilitaristischen Ansatz als Ärzte oder gar der Rest von uns. Sie waren im Rahmen der jeweils vorgestellten hypothetischen Szenarien stets eher gewillt, einer einzelnen Person Schaden zuzufügen oder sie zu töten, um mehrere andere zu retten.

Selbst innerhalb des staatlichen Gesundheitswesens bestehen konkurrierende moralische Wahrheiten nebeneinander. In den Industrieländern zählen Rauchen und falsche Ernährung zu den größten Bedrohungen für die öffentliche Gesundheit. Manche Gesundheitsexperten halten es für moralisch richtig, Zwangsmaßnahmen zu ergreifen, um diese Übel einzudämmen, einschließlich Steuerpolitik und Verweigerung staatlicher Hilfen gegenüber Rauchern und adipösen Menschen. Andere folgen der moralischen Richtschnur des liberalen Philosophen John Stuart Mill, der argumentierte, »dass der einzige Zweck, um dessentwillen man Zwang gegen den Willen eines Mitglieds einer zivilisierten Gemeinschaft rechtmäßig ausüben darf, der ist: die Schädigung anderer zu verhüten. Das eigene Wohl, sei es das physische oder das moralische, ist keine genügende Rechtfertigung.«[17] Diese Gruppe tritt für Rauchverbote ein, um das Passivrauchen einzuschränken, jedoch nicht, um Menschen von ihren schlechten Angewohnheiten zu befreien; sie würden niemals eine Zwangsmaßnahme unterstützen, um das Essverhalten von Erwachsenen zu verändern, während ihre autoritärer gestrickten Kollegen vielleicht nach einer

Zuckersteuer oder einem Mindestpreis für Alkohol rufen. Weitere moralische Differenzen entstehen über die Frage der sozialen Gerechtigkeit oder darüber, ob die staatliche Gesundheitspolitik eher danach streben sollte, Ungleichheiten bei der Gesundheitsversorgung zu reduzieren, oder sich einfach die Verbesserung der allgemeinen öffentlichen Gesundheit auf die Fahnen schreiben sollte.

Wir können verstehen, warum Soldaten und Mitarbeiter des öffentlichen Gesundheitswesens sich anderen moralischen Wahrheiten verschreiben müssen als der Rest von uns. Wir verlangen es sogar von ihnen. Es kommt aber auch vor, dass Gruppen moralische Wahrheiten entwickeln, die eine breitere Masse unserer Gesellschaft verabscheut.

Die Polizei von South Yorkshire sah sich mit eindeutiger Kritik wegen einer Gruppenmoral konfrontiert, die in vielen Polizeikräften weltweit vorzuherrschen scheint. Nach den desaströsen Ereignissen im Stadion von Hillsborough, als 1989 während eines Fußballspiels 96 Menschen starben, hatte die Polizei von South Yorkshire wiederholt Fehler ihrer Beamten während der Geschehnisse vertuscht und stattdessen versucht, die Schuld für den »Human Crush« allein betrunkenen, außer Rand und Band geratenen Fans zuzuschieben. Wie sich herausstellte, schätzte die dortige Polizei den Wert der Loyalität gegenüber ihren Beamten höher ein als den Wert von Wahrheit und Gerechtigkeit. In den Vereinigten Staaten ist dieser Moralkodex der Polizei, der Loyalität über Wahrheit stellt, unter dem Namen »Blue Wall of Silence« bekannt.

Vielleicht ist es naiv, lügenden Polizeibeamten überhaupt eine Moral zu unterstellen. Ich glaube aber nicht, dass Menschen diesen gefährlichen und lebenswichtigen Job annehmen, weil sie Böses tun wollen. Eine wesentlich wahrscheinlichere Erklärung ist die, dass manche Polizeibeamte irgendwann den Schutz ihrer Kollegen als primäre moralische Verpflichtung ansehen – sie glauben, das Richtige zu tun –, ganz gleich, welches moralische Opfer dies auch fordern mag.

Auch das Lügen, selbst unter Eid, scheint inzwischen für manche Polizeibeamte moralisch akzeptabel zu sein, nämlich dann, wenn es ihnen gestattet, jene in die Knie zu zwingen, die sie für Verbrecher halten. »Meineid durch Polizeibeamte vor Gericht zur Rechtfertigung illegaler Drogenrazzien ist allgemein üblich … Es ist landesweit alltägliche Routine in den Gerichtssälen«, so Peter Keane, ehemaliger Polizeipräsident von San Francisco.[18] Eine Moralkultur, die wahrscheinlich sogar aus dem aufrichtigen Bestreben entsprang, Bösewichte unter allen Umständen hinter Gitter zu bringen und sich in einem schwierigen und gefahrvollen Job schützend vor die Kollegen zu stellen, ist bis an einen Punkt degeneriert, an dem für manche Polizisten die moralische Wahrheit darin besteht, dass die Wahrheit einfach keine Rolle spielt.

Gesellschaftliche Normen, Taktik 3
Sitte und Moral bagatellisieren

Ähnlich besorgniserregende moralische Auffassungen von Gruppen greifen in der Geschäftswelt Platz. Hier besteht die Frage nicht so sehr darin, ob eine moralische Tugend die andere übertrumpft, sondern ob es auf diesem Gebiet überhaupt Moral geben muss. Manche Unternehmen, so scheint es, bestärken ihre Mitarbeiter einfach in dem Glauben, Handlungen, die der Großteil der Gesellschaft verurteilen würde, seien moralisch neutral. Es wäre, moralisch gesehen, nichts Gutes an ihnen, gleichzeitig wären sie aber auch nicht moralisch falsch.

»Es war uns allen klar, dass das ungesetzlich ist«, sagte Reinhard Siekaczek, ein Siemens-Manager, der der Korruption schuldig gesprochen wurde, nachdem er zugegeben hatte, schwarze Kassen für Bestechungsgelder angelegt zu haben. »Also von der ethischen Seite habe ich das Thema eigentlich nicht so gesehen. Uns ging's darum, das für die Firma so zu erledigen.«[19]

Die Chefs von Enron täuschten Anteilseigner und Steuerbehörden und unterbrachen lebenswichtige Stromlieferungen. Mitarbeiter und Führungskräfte von Volkswagen sabotierten Emissionstests, die dazu gedacht waren, unsere Gesundheit zu schützen. Manager von Odebrecht bestachen Politiker. Mitarbeiter von Rolls Royce gaben sich mehr als zwei Jahrzehnte lang korrupten Verkaufspraktiken hin. Angestellte von Wells Fargo eröffneten mehr als drei Millionen nicht autorisierte Konten. Manager von Kobe Steel fälschten Qualitätssicherungsdaten im Zusammenhang mit Metallerzeugnissen, die beim Bau von Flugzeugen, Zügen, Autos und sogar einer Weltraumrakete Verwendung fanden. Diejenigen, die für ihre illustren Unternehmen solche Dinge taten, gingen mutmaßlich nicht mit dem Vorsatz heran, etwas Böses zu tun, gelangten aber irgendwie zu der Überzeugung, ihre Handlungen seien im Kontext der Firma erlaubt.

Investmentbanker streben zwar im Allgemeinen danach, geltende Gesetze einzuhalten und die ungezählten von den Regulierungsbehörden aufgestellten Regeln zu befolgen, dennoch glauben viele von ihnen nicht, sie hätten irgendeine darüber hinausgehende moralische Verpflichtung. Bietet sich ihnen die Möglichkeit, auf legalem Wege zum Nachteil ihrer eigenen Kunden Geld zu verdienen, werden sie es massenweise tun. »Es macht mich krank, mit welcher Gefühlskälte darüber gesprochen wird, wie man seine Kunden abzockt«, schreibt Senior Banker Gregor Smith in einem Artikel, der 2012 unter dem Titel ›Warum ich Goldman Sachs den Rücken kehre‹ in der ›New York Times‹ erschien, über seine Kollegen.[20] Joris Luyendijk interviewte Hunderte Angestellte verschiedener Banken in der Londoner City: »Bankangestellte, die in den Abteilungen Risiko und Compliance, Recht und International Audit tätig sind, sagten mir, die Frage wäre stets dieselbe: Wie können wir das System innerhalb der bestehenden Regeln austricksen? ... Die Banker wollten immer wissen, ob das, was sie taten, legal war. Lautete die Antwort Ja, dann war die Diskussion beendet.«[21]

Jede dieser Gruppen hat eine Reihe moralischer Wahrheiten entwickelt, die weit entfernt sind von denen, an die der Rest der Gesellschaft glaubt. Also sind moralische Wahrheiten subjektiv und wandelbar, und Gruppen, die ihre moralischen Wahrheiten ändern, werden auf sehr verschiedene Weise handeln. Unsere Soldaten müssen willens sein zu töten, und die staatlichen Gesundheitsbehörden müssen die Interessen der Gemeinschaft über die von Einzelnen stellen, und doch erfüllt es uns naturgemäß mit Sorge, wenn andere Gruppen, von denen wir abhängig sind, signifikant von unseren eigenen moralischen Wahrheiten abweichen.

Und auch Unternehmensführer sollten sich Sorgen machen: Welche kurzfristigen Profite auch immer erzielt werden können, indem sie alternative moralische Wahrheiten unter ihren Angestellten befördern – vermittelt eine Firma den Eindruck, dass sie von den moralischen Wahrheiten abdriftet, an die der Rest der Gesellschaft sich gebunden fühlt, wird sie am Ende einen hohen Preis bezahlen, der sich negativ auf ihren Markenwert, die Personalbeschaffung und ihre Beziehungen zu staatlichen Stellen auswirkt. Schon gar im heutigen Medienzeitalter, wo der gute Ruf einer Organisation im Handumdrehen dahin sein kann, wenn sich herausstellt, dass deren Angestellte die bevorzugten moralischen Wahrheiten einer Gesellschaft ganz offensichtlich missachten.

Überall dort, wo eine schädliche Gruppenmoral entsteht, müssen wir hart daran arbeiten, sie zu verändern.

Moral modellieren

Das LGBT Center in Los Angeles hat federführend eine Kampagnentaktik entwickelt, die darin besteht, Menschen in Gespräche zu verwickeln und sie zu ermutigen, die Perspektive von Mitmenschen einzunehmen, die anders sind als sie. Die Wirksamkeit dieses Ansatzes ist inzwischen auch wissenschaftlich belegt. Im Rahmen einer Studie sprachen 56 Stimmwerber jeweils etwa zehn

Minuten lang mit insgesamt 501 Haushaltsvorständen. Sie nutzten diese Zeit für eine Diskussion darüber, wie unfair Transgender behandelt werden, und stellten dies Erfahrungen gegenüber, die diese Familienoberhäupter selbst mit ungerechter Behandlung gemacht hatten. Nach diesen Gesprächen stellten die Forscher einen signifikanten, anhaltenden Wandel in der Haltung der Interviewten gegenüber Transgendern fest.

Indem sie bei den Menschen, die sie aufsuchen, Empathie wecken, verändern die Befürworter von LGBT Los Angeles moralische Wahrheiten. Diese Technik ist weit älter als die LGBT-Bewegung. Philosophen und Kleriker versuchen seit langer Zeit, ihre eigenen moralischen Wahrheiten zu verändern, indem sie den Standpunkt anderer einnehmen. John Rawls, ein US-amerikanischer Philosoph des 20. Jahrhunderts, argumentierte, der einzig faire Weg, Gerechtigkeitsprinzipien aufzustellen, bestünde darin, sich »hinter den Schleier des Nichtwissens« zu begeben: Wenn wir nicht wissen, welche Rolle wir in der Gesellschaft einnehmen werden – Mann oder Frau, Schwarz oder Weiß, Verurteilter oder Gefängniswärter, Reicher oder Armer –, sind wir besser in der Lage, die Regeln aufzustellen, die uns alle leiten sollen. Dieses Gedankenexperiment zwingt uns dazu, uns vorzustellen, wie es wäre, anders zu sein. Der Theaterdirektor Richard Eyre schrieb dazu: »Wandel beginnt mit Verständnis, und Verständnis beginnt dort, wo man sich selbst mit einer anderen Person identifiziert: mit einem Wort, mit Empathie.«[22]

Empathie ist ein unverzichtbares Werkzeug für jede Führungsperson, die die Moralkultur ihrer Organisation verändern will. Ein Polizeichef, der entschlossen ist, das Gleichgewicht zwischen Loyalität und Aufrichtigkeit zu verschieben, wäre gut beraten, seine Beamten dazu zu bringen, sich die Konsequenzen ihrer Lügen für ebenjene zu überlegen, die sie eigentlich beschützen sollen. Ein Polizist, der über längere Zeit hinweg dazu gezwungen ist, darüber nachzudenken und zu sprechen, wie es sich wohl anfühlen mag, wegen der Falschaussage eines Kollegen unschuldig eingesperrt oder unfairerweise geächtet zu sein, wird künftig vermutlich seltener lügen, selbst dann, wenn es gilt, einen Kollegen zu unterstützen. Das ist natürlich keine Silberkugel. Es wird immer Polizeibeamte geben, die kein Mitgefühl mit ihren Opfern empfinden können oder wollen, oder solche, die von Natur aus nicht daran interessiert sind, ihr Verhalten zu ändern. Doch selbst eine Minderheit, die ihre Ansichten ändert, kann einen Unterschied machen und damit beginnen, die moralischen Wahrheiten der Kollegen zu verändern. Filme wie ›Pride‹, ›Kinky Boots – Man(n) trägt Stiefel‹ oder ›Rat mal, wer zum Essen kommt‹ zeigen eindrucksvoll, wie nur ein oder zwei Vorreiter die Vorurteile – oder moralischen Wahrheiten – einer größeren Gruppe ändern können.

Ein anderer Ansatz besteht darin, neu zu definieren, was innerhalb einer Gruppe als bewundernswert gilt. Investmentbanker, Assetmanager und Wertpapierhändler neigen dazu, Leistung über alles zu stellen. Dies kann sich in einfachen Messgrößen manifestieren: der Größe eines Abschlusses, dem Wert eines Fonds, dem Rendite-Risiko-Verhältnis. Doch Leistung kann auch anders definiert werden, nämlich als Sieg – als Sieg über Konkurrenten oder, was beunruhigender ist, über Regulierer. Wenn Banker ihresgleichen bewundern, weil sie einen Gesetzgeber ausgetrickst haben, steht dem Institut Ärger ins Haus. Wenn die Diagnose zur Unternehmenskultur einer Bank eine solche Tendenz enthüllt, müssen die Entscheidungsträger hart daran arbeiten, die Werte der Organisation neu zu bestimmen. Leistung muss wieder in den Begrifflichkeiten jener ethischen Qualitäten definiert werden, die die Bank voranbringen will. Angestellte müssen davon überzeugt werden, den großen Deal zu feiern, der auf ethisch verantwortungsvolle Weise zustande gekommen ist, und nicht den Profit, der dadurch entsteht, dass sie rücksichtslos Risiken mit dem Kapital ihrer Kunden eingegangen sind.

Ab und an besteht die Chance, evidenzbasiert für eine neue moralische Wahrheit zu plädieren. Wir können Menschen davon überzeugen, sich anders zu verhalten, indem wir demonstrieren, wie aktuelle Arbeitsmethoden ihren eigenen Interessen schaden. Hierin liegt häufig der effizienteste Ansatz, wenn man es mit analytisch denkenden Menschen zu tun hat, die unter Umständen weniger zugänglich sind für empathiegesteuerte Interventionen. Bei einem großen Hersteller, der gerade dabei war, ein umfassendes Programm zum Wandel der Unternehmenskultur umzusetzen, sammelte ich Dutzende Geschichten, die beschrieben, wie Angestellte, die sich bereits den neuen moralischen Wahrheiten verpflichtet hatten, bessere Ergebnisse erzielten. Diese Geschichten lieferten die erforderlichen Daten, um auch analytisch denkende Skeptiker dazu zu bringen, die neuen moralischen Wahrheiten anzunehmen.

Und schließlich gibt es für jene, die weder Empathie empfinden noch neue Definitionen oder intellektuelle Argumente akzeptieren wollen, eine letzte Methode, und diese gründet fest in der klassischen Ethiklehre. »Die sittliche Tugend ... wird uns zuteil durch Gewöhnung«, schrieb Aristoteles. »Keine von den sittlichen Tugenden wird uns von Natur aus zuteil ... [Wir werden] durch gerechtes Handeln gerecht, durch Beobachtung der Mäßigkeit mäßig, durch Werke des Starkmuts starkmütig.« Anders ausgedrückt: Indem wir so tun als ob, werden wir zu dem, was wir vorgeben zu sein. Dies geschieht natürlich nicht über Nacht, doch wenn wir uns Tag für Tag zwingen, kooperativ zu sein oder großzügig, dann verinnerlichen wir die Gewohnheit am Ende als moralische Wahrheit.

Was bedeutet das für die Vorstände von moralisch fragwürdigen Organisationen? Wenn Aristoteles recht hat, dann werden Anreize, auf die richtige Weise zu handeln, am Ende dazu führen, dass Angestellte auf die richtige Weise denken. Beförderungen und Boni für jene, die in Übereinstimmung mit der gewünschten moralischen Wahrheit handeln, werden diese moralische Wahrheit nach und nach in der gesamten Organisation verankern, egal, wie widerstrebend ihre Kollegen sich zunächst auch fügen mögen. Wenn also alles andere scheitert, dann bieten Sie Ihren Leuten

Anreize, so zu handeln, als hätten sie sich der gewünschten moralischen Wahrheit, die Sie befördern wollen, bereits verschrieben. Aus einer geheuchelten Tugend kann sehr wohl eine echte werden.

Vom antiken Griechenland zum antiken Griechenland

Es sollte uns nicht überraschen, dass wir bei der Diskussion über moralische Wahrheiten einen Bogen von den ›Dissoi Logoi‹ zu Aristoteles geschlagen haben. Die Griechen widmeten einen Großteil ihrer Zeit Betrachtungen der Frage, was es bedeutete, ein gutes Leben zu leben. Tugend wurde als integraler Bestandteil menschlicher Glückseligkeit verstanden. Wie wir allerdings gesehen haben, hat es niemals eine klare Übereinkunft dazu gegeben, was tugendhaft, was gut ist.

Uns als Gesellschaft ist es aufgegeben, die moralischen Wahrheiten zu definieren, die für uns gelten sollen, und uns auf diese zu einigen.

In dem Maße, wie sich Ideen und Technologien weiterentwickeln, schwierige Fälle auftreten oder Minderheiteninteressen in den Vordergrund rücken, verschieben sich auch moralische Wahrheiten oder entwickeln sich weiter. Angesichts einer zunehmend vernetzten Gesellschaft und ungehinderten Verbreitung von Kommunikationsmitteln haben wir alle eine bisher nie dagewesene Chance, uns an der Ausformung der moralischen Wahrheiten zu beteiligen, nach denen unsere Gesellschaft lebt. Wir können neue Wege zur Betrachtung alter moralischer Dilemmata vorschlagen oder Bewegungen unterstützen, die sich der Veränderung althergebrachter moralischer Wahrheiten verschrieben haben. Versuchen Anführer, uns wieder auf moralische Wahrheiten einzuschwören, die wir längst als überholte Vorurteile erkannt und über Bord geworfen haben, können wir ihnen laut und überzeugend widersprechen.

Die Wahrheiten, für die wir uns entscheiden und die wir propagieren wollen, bestimmen, wie die Menschen um uns herum handeln. Um die sinnlose Verschwendung von Gefängniszellen, in denen heute noch Drogenkonsumenten sitzen, die Ungerechtigkeiten, die Polizisten begehen, indem sie Falschaussagen machen, die finanziellen Ungerechtigkeiten, die geldgierige Banker verursacht haben, und eine ganze Reihe weiterer schädlicher Folgen für die Gesellschaft zu beenden, ist es unabdingbar, dass wir unsere moralischen Wahrheiten sorgfältig auswählen und gut kommunizieren.

In der Praxis

- Erkennen Sie, dass Moral subjektiv ist und dass schädliche Gruppenmoralen geändert werden können.
- Nutzen Sie Empathie, neue Definitionen dessen, was bewundernswert ist, logische Argumente und Anreize, um neue moralische Wahrheiten zu etablieren.

Doch Vorsicht vor:

- Irreführern, die moralisch neutrale Dinge und Menschen dämonisieren.
- Gruppen, die zum Nachteil der Gesellschaft eine moralische Wahrheit über eine andere stellen.

2 Erwünschtheit

Was des einen Nahrung ist,
ist des andern bitteres Gift.

Lucrez, *De rerum natura*

Ein bunter Strauß von Geschmäckern

Wir versuchen zwar, unser Handeln danach auszurichten, was moralisch gut oder böse ist, dennoch werden die meisten von uns eher davon motiviert, was sie mögen oder nicht mögen. Wir sind scharf auf leckeres Essen und die neuesten Modetrends, machen Überstunden, um uns einen Auslandsurlaub leisten zu können, wechseln die Straßenseite, um bestimmten Leuten aus dem Weg zu gehen, und verlassen einen Raum, weil wir unangenehmen Gerüchen entfliehen wollen. Dinge, die Wohlbefinden auslösen, Interesse oder Begeisterung wecken, ziehen uns an, während Dinge, die Hass, Angst oder Ekel hervorrufen, uns abstoßen. Die Macht solcher Emotionen übertrifft die der meisten anderen psychologischen Kräfte bei Weitem. Hass kann uns dazu bringen, Terror zu verbreiten und Morde zu begehen. Begeisterung kann uns veranlassen, außergewöhnliche Risiken einzugehen. Angst kann uns lähmen und Leidenschaft dazu bringen, sämtliche Grenzen zu überschreiten.

Jede Emotion motiviert uns auf andere Art, doch der Einfachheit halber können wir positive Emotionen zu einer Gruppe von Empfindungen zusammenfassen, die uns zu einem Stimulus hinziehen, und einen solchen Stimulus als *erwünscht* bezeichnen. Stimuli, die negative Emotionen hervorrufen, bezeichnen wir als *unerwünscht*.

Es gab einmal eine Zeit, da trugen Männer lange Schuhe. Sehr lange Schuhe. Die sogenannten Poulaines hatten lange Schnäbel, die die Schuhspitze noch einmal um mehr als 50 Prozent der eigentlichen Fußlänge überragten. Manche Exemplare mussten mithilfe von Seidenschnüren oder Silberkettchen, die ans Knie gebunden wurden, hochgehalten werden. Die Schuhe erschwerten das Laufen und machten es beinahe unmöglich, eine Treppe hinaufzusteigen. Doch mittelalterliche Adlige und Kaufleute in ganz Europa fanden diese Schuhe äußerst wünschenswert und waren daher gewillt, diese Handicaps in Kauf zu nehmen.

Manche ihrer Zeitgenossen fanden Poulaines allerdings auch extrem unerwünscht. Einigen galten sie als Beweis für übertriebene Extravaganz und Dekadenz, andere sahen in ihnen Phallussymbole, die in einer gottesfürchtigen Gesellschaft nichts zu suchen hatten. Am Ende wurden die Schuhe verboten, und ein Gesetz beschränkte die Länge von Schuhspitzen auf etwa fünf Zentimeter. Heutzutage würden wir einen Einzelhändler, der solche Schuhe ins Angebot nähme, für verrückt erklären: Wer würde denn Schuhe haben wollen, die das Laufen einschränken? Allerdings haben wir unsere eigenen Marotten entwickelt, etwa die Vorliebe für High Heels. Was wohl unsere Nachfahren in 200 Jahren über diese Stilettos mit ihren 15 Zentimeter hohen Absätzen denken werden?

Mode ist nur die augenfälligste Manifestation der Subjektivität und Wandelbarkeit von Wünschen. Geschmäcker variieren von Mensch zu Mensch und können sich im Laufe der Zeit auf alle möglichen Dinge richten, von Balsamico-Essig und Hängebauchschweinen über Boygroups bis hin zu Weißwandreifen. Manche Menschen lieben Fahrzeuge mit Allradantrieb, gepflegten Rasen, Wölfe, Gewehre, Snapchat, Flugzeuge, amüsante Klingeltöne, Arbeitsfrühstücke, Pseudonyme, Joggen, Promis und Mikrowellen; andere hassen diese Dinge. Was Sie als erwünscht ansehen, betrachten andere als unerwünscht. Aus diesem Grund werden Sie motiviert, etwas zu kaufen, eine Agenda zu unterstützen, eine Kampagne ins Leben zu rufen oder ein Haus zu bauen, während andere ganz anders handeln.

Doch da muss es doch auch Dinge geben, auf die wir uns alle einigen können, ein paar Absolutheiten im Spektrum des Erwünschten? Niemand mag schließlich das Zika-Virus, und wer könnte schon einem kleinen Kätzchen wiederstehen?

Mag sein. Doch wie sich zeigt, ist Erwünschtheit weitaus variabler, als selbst der eingefleischteste Modefreak sich vorstellen kann.

Scheitern ist jetzt Chance

Cass Phillipps kennt den Markt für Firmenevents wohl besser als irgendjemand sonst. Ihrer eigenen Aussage zufolge machte von allen Konferenzen, die sie jemals organisiert hat, nicht eine einzige ein Minus. Im Jahr 2009 veranstaltete sie in San Francisco ein eintägiges Event, wie es in früheren Jahrzehnten völlig unvorstellbar gewesen wäre. Die FailCon sollte das Scheitern feiern – oder zumindest genauer untersuchen.

Das Silicon Valley wurde damals von Start-ups förmlich überschwemmt, von denen viele nach kurzer Zeit scheiterten. Phillipps erkannte, dass sich aus diesem Scheitern vieles lernen ließ, von dem andere Unternehmer profitieren könnten. Die erste FailCon zog mehr als 400 Teilnehmer an. Mittlerweile ist die jährlich stattfindende Konferenz zu einer weiteren dieser nordkalifornischen Erfolgsgeschichten geworden und hat Ableger in Städten rund um den Globus. Das Scheitern übt inzwischen überall eine zunehmende Anziehungskraft auf die Menschen aus.

Es handelt sich hier um eine der wohl ungewöhnlichsten Erwünschtheitsverlagerungen unserer Tage. Über Jahrtausende hinweg galt Scheitern als etwas Schlechtes. Selbst Menschen, die sich wieder aufrappelten, weitermachten und schließlich doch noch Erfolg hatten, wären anfangs lieber nicht gescheitert. Doch in den meisten Organisationen und Branchen wird Scheitern mittlerweile als wichtige Erfahrung gepriesen und als Beitrag zur Charakterbildung derjenigen gefeiert, denen es passiert.

Recruiter suchen gezielt nach Unternehmern, die gescheitert sind, denn diese gelten als »risikobereit« und »innovativ«. Sie gehen davon aus, dass solche Menschen festgefahrenen Unternehmen, die ein bisschen aufgerüttelt werden müssen, eine andere Perspektive vermitteln und andere Herangehensweisen nahebringen können. Die Gescheiterten selbst finden sich als Mitglieder in einem bestens bekannten Klub wieder; je spektakulärer und schmerzvoller ihr Scheitern, desto höher ihr Rang in der illustren Runde. Sie sprechen von »Aufwärtsscheitern« und meinen damit, dass sich ihre Karriereaussichten als Ergebnis des Scheiterns sogar *verbessert* haben.

In Buchhändlerregalen und Zeitungen, die einstmals überquollen von Titeln und Überschriften wie ›Durchstarten – Die zehn besten Tipps für ein erfolgreiches Berufs- und Privatleben‹ finden sich heute ganze Serien von Büchern und Artikeln wie ›Die Kunst des erfolgreichen Scheiterns‹ oder ›Was, wenn Scheitern das Erfolgsgeheimnis wäre?‹

Heute ist allgemein anerkannt, dass Scheitern in vielen Fällen zu besserer Praxis, klarerem Denken und kreativeren Lösungen führt. Werden Mitarbeiter ermutigt, zu ihren Fehlern zu stehen, können ernstere Probleme im Vorhinein vermieden und effektivere Prozesse und Arbeitsmethoden auf den Weg gebracht werden. Menschen, die schon einmal gescheitert sind, haben unter Umständen weniger Angst vor erneutem Scheitern und sind dadurch eher gewillt, etwas Neues, Unerprobtes auszutesten.

Diese Idee ist so neu allerdings nicht. Das Pharmazieunternehmen Lilly veranstaltet bereits seit den 1990er-Jahren sogenannte »Failure Partys«, die dazu gedacht sind, gute Forschungsarbeit zu würdigen, die zu keinem konkreten Ergebnis geführt hat. Etwa um dieselbe Zeit begann Management-Guru Tom Peters, Unternehmenschefs dringend anzuraten, »Scheitern anzunehmen«. Und

Winston Churchill bemerkte einmal: »Erfolg besteht darin, von Niederlage zu Niederlage zu stolpern, ohne die Begeisterung zu verlieren.«

Doch niemals zuvor ist das Scheitern in so leuchtenden Farben ausgemalt worden. Viele Technologen und Unternehmer begrüßen es mittlerweile als eine Art Übergangsritus, der Türen öffnet und Erfolg beschleunigt. Blogeinträge mit »Nachrufen« auf gescheiterte Projekte werden zu Visitenkarten. »Scheitere schnell, scheitere oft«, das Mantra des Silicon Valley, verbreitet sich in andere Branchen und Regionen. Um das Scheitern herum hat sich eine neue Unternehmenskultur entwickelt: Firmen, die ein erfolgloses Geschäftsmodell verfolgt haben, »schwenken« auf etwas anderes »um«; Produkte werden »getweakt«, Arbeitsmethoden »neu erfunden«. Der Designberater IDEO gab sich den Slogan »Öfter scheitern, um schneller erfolgreich zu sein«. Bankrott ist für manche ein Ehrenabzeichen.

Diese neue Wahrheit über die Erwünschtheit des Scheiterns hat in vielen Bereichen die ältere, härtere Wahrheit, dass Scheitern häufig für viele Beteiligte enorme Kosten nach sich zieht, niederkonkurriert. An jedem auf der FailCon gefeierten Unternehmer, der den Offenbarungseid abgelegt hat, hängt normalerweise ein ganzer Rattenschwanz: Investoren, die Tausende oder sogar Millionen von Dollar verloren haben; Mitarbeiter, die ihren Job los sind; Kunden, bei denen keines der Produkte, für die sie bezahlt haben, jemals ankommt; und Geschäftspartner, die niemals eine Entschädigung für gebrochene Verträge erhalten.

John Browne, ehemaliger Chef von BP, machte einmal die ätzende Bemerkung, für manche Unternehmen sei »Scheitern nur eine leicht abgewandelte Form von Erfolg«.[1] Es waren Manager von BP (nach Brownes Ära), deren Fehler mit dazu beitrugen, dass sich im Golf von Mexiko eine der schlimmsten Umweltkatastrophen unserer Zeit ereignete. Scheitern kann Zerstörung, Leid und Tod bedeuten. Und für Fluglotsen oder Herzspezialisten ist »Scheitere oft« auch kein guter Hinweis.

Ist Scheitern erwünscht? Wie so vieles, hängt auch die Antwort auf diese Frage vom Kontext ab. Doch unsere Vorfahren hätten es erstaunlich gefunden, dass wir sie überhaupt stellen.

Leben auf dem Bauernhof

Würden wir gebeten, die großen Innovationen aufzuzählen, die das moderne Leben erst ermöglichen, dann müssten wir – weit vor Elektrizität und Internet – mit Sicherheit die unverzichtbare Rolle anerkennen, die die Landwirtschaft für uns Menschen spielt. Die meisten Stadtbewohner verschwenden nur äußerst selten einen Gedanken an die Felder mit Mais, Weizen und Reis, denen sie ihre Ernährung verdanken. Doch ohne die Arbeitsteilung und die sozialen Strukturen, für die die Landwirtschaft die Grundlagen legte, wäre keine unserer anderen Errungenschaften möglich gewesen. Bevor wir damit begannen, Lebensmittel anzubauen, mussten die meisten Menschen einen Großteil ihres Tages dem Sammeln von Nahrung und der Jagd widmen. Allein die Lebensmittelüberschüsse, die die Landwirtschaft generierte, ermöglichten es unserer Spezies, sich derart zu vermehren, und schufen die Voraussetzungen dafür, dass sich viele von uns dem Bauen, Handeln, Kämpfen, Erfinden, Beten oder Herrschen widmen konnten.

Landwirtschaft ist in der Tat etwas höchst Erwünschtes.

Allerdings nicht für die meisten derjenigen, die sie betreiben, wie Yuval Noah Harari in seinem Buch ›Eine kurze Geschichte der Menschheit‹ nahelegt. Harari nennt die landwirtschaftliche Revolution des Steinzeitalters provokativ »den größten Betrug der Geschichte«, denn »der Alltag der Bauern war härter und weniger befriedigend als der ihrer Vorfahren«.[2] Die Bauern, so seine Argumentation, arbeiteten länger, und ihre Ernährung war schlechter. Wo auf dem vielfältigen Speisezettel der Jäger und Sammler Beeren, Nüsse, Fleisch, Fisch, Früchte, Wurzeln und Honig standen, ernährten sich Bauern primär von einer einzigen Getreidesorte.

Das machte sie anfälliger für Krankheiten, Klimaschwankungen und feindlich gesinnte Stämme, die mitunter ganze überlebensnotwendige Ernten zerstörten. Die Lebensweise der Jäger und Sammler passte zu Körper und Gehirn des Menschen; wir sind dafür gebaut, auf Bäume zu klettern und unsere Umgebung zu erkunden, hinter Dingen herzujagen und Neues zu entdecken. Wir sind weder mental noch physisch besonders gut geeignet, Felder zu pflügen, Steine aufzulesen, Mist zu fahren und all die anderen immer gleichen, langweiligen, rückenschädigenden Tätigkeiten zu verrichten, die die manuelle Landwirtschaft erfordert. Und doch mussten unzählige Menschen in den letzten 10.000 Jahren genau das tun.

Aus ihrer Perspektive betrachtet, ist die Landwirtschaft etwas ganz und gar Unerwünschtes.

Andererseits sorgte der Ackerbau dafür, dass sich Eliten entwickeln konnten, indem er eine kleine Minderheit von der mit der Ernährung verbundenen Plackerei befreite, sodass diese sich darauf konzentrieren konnte, Armeen aufzubauen, Religionen zu erfinden und Künstler zu fördern. Für diese Eliten, die ihr nicht allzu nahekommen mussten, war die Landwirtschaft stets eine ganz wunderbare Erfindung.

Wir, die wir heute ein ganz normales Leben in der Mittelschicht führen, können unseren Vorfahren dankbar dafür sein, dass sie jahrtausendelang ein so elendes Leben führten, denn ihre Mühen ermöglichten am Ende all den Komfort und die Annehmlichkeiten, die wir heute als selbstverständlich nehmen. Dank mechanisierter Landwirtschaft, gentechnisch veränderten Pflanzen und Agrochemie steht uns alles, was wir zum Überleben brauchen, zur Verfügung, und das zu bemerkenswert niedrigen Kosten. Dennoch arbeiten rund um den Globus immer noch viele Menschen in der manuellen Landwirtschaft, denen es als Jäger und Sammler vermutlich wirklich besser gehen würde.

Unseren Wünschen gemäß handeln

Wie die Fälle Landwirtschaft und Scheitern demonstrieren, lassen sich selbst Dinge, die auf den ersten Blick allgemein erwünscht oder unerwünscht erscheinen, in recht unterschiedlichem Licht darstellen. Und es gibt noch mehr Beispiele. So mancher viktorianische Gentleman pries selbst dann noch die Ritterlichkeit des Krieges und träumte von den mythischen Königen des Mittelalters, die ihre Kämpfe nach einem strengen Ehrenkodex austrugen, als die Schrecken des Krimkriegs ihren Lauf nahmen. Piero Manzoni gelang es, in gewissen Kreisen seine eigenen Exkremente zu einem Objekt der Begierde zu machen, indem er neunzig Dosen davon mit dem Etikett »Künstlerscheiße« versah und als Kunstwerke verkaufte. Heute sind einige Leute der Meinung, dass Wissen auch etwas Schlechtes sein kann, etwa dann, wenn es uns allzu viel Einblick in künftige Krankheiten und unseren Tod gewährt oder uns enthüllt, wie viel besser andere Menschen anderswo leben; beide Formen von Wissen sind geeignet, uns unglücklich zu machen. Manche Wissenschaftler behaupten, übertriebene häusliche Reinlichkeit sei für einen Anstieg der Autoimmunerkrankungen und allergischer Krankheiten wie Asthma verantwortlich. Wenn Landwirtschaft, Hygiene und Wissen als etwas Unerwünschtes angesehen werden können, Krieg, Exkremente und Scheitern dagegen als etwas Erwünschtes, dann sind der Subjektivität von Erwünschtheit offenbar keinerlei Grenzen gesetzt.

Wie sagte Shakespeares Hamlet: »… denn an sich ist nichts weder gut noch böse; das Denken macht es erst dazu.«

Anders ausgedrückt, es gibt konkurrierende Wahrheiten in Bezug auf die Erwünschtheit von beinahe allem.

Ein Sonnenurlaub ist natürlich wünschenswerter als ein Autounfall, doch der Urlaub kann durch unsere Perspektive mehr oder weniger wünschenswert sein, und der Autounfall genauso. Vielleicht hält der Urlaub Sie gerade während einer kritischen Phase von der Arbeit ab, die Sie so sehr lieben. Vielleicht hilft Ihnen der

Autounfall, Ihre Prioritäten neu zu ordnen und mehr aus Ihrem Leben zu machen. Erwünschtheit ist niemals in Stein gemeißelt. Erwünschtheit ist subjektiv, daher kann sie mithilfe der richtigen konkurrierenden Wahrheit verändert werden. Die Kosmetikmarke Dove stellte mit ihrer »Real Beauty«-Kampagne konventionelle Vorstellungen von erwünschter Körperlichkeit infrage. Eine Serie von Großwerbeplakaten des Unternehmens zeigte Bilder von Frauen, daneben jeweils zwei Kästchen zum wahlweisen Ankreuzen zweier Auswahlmöglichkeiten: Ergraut?/Wunderschön? für eine ältere Frau oder Voller Makel?/Makellos? für eine Frau mit unzähligen Sommersprossen. Wir können verändern, was wir für schön halten, suggerierte die Kampagne, und zwar sowohl bei anderen wie auch bei uns selbst.

Da unsere Sichtweise dessen, was erwünscht oder nicht erwünscht ist, einen derart großen Teil unseres Verhaltens antreibt, kann die richtige konkurrierende Wahrheit grundlegenden Einfluss auf unser Handeln ausüben. Das ist ab und an sehr hilfreich, wenn wir versuchen, in unserem Leben Veränderungen vorzunehmen. Theoretisch können wir alle uns bewusst dafür entscheiden, Dinge zu wollen, die gut für uns sind – und anderen einen Stupser in dieselbe Richtung geben.

Noch jemand einen Keks?

Fettleibigkeit ist unser Tod.

Rund um die Welt essen Menschen viel zu viele falsche Dinge und legen damit den fetten Grundstein für eine globale Gesundheitskatastrophe. Mehr als zwei Milliarden Menschen sind übergewichtig oder fettleibig, darunter mehr als 340 Millionen Kinder und Jugendliche im Alter zwischen fünf und neunzehn Jahren. Das entspricht 18 Prozent der Weltbevölkerung in dieser Altersgruppe. 1975 lag dieser Anteil bei lediglich 4 Prozent. Und das Ganze ist inzwischen nicht mehr nur das Problem der reichen

Länder: In Afrika sind mehr als zehn Millionen Kinder betroffen. Bis zu 20 Prozent der weltweiten Gesundheitsausgaben stehen in Zusammenhang mit Adipositas, sei es für Maßnahmen, die diesem Übel vorbeugen oder es behandeln sollen, oder sei es im Zusammenhang mit damit einhergehenden gesundheitlichen Problemen wie Herzkrankheiten und Diabetes Typ 2. Die entsprechenden Staatshaushalte drohen mittlerweile ebenso gesprengt zu werden wie die Hosengürtel.

Wir selbst sind es, die dieses Problem durch den übermäßigen Konsum stark fett- und zuckerhaltiger Lebensmittel heraufbeschwören. Ein Grund dafür ist die Tatsache, dass diese oftmals billiger sind als ihre nahrhafteren, weniger dick machenden Alternativen. Doch es gibt noch eine andere Triebkraft: den Geschmack. Wir finden solche Nahrungsmittel wünschenswerter als Linsen, Kohl und Sellerie. Studien deuten darauf hin, dass wir nicht nur in der Erwartung leben, dass ungesundes Essen besser schmeckt, sondern dass wir den Verzehr bestimmter Speisen tatsächlich mehr genießen, wenn wir glauben, dass sie ungesund sind.[3]

Die am weitesten verbreitete Strategie im Kampf gegen Fettleibigkeit besteht in Bestechung und Einschüchterung. So sollen wir dazu gebracht werden, beliebte Nahrungsmittel zu vermeiden. Regierungen in einer Reihe von Ländern erwägen derzeit Zuckersteuern und andere Regularien, um Lebensmittelhersteller zu zwingen, weniger Fett und Zucker zu verarbeiten. Auf Verzicht beruhende Diätpläne haben seit Jahrzehnten Hochkonjunktur. Eltern versuchen, ihre Kinder dazu zu bringen, Broccoli zu essen, indem sie ihn unter Unmengen von Tomatensoße verstecken oder den lieben Kleinen bei freiwilligem Verzehr höchst zuckerhaltige Belohnungen versprechen. Keine dieser Taktiken scheint besonders gut aufzugehen. Der Anteil der adipösen Menschen steigt weiter, ungeachtet der Milliarden, die jedes Jahr für Diätpläne, Nahrungsersatzstoffe und Abführmittel ausgegeben werden.

Ein Ansatz, der mehr Erfolg verspräche, bestünde darin, die Art und Weise zu verändern, wie wir gehaltvolle Lebensmittel, die nur wenig Zucker und Fett enthalten, wahrnehmen. Wir müssen die guten Sachen zu erwünschten machen.

Erwünschtheit, Taktik 1
Menschen dazu bringen, zu mögen, was gut für sie ist

Eine faszinierende Untersuchungsreihe zeigt, wie bereitwillig das menschliche Gehirn seine Wahrnehmung bestimmter Geschmäcke verändert, wenn es auf die richtige Weise stimuliert wird. Forscher ließen ihre Probanden zwei Gläser desselben Weins verkosten, sagten ihnen aber, in den Gläsern befänden sich Weine unterschiedlicher Preisklassen. Tranken die Probanden von dem Wein, von dem sie glaubten, er sei teurer, berichteten sie, dass er besser schmecke als der Wein, von dem sie glaubten, er sei billiger. Dies war kein Trick der Einbildungskraft. Als die Forscher dasselbe Experiment in einem Kernspintomografen wiederholten, zeigten jene Probanden, die der Meinung waren, einen teuren Wein zu trinken, tatsächlich eine höhere neuronale Aktivität in der Gehirnregion, die mit Genusserleben in Verbindung steht. Es war genau wie bei den »echten« Kunstwerken. Tests mit Schokolade führten zu demselben Ergebnis.

Offenbar ist die Wahrscheinlichkeit, dass wir etwas genießen, höher, wenn wir bereits vorher die entsprechende Erwartungshaltung haben. Dieses Phänomen lässt sich bei einer ganzen Reihe von Konsumprodukten beobachten, von Kinofilmen bis hin zu Bier. Diese sogenannten »Placebo-Marketing-Effekte« entstehen, weil Genuss, biologisch gesehen, kein Selbstzweck ist. Es handelt sich vielmehr um einen Mechanismus, der uns dazu bringt, bestimmte evolutionstechnisch nützliche Tätigkeiten wie Nahrungsaufnahme und Sex auszuüben. Und solche Mechanismen lassen sich rekalibrieren.

»Das Gehirn kodiert Genuss, weil dieser ihm hilft zu lernen, welche Aktivitäten zu wiederholen und welche zu vermeiden sind. Und gute Entscheidungsfindung erfordert gute Maßstäbe, um die

Qualität einer gemachten Erfahrung beurteilen zu können«, so das Fazit von Antonio Rangel, einem der an der Wein-Studie beteiligten Forscher. »Ein sinnvoller Weg für das Gehirn, diese Maßstäbe zu verbessern, besteht darin, seiner Einschätzung der betreffenden Erfahrung Informationen aus anderen Quellen hinzuzurechnen. Insbesondere dann, wenn wir auf kognitiver Ebene sehr sicher sind, dass eine Erfahrung gut ist (etwa auf der Grundlage früherer Erfahrungen), ist es sinnvoll, dies in unsere aktuelle Messung des erlebten Genusses einzubeziehen.«[4] In diesem Fall erzeugte das Etikett mit dem hohen Preis in den Leuten die Erwartungshaltung, sie würden den Wein köstlich finden – und dem war dann auch so.

Diese Erkenntnis legt nahe, dass Broccoli, sofern es Ihnen gelingt, sich einzureden, dass er Ihnen köstlich munden wird, auch wirklich schmeckt, samt echter genussassoziierter neuronaler Aktivität in Ihrem ventromedialen präfrontalen Cortex. Es ist schwierig, diesen Trick auf ein Erwachsenengehirn anzuwenden, dessen Meinung über Broccoli schon unverrückbar feststeht. Doch unsere Chancen, Kinder von gesundem Essen zu überzeugen, dürften, wenn wir die Implikationen dieser Forschungsergebnisse anerkennen, höher sein. Wir werden mit dem Wissen, was wir gerne essen, nicht geboren; wir lernen es von unseren Eltern und Mitmenschen. Die Standardmethode, Kinder entweder zu bestechen oder mit Druck dazu zu bringen, ihr Grünzeug zu essen, oder Gemüse heimlich in Soßen und Kuchen zu schmuggeln, verstärkt nur deren Erwartungshaltung, dass gesundes Essen schlecht schmeckt, und wird so zur selbsterfüllenden Prophezeiung. Gelingt es Eltern und anderen Befürwortern gesundheitsbewusster Ernährung jedoch, eine konkurrierende Wahrheit zu kommunizieren – nämlich die, dass gesundes Essen köstlich schmeckt – dann, darauf deutet das Weinexperiment hin, könnten Kinder tatsächlich finden, dass dem so ist, und gesunde Ernährungsgewohnheiten ausprägen, die ein Leben lang stabil bleiben.

Ich räume selbstverständlich ein, dass dies viel leichter gesagt ist als getan. Doch Studien haben gezeigt, dass Schulkinder freiwillig mehr Gemüse essen, wenn sie dabei neben Comic-Charakteren in Gemüseform sitzen[5] oder es unter attraktiven Namen wie »Röntgenblickkarotten« serviert bekommen.[6] Eltern können ihren Kindern ein gutes Beispiel geben, indem sie sich begeistert über Spinat und Vollkornreis äußern, Blumenkohl mit dem Namen der Lieblingspuppe oder des Lieblingsspielzeugautos versehen oder als Belohnung Pilze und Walnüsse einsetzen.

Und es könnte sogar einen Weg geben, ein kleines bisschen von diesem Zauber in unserem eigenen Gehirn wirken zu lassen.

Forscher der Psychologischen Fakultät der Stanford University untersuchten den Einfluss von Namen und Labels auf unsere Wahl von Lebensmitteln. Dazu versahen sie nach dem Zufallsprinzip ausgewählte Gemüsebeilagen in der Uni-Cafeteria mit »genießerischen« Bezeichnungen wie »Gezwirbelte Karotten mit Zitrusglasur«, »Rote Beete in extrascharfer Limetten-Chili-Soße« und »Zarte grüne Brutzelböhnchen, leicht gesüßt«. An anderen Tagen bekamen dieselben, auf genau die gleiche Art und Weise zubereiteten Gemüsebeilagen gewöhnliche oder gesund klingende Namen wie »Grüne Bohnen« oder »Kalorien- und kohlehydratreduzierte grüne Bohnen«. Kamen die »genießerischen« Labels zum Einsatz, stellten die Forscher einen signifikanten Anstieg sowohl bei der Anzahl der Leute fest, die Gemüsebeilagen wählten (plus 25 Prozent) als auch bei der Gesamtmenge des verzehrten Gemüses (plus 23 Prozent). Die Nachfrage nach Gemüse, dessen Benennung gesundheitsfördernde Eigenschaften betonte, war nicht höher als die nach Beilagen mit Standardbezeichnungen, ein Ergebnis, das traditionelle staatliche Gesundheitsstrategien ernsthaft infrage stellt. Wenn schon kopfgesteuerte Studenten in Stanford nicht dazu gebracht werden können, gesundheitsfördernde Eigenschaften zur Grundlage ihrer Gemüseauswahl zu machen, dann ist es ziemlich unwahrscheinlich, dass ein solcher Ansatz bei weiten Teilen der Bevölkerung funktioniert. Wie die Studie belegt, ist es deutlich effektiver, Gemüse mithilfe wohlklingender Bezeichnungen zu etwas Wünschenswertem zu machen.

Trotz allem, was Sie eventuell über das jahrhundertealte Verlangen der Spezies Mensch nach Zucker und Fett gelesen haben, gibt es aus neurologischer Sicht nicht einen einzigen Grund, warum das Gehirn nicht darauf trainiert werden könnte, eher Verlangen nach Kohl als Verlangen nach Kuchen zu empfinden. Schließlich sind wir Allesfresser. Und als solche sollten wir für jede Art von Nahrung offen sein. »Wir versuchen, mehr Gemüse zu essen, aber wir versuchen nicht, den Verzehr von Gemüse mehr zu genießen«, sinniert die Lebensmitteljournalistin Bee Wilson. »Vielleicht deshalb, weil die beinahe allumfassende Überzeugung herrscht, dass es nicht möglich sei, neue Geschmäcke zu erlernen und alte über Bord zu werfen. Doch nichts ist weiter von der Wahrheit entfernt.«[7]

Der Sinn des Lebens

Die meisten von uns haben eine Arbeit, von der sie leben. Doch mal abgesehen von dem Geld, das man damit verdient – ist Arbeit etwas Erwünschtes?

Zugführerin Amy Carpenter meint dazu: »Ich mag die Interaktion mit den Fahrgästen. Ich nutze mein Wissen, um den Leuten die Zugfahrt einfacher zu machen, oder ich winke einem begeisterten Kind, wenn ich in den Bahnhof einfahre. Doch im Grunde genommen ist es so: Zugfahren macht mir einfach riesengroßen Spaß.«[8] »Ich würde nirgendwo anders arbeiten wollen!«, schreibt eine Krankenschwester des Aspen Valley Hospital auf Glassdoor, einer Online-Plattform zur anonymen Bewertung von Unternehmen.[9] »Der beste Job aller Zeiten!«, verkündet ein Angestellter von NBCUniversal auf derselben Seite.[10] Und Technologieunternehmer Michael Sliwinski schwärmt: »Ich stehe jeden Tag mit Begeisterung auf und freue mich auf meine Arbeit. Für mich die lohnenswerteste Erfahrung auf der Welt.«[11]

Alles glückliche Menschen, die sagen könnten: »Ich liebe meine

Arbeit so sehr, dass ich sie auch umsonst machen würde.« Das heißt also, für manche Menschen ist Arbeit wünschenswert. Traurigerweise sieht die Wahrheit für viele anders aus. Im Jahr 2013 veröffentlichte das Markt- und Meinungsforschungsinstitut Gallup eine monumentale, in 142 Ländern durchgeführte Studie. Sie kam zu dem Ergebnis, dass sich weltweit lediglich 13 Prozent der Erwerbstätigen »am Arbeitsplatz engagieren«.[12] Demgegenüber sind 63 Prozent »nicht engagiert«, will heißen, sie sind »unzureichend motiviert, und die Wahrscheinlichkeit, dass sie aus freien Stücken Energie für die Ziele oder den Erfolg ihrer Organisation aufbringen, ist geringer.« Die verbleibenden 24 Prozent sind »aktiv unengagiert«, was bedeutet, dass beinahe ein Viertel aller Erwerbstätigen ihren Job im Grunde hassen. Sie sind »am Arbeitsplatz unglücklich und unproduktiv und neigen dazu, ihre negative Einstellung auf Kolleginnen und Kollegen zu übertragen.« Es gibt also geschätzte 340 Millionen Menschen, denen durch die Art und Weise, wie sie einen Großteil ihres Tages verbringen, das Leben vermiest wird. Knapp eine Milliarde Menschen ziehen aus ihrer primären Lebensaktivität wenig mehr als die reine Bezahlung. Selbst in den Vereinigten Staaten und Kanada, wo sich die meisten Menschen mit einer positiven Arbeitseinstellung finden, sind mehr als 70 Prozent der Erwerbstätigen »nicht engagiert« oder »aktiv unengagiert«.

Ein recht erbärmlicher Zustand, oder? Eigentlich, angesichts des enormen psychologischen und wirtschaftlichen Preises, den die gesamte Menschheit für diese Unengagiertheit bezahlt, sogar ein Skandal.

Wie kann es uns gelingen, Arbeit wünschenswerter zu machen? Dazu tragen viele Faktoren bei, angefangen bei einer angenehmen Arbeitsatmosphäre bis hin zu stärkerer Autonomie. Doch der vielleicht wichtigste von allen ist ein klarer und lohnenswerter Arbeitszweck. Menschen brauchen das Gefühl, dass das, was sie tun, eine Rolle spielt. Der Ökonom John Kay drückt es so aus: »Der Sinn unternehmerischer Tätigkeit liegt ebenso wenig in der Erzielung von Gewinn, wie Atmen der Sinn des Lebens ist.«[13] Menschen wünschen sich ein Ziel, das darüber hinausgeht, ihren Arbeitgeber reich zu machen.

Bittet man Führungskräfte, den Zweck ihres Unternehmens zu beschreiben, der jenseits des Geldverdienens liegt, erntet man häufig verständnislose Blicke oder bekommt die abgedroschene Platitüde vom »Dienst am Kunden« zu hören. Manche Chefs stürzt allein die Vorstellung, dass eine unternehmerisch tätige Organisation irgendeinen Zweck jenseits der Steigerung ihres Shareholder-Value braucht, in tiefste Verwirrung. Kein Wunder also, dass derart viele Angestellte unengagiert sind.

Nun, so könnten Sie jetzt denken, entweder gibt es einen lohnenswerten Zweck, für den Mitarbeiter sich engagieren können, oder eben nicht. Doch der Zweck einer Sache, so wichtig er auch ist, lässt sich bis zu einem gewissen Grad auch als Produkt unserer Fantasie betrachten. Sie zum Beispiel könnten sagen, Ihr primäres Lebensziel bestünde darin, Ihre Kinder gut zu erziehen. Sie könnten auch sagen, er bestünde darin, den Menschen, denen Sie begegnen, Freude zu spenden. Oder darin, ein gesundes Unternehmen aufzubauen oder eine Olympiamedaille zu gewinnen oder ein Heilmittel gegen Lungenkrebs zu finden. Sie könnten sogar mehrere Ziele verfolgen. Der Grund, warum Sie jeden Morgen aufstehen, liegt ganz bei Ihnen. Zweck kann also konstruiert werden – was ihn nicht weniger wertvoll macht.

Ich selbst habe Dutzende Organisationen dabei unterstützt, sich über ihren Zweck klar zu werden und diesen zu kommunizieren. Manche Sinnbeschreibungen waren wettbewerbsgeprägt: Menschen haben gern das Gefühl, sich besser zu schlagen als die Konkurrenz, und der niemals endende Kampf darum, Rivalen auszustechen, kann manchen Mitarbeitern ausreichende Motivation bieten. Bei Pepsi, in den Cola-Kriegen des Underdog, wirkte das schlichte Bestreben »Wir schlagen Coke« unglaublich motivierend. Andere Unternehmen holen ihre Mitarbeiter auf machtvolle Weise ins Boot, indem sie den festen Entschluss verkünden, ein Ziel oder eine Innovation vor allen anderen zu erreichen. Doch die Mehrheit der effektiven Zweckbeschreibungen hat etwas mit Helfen oder Beschützen zu tun oder damit, das Leben für andere besser zu machen.

Als ich von der Bank of England gebeten wurde, eine Zweckbeschreibung für die neue britische Steuer- und Finanzaufsichtsbehörde (Prudential Regulation Authority) zu entwickeln, kämpften wir uns durch das komplexe Geflecht aus mikroprudentieller Aufsicht und vorausschauender, fundierter Kontrolle, Eigenkapitalrichtlinien der EU, Kosten der Compliance, Auflösbarkeitsbeurteilungen, proaktiven Interventionen und Gegenparteirisiken, um am Ende bei einem einfachen, aber entscheidenden Zweck anzukommen: *Wir schützen das britische Finanzsystem.* Im Gefolge der katastrophalen weltweiten Finanzkrise und des Beinahezusammenbruchs zweier großer britischer Banken war diese Sinnzuschreibung ausreichend, um jeden Regulierer von Finanzdienstleistungen zu motivieren.

Altruistische Ziele müssen nicht unbedingt großartig und weltverändernd sein. Ein Unternehmen, das ich vor einigen Jahren beraten habe, verkaufte Samen und Setzlinge für Zierpflanzen wie Geranien, Stiefmütterchen und Alpenveilchen. Diese Tätigkeit wirkt sich zwar nicht entscheidend auf die öffentliche Gesundheit oder den Weltfrieden aus, dennoch gelang es uns, den reellen Beitrag zu verdeutlichen, den die Firma leistete, um Millionen von Pflanzenfreunden glücklich zu machen. Das Unternehmen verfügte über eine leistungsfähige Forschungs- und Entwicklungsabteilung und züchtete neue Sorten, die widerstandsfähiger gegenüber Nährstoffungleichgewichten, Wassermangel oder Wasserüberschuss waren. Damit sprachen sie einen äußerst wunden Punkt bei Pflanzenfreunden an: Sie hassen es, mit ansehen zu müssen, wenn Pflanzen aufgrund eigener Pflegefehler eingehen. Der Zweck des Unternehmens, den wir den Angestellten plausibel machen konnten, bestand also darin, das Leben von Menschen zu bereichern, indem es ihnen Pflanzen anbot, die nicht nur schön aussahen, sondern auch leichter zu pflegen waren – ein kleiner, aber reeller Beitrag zum globalen Glück, der ausreichte, um eine ganze Belegschaft zu energetisieren.

Alle, die eine ideologisch begründete Antipathie gegenüber Unternehmen hegen, dürfte es überraschen zu hören, dass viele Angestellte ihre Arbeit tendenziell mehr mögen und eifriger bei der Sache sind, wenn sie das Gefühl haben, damit auf irgendeine Weise anderen zu helfen. Mag sein, dass Unternehmen in erster Linie gegründet werden, um Geld zu verdienen, doch häufig sehnen sich ihre Mitarbeiter danach, etwas zu bewirken, und diese Tendenz scheint zuzunehmen. Wenn wir Arbeit wünschenswerter machen wollen, dann müssen wir dieses Verlangen zur Kenntnis nehmen und entsprechend reagieren.

Und führet uns nicht in Versuchung oder erfüllet uns nicht mit Abscheu

Wie so vieles in der Welt der konkurrierenden Wahrheiten, so hat auch die Manipulation dessen, was erwünscht ist, eine dunkle Seite. Wir haben uns angesehen, wie wir die Erwünschtheit gesunder Nahrungsmittel oder nützlicher Arbeit steigern können. Doch man kann uns ebenso gut dazu bringen, uns Dinge zu wünschen, die uns selbst oder unserer Gesellschaft schaden. Die Werbeindustrie tut dies seit Jahrzehnten. Nach wie vor wird Zigarettenwerbung produziert, die das Rauchen verherrlicht und in jungen Menschen das Verlangen nach einem Produkt auslöst, das sie umbringen kann. Die Marketingstrategien der Fast-Food-Industrie bringen uns dazu, nach fetttriefenden Pommes und überzuckerten Getränken zu lechzen, und tragen so beträchtlich zu unserem Adipositas-Problem bei.

Noch heimtückischer ist die Taktik, uns gegen etwas oder jemanden einzunehmen, indem man uns davon überzeugt, dass eine bestimmte Organisation, ein bestimmtes Individuum, ein

bestimmtes Objekt oder eine bestimmte Gruppe unerwünscht ist.
Zeitungen und Politiker haben diese widerwärtige Form der Mas-
senbeeinflussung gegenüber so unterschiedlichen Zielgruppen
wie Sportfans, Sozialhilfeempfängern, Pitbull-Terriern, Touristen,
alleinerziehenden Müttern, Sozialisten, genmanipulierten Nahrungsmitteln, Vegetariern, Muslimen und adipösen Menschen angewandt. Doch heute ist das übelste Beispiel für dieses Phänomen
die Kampagne gegen Einwanderer und Flüchtlinge.

Erwünschtheit, Taktik 2
Menschen gegen ganze Gruppen aufhetzen

Wir haben erlebt, wie Donald Trump mexikanische Einwanderer
und syrische Flüchtlinge denunzierte, während es gleichzeitig der
UKIP in Großbritannien, dem Front National in Frankreich, der
AfD in Deutschland, der Freiheitspartei in den Niederlanden und
der Freiheitspartei in Österreich gelang, große Fortschritte bei der
Stärkung ihrer politischen Macht zu erzielen, indem sie Immigranten dämonisierten. Medienorgane wie Breitbart News, ›Daily Mail‹
und ›Daily Express‹ haben dieser Kampagne, im Verein mit
prominenten Kommentatoren wie Rush Limbaugh, Ann Coulter
und Katie Hopkins, beträchtliche Unterstützung zukommen lassen. Letztere ging sogar so weit, Migranten mit »Kakerlaken« zu
vergleichen.

Welche Auswirkungen hat diese Verbaloffensive auf die Meinung des Durchschnittsbürgers? Wie es scheint, eine ganz erhebli-
che. So zeigen es jedenfalls Meinungsumfragen und Veranstaltungen
wie das Brexit-Referendum oder Wahlumfragen und -ergebnisse
in anderen europäischen Ländern. Um ein klareres Bild davon zu
bekommen, welchen Einfluss Politik und Medien auf die öffentliche Meinung haben, sehen wir uns Ungarn an, ein Land, das –
mit Ausnahme der Roma – über eine besonders homogene weiße
Bevölkerung verfügt und nur sehr wenig Erfahrung mit anderen
Kulturen innerhalb seiner Grenzen hat.

Das Gesellschaftsforschungsinstitut TÁRKI erhebt schon seit Jahrzehnten Daten zur Einstellung der ungarischen Bevölkerung gegenüber Immigranten. Es teilt die Studienteilnehmer in »fremdenfreundlich«, »fremdenfeindlich« und eine dazwischenliegende Gruppe ein. Zwischen 2002 und 2011 schwankte der Anteil der Teilnehmer, die als fremdenfeindlich eingestuft wurden, zwischen 24 und 34 Prozent. Seitdem hat er sich deutlich erhöht und erreichte 2016 ein Allzeithoch von 53 Prozent. Über denselben Basiszeitraum wurden 6 bis 12 Prozent der Ungarn als fremdenfreundlich eingestuft; diese Zahl fiel 2016 auf nur mehr 1 Prozent.[14]

Was verursachte diesen dramatischen Anstieg von Ablehnung und Misstrauen gegenüber Ausländern? 2015 strömten Hunderttausende Menschen aus Syrien, Afghanistan und dem Irak nach Ungarn. Doch die allermeisten von ihnen durchquerten das Land, so schnell sie konnten, denn sie wollten nach Deutschland und Österreich. In Ungarn selbst wurden in jenem Jahr 177.135 Asylanträge gestellt – die höchste Rate pro Kopf der einheimischen Bevölkerung in ganz Europa – doch nur 502 von ihnen wurden genehmigt. Mehr als 90 Prozent der Asylsuchenden hatten Ungarn verlassen, noch bevor überhaupt über ihren Antrag entschieden war. Die meisten Ungarn bekamen Migranten niemals leibhaftig zu Gesicht. Kaum jemand machte im Ergebnis dieser historischen Massenbewegung von Menschen die Erfahrung einer Bedrohung, einer Absenkung des Lebensstandards oder sonstiger Unannehmlichkeiten. Die Fremdenfeinde »haben in ihrem Leben wahrscheinlich mehr Aliens von anderen Planeten gesehen als Immigranten«, bemerkte ein Ungar, der mit der misslichen Lage der Flüchtlinge sympathisierte.[15]

Doch was den Ungarn in Sachen persönliche Erfahrung mit Migranten abging, wurde von der Regierungspropaganda im Übermaß kompensiert. »Wussten Sie, dass die Terroranschläge in Paris von Immigranten verübt wurden?«, lautete eine von der Regierung finanzierte Anzeige. »Wussten Sie, dass seit Beginn der

Flüchtlingskrise die Belästigung von Frauen in ganz Europa zugenommen hat?« eine andere.

Premierminister Viktor Orbán rief Anfang 2015 eine Anti-Einwanderungs-Kampagne ins Leben, und TÁRKI registrierte im Handumdrehen einen signifikanten Anstieg der Fremdenfeindlichkeit. Bezeichnenderweise ging im Sommer 2015, während die Massenwanderung durch Ungarn in vollem Gange war, die Anzahl der registrierten Fremdenfeinde sogar *zurück*: Es scheint, dass die Ungarn, tagtäglich mit Fernsehbildern über das unermessliche Leid der Flüchtlinge konfrontiert, für einen kurzen Moment etwas differenzierter in ihrer Meinung wurden. Doch die Antiflüchtlingsrhetorik ging auch nach dem Ende der Massenmigration weiter, und der Anteil der als fremdenfeindlich eingestuften Ungarn nahm wieder zu. Er erreichte ein Allzeithoch, obwohl nur sehr wenige Immigranten oder Asylsuchende im Land verblieben waren.

Quer durch die gesamte westliche Welt ist es Demagogen und fremdenfeindlich eingestellten Medien gelungen, eine neue konkurrierende Wahrheit zu etablieren: Während Einwanderer von vorangegangenen Generationen als Quelle neuer Ideen, von Unternehmergeist, Energie und kultureller Bereicherung betrachtet wurden, gelten sie heute weithin als unerwünscht. Die langfristigen Folgen für Politik und Gesellschaft in Nordamerika und Europa könnten tiefgreifend sein.

Verändere, was Menschen wollen, und du veränderst die Welt

Es ist nicht einfach, Geschmäcker zu verändern, aber es geht. Sogar Ihnen könnte das schon passiert sein. Wir alle müssen besser darin werden zu erkennen, wann Marketingexperten, Politiker und Journalisten versuchen, das, was erwünscht ist, neu zu definieren, und zwar auf eine Art und Weise, die uns oder anderen schaden könnte. Gleichzeitig bietet sich uns eine unglaublich große

Chance, unser Leben zum Besseren zu verändern, indem wir die Formbarkeit unserer Wünsche zur Kenntnis nehmen und gezielt nutzen. Wo bestehende Wünsche destruktiv oder problematisch sind, kann der Einsatz konkurrierender Wahrheiten ebenso effektiv wie ethisch verantwortungsvoll sein, um die Erwünschtheit bestimmter Dinge für uns selbst und andere zu verändern. Wir können tatsächlich wollen, was gut für uns ist – wenn wir es versuchen.

In der Praxis

• Lernen Sie, Dinge zu mögen, die gut für Sie sind – es ist tatsächlich möglich!

• Nutzen Sie Namen, Zweckbeschreibungen, Sinnzuschreibungen und andere konkurrierende Wahrheiten, um ihren Mitmenschen zu helfen, dasselbe zu tun.

Doch Vorsicht vor:

• Demagogen und anderen Irreführern, die versuchen, Sie dazu zu bringen, ganze Gruppen von Menschen abzulehnen.

3 Finanzieller Wert

Preis ist, was man bezahlt;
Wert ist, was man bekommt.

Warren Buffett

Pilzglück

Welche Summe würden Sie für ein Stückchen Schimmelpilz bezahlen?

Vielleicht wünschen Sie ein paar zusätzliche Informationen, bevor Sie ihr Gebot abgeben. Größe? Farbe? Zustand?

Nun, es hat einen Durchmesser von etwa 2,5 Zentimetern. Seine Farbe ist grünlich-grau. Es befindet sich zwischen zwei Glasscheiben, die mit durchsichtigem Paketband verklebt sind. Es ist alt, und es ist tot. Es hat keinerlei praktischen Nutzen.

Also: Wie viel ist es Ihnen wert?

Ihre Einschätzung dürfte mit ziemlicher Sicherheit gegen Null gehen. Sie wären vielleicht sogar bereit, Geld dafür zu bezahlen, *keinen* Schimmelpilz in Ihrer Wohnung zu haben.

Am 7. Dezember 2016 erzielte dieses Stückchen ungenießbarer Pilz bei einer Auktion von Bonhams in New York die stolze Summe von 46.250 Dollar. Angepriesen hatten es die Auktionatoren als »Original Penicillin Schimmelpilzkultur«.

Im Jahr 1928 studierte der Medizinforscher Alexander Fleming *Staphylococcus*, ein Bakterium, das Halsentzündungen, Furunkel und Blutvergiftungen verursacht. Bei seiner Rückkehr aus dem Urlaub stellte er fest, dass sich in einer der Petrischalen, die die Bakterien enthielten, eine Stelle mit Schimmelpilz befand – eine zufällige Verunreinigung. Um sie herum fand er, sehr zu seinem Erstaunen, einen Kreis, der frei war von Bakterien. Fleming war sofort klar, dass der Pilz offenbar irgendeine Substanz produzierte, die die Bakterien abtötete oder an der Vermehrung hinderte. Es handelte sich um *Penicillium chrysogenum* – das erste wissenschaftlich nachgewiesene Antibiotikum.

Dieser Zufallsfund machte Fleming berühmt; 1945 erhielt er dafür gemeinsam mit zwei anderen Wissenschaftlern den Nobelpreis für Physiologie oder Medizin. Wie es scheint, genoss er seinen Ruhm. Er verschickte Proben des Wunderpilzes an andere Prominente jener Tage, darunter den Papst und Marlene Dietrich. Das bei Bonhams versteigerte Auktionslos hatte er im Jahr 1955 einem Nachbarn geschenkt, um sich dafür zu bedanken, dass dieser ein paar Einbrecher in die Flucht geschlagen hatte. Die Probe ist von ihm signiert, und ihr liegen von ihm selbst und seiner Haushälterin an den Nachbarn adressierte Briefe bei. Der Brief der Haushälterin endet mit den Worten: »P. S. Als ob Sie es nicht wüssten – aber trotzdem, für alle Fälle – dieses runde Dings ist ein Klümpchen vom originalen Penizillinschimmel. Bitte auf keinen Fall mit Gorgonzola verwechseln!!!«

Und jetzt, da Sie den Kontext kennen, noch einmal die Frage: Wie viel wäre Ihnen dieses kleine Klümpchen Schimmel wert?

Womöglich ein wenig mehr als bei Ihrer ersten Einschätzung. Vielleicht würden Sie für den Besitz eines eigenen Stückchens Medizingeschichte ein paar Hundert Dollar bezahlen. Falls Sie ein gewiefter Investor sind, dann vielleicht sogar ein paar Tausend. Dass Sie 46.250 Dollar dafür hinblättern würden, ist allerdings unwahrscheinlich. Wenn Bonhams einen guten Job gemacht hat, dann sollte es weltweit nur eine einzige Person (oder Organisation) geben, der dieses Objekt dermaßen viel wert ist – den Gewinner oder die Gewinnerin der Auktion.

Derjenige oder diejenige bot auf denselben Gegenstand wie alle anderen Teilnehmer der Auktion. Und er oder sie kannte auch denselben Kontext. Warum also maßen er oder sie ihm einen derart abweichenden finanziellen Wert bei?

Preis ist nicht gleich Wert

Im vorigen Kapitel haben wir gesehen, wie man uns dazu bringen kann, beinahe alles zu mögen oder nicht zu mögen. Doch wenn wir etwas mögen, *wie sehr* mögen wir es dann? Oder, um es ganz direkt zu sagen, wie viel wären wir bereit, dafür zu zahlen? Wie hoch ist der finanzielle Wert?

Auktionen zeigen auf, warum das eine Frage ist, die sich nicht so leicht beantworten lässt: Verschiedene Bieter schreiben demselben Auktionsgegenstand unterschiedliche Werte zu. Wir können uns diese subjektiven Werteinschätzungen als konkurrierende Wahrheiten vorstellen. Niemand liegt mit seiner persönlichen Werteinschätzung »falsch«, nur weil jemand anderes ein höheres Gebot abgibt.

Außerhalb des Auktionsraumes gehen wir normalerweise davon aus, dass Güter oder Dienstleistungen einen bestimmten Preis haben und dass dieser Preis ihrem Wert entspricht. Doch wie werden Preise festgelegt? Viele Menschen haben instinktiv das Gefühl, dass der Preis, etwa eines Autos, in enger Relation zu den Kosten des zu seiner Herstellung benötigten Materials und der erforderlichen Arbeit stehen sollte. Dazu dürfte ein Aufschlag für Verwaltungs- und Marketingkosten sowie ein weiterer Aufschlag für eine vernünftige Gewinnspanne kommen. Das Ergebnis wäre der faire Preis für dieses Auto.

Doch diese Vorstellung löst sich schnell in Wohlgefallen auf, wenn wir uns einige einfache Beispiele vor Augen führen:

Warum kostet ein Gemälde von Picasso, für das ein einzelner Mensch nur ein paar Tage brauchte, mehr als ein Flugzeug, zu dessen Herstellung viele Tausend Arbeitsstunden nötig waren?

Würden Sie für einen Smaragd, den ein Team aus 200 Ingenieu-
ren mit enormem Aufwand aus einer Mine zutage gefördert hat,
mehr bezahlen als für einen identischen Smaragd, über den ich
gestolpert bin, als ich in Sambia wandern war?

Angenommen, tausend Leute würden ein ganzes Jahr lang am
Bau einer Maschine arbeiten, die Eiswürfel zusammenklebt –
macht deren Arbeit die Maschine wertvoll?

Jedes dieser Beispiele deutet darauf hin, dass die Bestimmung des
Preises nicht allein auf Basis des Herstellungsaufwands erfolgen
kann. Der Preis einer Sache bestimmt sich vielmehr danach, welchen Wert wir ihr alle kollektiv zuschreiben. Er hängt, ebenso wie
der Verkaufspreis von Flemings Schimmelpilz, von unseren subjektiven Werteinschätzungen ab.

Nehmen Sie ein Standard-Vorhängeschloss, 50 mm, mit Edelstahl-
bügel. Wenn ich einen Lagerraum sichern muss, in dem sich mein
gesamter weltlicher Besitz befindet, könnte es sein, dass ich gewillt
bin, ein hübsches Sümmchen dafür hinzulegen. Doch die Herstel-
lerin würde nicht viele Vorhängeschlösser verkaufen, wenn sie
deren Preis allein anhand meiner persönlichen Umstände fest-
legte. Sie muss dabei auch Menschen einbeziehen, die ein Vorhängeschloss für ihren Turnhallenspind oder das alte Fahrrad im
Hinterhof brauchen oder eines zur Erinnerung erwerben möchten, um es an einer Brücke in Paris anzubringen. Sie muss reiche
Menschen und arme Menschen in ihre Überlegungen einbeziehen,
Menschen, die in Eile sind und Menschen, die genügend Zeit
haben, um entspannt einkaufen zu gehen. Jede einzelne Person,
die nach einem Vorhängeschloss sucht, kann gewillt sein, einen
geringfügig anderen Betrag zu zahlen.

    Ökonomen leiten aus all diesen unterschiedlichen subjektiven
Werteinschätzungen eine »Nachfragekurve« ab: Ist der Preis einer
Sache niedrig, werden viele sie kaufen; in dem Maß, wie ihr Preis

steigt, geht die Anzahl der potenziellen Käufer zurück. Dies koppeln sie mit einer »Angebotskurve«, einer Darstellung des äquivalenten Willens der Hersteller, ein und dieselbe Sache zu unterschiedlichen Preisen herzustellen und zu verkaufen. Dort, wo Angebotskurve und Nachfragekurve sich schneiden, liegt – zumindest theoretisch – der perfekte Preis, in dem sich Angebot und Nachfrage treffen.

Unsere subjektiven Werteinschätzungen – unsere konkurrierenden Wahrheiten über dieses Vorhängeschloss – helfen also, den Marktpreis festzulegen.

Konkurrierende Wahrheiten über finanzielle Werte sind eine unverzichtbare Grundlage für den Handel. Der Hauptgrund dafür, dass wir Dinge austauschen oder damit handeln, liegt darin, dass wir ihnen einen unterschiedlichen Wert zumessen. Würde ein Apfelbauer den Wert der Äpfel in seinem Lager genauso hoch einschätzen wie seine Kunden, würde er niemals auch nur einen davon verkaufen. Doch da ein einzelner Apfel für den Landwirt weniger Wert besitzt als für den Chefkoch eines nahe gelegenen Restaurants, gelingt es den beiden, sich auf einen Preis zu einigen, mit dem sie beide leben können.

Stellen Sie sich vor, Sie würden Schaukelstühle bauen und den Wert jedes fertigen Produktes mit 50 Dollar einschätzen. Unter diesem Preis würden Sie es lieber behalten als verkaufen. Ich will einen dieser Schaukelstühle haben und wäre bereit, bis zu 400 Dollar dafür zu bezahlen. Eine Transaktion zu jedem beliebigen Preis innerhalb dieser Spanne würde uns beide besserstellen. Angenommen, wir einigen uns auf 200 Dollar. Dann nehmen Sie 150 Dollar mehr ein, als der Stuhl Ihrer Einschätzung nach wert ist, und ich habe einen Schaukelstuhl, der für mich einen Wert von 400 Dollar hatte, für 200 Dollar bekommen, also 200 Dollar gespart. Insgesamt stehen wir beide als Ergebnis dieses Handels 350 Dollar besser da.

Auf diese Weise wurde der Großteil des weltweiten Reichtums

geschaffen. Einem Grundstücksbesitzer in Kalifornien nützt sein Erdöl direkt zunächst einmal gar nichts, er kann es jedoch für weit mehr, als es seiner eigenen subjektiven Einschätzung nach wert ist, an eine Ölraffinerie verkaufen. Dreihundert Millionen iPads nützen den Aktionären von Apple kaum etwas, sie können sie uns jedoch für einen Preis, der unter unserer individuellen, subjektiven Werteinschätzung liegt, verkaufen, wodurch wir alle besser dastehen. Konkurrierende Wahrheiten über finanzielle Werte haben unsere Spezies reich gemacht.

Wie wir bewerten

Wie kommen Menschen zu unterschiedlichen Bewertungen? Wir bewerten ein Gut oder eine Dienstleistung auf vielfältigste Weise, und dies kann von Mensch zu Mensch verschieden sein:

1. Worin liegt der Nutzen für mich?

Der Nutzen, den wir aus einer Sache ziehen, hängt von unserem Geschmack und unseren Lebensumständen ab. Sind Sie Musikliebhaber, könnte Ihnen ein Streaming-Dienst eine ganze Menge wert sein – es sei denn, Sie haben zu viel zu tun, um sich häufiger als einmal im Monat einzuloggen. Für diese wichtigen Reparaturen am Dach könnte eine Leiter genau das sein, was Ihnen noch fehlt – es sei denn, Sie haben schon eine. Ein Auto kann für Sie von hohem Wert sein – bis Benzin zu teuer wird oder eine neue Bahnlinie das Reisen bequemer und schneller macht. Eine Kinokarte mag Ihnen weniger wertvoll erscheinen, sobald sich andere Möglichkeiten auftun, Ihre Freizeit zu verbringen.

Der Nutzen, den wir aus dem Kauf einer Sache ziehen, ist nicht unbedingt auf deren unmittelbare Funktion beschränkt. Wäre Ihnen eine Pauschalreise genauso viel wert ohne die Fotos, die Sie auf Instagram posten können? Erhöht die Möglichkeit, sich mit dem Besitz eines in limitierter Auflage hergestellten Telefons zu brüsten, dessen Wert für Sie? Wird die Unterhaltung und Einlagerung dieses Segelbootes Kosten verursachen, und wenn ja, wie beeinflusst das seinen Nettowert?

2. Worin liegt der Nutzen für jemand anderen?

Es kann sein, dass wir in einer Sache für uns selbst keinen Nutzen erkennen, ihr aber dennoch einen hohen Wert beimessen, weil wir denken, wir können sie jemand anderem verkaufen. Das ist der Grund, warum handelbare Güter wie Gold, guter Wein und Kunst so viel wert sind.

Börsenmakler preisen den Wert von Titeln häufig danach ein, wie viel sie ihrer Einschätzung nach anderen wert sind. Theoretisch richtet sich der Wert einer Unternehmensaktie danach, welcher erwartete Einkommensstrom aus dieser Aktie in Zukunft fließen wird. In der Praxis werden Anteilsscheine immer wieder weit über diesem Niveau gehandelt, wenn Börsenmakler glauben, dass andere sie unangemessen hoch einschätzen. So entstehen Spekulationsblasen: »kluge« Händler wissen, dass bestimmte Aktien überbewertet sind, rechnen aber damit, dass es da draußen »närrische« Händler gibt, die sie später für einen noch höheren Preis kaufen werden, was wiederum den »klugen« Händlern einen Gewinn verschafft. Dieses Phänomen ist unter dem entzückenden Namen »Greater-Fool-Theory« (Theorie des größeren Narren) bekannt. Natürlich kann es sein, dass der andere Händler gar nicht ganz so närrisch ist, sondern seinerseits darauf spekuliert, dass es da draußen einen weiteren, noch größeren Narren gibt, um seine Investition zu rechtfertigen.

3. Wie selten ist eine Sache?

Kaufen wir etwas allein wegen des Wertes, den jemand anderes ihm unserer Meinung nach zumessen wird, dann sollten wir uns vorher vergewissern, dass es einmalig oder zumindest sehr selten ist. Kann sein, dass andere Menschen Wasser brauchen, aber sie werden es Ihnen nicht abkaufen, wenn sie es umsonst aus einem öffentlichen Trinkbrunnen bekommen können. Seltenheit ist ein unverzichtbares Merkmal für Anlagevermögen wie Luxusgüter. Manchmal beruht Seltenheit auf tatsächlich beschränkter Verfügbarkeit, doch oftmals wird sie künstlich erzeugt, um die Werteinschätzung hochzuhalten.

Seltenheit beeinflusst ebenfalls, wie hoch wir den Wert von Eintrittskarten zu beliebten Theatervorstellungen oder Sportveranstaltungen einschätzen. Das US-Musical ›Hamilton‹ wurde ein solcher Hit, dass 2016 die offiziellen Ticketpreise für die besten Plätze auf 849 Dollar kletterten, ein Broadway-Rekord. Und diese legal verkauften Tickets waren immer noch weit billiger als ein Großteil derjenigen, die auf dem Sekundärmarkt gehandelt wurden, was den immensen Wert verdeutlicht, den einige Theaterenthusiasten diesen seltenen Gütern zumaßen.

Manche Menschen ziehen Genuss aus dem Besitz von seltenen oder einzigartigen Dingen und sind sogar bereit, hohe Summen für Objekte zu bezahlen, die überhaupt keinen klar ersichtlichen Wert besitzen. So verkaufte der Schauspieler William Shatner einen Nierenstein, der ihm entfernt worden war, für 25.000 Dollar, und seine ›Star-Trek‹-Kostüme wechselten für mehr als 100.000 Dollar den Besitzer. Obwohl … für Hollywood sind das keine sonderlich beeindruckenden Zahlen: Das weiße Kleid von Marylin Monroe, das in ›Das verflixte siebente Jahr‹ so entzückend über dem U-Bahn-Schacht flattert, erzielte einen Kaufpreis von 4,6 Millionen Dollar.

4. Wo liegen die Risiken eines Kaufs?
Auf eBay können Sie großartige Elektrogeräte zu einem Bruchteil ihres Einzelhandelspreises erwerben. Sie haben zwar einen Vorbesitzer, lassen jedoch häufig kaum Abnutzungsspuren erkennen. Warum ist dieser scheinbar völlig makellose Fernseher so billig? Weil wir nicht wissen, ob der Verkäufer ihn fallengelassen oder der falschen Stromstärke ausgesetzt oder sonst etwas damit gemacht hat, das ihn beschädigt haben könnte. Kaufen wir das Gerät,

gehen wir ein Risiko ein, und dieses Risiko mindert seinen Wert. Ähnliches vollzieht sich, wenn eine Grundstücksentwicklerin beabsichtigt, ein Stück Land zu kaufen, ohne zu wissen, ob sie dafür eine Baugenehmigung bekommt; dieses Risiko wird den Wert, den sie diesem Grundstück zumisst, so lange mindern, bis eine verbindliche Aussage der Planungsbehörden vorliegt.

Risiko und Unsicherheit objektiv zu quantifizieren, ist schwierig, was sie zu bedeutenden Quellen für konkurrierende Wahrheiten macht. Ihrer Schätzung nach stehen die Chancen, dass der auf eBay gekaufte Fernseher nach einem Jahr kaputt geht, vielleicht bei eins zu zehn, während ich davon ausgehe, dass sie bei eins zu zwei liegen. Mein Pessimismus wird mich zu einer niedrigeren Werteinschätzung für den Fernseher veranlassen.

5. Was bringt die Zukunft?

Viele unserer Beurteilungen hängen von Zukunftsprognosen ab, und die Einschätzung finanzieller Werte bildet da keine Ausnahme. Rechnen Sie mit einem Boom bei Elektroautos? Dann könnten diese Lagerbestände von Lithium-Akkus mehr wert sein, als alle glauben. Wird es aufgrund des Klimawandels mehr Wetterturbulenzen geben? Dann dürften umfassende Gebäudeversicherungen hoch im Kurs stehen.

Die Angst vor einem Mangel in der Zukunft bringt Menschen dazu, den Dingen aktuell einen höheren Wert beizumessen. Als das Bäckereiunternehmen Hostess Brands im Jahr 2012 seine unmittelbar bevorstehende Insolvenz bekanntgab, brach unter den Fans des berühmtesten Produktes der Firma umgehend Panik aus. Der Preis für Twinkies, kleine Kuchen mit Cremefüllung, die normalerweise für ein paar Dollar pro Karton zu haben waren, schoss auf eBay sofort in ungeahnte Höhen.

Unsere subjektiven Werteinschätzungen hängen auch von unserer finanziellen Lage ab: Je reicher wir sind, umso höhere Beträge sind wir gewillt, für eine Sache zu bezahlen. Daraus folgt: Je reicher wir *in Zukunft zu sein glauben*, umso höhere Beträge sind wir gewillt, für eine Sache zu bezahlen. Es kann noch drei Monate dauern, bis Sie Ihren neuen Job antreten, doch womöglich sind Sie bereit, schon heute für den neuen Kühlschrank mehr hinzulegen als vor der Zusage durch den künftigen Arbeitgeber.

Finanzieller Wert, Taktik 1
Bei subjektiven Werteinschätzungen
alle relevanten Faktoren einbeziehen

Wir sind höchst beeinflussbar durch andere, und dies in jeder Hinsicht. Das ist wichtig, denn unsere finanziellen Werteinschätzungen für die Güter und Dienstleistungen, die uns angeboten werden, sind die Triebkraft unseres Konsumverhaltens. Wir kaufen Dinge nur dann, wenn wir ihren Wert höher einschätzen als ihren Preis. Allerdings lassen sich die Teilwahrheiten über Gewinn und Nutzen, Beliebtheit, Seltenheit, Risiken und künftiges Umfeld jedes Produktes oder jeder Dienstleistung gezielt einsetzen, um uns zu veranlassen, unsere Bewertung zu ändern.

Dies öffnet einer Branche Tür und Tor, in der sich Werbeagenturen, Marketingmanager und Verkäufer tummeln, deren einziger Job darin besteht, unsere Werteinschätzungen über die Schwelle der angebotenen Preise zu heben. Indem sie die konkurrierenden Wahrheiten, die wir uns in Bezug auf bestimmte finanzielle Werte zu eigen gemacht haben, verschieben, steuern Unternehmen unser Handeln – im Laden und im Internet.

Steine lieben lernen

Die meisten von uns können mit einem kleinen Steinchen ziemlich wenig anfangen, egal, wie schön es auch glitzert. Daran liegt es vielleicht, dass Diamanten in der Menschheitsgeschichte die meiste Zeit über ein recht geringer Wert beigemessen wurde. Allerdings ist ein gut geschnittener Diamant etwas sehr Schönes, daher haben solche Steine seit langem einen festen Platz in den Schmuck-kästchen der Megareichen. Doch bis ins 20. Jahrhundert hinein hatten nur die wenigsten anderen Menschen jemals einen gesehen. Als Diamanten selten waren, spielte es keine Rolle, dass sie von einigen wenigen sehr geschätzt wurden. Das änderte sich 1867, als ein Jugendlicher am Ufer des Orange River in Südafrika ein funkelndes Steinchen fand und mit nach Hause nahm, um seiner Schwester eine Freude zu machen. Wie sich später herausstellte, handelte es sich bei diesem Zufallsfund um einen 22-karätigen Diamanten, was einen wahren Diamantenrausch auslöste. Prospektoren machten sich an die Erkundung der angeschwemmten Sedimentschichten in diesem Gebiet, und innerhalb weniger Jahre förderten Bergleute aus der Erde und den Felsen rund um Kimberley Diamanten in großer Zahl zutage. Zuvor kamen diese Edelsteine zum größten Teil aus Indien, und die dortigen Minen waren beinahe erschöpft. Nach etwas mehr als zehn Jahren produzierte Südafrika bereits mehr Diamanten als Indien in Jahrhunderten.

Der unmittelbare Effekt dieser Diamantenflut bestand in einem Rückgang der Preise. Diamanten waren nicht mehr selten, und Käufer konnten mutiger verhandeln. Darüber hinaus machte ihre relativ breite Verfügbarkeit Diamanten nun weniger attraktiv für die Aristokratie, und diese wandte sich »weniger gewöhnlichen« Steinen wie Rubinen und Smaragden zu. Die Diamantenunternehmer, die so viel Geld in ihre neuen südafrikanischen Minen gepumpt hatten, liefen Gefahr, den Wert ihrer Investitionen durch Überproduktion zu zerstören.

Dieses Problem löste sich jedoch schnell, als einer von ihnen, ein junger Engländer namens Cecil Rhodes, in den Besitz ausreichender finanzieller Mittel gelangte, um alle anderen diamantenfördernden Unternehmen in Südafrika entweder aufzukaufen oder sich mit ihnen zusammenzuschließen. De Beers, das so entstandene Unternehmen, war nun in der Lage, seine monopolistische Vormachtstellung zu nutzen, um das Angebot an Diamanten künstlich zu verknappen und auf diese Weise die Illusion von

Seltenheit zu erzeugen und jahrzehntelang die Marktpreise zu diktieren. Als sich rund um den Globus andere Diamantvorkommen auftaten, brachte De Beers sie umgehend unter seine Kontrolle und verhinderte so weitere explodierende Überangebote. Daraus ergab sich allerdings ein zweites Problem: De Beers saß auf einem riesigen Berg unverkaufter Diamanten.

Wie konnte man diese gewinnbringend loswerden, ohne ihren offensichtlichen Seltenheitswert zu zerstören? Die Lösung lag auf der Hand: Mehr Menschen mussten dazu gebracht werden, die hübschen Steine zu kaufen, was bedeutete, Millionen mussten dazu gebracht werden, ihre Werteinschätzung nach oben zu korrigieren. Vor dem Zweiten Weltkrieg war ein Diamant für den Durchschnittsmann mit gutem Gehalt weder ein nützliches Werkzeug zum Vermögensaufbau, noch hatte er sonst irgendeine praktische Verwendung für die glitzernden Klumpen aus Kohlenstoff. Der Wert, den die meisten Menschen Diamanten zumaßen, war gering. De Beers musste es irgendwie schaffen, diese Werteinschätzung über ein Preisniveau zu heben, das ihnen einen gesunden Profit bescheren würde. Und sie mussten Käufer davon abhalten, ihre Steine auf Sekundärmärkten weiterzuverkaufen, was die Preise gedrückt hätte.

Also wandten sie sich 1938 an die New Yorker Werbeagentur N. W. Ayer & Son, um sich zu erkundigen, ob »die Nutzung verschiedener Formen von Propaganda« helfen könnte, die Nachfrage nach Diamanten in den Vereinigten Staaten anzukurbeln. In der Folge führte diese Partnerschaft zur Entstehung eines gigantischen Marktes – eines Marktes rund um den Verlobungsring.

Ringe sind seit Jahrtausenden als Symbol für Liebe und Versprechen unter Eheleuten in Gebrauch. In zahlreichen Kulturen weltweit verwendeten die Menschen Kupfer, Gold, ja sogar geflochtenes Haar, um daraus Verlobungsringe zu formen. Ein Bruchteil von ihnen wurde mit Juwelen geschmückt. Denn der Siegeszug des diamantenbesetzten Verlobungsringes als verlässlichstem Beweis für die Liebe eines Mannes zu einer Frau ist eine moderne Erfindung.

Eine Erfindung von De Beers und N. W. Ayer.

In den Jahren zwischen dem Ersten und dem Zweiten Weltkrieg hatten sich die Verkäufe von Diamanten in den Vereinigten Staaten halbiert. Den Leuten bei N. W. Ayer kam die Idee, dass der Schlüssel zur Lösung dieses Problems und zur Umkehr dieses Negativtrends in einer Verbindung zwischen Diamanten und romantischer Liebe liegen könnte. Frauen sollten dazu gebracht werden, einen Zusammenhang zwischen Qualität und Größe eines Diamanten und der Liebe ihres Verehrers herzustellen. Das erklärte Ziel der Agentur bestand darin, »eine Situation zu schaffen, in der sich beinahe jede Person, die einer anderen einen Heiratsantrag macht, verpflichtet fühlt, einen diamantbesetzten Verlobungsring zu besorgen.«

Die Werbeagentur nutzte Storys in einschlägigen Magazinen, Produktplatzierungen in Filmen und farbenprächtige Großanzeigen, um eine unauflösliche Verbindung zwischen großen Diamanten und wahrer Liebe herzustellen. »A Diamond is Forever« verkündete die Werbung ab 1948, womit sie auf clevere Weise zusätzlich implizierte, dass der Verkauf eines solchen Diamantrings ein ziemlich schäbiges Verhalten wäre, wenn nicht glatter Verrat an der Liebe selbst. Man gab Porträts von hochwohlgeborenen Verlobten mit beeindruckenden Steinen an ihren Händen in Auftrag und vermietete Diamanten an Prominente, die das Kentucky Derby besuchten. Als das Fernsehen aufkam, trug die Kampagne die frohe Botschaft vom Diamanten und der romantischen Liebe in jedes amerikanische Wohnzimmer.

»Wir haben es hier mit einem Problem der Massenpsychologie zu tun«, erklärte N. W. Ayer in einem Strategieplan von 1947. Die Zielsetzung der Werbeagentur bestand darin, den Kauf eines Diamantrings zur »psychologischen Notwendigkeit« zu machen. Sie schreckte nicht einmal vor einem Indoktrinierungsprogramm für den Einsatz an US-amerikanischen Highschools zurück: »Alle diese Verträge stellen den diamantenen Verlobungsring in den Mittelpunkt und erreichen Tausende von Mädchen über Versammlungen, die Klasse und informelle Treffen an unseren führenden Ausbildungsinstitutionen.« Mehr noch, es durfte kein Raum für Ersatzgüter bleiben: Die Agentur war entschlossen zu erreichen, dass »nur der Diamant flächendeckend akzeptiert und als Symbol der Verlobung anerkannt wird«. Der Fokus, der darauf gerichtet war, die subjektiven Werteinschätzungen der Männer über Diamanten zu verändern, wurde explizit in der späteren Werbung in Gestalt der unverschämten Frage: »Sind zwei Monatsgehälter nicht ein kleiner Preis für etwas, das ewig hält?«

Wie wir alle wissen, war diese Kampagne geradezu spektakulär erfolgreich. Ende der 1950er-Jahre konnte N. W. Ayer vermelden: »In dieser neuen Generation betrachten im Grunde alle den Diamantring bei einer Verlobung als Notwendigkeit.« 2015 schätzte De Beers den Markt für Diamantschmuck in den USA auf 39 Milliarden Dollar pro Jahr. Heute tragen drei Viertel der Bräute in den Vereinigten Staaten einen Diamantring. Und nur sehr wenige Frauen verkaufen jemals ihren Verlobungsring, was dazu beiträgt, die Preise hochzuhalten. Der subjektive Wert, den Frauen ihren Diamanten zumessen, liegt ein gutes Stück über dem Preis, den sie auf einem Sekundärmarkt dafür erzielen würden.

In den Vereinigten Staaten konnte De Beers verkünden: »Mission erfolgreich!«, also wandte sich das Unternehmen anderen Märkten zu, vor allem der aufstrebenden Wirtschaftsmacht Japan. Vor 1960 hatte in diesem stark traditionell geprägten Land noch kaum jemand etwas von diamantenen Verlobungsringen gehört. Doch die jungen Japaner und Japanerinnen wurden zunehmend offener für westliche Einflüsse, und De Beers gab eine Werbekampagne in Auftrag, die wunderschöne Frauen aus dem Westen zeigte, die einen Diamantring am Finger trugen und sich modernen Freizeitaktivitäten wie Yachturlaub oder Camping hingaben. Weniger als zwei Jahrzehnte später trugen 60 Prozent der japanischen Bräute einen Diamantring. Eine ähnliche Verschiebung des Mindsets gelang in China, wo heute mehr als 30 Prozent der Bräute einen Diamantring tragen – gegenüber beinahe 0 Prozent drei Jahrzehnte zuvor.

In den 1960er-Jahren, als die Sowjetunion neue Diamantvorkommen in Sibirien entdeckte, sah sich De Beers mit einem neuen Überangebot konfrontiert. Diese Steine waren winzig, aber es gab sie in Massen, und wären sie auf die Weltmärkte gekommen, hätten sie die kostbare Seltenheitsillusion der Branche ernsthaft gefährden können. Also schloss De Beers einen Deal, die Steine im Auftrag der Sowjetunion zu verkaufen. Zunächst war überhaupt nicht klar, was irgendjemand mit all diesen Steinchen anfangen sollte. Dann dachte sich De Beers den Eternity-Ring aus: DAS Symbol für ewige Liebe, moderne Variante einer uralten Tradition, bestückt mit einer Vielzahl winzigster Diamanten, wodurch praktischerweise das sowjetische Angebot aufgezehrt würde. Der Investigativ-Journalist Edward Jay Epstein drückte es so aus: »Notwendigkeit brachte Gefühle hervor: Ältere amerikanische Frauen erhielten einen Ring mit Miniaturdiamanten, weil ein südafrikanischer Konzern das Bedürfnis verspürte, der Sowjetunion eine Gefälligkeit zu erweisen.«[1] Zuvor waren die subjektiven Werteinschätzungen dieser Diamanten genauso winzig gewesen wie die Steine selbst, doch dann half die Marketingmaschine von De Beers uns dabei, deren Wert neu zu beurteilen.

Diese Geschichte einer sensationell erfolgreichen Marketingleistung über Jahrzehnte hinweg ist insbesondere deswegen interessant, weil das vermarktete Produkt keinen Markennamen trug. Während der gesamten Kampagne tauchte kein einziges Unternehmenslogo auf.* N. W. Ayer veränderte unsere subjektive Werteinschätzung von Diamanten, nicht von De Beers. Viele andere berühmte Werbefeldzüge haben unsere subjektive Bewertung von Markengütern ähnlich radikal verschoben, aber erfolgreiche Kam-

---

* De Beers war es bis vor Kurzem aufgrund kartellrechtlicher Bedenken verboten, sein operatives Geschäft in den USA zu betreiben.

pagnen, die ein Gut ohne Markennamen bewerben, sind selten. Viel seltener als die angeblich so raren Produkte von De Beers.

Fehlereinschätzungen

Zeit für einen Realitätscheck. Ich habe über subjektive finanzielle Werteinschätzungen gesprochen, als hätten wir alle eine klare Vorstellung davon, was dieses oder jenes uns wert ist. Doch eine Reihe von Experimenten, durchgeführt von Verhaltensökonomen wie Daniel Kahneman, Amos Tversky, Richard Thaler und Dan Ariely, haben gezeigt, wie armselig unsere Bewertungsfähigkeiten manchmal sind. Vermarkter nutzen diese menschliche Schwäche gnadenlos aus.

Fragen Sie einen ambitionierten Angler, wie viel er für eine Angelrute guter Qualität bezahlen würde, und er wird Ihnen wahrscheinlich eine Antwort geben, die in der Nähe des durchschnittlichen Marktpreises liegt. Doch ein Anfänger, der keine Ahnung vom Markt für Angelruten hat, gibt Ihnen womöglich eine Antwort, die weit darüber oder darunter liegt. Ohne Referenzpunkte weiß er einfach nicht, was eine Angelrute wert sein *sollte*. Ein Ökonom würde sagen, er müsste in der Lage sein, seine Werteinschätzung für eine Angelrute abzuleiten, indem er diese mit all den anderen Dingen vergleicht, die er mit dem Geld, das ihm zur Verfügung steht, kaufen könnte. In der Praxis denken nur wenige Menschen so. Stattdessen orientieren wir uns bei der Ausformung unserer eigenen subjektiven Werteinschätzungen an allem, was wir zu dem Thema von anderen hören. Und diese Orientierung kommt nur allzu oft von Verkaufsstrategen und aus deren Marketingmaterial.

Wie viel ist Ihnen ein einstündiger Hubschrauberrundflug über Ihre Heimatstadt wert? Vermutlich haben Sie darüber noch nie nachgedacht, aber lassen Sie uns mal davon ausgehen, es wären 100 Dollar. Auf Ihrem Weg zur Arbeit sehen Sie ein Angebot für just einen solchen Ausflug, Kostenpunkt: 800 Dollar. Sie beschließen, dass er Ihnen so viel Geld nicht wert ist, doch läge Ihre subjektive Werteinschätzung danach immer noch bei 100 Dollar? Würden Sie um die Ecke biegen und auf das Plakat eines anderen Veranstalters treffen, der einen identischen Flug für nur 200 Dollar anbietet, kämen Sie in Versuchung? Falls ja, dann haben Sie zugelassen, dass ein einziges Preissignal Ihre subjektive Werteinschätzung verdoppelt.

Sie besuchen ein neu eröffnetes Restaurant, und beim Studium der Speisekarte fällt Ihr Blick auf die Jakobsmuscheln an schwarzem Risotto mit gesmokter Paprika. Das Gericht soll satte 37 Dollar kosten. Unter den Jakobsmuscheln steht ein Wagyu-Steak zum Preis von 89 Dollar. Und auf einmal sehen die Jakobsmuscheln sehr preiswert aus. Es handelt sich hier offenbar um ein Nobelrestaurant, und Sie machen ein Schnäppchen!

Würden Sie innehalten und einmal ganz in Ruhe darüber nachdenken, kämen Ihnen vielleicht Zweifel, ob Ihr Verlangen nach ein paar Muscheln und ein bisschen hübsch drapiertem Reis größer ist als das nach all den anderen Dingen, die Sie sich für 37 Dollar (plus Servicegebühr und Steuern) kaufen könnten. Doch im Kontext dieser Speisekarte schmelzen solche Erwägungen dahin wie Schnee in der Sonne. Verglichen mit dem sündhaft teuren Steak nehmen sich die Jakobsmuscheln wie eine richtig gute Wahl aus. Das Restaurant wird mit hoher Wahrscheinlichkeit nur sehr wenige von den 89-Dollar-Steaks verkaufen, und das *erwarten* sie vielleicht sogar. Es könnte durchaus sein, dass das Steak überhaupt nur deshalb auf der Karte steht, um Ihre Werteinschätzung der nicht ganz so halsabschneiderischen Preise für andere Gerichte zu beeinflussen.

Wir sind sehr viel besser darin, relative Werturteile abzugeben als absolute. Ohne Vorkenntnisse über die Preisgestaltung wissen wir wirklich nicht, was dieses oder jenes kosten sollte, allerdings können wir normalerweise sagen, ob eine Sache uns mehr oder weniger wert ist als eine andere. Marketingfachleute beuten diesen Kontrasteffekt aus, indem sie »Anker« platzieren, Preise, die unsere Werteinschätzung für die beworbenen Produkte nach oben zie-

hen. Das extrem teure Steak auf der Speisekarte ist ein solcher Anker. Ein anderer ist der ursprüngliche Einzelhandelspreis auf
einem »preisgesenkten« Artikel; neben dem ersten Preis sieht der
aktuelle Preis, den der Händler von Ihnen verlangt, vergleichsweise
niedrig aus.

Finanzieller Wert, Taktik 2
Nutzung von Preisankern und weiteren Tricks, um die Werteinschätzungen anderer Menschen zu beeinflussen

Eine weitere psychologische Schwäche ist unsere Einstellung
gegenüber Risiken. Im Allgemeinen gehen wir Risiken nicht gern
ein, selbst dann nicht, wenn uns ein Wahrscheinlichkeitsexperte
versichert, dass die potenziellen Vorteile die potenziellen Nachteile
übersteigen. Das bedeutet, dass wir bereit sind, für Gewissheit –
Einhaltung von Fahrplänen, Lieferzeiten für Obst und Gemüse,
Versicherungsauszahlungen – mehr auszugeben, als gemessen an
streng rationalen Gesichtspunkten notwendig wäre. Marketingexperten können mit dieser Neigung spielen, indem sie Wörter
wie garantiert, sicher oder verbindlich in ihre Sprache einstreuen,
um unsere subjektiven Werteinschätzungen nach oben zu treiben.

Ebenso reagieren wir irrational auf gefühlte Ungerechtigkeit. Es
kann vorkommen, dass wir die Gelegenheit ausschlagen, etwas zu
kaufen, dessen Wert wir hoch einschätzen, wenn wir das Gefühl
haben, dass der Verkäufer zu stark davon profitiert oder einen zu
großen Vorteil daraus zieht, und dies selbst dann, wenn der auf-
gerufene Preis niedriger ist als unsere subjektive Werteinschätzung. Heben Einzelhändler während eines Gewitters die Preise für
Regenschirme an, weigern wir uns unter Umständen, einen zu
kaufen – und zwar nicht deshalb, weil wir uns den neuen Preis
nicht leisten könnten oder dem Regenschirm keinen so hohen
Wert beimessen, sondern weil wir Widerwillen gegen einen Laden
empfinden, der unsere kurzfristigen meteorologisch bedingten
Schwierigkeiten auszunutzen versucht.

Es kann auch vorkommen, dass wir den Wert eines Gutes gering einschätzen, wenn wir glauben, dass dessen Herstellung wenig gekostet hat, und zwar selbst dann, wenn es uns einen beträchtlichen Nutzen bietet. Eifrige Leser ziehen großes Vergnügen aus Romanen, verlieren sich manchmal für mehrere glückliche Wochen in einem einzigen Buch. Man könnte denken, die Werteinschätzung eines Lesers für ein solches Buch läge in schwindelerregender Höhe. Handelt es sich allerdings um ein E-Book, und der Leser geht davon aus, dass die Herstellung seines Exemplars im Grunde nichts gekostet hat, kauft er es unter Umständen nur, wenn er nicht mehr als ein paar Dollar dafür zahlen muss, während er gleichzeitig gewillt ist, fünfmal so viel für einen Cocktail hinzulegen, der ihm nur wenige Minuten Genuss beschert. Aus dem gleichen Grund lehnen es heutzutage viele Menschen ab, für digitale Güter überhaupt etwas zu bezahlen.

Dies sind nur einige Beispiele dafür, wie verquer, verkehrt und irrational wir in Bezug auf den finanziellen Wert von Dingen denken. Unsere Werteinschätzungen sind nicht falsch, nur weil der Denkprozess, aus dem sie hervorgegangen sind, mit Fehlern behaftet ist; es sind unsere Wahrheiten, und daher ist es genauso sinnlos, jemandem aus der Generation Y zu sagen, sie solle digitalen Musiktracks einen höheren Wert beimessen, wie jemanden dafür zu kritisieren, dass er sich zum Abendessen ein paar Jakobsmuscheln für 37 Dollar bestellt. Letztlich treffen wir alle unsere Entscheidungen in einer Marktökonomie und leben mit den Konsequenzen.

Uns selbst wertschätzen

Wir haben uns bisher darauf konzentriert, wie subjektive Wahrheiten über einen finanziellen Wert unser Kaufverhalten beeinflussen. Für alle, die Dinge auf eBay posten, einen Flohmarkt organisieren oder ihr Haus zum Verkauf ausschreiben, gelten dieselben Verkaufsprinzipien: Wir verkaufen, wenn unsere subjektive

Bewertung eines Gegenstandes unter dem Preis liegt, den jemand anderes dafür zu zahlen bereit ist. Ob wir etwas verkaufen oder nicht, kann daher davon abhängen, wie der Käufer unsere subjektive Bewertung dieses Gegenstandes beeinflusst.

Viele Menschen verkaufen Dinge nur sporadisch. Allerdings gibt es etwas, das die meisten von uns ganz regelmäßig verkaufen: unsere Zeit. Der Arbeitsmarkt unterliegt schnellen Veränderungen, und in der sogenannten »Gig Economy« wird immer mehr Arbeit häppchenweise angeboten. Die Fragmentierung von Arbeit wird dazu führen, dass wir eingehender darüber nachdenken müssen, wie wir uns selbst in den verschiedensten Situationen einpreisen. Die Entwicklung einer klugen subjektiven Werteinschätzung unserer eigenen Zeit wird von entscheidender Bedeutung sein.

Vor ein paar Jahren gründete ich ein kleines Unternehmen und wollte auf der entsprechenden Webseite mehrere gut erkennbare Icons einbinden. Ich brauchte einen Grafikdesigner, aber meine Mittel waren extrem begrenzt. Also zog ich Google zu Rate, und die Suchmaschine leitete mich kurze Zeit später zu DesignCrowd weiter.

Dieses australische Unternehmen hatte ein interessantes Angebot in petto, das sie »Design Contest« nannten. Für eine moderate Gebühr könnte ich eine Beschreibung dessen einstellen, was ich mir von ihnen wünschte, und dann würden freiberufliche Designer auf der ganzen Welt Icons entwerfen, die meinen Informationen entsprachen. Anschließend könnte ich mir meinen Favoriten heraussuchen, und der Designer, der ihn entworfen hatte, würde den größten Teil der fälligen Gebühr bekommen, während der Rest an DesignCrowd ginge. Wäre keiner der Vorschläge nach meinem Geschmack, bekäme ich mein Geld zurück.

Für Kunden ist das ein attraktives Angebot. Doch wie kommt dieses Crowdsourcing-Modell bei den Designern an? Ich erhielt Dutzende voll ausgearbeiteter Designs, die alle meinen Anforderungen entsprachen und mindestens ein paar Minuten – in manchen Fällen wohl einige Stunden – Arbeit gekostet haben mussten. Und beinahe alle dieser Anstrengungen würden ohne Lohn bleiben (das sogenannte »Work for Spec«-Modell). Wie also schätzen diese Designer den Wert ihrer Zeit ein?

Manche von ihnen mögen reine Hobbygrafiker sein, die das Ganze aus purem Vergnügen tun und die Gebühr für ein gelegentlich vorkommendes Gewinnerdesign als Bonus verbuchen. Andere nehmen wahrscheinlich eine Risiko-Gewinn-Abschätzung vor und wägen die Chance, dass sie den Wettbewerb gewinnen, gegen die Kosten des Zeitaufwands für ihre Teilnahme ab. Designer aus Ländern mit niedrigen Lebenshaltungskosten werden, verglichen mit denen aus westlichen Industriestaaten, ihre Zeit zu niedrigeren Kosten anbieten können. Designer, die eine Familie zu versorgen oder anderweitige finanzielle Verpflichtungen haben, werden wieder andere Berechnungen anstellen. Theoretisch ist daran nichts Falsches. Rational denkende Grafikdesigner werden ihre Zeit nur dann für solche Projekte in Anspruch nehmen, wenn der potenzielle Ertrag es ihnen wert ist. Doch wie wir gesehen haben, verhalten sich Menschen, wenn es um Bewertungen geht, häufig überhaupt nicht rational.

DesignCrowd ist nur einer von zahlreichen Playern in der rasant expandierenden »Arbeit-auf-Abruf«-Branche. Amazons Mechanical Turk gibt Arbeitgebern die Möglichkeit, Fragebögen mit »Testaufgaben für menschliche Intelligenz« zu posten, die Freiberufler gegen eine vorher festgelegte Gebühr ausfüllen können. Upwork bringt Unternehmen mit professionellen Freiberuflern auf der ganzen Welt zusammen. Fiverr tut dasselbe für Mikrojobs ab einer Gebühr von 5 US-Dollar. CrowdFlower kombiniert eine ganze Armee abgelegen wohnender Freelancer mit den technologischen Möglichkeiten künstlicher Intelligenz, um seinen Kunden Datendienstleistungen unter »Beteiligung realer Testpersonen« in Echtzeit anbieten zu können (Human-in-the-Loop). TaskRabbit bietet Schnipsel bezahlter Arbeit für alle an, die gewillt sind, Hunde aus-

zuführen, zu putzen, Dinge zu transportieren, Möbel zusammen-
zubauen oder einen Do-it-yourself-Spot zu drehen. Marken können Gigwalk nutzen, um Menschen in weit entfernten Städten
damit zu beauftragen, Schaufensterauslagen zu überprüfen, Läden
zu fotografieren oder Standortdaten zu sammeln. Client Partners
vermietet einsamen Japanern einen »Freund« zum Quatschen, als
Begleitung bei einer Hochzeit oder um mehr Personen auf ein Sel-
fie zu bekommen.

Für Menschen, die nicht pendeln wollen (oder können), die
keine feste Rollenzuschreibung oder keine festen Arbeitszeiten
haben wollen, sind solche Vorreiter der Gig Economy ein Geschenk
des Himmels. Einige fleißige Freiberufler können damit eine
Menge Geld verdienen; ein Designer nahm über DesignCrowd
innerhalb von fünf Jahren eine Million Dollar ein. Plattformen für
digitale und Desk-basierte Dienstleistungen verschaffen auch
Arbeitskräften aus ärmeren Ländern Zugang zur globalen Wirtschaft, wodurch sie Ungleichheit reduzieren und Entwicklung
vorantreiben helfen. Die Flexibilität und Effizienz von On-demand-Arbeit kann für Arbeitnehmer wie Arbeitgeber etwas Gutes
sein – solange wir den richtigen Preis dafür finden.

Das Problem besteht darin, dass die meisten von uns nicht sehr
gut darin sind, den Wert ihrer Zeit sinnvoll einzuschätzen. Wir
wissen nicht, was wir wirklich wert sind, und wenn wir eine bestimmte Arbeit annehmen, denken wir weder die versteckten Kosten noch die Risiken durch. Autoren wie ich können Jahre mit der
Arbeit an einem einzigen Buch verbringen, das sich niemals verkaufen wird. Personal Trainer, die Gebühren zahlen und kostenlose Einführungskurse anbieten müssen, um eine Sporthalle nutzen zu dürfen, könnten herausfinden, dass das Nettoeinkommen,
welches sie über private Kunden generieren, angesichts all der Zeit
und des Geldes, das sie investiert haben, einen überaus armseligen
Ertrag darstellt. Menschen, die für TaskRabbit und Gigwalk arbeiten, schreiben sich womöglich für einen Mikrojob ein, ohne sich
genau zu überlegen, wie viel Zeit und Geld die damit verbundene

Reise sie kosten wird. Menschen, die auf »Work-for-Spec«-Platt-formen kostenlose Arbeitsproben abliefern oder pro abgenomme-nem Einzelstück bezahlt werden, anstatt einen Stundenlohn zu bekommen, unterschätzen womöglich den echten Zeitaufwand für eine solche Arbeit.

Freiberufler unterschätzen tendenziell, wie viel sie pro Stunde verdienen müssen, um neben all den anderen Kosten, die ihnen entstehen, auch Steuern, Beiträge für Rentenversicherung und Mutterschutz, Kranken- und Berufsunfähigkeitsversicherungen aufbringen zu können. Im Ergebnis schreiben sie ihrer Zeit einen niedrigeren subjektiven Wert zu, als sie sollten. Das ist nicht nur schlecht für sie selbst, sondern auch für all jene, mit denen sie konkurrieren, denn so werden die Marktpreise unter das Niveau gedrückt, das für Nachhaltigkeit notwendig ist. Mindestlohn-gesetze, wenn sie überhaupt existieren, gelten nur selten auch für Selbstständige, und für spezielle On-Spec-Arbeitsmodelle wie den Designwettbewerb sind sie vollkommen bedeutungslos. Trauriger-weise gibt es nichts, was Freelancer davon abhalten könnte, sich zum Schaden der gesamten Freiberuflerschaft selbst zu unter-schätzen. Es besteht die reale Gefahr, dass wir bei den Preisen für On-demand-Arbeit einen Wettlauf in Richtung absolutes Nie-drigstniveau erleben werden, der in eine Art virtuellen globalen Ausbeutungsbetrieb münden könnte.

In dem Maß, wie mehr und mehr Menschen in die Gig Economy wechseln, müssen wir, die wir für uns selbst arbeiten, besser darin werden, unseren eigenen Wert einzuschätzen – zum Wohl aller.

Der Wert von allem

Als direkte Folge unserer wertbasierten Entscheidungen gedeihen Unternehmen oder scheitern, boomen Volkswirtschaften oder brechen zusammen. Einige der mächtigsten und höchstentwickel-ten Organisationen der Welt haben einen omnipotenten Anreiz, unsere psychologischen Schwächen auszunutzen und unser Konsumverhalten zu formen, indem sie unsere Wahrheiten über finanzielle Werte beeinflussen. In den meisten Rechtssystemen tun Marketingleute nichts Illegales, wenn sie Dinge auf bestimmte Weise in einen bestimmten Kontext stellen, Preisanker nutzen oder uns ermutigen, daran zu glauben, dass Güter wie Diamanten wertvoller sind, als wir ansonsten vielleicht vermutet hätten.

Daher ist es von enormer Bedeutung, dass wir uns der Verkaufstricks und psychologischen Stolperfallen stets bewusst sind und uns immer wieder fragen, ob dieses leckere oder glitzernde oder faszinierende Ding, über dessen Kauf wir gerade nachdenken, uns *wirklich* mehr wert ist als sein Preis. Und wenn es darum geht, uns selbst zu verkaufen, müssen wir uns sehr genau überlegen, was alles in den Wert, den wir unserer eigenen Zeit zuschreiben, einfließen sollte.

Eine kleine Extrabetrachtung zum Thema Wert ist beinahe immer von Wert.

In der Praxis

- Finden Sie heraus, welche Dinge Ihnen wirklich etwas wert sind, anstatt sich von Preisen treiben zu lassen, die andere diesen Dingen aufkleben.
- Kalkulieren Sie neben Risiken, Zukunftserwartungen und Seltenheit in Ihre Bewertungen auch den Nutzen ein, den Sie oder andere aus einer Sache ziehen werden.

Doch Vorsicht vor:

- Irreführern, die Anker und andere psychologische Tricks einsetzen, um Ihre Bewertungen zu beeinflussen.
- Geschäftsmodellen, Plattformen oder Umgebungen, die Sie darin bestärken, den Wert Ihrer Zeit und Ihrer Arbeitskraft zu unterschätzen.

III

Künstliche Wahrheiten

1 Definitionen

»Wenn ich ein Wort gebrauche«,
sagte Humpty Dumpty in recht hochmütigem Ton,
»dann heißt es genau, was ich für richtig halte –
nicht mehr und nicht weniger.«
Lewis Caroll, *Alice hinter den Spiegeln*

Das F-Wort

»Es ist ein sehr starkes Wort und hat eine sehr starke Wirkung.«

Was fällt uns dazu ein? Ist ein Fluch gemeint? Etwas Religiöses oder Spirituelles? Ein heiliger Name vielleicht?

Der Mann, von dem die oben zitierte Aussage stammt, war Brendan Paddy, Kommunikationschef des Disasters Emergency Committee, einer Organisation, unter deren Dach sich in Zeiten der Krise dreizehn britische Hilfsorganisationen zusammenfinden. Und weiter: »Wir müssen sorgfältig darauf achten, wann und wie wir es verwenden. Wir müssen Alarm schlagen, bevor es zu spät ist, aber wir wollen auch nicht beschuldigt werden, falschen Alarm zu schlagen.«[1]

Das Wort, das Brendan Paddy mit so viel Respekt behandelt, ist unter Mitarbeitern von Hilfsorganisationen und internationalen Entwicklungshelfern als »F-Wort« bekannt. Das F steht für *famine* (dt. Hungersnot).

So viel Gewicht hat dieses Wort, dass diverse UN-Behörden und Nichtregierungsorganisationen sich zusammensetzten, um eine präzise Definition dafür zu finden. Der »Ernährungssicherheitsbezogene Klassifizierungsstandard« IPC legt fest, dass von einer Hungersnot nur dann gesprochen werden kann, wenn »mindestens 30 Prozent der Bevölkerung akut unterernährt sind, weniger als vier Liter Wasser am Tag zur Verfügung haben, täglich weit weniger als 2.100 Kilokalorien zu sich nehmen und zwei von 10.000 Menschen täglich an Nahrungsmittelmangel sterben. Zudem haben große Teile der Bevölkerung ihre gesamte Lebensgrundlage verloren und somit keine Möglichkeit, ein eigenes Einkommen zu erwirtschaften.«

Warum so viel Aufhebens um die Bedeutung eines Wortes, die jedes Kind im Geschichtsunterricht lernen kann? Mit der Ausrufung einer Hungersnot sind für die internationale Gemeinschaft keinerlei bindende Verpflichtungen zum Handeln verknüpft. Was zählt, ist die reine Kraft des Wortes, die öffentliche Meinung zu formen.

»Die Nutzung des F-Wortes sendet eine sehr starke Botschaft an Spendenwillige und Politiker. Es erzeugt Öffentlichkeit und bringt das Hungerproblem in die Nachrichten – ohne dieses Wort weiß die Öffentlichkeit nicht, dass es eine Hungersnot gibt«, so Ian Bray von Oxfam.[2]

Manche werden sich an die Hungersnot von 1984 erinnern, bei der in Äthiopien Hunderttausende starben. Dank öffentlicher Spendenaufrufe von Hilfsorganisationen, eindrucksvoller Reportagen von Journalisten wie Michael Buerk und den Anstrengungen von Bob Geldof und dessen Freunden kamen Spenden in Höhe von über 200 Millionen Dollar für Soforthilfemaßnahmen zusammen. Diese Mobilisierung des guten Willens von Menschen auf der ganzen Welt war ein außerordentlicher Erfolg.

Notfallhelfer wissen, dass eine solche Mobilisierung nur äußerst selten erreicht wird. Daher muss das F-Wort für jene Fälle reserviert bleiben, wo internationales Handeln absolut unverzichtbar ist, um Hungersnöte zu vermeiden. Benutzt man es zu oft, riskiert man, falschen Alarm zu schlagen. Dies führt zu der perversen Situation, dass eine stetige Variable, nämlich das Niveau der Nahrungsmittelunsicherheit (oder, platt ausgedrückt, Hunger) in eine diskrete Variable mit lediglich zwei möglichen Werten umgewandelt wird: Hungersnot oder keine Hungersnot.

Im Jahr 2014 reiste ein Team von Experten für Nahrungsmittelsicherheit nach Juba im Südsudan, um einzuschätzen, ob die verzweifelte Lage, die dort herrschte, als Hungersnot einzustufen sei. Der Einsatz war enorm hoch: »Die Ausrufung [einer Hungersnot] kann immense Auswirkungen auf die Höhe der Unterstützung haben, die in eine Krisenregion fließt«, sagte damals Chris Hillbruner von FEWS NET, einem von der USAID (Behörde der Vereinigten Staaten für internationale Entwicklung) eingerichteten Frühwarnsystem für Hungerkrisen.[3] Die Gruppe überprüfte den Anteil von Mangelernährten an der Gesamtbevölkerung, die verwüsteten Ernten und schwindenden Nutztierbestände und kam zu dem Schluss, dass die Situation im Südsudan den Kriterien für IPC Stufe 4 (humanitärer Notfall) entsprach, jedoch nicht denen der IPC Stufe 5 (Hungersnot).

»Dies bedeutet, dass es für humanitäre Akteure sehr viel schwerer wird, die nötigen Mittel einzuwerben, um Menschen zu helfen, die bereits unter schrecklichen Bedingungen leben müssen, und zu verhindern, dass sich die Situation weiter verschlechtert«, schrieb Davina Jeffery von der Kinderhilfsorganisation Save the Children, die zu dem Juba-Team gehörte. »IPC Stufe 4 bezeichnet zwar immer noch einen schweren Notfall, aber es wird jetzt nur wenig Medieninteresse geben, mit beinahe an Sicherheit grenzender Wahrscheinlichkeit keinen Aufruf durch ein Katastrophenhilfekomitee, und vermutlich auch keinen starken Anstieg des Spendenaufkommens.«[4]

Ohne eine solche Mobilisierung potenzieller Geldgeber verschlimmerte sich die Lage im Südsudan stetig weiter, bis man schließlich 2017 doch eine Hungersnot ausrief. Es war das erste Mal seit sechs Jahren, dass das Wort offiziell eingesetzt wurde, und es zeitigte umgehend Wirkung. Allein in Großbritannien kamen aufgrund der entsprechenden Spendenaufrufe innerhalb von nur drei Wochen 50 Millionen Pfund zusammen.

So stark ist die Wirkung eines einzigen Wortes. Es hat keine Gesetzeskraft, und doch kann sein Gebrauch für Tausende den Unterschied zwischen Leben und Tod bedeuten.

Und jetzt stellen Sie sich einmal die Auswirkungen eines Wortes vor, das gesetzlich festgeschriebene Konsequenzen hat ...

Wann ist ein Völkermord kein Völkermord?

Im Jahr 1994 wurden in Ruanda Schätzungen zufolge innerhalb weniger Wochen 800.000 Menschen getötet. Die ethnische Bevölkerungsmehrheit der Hutu hatte nach der Ermordung des Präsidenten eine brutale Kampagne angezettelt, um die Minderheit der Tutsi auszurotten. Schnell machten Berichte der Medien und der UN über die fortlaufenden Massaker die Runde. Die Killerkommandos der Hutu waren mit Macheten und einfachen Gewehren bewaffnet – einer militärischen Intervention des Westens wären sie nicht gewachsen gewesen. Doch diese blieb aus.

Inzwischen offengelegten geheimen Regierungsdokumenten zufolge benutzten US-Regierungsvertreter im Privaten bereits innerhalb von 16 Tagen nach dem Ausbruch der Gewalt das Wort *Genozid*, um die Ereignisse in Ruanda zu beschreiben. Doch in ihren offiziellen Verlautbarungen gebrauchte es die Regierung von Präsident Bill Clinton erst, nachdem bereits 49 Tage hemmungslosen Tötens vergangen waren, und selbst dann sprachen sie lediglich von »Fällen von Genozid«. Reuters-Korrespondent Alan Elsner stellte einem ziemlich nervösen Sprecher des Außenministeriums die Frage: »Wie viele Fälle von Genozid sind nötig, um von einem Genozid zu sprechen?«[5] Die Clinton-Administration war offenbar überhaupt nicht gewillt, die entsetzliche Realität dessen einzuräumen, was da im Osten Afrikas vor sich ging.

Hier die Begründung:

Diskussionsthemen:

1. Ermittlungen wegen Genozid: Sprache, die eine internationale Untersuchung von Menschenrechtsverletzungen und möglichen Verstößen gegen die Völkermordkonvention fordert. Vorsichtig sein. Rechtsabteilung Außenministerium gestern deswegen besorgt – Genozid-Diagnose könnte die USA verpflichten, tatsächlich »etwas zu tun«.[6]

Der Text stammt aus einem Diskussionspapier des US-Verteidigungsministeriums und ist auf den 1. Mai 1994 datiert, weniger als einen Monat, nachdem das Morden begann. Freigegeben 1998, zeigt das Papier, warum die Regierung in ihren Äußerungen zu Ruanda das Wort *Genozid* eben *nicht* benutzte: Die Rechtsberater im Außenministerium waren besorgt, dass die Bezeichnung der Morde als Genozid die US-Regierung zum offiziellen Eingreifen verpflichten könnte, etwas, das sie nach der katastrophal gescheiterten militärisch-humanitären Intervention in Somalia wenige Monate zuvor unter allen Umständen vermeiden wollten.

Das Konzept des Völkermords ist eine relativ junge gesetzgeberische Erfindung. Sie hat ihren Ursprung in den Nürnberger Kriegsverbrecherprozessen, bei denen nach dem Zweiten Weltkrieg eine Reihe Nazis vor Gericht standen. Der Begriff selbst wurde geprägt von einem jüdischen Anwalt, Raphael Lemkin, der beinahe seine gesamte Familie im Holocaust verlor. Artikel 1 der *Konvention über die Verhütung und Bestrafung des Völkermordes* legt fest, dass die vertragsschließenden Staaten (einschließlich der USA) »bestätigen, dass Völkermord, ob im Frieden oder im Krieg begangen, ein Verbrechen gemäß internationalem Recht ist; sie *verpflichten sich zu seiner Verhütung* und Bestrafung«.[*] Wenn also in Ruanda tatsächlich ein Genozid stattfand, hätten die USA und andere Länder in der Tat »etwas tun« müssen.

Doch die Definition des Völkermords, wie sie in der Konven-

---

[*] Hervorhebung von mir.

tion von 1948 festgeschrieben ist, umfasste nicht nur den physischen Akt des Tötens zahlreicher Mitglieder einer bestimmten Gruppe, sondern auch die *Absicht*, einen Teil dieser Gruppe oder die gesamte Gruppe zu zerstören.

Es war zwar unstrittig, dass eine große Zahl von Tutsi ermordet wurde, die Absicht, das Volk der Tutsi »ganz oder teilweise« zu vernichten, konnte in den ersten Wochen des Tötens jedoch nicht so leicht nachgewiesen werden. Von Hutu kontrollierte Radiostationen forderten ihre Hörer nachdrücklich auf, nach draußen zu gehen und Tutsi zu töten, doch taugte dies als Beweis für die Absicht, eine ganze Bevölkerungsgruppe auszulöschen? Die Hutu kämpften eigenen Aussagen zufolge in einem Bürgerkrieg, der nach der Ermordung ihres Präsidenten ausgebrochen war. Wenn das stimmte, dann wurde von anderen Ländern erwartet, sich aus dem Konflikt herauszuhalten.

Obwohl wir also wissen, dass das, was in Ruanda 1994 stattfand, tatsächlich ein Völkermord war, könnte es gleichzeitig der Wahrheit entsprochen haben, dass es – zumindest eine Zeit lang – keine ausreichenden Beweise für eine entsprechende Absicht gab, um die Ereignisse zu einem Völkermord zu erklären. Das gab den Vereinigten Staaten und anderen Ländern die Möglichkeit, sich aus der Verantwortung zu stehlen. Bill Clinton hat inzwischen eingeräumt, dass die Vereinigten Staaten mindestens 300.000 Menschenleben hätten retten können, wenn sie früher interveniert hätten.

Definitionen, Taktik 1
Umstände so interpretieren,
dass sie einer Definition entsprechen

»Es besteht das Risiko, dass Tausende Menschen verhungern« und »Es besteht das Risiko, dass Tausende Menschen einer Hungersnot zum Opfer fallen« sind zwei konkurrierende Wahrheiten, die mehr oder weniger dieselbe Situation beschreiben, und dennoch zwei völlig verschiedene Ergebnisse zeitigen.

Ganz ähnlich verhält es sich mit den Aussagen wie »Tausende werden ermordet« und »Tausende werden Opfer eines Genozids«.

Wenn machtvolle Begriffe derart präzise definiert sind, besteht die Versuchung, Umstände so zu (ver-)formen, dass ein bestimmter Begriff auf sie passt. Für die Regierung Clinton bedeutete das, die Ereignisse in Ruanda so zu interpretieren, dass vermieden wurde, eine systematische genozidale Absicht anzuerkennen. Für einen Katastrophenhelfer mit guten Absichten bedeutet es unter Umständen, die Daten zur Unterernährung ein wenig zu frisieren, damit die weltweite Aufmerksamkeit auf eine reale humanitäre Katastrophe gelenkt wird.

Die meisten Begriffe sind allerdings weniger präzise definiert. Bei ihnen gibt es einen Spielraum. Und dadurch besteht die Versuchung – beziehungsweise die Möglichkeit –, sie so zu formen, dass sie zu den Umständen passen.

Echt! Naturbelassen! Klinisch bestätigt!

Wissenschaftlich belegt oder *klinisch bestätigt* sind beliebte Ausdrücke bei Vermarktern von Haarpflege-, Hautpflege- und Hygieneprodukten. Für unsichere Kunden stellt eine wissenschaftliche Bewertung eine unwiderstehliche Produkteigenschaft dar. So ist etwa »wissenschaftlich belegt«, dass ein Deodorant von Unilever mit dem Namen Sure Maximum Protection »bei unverhältnismäßig starkem Schwitzen [hilft], wenn Sie es am dringendsten brauchen«.[7]

Doch was bedeutet »wissenschaftlich belegt«? Nehmen wir einmal an, dass sich pro Jahr im Durchschnitt zehn Prozent der Bevölkerung eines Landes ein Virus einfangen. 100 Testpersonen bekommen eine experimentelle Medizin verabreicht, und nur neun von ihnen stecken sich mit dem Virus an (statt der erwarteten zehn) – *belegt* dies eine effektive Wirksamkeit dieses Mittels gegen das Virus? Was, wenn sich nur sieben Menschen mit dem Virus anstecken? Wissenschaftler nutzen statistische Methoden, um die Wahrscheinlichkeit all dieser Resultate zu berechnen, und legen auf dieser Basis Konfidenzniveaus fest. Diese wiederum geben an, mit welcher Wahrscheinlichkeit die Medizin in Bezug auf jedes einzelne Szenario wirkt. Stecken sich sieben Menschen von 100 mit dem Virus an, dürfte deren Konfidenzniveau, dass das Mittel wirkt, eher bescheiden sein; stecken sich lediglich vier Menschen mit dem Virus an, liegt deren Konfidenzniveau höher. Von einem *Beweis* werden die Wissenschaftler allerdings nur ungern sprechen.

Die Feststellung der An- oder Abwesenheit eines Virus kann, mithilfe des richtigen Diagnosetests, ziemlich einfach sein. Dagegen ist eine objektive Messung, ob Haut samtiger oder Atem frischer ist, sehr viel schwieriger. Den Nachweis zu führen, dass eine bestimmte chemische Formel das Haar deutlich seidiger macht – was immer das auch heißen mag –, ist keine Aufgabe, um die sich Wissenschaftler, die sich einen guten Ruf erarbeitet haben, reißen würden. Doch statistische Tüfteleien und die Durchführung komplexer Messvorgänge, um den erwünschten Effekt für Hygiene und Schönheit zu »belegen«, sind ohnehin vergebene Liebesmüh, und zwar für Vermarkter und Kunden gleichermaßen. Zerlegen Sie die Aussage »hilft bei unverhältnismäßig starkem Schwitzen, wenn Sie es am dringendsten brauchen« in ihre Bestandteile, dann werden Sie womöglich ins Grübeln kommen, was genau denn hier eigentlich versprochen wird. Wirkt dieses Deodorant also nur unter *extremen* Umständen? Und was genau ist überhaupt mit diesem »hilft bei« gemeint?

Der Ausdruck *Wissenschaftlich belegt* klingt gewichtig, klar, unstrittig. Dennoch hat er – zum Leidwesen von Marketingexperten – in vielen Fällen immer wieder zu heftigen Diskussionen geführt. Dannon (ein französisches Tochterunternehmen des Lebensmittelkonzerns Danone) schloss im Rahmen der Verhandlungen über eine millionenschwere Sammelklage in den USA einen Vergleich. Gegenstand des Rechtsstreits war die Behauptung des Konzerns, es sei »wissenschaftlich belegt«, dass Activia-Joghurt bei der Regulierung des Verdauungssystems helfe.[8] Gemäß den Bedingungen des Vergleichs musste Dannon die Wörter »klinisch bestätigt« und »wissenschaftlich belegt« von seinen Produkten und aus der entsprechenden Werbung entfernen und sie durch Ausdrücke wie »klinische Studien zeigen« ersetzen. Doch selbst diese Behauptung ist noch fragwürdig, denn der Ausdruck »reguliert das Verdauungssystem« hat keine echte medizinische oder wissenschaftliche Bedeutung. Das Unternehmen behauptete dennoch, die Wahrheit zu sagen: »Was wir sagen, können wir beweisen, und wir stehen dazu«, so die offizielle Aussage.

Getränkehersteller weiten Definitionen oft bis an die Schmerzgrenze aus, vor allem, wenn es um in Flaschen abgefülltes Trinkwasser geht. Was bedeutet zum Beispiel »rein«? Bei Mineralwasser handelt es sich per definitionem nicht um reines Wasser, denn es enthält Mineralien. Die Beschreibung »kontaminiertes H_2O« wäre zutreffender. Doch irgendwie akzeptieren wir, dass »rein« in diesem Kontext etwas anderes bedeutet: »aus einer unverschmutzten natürlichen Quelle« etwa. Das Problem ist, dass solchermaßen funktionierende Definitionen skrupellosen Werbeleuten eine Menge Freiheiten verschaffen. Auch das Grundwasser unter Ihrer Heimatstadt könnte eine unverschmutzte natürliche Quelle sein.

Nestlé sah sich 2003 mit einer Sammelklage wegen seines Poland Spring Water konfrontiert, das als natürliches Quellwasser »aus der Tiefe der Wälder von Maine« vermarktet wurde. Der Konzern gewinnt sein Wasser allerdings nicht aus der eigentlichen Poland Spring, sondern aus mehreren Quellen in der Umgebung. Definitorische Reaktion des Konzerns: »Poland Spring ist genau das, was wir sagen – natürliches Quellwasser – und dafür gibt es zahlreiche Kriterien.«[9] Nestlé legte den Rechtsstreit bei, ohne Falschwerbung einzuräumen.

Coca-Cola brachte 2004 in Großbritannien ein Wasser unter dem Namen Dasani auf den Markt. Die Marke, die in Amerika bereits gut etabliert war, wurde mit dem Slogan »eines der reinsten Wasser überhaupt« vermarktet. Schnell kam jedoch heraus, dass es sich lediglich um behandeltes Leitungswasser aus dem Londoner Vorort Sidcup handelte. Die Markteinführung scheiterte, zum Teil auch deshalb, weil die britische Öffentlichkeit die Wahrheit von Coca-Cola nicht akzeptierte, das Londoner Leitungswasser wäre dank eines »höchst komplexen Reinigungsprozesses«, durch den »Bakterien, Viren, Salze, Mineralien, Zucker, Proteine und giftige Partikel« entfernt würden, so »rein«.[10]

Ein weiterer irreführender Ausdruck in Zusammenhang mit abgefülltem Wasser ist *Enthält lebenswichtige Mineralien*. Mag sein, dass Spuren von ernährungstechnisch wichtigen Mineralien vorhanden sind, doch deren Konzentrationen sind viel zu gering, um irgendeinen Beitrag zu unserer Gesundheit zu leisten. Man müsste schon einen ganzen See Mineralwasser austrinken, um die notwendige Tagesdosis zu bekommen. Auch Meersalze mit Premiumqualität rühmen sich häufig der enthaltenen lebenswichtigen Mineralien. Es stimmt, diese attraktiven Salzflocken enthalten tatsächlich ein einzelnes wichtiges Mineral in rauen Mengen – Natriumchlorid –, doch andere Mineralien finden sich nur äußerst selten in ernährungsrelevantem Umfang.

Meersalz ist aber doch wenigstens *natürlich*, oder? Eine seltsame Vorstellung. Natriumchlorid ist Natriumchlorid, egal, ob es aus verdunstendem Meerwasser gewonnen oder in einer Mine abgebaut oder durch Kombination von Natrium und Chlor im Labor hergestellt wird. Es gibt keinen materiellen Unterschied. Was also meinen die Marketingleute mit *natürlich*? Der Begriff hat weder rechtlich noch wissenschaftlich irgendeine Bedeutung. Vermarkter wollen uns damit lediglich zu der Annahme verleiten, »natürliche« Produkte kämen direkt aus dem Schoß von Mutter Natur. Sie implizieren damit, diese seien unverschmutzt und nicht industriell verarbeitet, würden also genau dem entsprechen, was unsere

Vorfahren in der Savanne zu sich genommen hätten. Nichts davon ist auch nur annähernd wahr.

PepsiCo benannte seine Limetten-Zitronen-Limonade der Marke Sierra Mist in »Sierra Mist Natural« um. Begründung: Sie hätten den darin enthaltenen Maissirup durch normalen Zucker ersetzt (Mais ist natürlich genauso »natürlich« wie Zuckerrohr). Wenn sogar Dosenlimonade als »natürlich« vermarket werden kann, dann muss die allseits akzeptierte Definition des Wortes in der Tat recht vage sein. Drei Jahre später ließ PepsiCo die Bezeichnung »natürlich« »wegen des Fehlens detaillierter regulatorischer Vorgaben zum Gebrauch des Begriffes« wieder fallen.[11]

Wenn Marketingexperten inzwischen »regulatorische Vorgaben« für den Gebrauch eines Wortes wie *natürlich* benötigen, ist klar, dass sie jeglichen Bezug zur Realität verloren haben.

Definitionen, Taktik 2
Eine Definition so verzerren,
dass sie zu bestimmten Umständen passt

»Wörter dieser Art«, schrieb George Orwell in Bezug auf *Demokratie, Sozialismus* und *Freiheit,* »werden oft in bewusst unaufrichtiger Weise benutzt. Das heißt, die Person, die sie gebraucht, hat ihre eigene, persönliche Definition, erweckt jedoch bei ihren Zuhörern den Eindruck, etwas ganz anderes zu meinen.«[12]

Heutzutage könnten wir dieser Liste *handgefertigt, Gourmet-, Premium-, ikonisch, neue(ste) Generation, feinste(s), nachhaltig, sorgfältig(st) ausgewählt, hochmodern, vollwertig, Designer-, anspruchsvoll, verfeinert, maßgeschneidert, authentisch* und viele andere ehemals unschuldige Wörter hinzufügen. Orwell beschäftigte sich mit Politik und Tyrannei, doch die Vorgehensweise, die ihm dabei auffiel – bewusste Unehrlichkeit im Umgang mit Definitionen –, ist mittlerweile in der Werbebranche zu vormals ungeahnter Blüte gelangt.

Denkt an die Kinder

Grenzen werden nicht nur von Geschäftemachern immer weiter verschoben. Shelter, ein großes gemeinnütziges Wohnungsbauunternehmen, veröffentlichte 2013 in Großbritannien eine Pressemitteilung mit der folgenden bewegenden Überschrift:»80.000 Kinder zu Weihnachten von Wohnungslosigkeit bedroht.«[13]

Wie würden Sie diese Aussage interpretieren? Wenn wir von »wohnungslosen« Menschen« sprechen, denken wir in der Regel an Männer und Frauen, die auf der Straße leben und schlafen. Vor unserem geistigen Auge tauchen Pappkartons, Schlafsäcke in Hauseingängen, mit ärmlichen Habseligkeiten beladene Einkaufswagen, ungepflegte Bärte und Almosenschalen auf. Geben Sie das Wort bei Google Bilder ein, und Sie bekommen genau das zu sehen.

Die Vorstellung, dass Tausende britische Kinder im Winter auf der Straße nächtigen müssten, war erschütternd. Und so überraschte es nicht, dass diese Schlagzeile ein breites Echo auslöste. Weniger stark publiziert wurde dagegen die Definition, die die Organisation mit *Wohnungslosigkeit* verband, und die aus dem Text der Pressemitteilung hervorging: Shelter meinte nämlich gar nicht das Leben im Freien. Die Organisation hob auf Kinder von Familien ab, die kein eigenes Haus oder keine eigene Wohnung besaßen und daher auf die zeitweise Unterbringung in Quartieren angewiesen waren, die ihre Gemeinde für diesen Zweck anmietete. Viele dieser Familien kamen auf staatliche Kosten in Bed&Breakfast-Domizilen unter. Manche dieser Quartiere sind wirklich ziemlich armselig, dennoch würde im Vereinigten Königreich kaum einer Familie mit Kindern das Dach über dem Kopf verweigert werden, egal, zu welcher Jahreszeit, und schon gar nicht im Winter. Zwar mag ein B&B nicht gerade der ideale Ort für ein Kind sein, um Weihnachten zu verbringen, aber diese Realität ist immer noch ein riesiges Stück entfernt von den eiskalten Parkbänken, die wohl so einigen beim Lesen der Überschrift von Shelter in den Sinn kamen.

War der Wortlaut der Kampagne gerechtfertigt? Viele von denen, die ihre Geldbörse öffneten, um den »wohnungslosen Kindern« zu helfen, vermuteten gewiss nicht, dass diese bereits irgendwo untergebracht waren. Dennoch, ein B&B ist kein richtiges Zuhause, und daher waren diese Kinder, rein technisch betrachtet, tatsächlich »wohnungslos«. Die Behauptung von Shelter entsprach der Wahrheit, auch wenn einige die Überschrift missverstanden.

Fairerweise muss man sagen, auf der Webseite wird klar erläutert, dass sich die Organisation primär um Menschen kümmert, die keine eigene dauerhafte Wohnstätte haben:

Familien ohne eigene Wohnung gibt es überall. Doch wir sehen sie nicht, denn sie sind versteckt – manchmal müssen sie von einem Tag auf den anderen woanders schlafen. Und obwohl sie ein Dach über dem Kopf haben, gibt es für sie keinen Ort, den sie ihre Wohnung nennen könnten. Keinen Ort, wo man gemeinsam zu Abend isst oder Hausaufgaben macht. Kein Bad, das man sich nicht mit zahllosen anderen teilen muss. Und, was am Schlimmsten ist: Keine Tür, die man am Ende des Tages hinter sich abschließen kann.

Alle Menschen, die in Großbritannien oder anderswo keinen Ort haben, den sie dauerhaft bewohnen können, sollten als wohnungslos gelten. Man muss nicht auf der Straße leben, um wohnungslos zu sein.[14]

Shelter versuchte im Grunde, die ursprüngliche Bedeutung des Wortes wohnungslos – »ohne Ort, an dem man dauerhaft lebt« – wiederherzustellen und sie der weiter verbreiteten Definition entgegenzusetzen, wie sie sich über Google Bilder definiert.

»Ich hatte keine sexuellen Beziehungen zu dieser Frau«

Als Präsident Bill Clinton beschuldigt wurde, Sex mit einer Praktikantin des Weißen Hauses gehabt zu haben, schloss er eine Fernsehansprache zu Bildungsfragen mit den folgenden Worten:

Ich möchte dem amerikanischen Volk noch eines sagen. Ich will, dass Sie mir zuhören. Ich sage es jetzt noch einmal. Ich hatte keine sexuellen Beziehungen zu dieser Frau, Miss Lewinsky.

Clinton hatte bereits zuvor geleugnet, sexuelle Beziehungen zu Monika Lewinsky unterhalten zu haben, und zwar im Rahmen einer eidesstattlichen Aussage während eines Zivilprozesses, den Paula Jones angestrengt hatte, eine ehemalige Angestellte der Clintons. Kurze Zeit später stellte sich jedoch heraus, dass es mehrere »sexuelle Zusammentreffen« zwischen ihm und Lewinsky gegeben hatte, vor allem Oralsex und ein paar lustige Dinge mit einer Zigarre. Offenbar hatte der Präsident der Vereinigten Staaten von Amerika bei seiner eidesstattlichen Aussage vor dem Gericht die Unwahrheit gesagt. Meineid wäre ein Grund für ein Amtsenthebungsverfahren gewesen, daher hätte die Anschuldigung ernster gar nicht sein können.

Doch hatte er wirklich gelogen?

Clinton ist Anwalt, und als solcher versteht er die Bedeutung von Definitionen sehr wohl. Es ist daher keine Überraschung, dass er in diesem Kapitel gleich zweimal auftaucht. Im Fall Paula Jones hatte sein Team erfolgreich argumentiert, und es war ihnen gelungen, die Definition von *Sex*, die das Gericht später zur Grundlage seiner Entscheidung machte, wie folgt zu verengen:

> Kontakt mit Genitalien, Anus, Leistengegend, Brüsten, Innenseiten der Oberschenkel oder Gesäßhälften einer Person mit der Absicht, das sexuelle Verlangen dieser Person anzuregen oder zu befriedigen.

Da der *Mund* in dieser Auflistung von Körperteilen fehlte, argumentierte Clinton später vor einer Grand Jury, dass es sich unter Zugrundelegung dieser Definition bei der von »einer Person« (Lewinsky) an ihm vorgenommenen Fellatio nicht um Sex gehandelt habe. »Handelt es sich bei dem Zeugen um dieselbe Person, an der Oralsex praktiziert wurde, dann fand dieser Kontakt jedenfalls nicht mit einem der in der Liste genannten Körperteile, sondern mit den Lippen der anderen Person statt.« Bizarrerweise bedeutete dies, dass Lewinsky Sex gehabt hatte, er dagegen nicht. Clinton machte seine Argumentation an der Interpretation von »eine Person« als »eine *andere* Person« fest, womit er sich selbst ausschloss. Ob diese Interpretation vertretbar war, ist seither heiß umstritten. Träfe sie zu, dann wäre nach dieser Definition des Gerichts von *Sex* zum Beispiel Vergewaltigung ausgeschlossen, es sei denn, der Vergewaltiger hätte sein Opfer absichtlich erregt.

Ein Teil der Definition von Sex, den das Clinton-Team bewusst weggelassen hatte, lautete wie folgt: »Kontakt zwischen den Genitalien oder dem Anus einer Person und einem beliebigen Körperteil einer anderen Person« – was den an Clinton praktizierten Oralsex eingeschlossen hätte. Die Tatsache, dass Clinton diese Passage entfernen ließ, legt nahe, dass er zu diesem Zeitpunkt bereits eine genaue Vorstellung davon hatte, wie er die Realität mithilfe einer Neujustierung seiner Definitionen zurechtbiegen könnte.

Doch damit nicht genug. Clinton dokterte nicht nur an der Bedeutung von *Sex* herum, er nahm sogar die Bedeutung des Wortes »ist« auseinander. Als er vor dem Großen Geschworenengericht stand, wurde er gebeten, seine frühere Aussage im Hinblick auf Monica Lewinsky zu verteidigen. Diese hatte gelautet: »Zwischen uns ist nichts.« Seine Erwiderung war pures Gold für alle Freunde der Definitionsverdrehung:

Das hängt davon ab, was genau die Bedeutung des Wortes »ist« ist. Meint das »ist« [meint er] »ist nie gewesen«, dann ist das nicht – dann ist das eine Sache. Bedeutet es »da ist nichts«, dann ist das eine vollkommen zutreffende Aussage … Nun, hätte mich an diesem Tag jemand gefragt, ob da irgendeine Art von sexueller Beziehung zwischen mir und Miss Lewinsky ist, das heißt, hätte diese Person das Präsens benutzt, dann hätte ich diese Frage mit Nein beantwortet. Und das wäre die reine Wahrheit gewesen.[15]

Zwar strengte der Kongress ein Amtsenthebungsverfahren gegen Clinton an, doch der Senat entlastete ihn. Eine Mehrheit der Senatoren sprach ihn vom Vorwurf des Meineids frei. Sie akzeptierten seine verschwurbelte Wahrheit, und er behielt seinen Job.

Nimm das!

Definitionen sind nicht in Stein gemeißelt. Sie entwickeln sich mit der Zeit weiter und tragen damit zur Komplexität unserer Welt bei, die wir zu beschreiben und in der wir uns zurechtzufinden versuchen. Nehmen Sie dieses Buch. Ich habe hier, um meinen Gegenstand zu definieren, den Begriff »konkurrierende Wahrheit« geprägt, doch wird es von Buchhandel und Suchmaschinen in eine Kategorie eingeordnet, kommen mit Sicherheit Schlüsselbegriffe wie *spin* (Meinungsmache) und *Propaganda* zum Einsatz. Beide sind pejorativ und evozieren Halbwahrheiten oder blanke Unehrlichkeit. Das war nicht immer so.

Das Wort *Propaganda* stammt aus der Kongregation für die Evangelisierung der Völker (*Congregatio de propaganda fide*), die Papst Gregor XV. im Jahre 1622 gründete, um die Missionstätigkeit der Katholischen Kirche in Übersee zu koordinieren und zu steuern und die Verbreitung des Protestantismus zu bekämpfen. Das Wort Propaganda implizierte Jahrhunderte lang nichts Heimtückisches, sondern bezeichnete das Verbreiten der Wahrheit oder zumindest dessen, was die Kirche als Wahrheit ansah. Zwar haftete dem Wort seines katholischen Ursprungs wegen in manchen protestantischen Staaten ein schlechter Geruch an, doch zur allgemein üblichen Bezeichnung für ein verderbtes Konzept wurde es erst durch die Machenschaften von Nazi-Propagandaminister Joseph Goebbels. Die erste Definition in meinem Wörterbuch lautet: »Informationen, insbesondere solche mit tendenziösem oder irreführendem Charakter, die benutzt werden, um eine politische Agenda oder Sichtweise zu befördern.« Den

Job eines Propagandaministers würde heute niemand machen wollen.

In jüngerer Zeit nehmen sogenannte Spindoktoren (Schönredner) in den Wahlkampf- und Regierungsteams unserer führenden Politiker eine immer wichtigere Rolle ein. »Die Wahrheit schön reden/Der Wahrheit den richtigen Dreh geben« (engl. *spinning the truth*) bedeutete früher, Dinge in einem guten Licht erscheinen und gelegentlich vielleicht ein paar wenige unbequeme Fakten beiseite zu lassen. Ähnliches tun Menschen heute, wenn sie ihre Profile auf Facebook oder LinkedIn erstellen. Mein Wörterbuch definiert *spin* als »Präsentation von Informationen auf eine spezielle, besonders gefällige Weise«. So ausgedrückt, kommunizieren wir alle eigentlich die meiste Zeit über auf diese Art.

Zwar haben Spindoktoren niemals behauptet, die Ergebnisse ihrer Arbeit würden die ganze Wahrheit verkörpern, dennoch hielten sie ihre Art, selektive Wahrheiten zu erzählen, für den klügsten, taktisch besten und moralisch neutralsten Weg, um die Ziele ihrer Auftraggeber zu erreichen. »Ich war, offen gesagt, ziemlich stolz, ein Spindoktor zu sein«, erinnert sich Lance Price, ehemals geachteter Politjournalist der BBC, der später für Tony Blair arbeitete.[16] Er zog eine klare Trennlinie zwischen Schönfärberei und Verlogenheit: »Lügen sind keine Schönfärberei, es sind ganz einfach Lügen.« Wäre diese Meinung heute allgemein vorherrschend, dann hätte ich das Wort *Spin* in diesem Buch viel häufiger benutzt. Doch dank unter anderem seines Beitrags und dem seines Chefs, Alastair Campbell, zu Tony Blairs Operation Downing Street ist es inzwischen ebenfalls negativ besetzt.

Die heute gängigen Definitionen der Begriffe *Propaganda* und *Spin* haben sich von einst positiv bis neutral in eine negative Richtung verlagert; ihnen haftet inzwischen etwas Ruchloses an. Aus diesem Grund benutze ich, um Ihre Wahrnehmung dieses Buches zu formen, keines von beiden allzu oft. Dieses Buch handelt vom Die-Wahrheit-Sagen. Vom *selektiven* Die-Wahrheit-Sagen.

»Ich bin kein Feminist, aber an die Gleichstellung der Geschlechter glaube ich schon ...«

Definitionen können sich auf natürliche Weise weiterentwickeln, manche von ihnen können wir aber auch in eine zweckdienliche, konstruktive Richtung schubsen. Zu den Begriffen, die ein bisschen Hilfe brauchen, zumal in einer Welt, in der die Gleichstellung der Geschlechter immer noch ein weit entfernter Traum ist, gehört der Begriff *Feminismus*.

Eine 2005 von CBS News durchgeführte Umfrage ergab, dass lediglich 24 Prozent der US-amerikanischen Frauen sich selbst als Feministinnen betrachteten[17]; 17 Prozent empfanden den Begriff als Beleidigung (gegenüber lediglich 12 Prozent, die ihn als Kompliment auffassten). Als Susan Sarandon, Star so starker Filme über die Emanzipation der Frau wie ›Thelma und Louise‹, 2013 gefragt wurde: »Würden Sie sich als Feministin bezeichnen?«, erwiderte sie: »Ich bezeichne mich selbst als Humanistin, weil ich denke, dass das weniger fremd klingt für Leute, die beim Wort Feminismus an einen Haufen kreischender Hexen denken.«[18] Die englische Facebook-Seite von »Women Against Feminism« hat mehr als 45.000 Likes. Sich selbst beschreibt die Bewegung so: »Stimmen von Frauen gegen den modernen Feminismus und dessen alles vergiftende Kultur. Wir beurteilen den Feminismus nach seinem Handeln, nicht nach Wörterbuchdefinitionen.«[19] Marissa Mayer, Chefin von Yahoo und eine der mächtigsten Frauen im Silicon Valley, verkündete: »Ich denke nicht, dass ich mich als Feministin bezeichnen würde ... Ich habe, glaube ich, nicht diesen militanten Zug und diese Art von, naja, diese leichte Reizbarkeit, die das manchmal mit sich bringt.«[20]

Der Begriff *Feminismus* hat also ein Imageproblem. Allerdings kam die oben zitierte Studie noch zu einem anderen Ergebnis: Gab man den befragten Frauen die Definition von Feministen als »Menschen« vor, die »an die soziale, politische und wirtschaftliche

Gleichstellung der Geschlechter glauben«, stieg der Anteil der Frauen, die sich selbst als Feministinnen bezeichneten, von 24 Prozent auf 65 Prozent. Von den befragten Männern bezeichneten sich nach Vorgabe derselben Definition 58 Prozent als Feministen gegenüber nur 14 Prozent ohne Vorgabe dieser Definition. Egal, wie wenig Respekt »Women Against Feminism« Wörterbuchdefinitionen entgegenbringen mag – die Umfrageergebnisse zeigen, dass Definitionen tatsächlich eine Rolle spielen.

Wir können die Definition von Begriffen verschieben, indem wir sie gezielt mit spezifischen Handlungen in Verbindung bringen, und womöglich ist »Women Against Feminism« genau darauf aus: Triffst du viele Frauen, die sich als Feministinnen bezeichnen und anschließend Gift und Galle gegen Männer spucken, kannst du durchaus zu dem Schluss gelangen, dass die tatsächliche Definition von Feminismus eher Richtung Vergiften geht. Eine weitaus positivere Definition entstand 2014, als führende britische Politiker – Frauen *und* Männer – in T-Shirts posierten, die die Fawcett Society hergestellt hatte. Sie trugen den Aufdruck »This is what a feminist looks like« (So sieht eine Feministin/ein Feminist aus). Der Chef der Labour Party und der stellvertretende Premierminister – beides Männer – wurden für die Feminismus-Ausgabe von ELLE in diesen T-Shirts abgelichtet. Premierminister David Cameron schlug ELLES Einladung, das T-Shirt anzuziehen, zwar aus, sagte aber: »Wenn das bedeutet, gleiche Rechte für Frauen, dann ja. Wenn es das ist, was Sie mit Feminismus meinen, dann ja, dann bin ich ein Feminist.«[21]

Es war mit Sicherheit ein gewisser Triumph für die gesamte Bewegung, dass es einen männlichen Premierminister des Vereinigten Königreichs gab, der sich öffentlich als Feminist bezeichnete. Nicht einmal Margaret Thatcher tat das; sie soll sogar einmal gesagt haben: »Feministinnen müssen mich hassen, oder nicht? Und ich werfe es ihnen nicht einmal vor. Denn ich hasse den Feminismus auch. Er ist Gift.«[22] Wie ist es möglich, dass zwei Anführer der Conservative Party derart unterschiedliche Sichtweisen vertreten? Die Antwort liegt in den Worten von James Cameron: *Wenn das bedeutet …*

Alles läuft darauf hinaus, wie man den Begriff definiert.

Definitionen, Taktik 3
Definitionen modifizieren, um eine Debatte zu transformieren

In dem Moment, in dem wir versuchen, eine positivere Definition von *Feminismus* zu etablieren, rückt die grundsätzliche Frage ins Blickfeld, was es überhaupt bedeutet, eine Frau zu sein – oder ein Mann. Die entsprechenden genetischen Grundlagen haben sich nicht verändert, unser Verständnis von der Begrenztheit des Geschlechterbegriffs sehr wohl. Gender Fluidity, das permanente Neuverhandeln der eigenen Sexualität, war einst die Ausnahme – David Bowie, Jeanne d'Arc, Grace Jones –, wird jedoch heute zunehmend zum Massenphänomen. Manche räumen sogar eine nicht-binäre Geschlechteridentität ein. Im Jahr 2016 war Jamie Shupe die erste Person in den USA, die offiziell vor dem Gesetz als nicht-binär anerkannt wurde, was die Aussichten auf ein drittes Geschlecht in Pässen, Führerscheinen und Stellenbewerbungen steigen ließ. Indien, Deutschland, Pakistan und Australien haben bereits die Möglichkeit geschaffen, ein drittes Geschlecht eintragen zu lassen.

Menschen, die sich selbst als nicht binär bezeichnen, bevorzugen häufig das Pronomen »they« (dt. sie, Plural) statt »er« oder »sie« (Singular). Die American Dialect Society wählte »Singular *They*« 2015 zum Wort des Jahres. Manche lehnen eine »Etikettierung« generell ab oder nehmen derart maßgeschneiderte Bezeichnungen an, dass eine Kategorisierung nahezu unmöglich wird. Dieser Trend legt nahe, dass die traditionell in Zusammenhang mit Geschlechtern und Sexualität gebrauchten Definitionen heute vielfach als nicht mehr hilfreich oder sogar repressiv empfunden werden.

Die Macht von Definitionen, Realität zu formen, wird nirgendwo klarer als durch die Weigerung, sie zu benutzen. Allerdings stellt die Leugnung von Definitionen wiederum selbst eine Art konkurrierender Wahrheit dar und formt die Realität derjenigen, die es bevorzugen, unkategorisiert durchs Leben zu gehen. Wie postete Miley Cyrus noch gleich auf Instagram: »NICHTS kann/ wird mich definieren! Frei, ALLES zu sein!!!«[23]

‹neudefinieren.alles›

Wenn Geschlecht und Sexualität zunehmend fließende Konzepte sind, dann könnte auch die Definition von Sex demnächst noch sehr viel weiter gedehnt werden, als Bill Clinton es mit seinen gequälten Formulierungen tat. Die Entwicklung ferngesteuerter Sexspielzeuge (die – deprimierenderweise – unter dem Namen Teledildonics bekannt geworden sind) macht es möglich, dass Partner einander mithilfe von Bluetooth und einer guten Internetverbindung taktil stimulieren können, selbst wenn sie sich auf verschiedenen Kontinenten befinden. Und Virtual Reality geht bald sogar noch weiter. Fernsex ist jetzt ein Ding (um einmal die neueste Definition von *Ding* zu benutzen). Doch ist das echter Sex? Das gehört zu den Fragen, die wir erst noch beantworten müssen. Können wir per definitionem Sex mit einer Person haben, die nicht im selben Raum ist? Falls es kein Sex ist, betrügen wir dann unseren Partner/unsere Partnerin, wenn wir diese Geräte über eine Entfernung hinweg benutzen, um es mit jemand anderem zu tun (oder mit einem Betriebssystem)? Falls es Sex *ist*, was passiert, wenn jemand Drittes ohne unser Wissen die Verbindung hackt? Wie sollten wir denn *das* dann definieren?

Die technologische Entwicklung stellt Definitionen in vielen Bereichen in Frage. Die Bedeutungen von Arbeit, Geld, Freundschaft, Bildung, Krieg und Sprache verändern sich alle genauso schwindelerregend schnell wie die von Sex. Ist ein Cyberangriff durch eine Nation auf die Infrastruktur einer anderen ein feindseliger Akt, der eine »kinetische« (tödliche militärische) Antwort rechtfertigt? Wenn staatlich finanzierte Hacker die Konten einer systemrelevanten ausländischen Bank abschöpfen, ist das dann Raub oder Krieg? Sind Facebook-Freunde wirklich *Freunde*? Was bedeutet dieser Tage angesichts seiner inflationären Verwendung als Zustimmungspartikel in sozialen Medien noch ein »Gefällt mir«? Sollten wir wegen der sprunghaften Verbreitung offener Massen-Online-Kurse (MOOCs) und flächendeckend verfügbarer Online-Quellen *Lernen* und *Bildung* neu definieren? Bedeuten *Job* oder *Karriere* noch das, was wir darunter bisher verstanden haben? Wird der *Tod* auf ewig so endgültig und unumkehrbar sein?

Dieser technologiegetriebene definitorische Wandel bietet Marketingleuten, Vorkämpfern für gesellschaftliche Veränderungen und Technikvisionären eine einmalige Gelegenheit, Realität zu formen. Zugleich erleben viele die Zeit, in der wir leben, als nervenaufreibend. Sich in einer Welt veränderlicher Definitionen zurechtzufinden, könnte schon bald zu einer unverzichtbaren Fähigkeit für uns alle werden.

In der Praxis

- Seien Sie geradeheraus, was Ihre Definitionen betrifft, aber zögern Sie nicht, diese zu modifizieren, wenn es dabei hilft, etwas zu verdeutlichen oder in einer Diskussion einen Vorteil zu erlangen.
- Gehen Sie mit der Zeit. Akzeptieren Sie, dass Definitionen sich genauso verändern wie alles andere auch.

Doch Vorsicht vor:

- Irreführern, die Umstände anders interpretieren, damit sie zu einer entscheidenden Definition passen.
- Irreführern, die allgemein benutzte und akzeptierte Begriffe mit ihren eigenen zweifelhaften Definitionen versehen.

2 Gesellschaftliche Konstrukte

Das Imaginäre ist das,
was strebt, wirklich zu werden.
André Breton

Menschliche Kreationen

An der Nordwestspitze Afrikas geschieht Seltsames.

Vor einigen Jahren wurde quer über eine Halbinsel ein acht Kilometer langer Zaun gezogen, um den historischen Hafen von Ceuta abzuriegeln. Kurze Zeit später wurde parallel zu diesem ersten ein zweiter Zaun errichtet. Die Zäune sind mit Bewegungssensoren ausgestattet, von Anti-Kletter-Maschendraht gesäumt und mit Stacheldraht bekrönt. Tag für Tag wird es einer ausgewählten Gruppe von Menschen gestattet, die Tore in den Zäunen zu passieren. Alle tragen extrem große Bündel. Gelegentlich versucht eine andere Gruppe von Menschen, die Zäune zu überklettern, während eine dritte Gruppe versucht, sie zurückzutreiben.

Die Kletterer lassen in ihren Anstrengungen nicht nach, ungeachtet der schmerzhaften Verletzungen durch den Stacheldraht. Wenn sie fallen, riskieren sie Brüche und Gehirnerschütterungen. So mancher von ihnen ist dabei schon umgekommen. Andere sind ertrunken, als sie versuchten, um die Zäune herumzuschwimmen. Warum geschieht das alles?

Um das seltsame, gefährliche Verhalten zu verstehen, das rund um Ceuta zu beobachten ist, müssen wir uns zunächst einmal klar machen, dass diese Stadt in Afrika technisch gesehen ein Teil von

Spanien ist. Was sie zu einem Teil der Europäischen Union macht. Was bedeutet, dass ihre Bewohner ungehindert zu jedem beliebigen Punkt Europas reisen können. Es bedeutet ebenfalls, dass jedes EU-Gut zollfrei in die Stadt gebracht und in das angrenzende Marokko geschafft werden kann. Dasselbe gilt für einen anderen spanisch-afrikanischen Hafen: Melilla.

Spanien begann 1998 damit, seine Enklaven in Nordafrika einzuzäunen. Die EU steuerte Millionen von Euro zu diesen Projekten bei. Seither haben afrikanische Migranten die südlichen Verteidigungsanlagen der EU wiederholt auf die Probe gestellt. So sollen es 2016 etwa tausend Migranten geschafft haben, die Zäune zu überwinden. Doch nicht alle hatten so viel Glück. 2005 starben 15 Menschen bei dem Versuch, um den Zaun in Ceuta herumzuschwimmen. Spanische Grenzschützer feuerten Gummigeschosse auf die Flüchtenden ab; sie behaupteten später, sie hätten nicht zu deren Rettung eilen können, weil sie sich nicht in marokkanische Gewässer begeben dürften. Migranten, die von der Guardia Civil eingefangen werden, schickt man unverzüglich nach Marokko zurück, ohne dass sie die Chance erhalten, einen Asylantrag zu stellen – den UN zufolge ein Bruch internationaler Gesetze.

Unterdessen bekommen »Porteadores« – marokkanische Männer und Frauen, die die Genehmigung besitzen, die Grenzen von Ceuta und Melilla zu passieren – jedes Mal 5 Dollar, wenn sie große Pakete mit einem Gewicht von bis zu 80 Kilogramm nach Marokko tragen. Ihre Arbeitgeber nutzen eine unscharf formulierte Stelle im Gesetz zu ihrem Vorteil aus. Der Regelung zufolge darf auf alles, was von einem Individuum als »persönliches Gepäck« über die Grenze getragen wird, kein Einfuhrzoll erhoben werden. Also werden in Europa hergestellte Kleidungsstücke, Reifen, Elektrogeräte, Kühlschränke und Werkzeuge, die ansonsten per Schiff oder Lastwagen transportiert werden würden, auf dem Rücken der Armen nach Marokko geschafft.

Die seltsamen Vorgänge rund um Ceuta und Melilla sind nicht das Ergebnis irgendeines physikalischen Phänomens. Es stimmt, da gibt es zwei Städte, ein paar Zäune, ein bisschen Meer und einige Männer mit Gewehren. Doch die mühsame Schlepperei und gefährliche Kletterei werden von anderen Faktoren angetrieben: Landesgrenzen, der EU, internationalen Vereinbarungen, Einwanderungsgesetzen, Polizeiprotokollen, Euro-Investitionen und Handelszöllen. Und diese Faktoren haben alle eins gemeinsam: Sie existieren nur, weil wir uns kollektiv darauf geeinigt haben, dass sie existieren. Sie sind nicht »real« wie Goldfische oder Sauerstoff. Sie alle sind Produkte menschlicher Vorstellungskraft.

Wir nennen solche imaginären, aber dennoch wahren Dinge *gesellschaftliche Konstrukte*. Sie können sich physikalisch manifestieren – in Form von Zäunen, Dokumenten, Gebäuden oder symbolischen Darstellungen –, sie können in unserem Kopf jedoch genauso gut auch ohne diese Manifestationen existieren. Das gesellschaftliche Konstrukt, das wir Spanien nennen, wird noch bestehen, wenn die Zäune um Ceuta und Melilla herum längst niedergerissen sind. Die Europäische Union könnte überleben, selbst wenn alle ihre Gebäude in Brüssel und Strasbourg in Schutt und Asche fielen. Die Porteadores könnten weiterhin in Euro oder Dirham bezahlt werden, auch wenn die Europäische Zentralbank und die Al-Maghrib-Bank dem Geldkreislauf sämtliche Banknoten und Münzen entziehen und den Leuten ein digitales Konto einrichten würden. Die Michelin-Reifen, die über die Grenze getragen werden, könnten sich in ihre Einzelteile auflösen, doch die Marke und das Unternehmen wären noch auf Jahre hinaus präsent. Spanien, die EU, Euros, Dirhams und Michelin – ihre Wahrheit liegt nicht in irgendeinem physischen Gebilde; es sind Wahrheiten, weil wir uns kollektiv darauf geeinigt haben, dass es welche sind. Und sie haben nur deswegen Bedeutung und Macht, weil wir uns kollektiv darauf geeinigt haben, dass sie welche haben.

Der Schriftsteller Yuval Noah Harari hat gesellschaftliche Konstrukte als »Produkte unserer kollektiven Fantasie« bezeichnet.[1] Sie werden nur dann wahr, wenn eine genügende Anzahl von

Menschen an sie glaubt. Hiermit will ich keineswegs ihre Bedeutung oder ihre Auswirkungen herunterspielen. Gesellschaftliche Konstrukte wie der US-Dollar, Indien und Facebook formen das Leben unzähliger Menschen. Es wäre töricht zu behaupten, der Dollar sei »nicht wahr«, oder anzunehmen, dass irgendjemand Facebook aus der Welt schaffen könnte, in dem er oder sie nicht mehr daran glaubt.

Da jedoch gesellschaftliche Konstrukte ein Produkt unserer kollektiven Vorstellungskraft sind, zu deren Bildung zahllose Menschen in geringerem oder substanziellerem Maße beitragen, indem sie unterschiedliche Ideen und Bestrebungen zu ihrer Ausformung beisteuern, stellen sie am Ende häufig weitaus flexiblere Wahrheiten dar als Gebilde der realen Welt wie Goldfische oder Sauerstoff. Sie können sogar auf noch breiter gefächerte und trotzdem wahrhaftige Weise beschrieben werden als das Ei auf dem Tisch oder der Ausblick aus Ihrem Fenster. Solche Flexibilität ist ein Geschenk für Kommunikatoren, die für oder gegen ein bestimmtes gesellschaftliches Konstrukt argumentieren wollen.

Wir verlassen die EU ... was immer das auch ist

In den Stunden unmittelbar nach dem historischen Brexit-Referendum in Großbritannien soll eine der häufigsten Google-Suchanfragen im Land gelautet haben: »Was ist die EU?«[2] Das löste eine ganze Menge Hohn und Spott aus, doch so dumm war die Frage eigentlich gar nicht. Als riesiges, hochkomplexes gesellschaftliches Konstrukt lässt sich die EU auf vielerlei Weise wahrheitsgemäß beschreiben. Das ist einer der Gründe, warum die Brexit-Debatte so erbittert geführt wurde: Beide Seiten stellten die EU in Begrifflichkeiten dar, die ihre eigenen Argumente stützten, so dass es manchmal schien, als sprächen Remainers (Befürworter eines Verbleibs in der EU) und Brexiteers (Befürworter des Austritts aus der EU) vollkommen verschiedene Sprachen.

Der Vorläufer der EU war die EWG (Europäische Wirtschaftsgemeinschaft), eine gemeinsame Markt- und Zollunion, die freien Handel und wirtschaftliche Integration zwischen ihren Mitgliedern förderte. Viele Remainer blickten auf diese Geschichte zurück und sahen die EU vorwiegend in Handelsbegriffen. Sie führten an, Großbritannien hätte sich in den Jahrzehnten nach dem Beitritt zur EWG einer langen Phase der wirtschaftlichen Erholung und des wirtschaftlichen Wachstums erfreut. Sie sahen eine direkte Verbindung zwischen der florierenden Wirtschaft des Landes und der Mitgliedschaft im weltweit größten Binnenmarkt. Für diese Gruppe hatten die wichtigsten Wahrheiten über die EU alle etwas mit Handel zu tun: Ein Aussteigen aus dem Binnenmarkt würde finanziellen Schaden anrichten.

Die Brexiteers, so könnte man sagen, hatten eine zeitgemäßere Wahrnehmung von dem sich rasant entwickelnden gesellschaftlichen Konstrukt mit Hauptsitz in Brüssel. Ihnen war klar, dass sich die Interessen und Aktivitäten der EU inzwischen weit über Handelsfragen hinaus erstreckten. Bis 2016 hatte die EU Gesetze und Vorschriften zu einer Unmenge von Themen verabschiedet, von Schadstoffbegrenzungen über Sicherheit am Arbeitsplatz bis hin zu technischen Spezifikationen für Elektrogeräte. EU-Vorschriften diktierten, wer in britischen Gewässern fischen durfte, wie viel Saugkraft britische Staubsauger haben durften und wie britische Güter verpackt sein mussten. Die Einwohner Großbritanniens und die britischen Unternehmen fühlten sich von Vorschriften geknebelt, die Leute gemacht hatten, die sie nicht gewählt hatten und von denen die meisten aus anderen Ländern kamen. Und wenn Streitigkeiten entstanden, dann wurden sie von fremden Richtern am Europäischen Gerichtshof geschlichtet. Die EU, die diese Leute sahen, wenn sie über den Ärmelkanal blickten, war auf einem guten Wege, sich zu einem Superstaat zu entwickeln, in dem die demokratische Stimme der Bevölkerung eines einzelnen Landes nur noch wenig zählte. Ihr Widerstand gegen diese Auffassung vom gesellschaftlichen Konstrukt EU fand seinen Ausdruck im Lieblingsslogan der Brexit-Kampagne: »Die Kontrolle zurückgewinnen« (Take back control).

Vielen der Remainer war ebenfalls klar, dass das gesellschaftliche Konstrukt EU sich seit den Tagen des Binnenmarktes weiterentwickelt hatte, und ihnen gefiel die Richtung, in die die Reise ging. Für sie ist die EU ein bedeutendes politisches und ökonomisches Gegengewicht zu den beiden Supermächten USA und China. Sie ist eine Verfechterin so kostbarer europäischer Werte wie Meinungsfreiheit, Demokratie, wissenschaftlicher Fortschritt und Rechtsstaatlichkeit. Sie ist das perfekte Forum für Kooperation in transnationalen Fragen wie Terrorismus, Klimawandel, Migration und Unternehmenssteuern. Und sie kann im Angesicht einer neuen Bedrohung durch Russland und des Erstarkens destabilisierender Kräfte entlang der südlichen Grenzen des Kontinents eine wichtige Rolle bei der Friedenssicherung spielen.

Gesellschaftliche Konstrukte, Taktik 1
Selektive Beschreibung gesellschaftlicher Konstrukte

Als sich ständig weiterentwickelndes gesellschaftliches Konstrukt bot die EU für Remainer und Brexiteers die Möglichkeit, sie auf stark voneinander abweichende Art zu beschreiben. Freihandelszone, nicht selbst gewählte Vorschriftenmacherin, politische Supermacht, Moralapostel oder Verteidigungsbollwerk: Die EU konnte jedes Einzelne oder alles zusammen sein. Am Ende wird die Wahrheit der EU davon abhängen, welche Vorstellung ihre Mitglieder über sie entwickeln. Großbritannien wird dazu künftig allerdings nichts mehr zu sagen haben.

Sie brauchen eine Story – wir haben sie

Die Wahrnehmung gesellschaftlicher Konstrukte wie der EU kann mithilfe konkurrierender Wahrheiten leicht beeinflusst werden.

Da es sich jedoch um vorgestellte Gebilde handelt, ist ihre Realität ebenfalls veränderbar. Ab und an genügen dafür nur wenige Worte. Die Wahrheit über einige gesellschaftliche Konstrukte kann einfach dadurch modifiziert werden, dass bestimmte Leute sagen, es sei so und so.

Von Zeit zu Zeit unterstütze ich Firmenchefs dabei, die von ihnen geleiteten Unternehmen neu zu definieren, indem ich andere Begriffe benutze, um zu beschreiben, was sie tun, welche Kunden sie bedienen, welches ihre Werte sind, was sie besonders macht und wohin sie unterwegs sind. Die neuen Begriffe sind nicht weniger wahr als frühere Formulierungen – normalerweise betonen sie aber einen anderen Aspekt des Unternehmens und rücken Aktivitäten in den Hintergrund, die vorher im Mittelpunkt standen. Die Büros, Fabriken und Lagerhäuser des jeweiligen Unternehmens sind noch dieselben (obwohl sie sich im Ergebnis der Neudefinierung ebenfalls verändern können), doch die Vorstellungen der Mitarbeiter, Kunden und Regulierungsbehörden über das Unternehmen wandeln sich. Der Konzern, ein endlos flexibles gesellschaftliches Konstrukt, ist von einer konkurrierenden Wahrheit umgeformt worden.

Gesellschaftliche Konstrukte, Taktik 2
Gesellschaftliche Konstrukte neu definieren

Zu den unverzichtbaren Vermögenswerten vieler Unternehmen gehören ihre Marken. Diese imaginären Wahrheiten finden sich überall: Es gibt Marken für Produkte, Marken für Wohltätigkeitsorganisationen, Marken für Regierungsinitiativen, sogar Marken für Waffengattungen. Keine von ihnen ist wirklich existent, wie solide die Produkte, Dienstleistungen und Menschen, für die sie stehen, auch immer sein mögen. Marken sind konzeptionelle Kreationen, hervorgebracht von einer Kombination aus Bildsprache, Wörtern, Musik, Erfahrung, Assoziationen und Glauben. Und wie alle anderen gesellschaftlichen Konstrukte können auch sie sich auf natürliche Weise weiterentwickeln oder absichtlich modifiziert werden.

Die Marke Nokia hat eine bemerkenswerte Reise hinter sich. Zuerst dachten die finnischen Verbraucher dabei an Zellstoffmasse für die Papierherstellung, dann an Gummischuhe. Meine Generation verstand darunter schlanke, kleine Mobiltelefone. Nach dem Aufkauf durch Microsoft und der Zerschlagung des Gerätegeschäftes musste das Unternehmen die Marke Nokia erneut anpassen. Der Name hat keine bestimmte Bedeutung – Nokia ist eine Stadt in Finnland. Daher ist er vielleicht von Natur aus flexibel. Doch was ist mit der Marke Microsoft? *Soft*ware für *Micro*computer? Bis zur Übernahme von Nokia war Microsoft mit dem Aufbau seiner beiden großen Monopolsparten Windows und Office halbwegs bei der Wahrheit seiner Wurzeln als Software-Hersteller geblieben, hatte allerdings mit Xbox und dem Surface-Tablet versuchsweise auch Vorstöße auf das Gebiet der Hardware unternommen. Inzwischen ist die alte Markenidentität komplett den Bach hinunter: Microsoft präsentiert sich heute als integrierter Hardware/ Software-Markenkonkurrent zu Apple.

Apple hat seine eigene abenteuerliche Reise in Sachen Markendehnung hinter sich, von Desktop-Computern über Musikhandel bis hin zu Smartphones, Mapping, TV, Verlegertätigkeit und vielem anderen. Die Marke war einst rein auf Computertechnologie beschränkt; heute haben die Drahtzieher in Cupertino sie so umgebaut, dass sie eine abstrakte Kombination aus Design, Qualität, Benutzerfreundlichkeit und Individualität verkörpert, die, so steht zu vermuten, mit Leichtigkeit um Solarzellen, Raumfahrt oder Küchenutensilien erweitert werden könnte.

All das ist ziemlich bemerkenswert, wenn man in Betracht zieht, was eine Marke eigentlich sein soll. Jeder Experte wird eine andere Definition anbieten, doch ein Kernmerkmal von Marken ist das *Kundenversprechen*. Wir kaufen Marke XYZ lieber als einen billigeren Konkurrenten, weil wir auf das in einem bestimmten Namen, Logo, Farbschema oder Maskottchen enthaltene Versprechen vertrauen, dass Produkt XYZ uns auf eine ganz bestimmte (häufig unausgesprochene, ja, sogar unaussprechliche) Weise zum Vorteil gereichen wird. Und dieses Versprechen muss, damit es auch über wiederholte Transaktionen hinweg glaubhaft rüberkommt, zumindest bis zu einem gewissen Grade erfüllt werden, also muss es wahr sein.

Worin besteht also die Wahrheit einer Marke, die sich so stark verändern kann wie Nokia, Microsoft oder Apple? Kann eine Marke konkurrierende Wahrheiten enthalten? Kann sie für unterschiedliche Menschen an unterschiedlichen Orten zu unterschiedlichen Zeiten unterschiedliche Dinge repräsentieren und trotzdem ihre Integrität bewahren? Diese Frage ist Gegenstand einer breiten Debatte unter Markengurus, und zu jeder erfolgreichen Markentransformationsstory wie etwa bei Virgin oder Samsung gibt es als abschreckendes Gegenbeispiel die Geschichte von der *Marke, die überdehnt wurde* (Wie wär's mit Parfüm von Zippo oder Lebensmitteln von Colgate?). Konsumgütermarken, die auf einem bestimmten, geografisch umrissenen Markt für Luxus stehen, aber auf einem anderen auch den wertbewussten Verbraucher ins Auge fassen, scheitern in dem Maße, wie Globalisierung und Internet alles offenlegen. Bankenmarken, die ein bestimmtes Kundensegment mit umsichtigem Handeln und Sicherheit in Finanzdingen assoziiert, spielen mit dem Feuer, wenn sie einem anderen Kundensegment hoch risikobehaftete Superprofite versprechen.

Dessen ungeachtet hat sich der allgemeine Trend von der disziplinierten Beständigkeit entfernt, die das frühe Markenmanagement kennzeichnete, und ist in Richtung Fluidität über all die vielen Plattformen in Medien und sozialen Medien hinweg abgeschwenkt, die Vermarktern inzwischen zur Verfügung stehen. Und wo Markenidentität früher eng an Kernprodukte und -dienstleistungen gekoppelt war (BMW stand für Autos, Gillette für Rasierer), beschäftigen sich Markenformer heute eher mit Schlüsselprinzipien, -werten oder -gefühlen. Diese sollen in ihrer Langlebigkeit und tiefen Bedeutung grundlegend, ja, beinahe urtümlich wirken. Natürlich haben sie zudem auch noch den Vorteil, endlos flexibel zu sein, was die Produkte und Dienstleistungen betrifft, die ihnen hinzugefügt werden können. Wenn eine Marke so umgeformt werden kann, dass sie »Verantwortung gegenüber der Umwelt, Verspieltheit und Familienzusammenhalt« repräsentiert, schränkt dies zukünftige Geschäftsaktivitäten weit weniger ein, als wenn sie für »sicheres Reisen per Flugzeug« steht. Eine solche Flexibilität ist in einer Welt, in der Unternehmen landauf, landab ihre Geschäftstätigkeit radikal überdenken, äußerst hilfreich.

Doch es kann auch problematisch sein. Ist das Kundenversprechen einer Marke nicht länger direkt mit den Produkten oder Dienstleistungen verbunden, die deren Kunden kaufen, vermittelt es dann überhaupt noch irgendeine Wahrheit, die praktische Konsequenzen hat? Welche Wahrheit über unsere Kleidung sollen wir aus der Tatsache ableiten, dass sie das Etikett Marlboro oder Harley-Davidson trägt? Was ist mit Darlehen oder Girokonten, die unter dem Logo von Supermärkten wie Sainsbury's oder Tesco, Lidl oder Edeka laufen?

Am Ende müssen Marken ein bisschen mehr Wahrheit bieten, als in der Aussage steckt: »Wir sind als erfolgreiches Unternehmen bekannt, daher können Sie darauf vertrauen, dass unser Produkt funktioniert.« Sie müssen Produkte und Dienstleistungen mit einer Patina aus Werthaltigkeit überziehen, etwa technischer Meisterschaft, Verantwortung gegenüber der Umwelt, Glamourfaktor oder Bedeutung. Und sie müssen all das in einem Geschäftsumfeld leisten, in dem rasante, radikale Innovationen mehr und mehr die Norm sind. Daraus entstehen unvermeidlich multiple Wahrheiten, und manche dieser Wahrheiten erscheinen mitunter sogar unvereinbar, selbst wenn sie alle gut von der einen oder anderen Facette des sich stetig weiterentwickelnden Geschäftsangebotes gestützt werden. Wo konkurrierende Markenwahrheiten auftauchen, ist eine gute Story – die ununterbrochen von allen Mitgliedern der Organisation kommuniziert wird – unverzichtbar, um zu erklären, wie sie alle zusammenpassen.

Ein imaginärer Schutzschild gegen Unterdrückung

Gesellschaftliche Konstrukte können nicht nur verändert, sondern auch erschaffen oder eliminiert werden. Die richtigen Begriffe können wie magische Zaubersprüche wirken und sie quasi aus dem Nichts entstehen lassen. Was nicht wahr war, wird wahr.

Gesellschaftliche Konstrukte, Taktik 3
Gesellschaftliche Konstrukte erschaffen oder eliminieren

Eine der wichtigsten Wahrheiten, die die Menschheit erfunden hat, ist das Konzept von den Menschenrechten. Sollten Sie der Meinung sein, Menschenrechte wären etwas Natürliches, dann betrachten Sie einmal die Geschichte. Auf allen Kontinenten, die unsere Spezies bewohnt, ließen Menschen andere Menschen massenweise verhungern, versklaven und abschlachten, ohne groß über deren Rechte nachzudenken. Es ist eine große Herausforderung, sich Rechte vorzustellen, die über die gesamte überlieferte Geschichte hinweg entweder unbekannt waren oder nicht als naturgegeben oder uns Menschen innewohnend wahrgenommen und diskutiert wurden.

Menschenrechte haben in der Tat sogar etwas Widersprüchliches: Ihren Kern bildet die individuelle Freiheit, doch die meisten von ihnen beschränken jemandes Freiheit, und sei es auch nur die Freiheit, anderen weh zu tun. Der bekannte Philosoph Jeremy Bentham verspottete das Konzept der Naturrechte – Vorläufer der Menschenrechte – sogar als »Unsinn auf Stelzen.«

Und doch gelang es einigen herausragenden Kommunikatoren, den Menschenrechten allein mit Worten weltweit Gesetzeskraft zu verleihen.

Die Kampagne zur Anerkennung des natürlichen, universellen und unverbrüchlichen Charakters von Rechten wie Leben und Freiheit hat ihren Ursprung im Zeitalter der Aufklärung, bei Philosophen wie John Locke, Immanuel Kant, Thomas Paine und

276

Jean-Jacques Rousseau. Die »Grundrechteerklärung von Virginia«
(1776) legt fest: »Alle Menschen sind von Natur aus in gleicher
Weise frei und unabhängig und besitzen bestimmte angeborene
Rechte.« Formuliert von George Mason, inspirierte dieses Dokument die heute berühmtere Proklamation Thomas Jeffersons in
der Unabhängigkeitserklärung der Vereinigten Staaten, welche
besagt, »dass alle Menschen gleich erschaffen wurden, dass sie von
ihrem Schöpfer mit gewissen unveräußerlichen Rechten begabt
wurden, worunter sind Leben, Freiheit und das Bestreben nach
Glückseligkeit«. Nur wenige Jahre später folgte die Französische
Revolution, die sich auf die Erklärung der Menschen- und Bürger-
rechte (1789) stützte: »Diese [Rechte] sind das Recht auf Freiheit,
das Recht auf Eigentum, das Recht auf Sicherheit und das Recht
auf Widerstand gegen Unterdrückung.«

Doch die weltweite Bedeutung, die ihnen heute zukommt,
erhielten die Menschenrechte erst nach dem Zweiten Weltkrieg.
Zutiefst erschüttert von den Gräueltaten des Holocaust, kamen
politische Führer aus der ganzen Welt unter dem Dach eines neu
geschaffenen gesellschaftlichen Konstruktes, der Vereinten Nationen, zusammen und verabschiedeten die Allgemeine Erklärung
der Menschenrechte (1948). Zum ersten Mal in der Geschichte
benannte ein umfangreicher Katalog grundlegende Menschenrechte, und die Welt einigte sich kollektiv darauf, diese zu schützen. Laut Präambel bildet »die Anerkennung der angeborenen
Würde und der gleichen und unveräußerlichen Rechte aller Mitglieder der Gemeinschaft der Menschen die Grundlage von Freiheit, Gerechtigkeit und Frieden in der Welt«.

Die 30 Artikel der Menschenrechtserklärung decken erwar-
tungsgemäß Rechte wie das Recht auf Leben, Freiheit, Gleich-
behandlung vor dem Gesetz und Freiheit von Sklaverei und Folter
ab, daneben aber auch weniger offensichtliche Konzepte wie etwa
das Recht auf eine Staatsangehörigkeit, das Recht auf den Schutz
der materiellen Interessen als Urheber, das Recht auf Freizeit und
das Recht, sich an den Künsten zu erfreuen. Eine Argumentation,

die dahin geht, dass solche offenbar willkürlichen Forderungen womöglich in unserer DNA verschlüsselt oder uns allen von Gott verliehen worden sind, dürfte schwierig sein. So begrüßenswert sie auch sind, wir kommen nicht darum herum, uns darauf zu verständigen, dass zumindest einige dieser sogenannten Rechte das Produkt menschlichen Denkens und menschlicher Erfahrungen sind und nicht etwas, das unserer Spezies von Natur aus innewohnt. Mit anderen Worten: Es sind gesellschaftliche Konstrukte. Im Jahr 2016 verabschiedeten die Vereinten Nationen sogar eine Resolution, in der sie erklärten, dass »Maßnahmen, die dazu bestimmt sind, den Zugang zu oder die Verbreitung von online verfügbaren Informationen absichtlich zu verhindern oder zu unterbrechen«, eine Menschenrechtsverletzung darstellen.[3] Dass der ungehinderte Zugang zum Internet ein unveräußerliches Menschenrecht ist, auch das dürfte nicht jedem, zumal jenseits der 40, ohne Weiteres einleuchten.

Doch so konstruiert Menschenrechte auch sein mögen, die Idee an sich, die derart intensiv von der Weltgemeinschaft aufgenommen und untermauert wurde, hat enorm viel Gutes bewirkt. Menschenrechte sind zu einem sehr realen Hemmnis für Staaten geworden, Macht über die Dinge auszuüben, die uns am teuersten sind. Selbst die brutalsten Tyrannen sahen sich nach der Veröffentlichung von Belegen für die von ihnen begangenen Menschenrechtsverletzungen gezwungen, auf einen etwas moderateren Kurs einzuschwenken. Selbst Regierungen, die eigentlich ungeniert eine repressive und grausame Politik verfolgen, überschlagen sich förmlich, um zumindest den Eindruck zu erwecken, sie würden die Menschenrechte achten.

Als gesellschaftliche Konstrukte sind Menschenrechtsgesetze natürlich stets den verschiedensten Interpretationen ausgesetzt gewesen. So machte sich der Europäische Gerichtshof für Menschenrechte (EGMR) in Großbritannien äußerst unbeliebt, als er die Abschiebung einiger krimineller Ausländer blockierte und das Wahlrecht für Gefangene forderte. Nach Meinung einer britischen

Boulevardzeitung haben die jüngsten Urteile des EGMR dazu geführt, dass die Europäische Menschenrechtskonvention (1951) »inzwischen nicht viel mehr [ist] als eine Charta für Kriminelle und eine Goldgrube für linksgerichtete Anwälte«.[4] Jedes Gesetz ist ein gesellschaftliches Konstrukt, das sich durch Präzedenzfälle und Interpretation weiterentwickelt. Das internationale Menschenrecht ist im Gegensatz zu anderen gesetzlichen Regelwerken sehr viel vager, politischer und utopischer formuliert und daher womöglich anfälliger für Anwendungen, die seine Verfasser niemals im Sinn hatten.

Abgesehen davon ist und bleibt die Idee der Menschenrechte – diese wunderbare imaginäre Wahrheit – für viele Menschen immer noch der beste Schutz gegen die brutale Behandlung, unter der unsere Vorfahren so sehr zu leiden hatten. Diese Fiktion ist ein kostbarer Schatz, und wir müssen sie hegen und pflegen.

Gold spinnen

Wenige gesellschaftliche Konstrukte haben derart viel zur Menschheitsentwicklung beigetragen wie das Geld. Die zahlreichen Wertaufbewahrungsmittel, auf die wir uns kollektiv geeinigt haben, von Kaurischnecken über Gold bis hin zu Euros und Bitcoins, haben es uns ermöglicht, Handel zu treiben, Wirtschaftsaktivitäten zu planen und Investitionen in Unternehmungen anderer zu tätigen. Ohne allgemein akzeptierte Formen der Wertaufbewahrung würden wir immer noch eine prekäre Existenz als Steinzeitmenschen fristen. Alle diese Wertanlagen sind jedoch imaginär. Der größte Teil des Geldes, das wir nutzen, ist sogenanntes »Fiatgeld«, was bedeutet, dass es durch staatliche Dekrete zustande gekommen und kein Vermögensgegenstand mit eigenem Wert ist. Das Wort *fiat* kommt aus dem Lateinischen und bedeutet »es werde«. Es gehört zu jener Art von magischen Befehlen, die etwas aus dem Nichts erschaffen und die wir normalerweise eher mit einer allmächtigen Gottheit oder einem Irren in Verbindung bringen. Um solche Währungen akzeptieren zu können, müssen wir den Regierungen und Zentralbanken glauben und vertrauen (ihrerseits ebenfalls gesellschaftliche Konstrukte), die sie geschaffen haben.

Geld funktioniert überhaupt nur dank unserer kollektiven Vorstellungskraft und der massenhaften willentlichen Aussetzung der Ungläubigkeit.

Dieser Umstand wird uns immer dann auf leidvolle Weise bewusst, wenn uns der Glaube an ein bestimmtes Wertaufbewahrungsmittel abhandenkommt. Die Bedeutung des argentinischen Pesos, des Simbabwischen Dollars und der Weimarer Mark veränderte sich radikal, als die Menschen das Vertrauen sowohl in die ausgebende Regierung als auch in die Währung selbst verloren. Die Wahrheit all dieser Währungen wurde innerhalb weniger Wochen umgeformt.

Dessen ungeachtet funktionieren Wertaufbewahrungsmittel die meiste Zeit über außerordentlich gut. Sie sind es wert, erfunden zu werden. Der Euro, in den 1990er-Jahren durch pure politische Willenskraft quasi aus dem Nichts erschaffen, ist heute eine der stärksten und meistakzeptierten Währungen weltweit. Seine Genese illustriert das imaginäre Wesen gesellschaftlicher Konstrukte perfekt: Der Euro erblickte das Licht der Welt am 1. Januar 1999, doch bis Ende 2001 gab es weder Euro-Scheine noch Euro-Münzen. Man konnte Kredite in Euro aufnehmen oder alle möglichen Dinge mit Euros kaufen, lange bevor er physisch vorhanden war und man ihn in die Geldbörse stecken konnte.

Die Einwohner der Eurozone haben derzeit keine andere Wahl, als ihr Gehalt in Euro zu bekommen und ihre Einkäufe in Euro zu tätigen. Doch verschiedene vorausschauende Technologen arbeiten bereits daran, diesen Zustand zu verändern. Kryptowährungen wie der Bitcoin sind dabei nur die jüngsten Innovationen in der langen Geschichte der Wertaufbewahrungsmittel. Sie sind genauso imaginär wir jede andere Währung, und dabei nicht weniger »real«. Der Hauptunterschied zwischen Fiatgeld und einer Kryptowährung liegt darin, dass hinter Ersterem die Regierung eines Staates steht. Doch wie wir anhand von Argentinien, Simbabwe und der Weimarer Republik gesehen haben, kann es ab und zu vorkommen, dass diese Deckung nicht mehr allzu viel wert ist. Manche Regierungen haben bekanntermaßen ihre Landeswährung sogar absichtlich abgewertet – und so den Reichtum aller Menschen gemindert, die sie halten –, um die Last der auf diese Währung lautenden Staatsschulden zu verringern.

Aus eben diesem Grund halten die Verfechter von Krytowährungen die Unabhängigkeit dieser Wertaufbewahrungsmittel von Nationalstaaten für eine gute Sache. Der Bitcoin und seine Konkurrenten hängen voll und ganz von unserem kollektiven Glauben an ihren Wert ab; keine Regierung oder Zentralbank kann diese Währungen absichern, doch damit kann auch niemand eigenmächtig die Entscheidung treffen, sie abzuwerten. Die Blockchain-Technologie, auf der Kryptowährungen wie der Bitcoin beruhen, bringt auch andere Vorteile mit sich: Es ist effektiv unmöglich, solche Währungen zu fälschen, und sie können auch nicht von Dritten an sich gebracht werden; Transaktionen mit ihnen können weder verfolgt noch unterbrochen werden, und die Transaktionskosten sind vernachlässigbar gering. Doch ihr wichtigster Vorteil ist in den Augen vieler die Unabhängigkeit von diesen anderen gesellschaftlichen Konstrukten, die wir als Nationalstaaten bezeichnen. Darüber, was ein Bitcoin wert ist, entscheiden ausschließlich dessen Nutzer, und sonst niemand. Er ist ein zutiefst demokratisches Wertaufbewahrungsmittel. Ob dieses Fantasieprodukt in der kollektiven Vorstellung einer ausreichenden Anzahl von Menschen überleben wird oder nicht, bleibt abzuwarten.

Auf in die künstliche Zukunft

Wohin werden uns gesellschaftliche Konstrukte als Nächstes führen? Welche neue Wahrheit werden wir uns erträumen, um uns zu ermächtigen oder einander zu umgarnen? Ein wahrscheinlicher Kandidat ist das persönliche Rating, wie es Technologieplattformen wie Uber und Airbnb populär machen. Dieses vollständig imaginäre Konzept hat bereits signifikante Auswirkungen auf die Einkommen von Taxifahrern, Kindermädchen, Bauunternehmern und anderen Selbstständigen. Was, wenn es auf andere Lebensbereiche ausgeweitet würde? Was, wenn wir unsere Freunde oder Liebespartner auf dieselbe Weise bewerten könnten?

Die geniale dystopische Fernsehserie ›Black Mirror‹ hat diese Idee in einer Folge aufgegriffen: Jeder Person wurde ein öffentliches Rating zugeordnet, das von allen Menschen, denen sie begegnete, herauf- oder heruntergestuft werden konnte. Hohe Ratings brachten begehrte Einladungen, Stellenangebote und bessere Wohnungen oder Häuser ein; niedrige Ratings betroffene Blicke und Misstrauen. Die Serie stellte eine Welt vor, in der die Menschen sich einerseits große Mühe gaben, sogar zu Fremden nett zu sein, in der eine Pechsträhne aber auch dazu führen konnte, dass jemand ausgeschlossen und geächtet wurde.

Ein Land, das diese Richtung womöglich einschlagen könnte, ist China. Die chinesische Regierung entwickelt derzeit ein System, das das Rating der finanziellen Kreditwürdigkeit einer Person mit einer Beurteilung der gesetzlichen, sozialen und politischen Stellung dieser Person kombiniert und daraus für jeden einzelnen Bürger ein Vertrauenswürdigkeitsrating generiert. Dieses Ranking der »sozialen Kreditwürdigkeit« wird dazu dienen, den Zugang aller Einwohner zu Dienstleistungen und staatlichen Mitteln festzulegen. So wie es Menschen, die in der Vergangenheit ihre Rechnung nicht bezahlt haben, im Westen schwer gemacht wird, ein Darlehen aufzunehmen oder einen Kühlschrank auf Raten zu kaufen, könnten sich die Einwohner Chinas womöglich schon bald in einer Situation wiederfinden, in der einige moralisch fragwürdige Entscheidungen oder ein paar Knöllchen dazu führen, dass den Betreffenden die Benutzung bequemerer Zugabteile, eine Berücksichtigung bei nachgefragten Wohnungsbauprojekten oder der

Besuch hoch angesehener Schulen verwehrt wird. Vergiss, deine alten Eltern zu besuchen, und mit der nächsten Auslandsreise ist es Essig. »Wird Vertrauen an einer Stelle gebrochen, werden überall Restriktionen verhängt«, sagen die Architekten dieses Projekts. Hier hallt auf verstörende Weise George Orwells ›1984‹ nach, denn dieses Instrument sozialer Kontrolle wird einem Planungsdokument der Regierung zufolge »jene belohnen, die Akte von Vertrauensbruch zur Kenntnis bringen«.

Das Programm der chinesischen Regierung wird sich mit hoher Wahrscheinlichkeit an den Sozialkredit-Systemen orientieren, die bereits von diversen chinesischen Unternehmen, darunter dem E-Commerce-Konzern Alibaba, genutzt werden, um die Vertrauenswürdigkeit ihrer Kunden einzuschätzen. Die Ratings werden Partnerunternehmen zur Verfügung gestellt, etwa Partnervermittlungsdiensten, die Personen mit gutem Rating (in den Augen des Unternehmens) zusammenbringen. Kunden mit hohem Punktestand posten diesen stolz in den sozialen Medien oder erwähnen ihn in ihrem Dating-Profil und untermauern so die Wahrheit dieses gesellschaftlichen Konstrukts.

Wie genau diese Bewertungszahlen berechnet werden, bleibt im Verborgenen, und das Regierungsprogramm dürfte ähnlich undurchsichtig sein. Doch einer der Chefs von Alibaba enthüllte die Art von Variablen, auf die es ankommt: »Jemand, der zehn Stunden am Tag Videospiele spielt, würde etwa als Müßiggänger gelten; eine Person, die häufig Windeln kauft, vermutlich als Elternteil, dem unterm Strich ein höheres Verantwortungsgefühl zugeschrieben würde.«[5] Wir wissen also, dass solche Rankings davon beeinflusst sein werden, was Kunden online tun und kaufen. Werden sie auch von online geposteten Kommentaren beeinflusst sein oder von »gelikten« Seiten? Wird jede digitale Spur, die jemand hinterlässt, potenziell gegen diese Person sprechen? Werden die Ratings anfällig sein für bürokratische Fehler oder böswilliges Hacking?

Chinas Sozialkredit-System könnte die Lebenserfahrungen von Millionen von Menschen grundlegend verändern. Ermöglicht wird diese Entwicklung durch die zunehmende Digitalisierung und die Möglichkeit zur Aufbewahrung auch noch der kleinsten Informationsschnipsel in Kombination mit neuen Analysetechniken im Bereich Big Data. Angesichts der Fülle von Informationen, die heute über Menschen gesammelt werden, sollte es uns nicht überraschen, wenn Staaten und andere mächtige Organisationen diese nutzen, um weitere gesellschaftliche Konstrukte zu erschaffen, die unser Leben auf eine Weise beeinflussen werden, die uns womöglich nicht willkommen ist.

Wenn dies geschieht, dann müssen wir uns daran erinnern, dass gesellschaftliche Konstrukte künstliche Wahrheiten sind und als solche veränderbar: Gefallen sie uns nicht, können wir uns jederzeit zusammenschließen, um sie zu modifizieren oder abzuschaffen. Den Siedepunkt von Wasser können wir nicht verändern, die »EU«, den »Bitcoin« oder »Sozialkredit-Systeme« dagegen sehr wohl – vorausgesetzt, wir wollen es. Solche Wahrheiten haben nur dann Bedeutung und Macht, wenn wir uns kollektiv darauf einigen.

In der Praxis

• Erkennen Sie, dass gesellschaftliche Konstrukte Produkte unserer Vorstellungskraft sind und wir sie, falls erforderlich, ändern können.

• Definieren Sie gesellschaftliche Konstrukte auf jede Weise, die hilfreich ist, soweit es deren Flexibilität erlaubt.

• Modifizieren Sie, falls Sie den dafür erforderlichen Einfluss besitzen, gesellschaftliche Konstrukte, indem Sie sie anders beschreiben.

Doch Vorsicht vor:

• Irreführern, die einen stark verzerrten Eindruck von wichtigen gesellschaftlichen Konstrukten vermitteln.

• Menschen, Institutionen und Staaten, die bösartige gesellschaftliche Konstrukte erschaffen.

3 Namen

Ich glaube einfach nicht,
dass eine Rose genauso schön wäre,
wenn sie Distel oder Stinktierkohl hieße.
Anne Shirley in *Anne auf Green Gables*
von L. M. Montgomery

Die menschengemachte Erde

Wir Menschen, wie wir heute sind, wurden im Holozän geboren, jener geologischen Epoche, die mit der letzten Eiszeit begonnen hat, vor etwa 11.700 Jahren. Wenn wir tot sind, wird dieser Satz aller Wahrscheinlichkeit nach nicht mehr wahr sein. Es bestehen gute Chancen, dass die Angehörigen kommender Generationen sagen können, sie seien im Anthropozän geboren.

Stellen Sie sich einmal folgende Frage: Welche Spuren wird der Homo Sapiens hinterlassen, wenn er von der Erde verschwindet? Von den meisten Spezies bleibt nicht viel mehr zurück als ein paar versteinerte Knochen. Vielleicht noch einige Fußabdrücke oder ein bisschen DNA, eingeschlossen in Bernstein. Wir dagegen werden, wenn wir aussterben, Ruinen von Städten, Autobahnen und Eisenbahnen, versunkene Schiffe und jede Menge Plastikteile hinterlassen. Geologen fragen sich bereits, wie viel von diesem menschengemachten Zeugs im geologischen Inventar überdauern wird. Welche Belege für unsere Existenz würden Alien-Geologen entdecken, die eine Million Jahre nach unserem Verschwinden auf die Erde kämen?

Zu den menschlichen Spuren, die wohl mit am längsten überdauern dürften, gehört Beton (obwohl vermutlich nicht in seiner heutigen Form). Geologen der Zukunft könnten Experten darin werden, Zementkrümel zu identifizieren, die überall dort verstreut sind, wo sich einst Städte befanden. Manche Plastikteile könnten im richtigen Sedimentmilieu unendlich lange überdauern. Die Chemie der Erde wird messbar anders sein. Sie wird unsere Verfeuerung fossiler Brennstoffe und unseren ausgiebigen Einsatz künstlicher Düngemittel widerspiegeln. Dämme, Minen und Kanäle könnten bleibende Narben hinterlassen. Am eindrucksvollsten könnten die dramatischen Veränderungen des fossilen Fußabdrucks anderer Spezies sein: Elefanten und Tiger werden ganz verschwinden, während das Huhn sehr viel größer und über beinahe die gesamte heutige Landmasse verbreitet sein wird.

Der Atmosphärenchemiker Paul Crutzen hat solche Spuren menschlicher Existenz im geologischen Inventar der Zukunft prognostiziert. Seiner These zufolge sind wir in eine neue geologische Epoche eingetreten, das Anthropozän (*anthropos* kommt aus dem Altgriechischen und bedeutet *Mensch*). Seine Argumente finden zunehmend Gehör; eine Gruppe von Geologen hat bereits die formale Annahme der Bezeichnung Anthropozän als neuer Epoche in der Erdgeschichte vorgeschlagen. Aktuell wird das Thema von diversen Geologen-Organisationen diskutiert, und zahlreiche Wissenschaftler nutzen den Begriff inzwischen auch offiziell. Eine Kernfrage besteht darin, wo der Beginn dieser neuen Epoche anzusiedeln sei: Manche schlagen die industrielle Revolution vor, andere die Steinzeitrevolution. Die Arbeitsgruppe Anthropozän sieht eine starke chemische Signatur, mit deren Hilfe eine genaue geologische Abgrenzung vorgenommen werden könnte, in den radioaktiven Elementen, die durch die ersten Atomwaffentests über die ganze Welt verbreitet wurden.

Was spielt es für eine Rolle, ob die geologische Periode, in der die meisten von uns geboren wurden, einen neuen Namen bekommt? Für Verfechter der These vom Klimawandel wie Crutzen ist der neue Name ein bedeutendes Symbol für den dauerhaften

Einfluss, den wir auf unseren Planeten ausüben. Aus der Sicht von Umweltaktivisten könnte es *der* Weckruf sein, der uns alle dazu zwingt, unsere Lebensweise zu ändern. »Der Begriff Anthropozän sagt uns, dass wir mit dem Feuer spielen – ein potenziell rücksichtsloses Verhaltensmuster, das wir irgendwann bereuen dürften«, so Klimaforscher Chris Rapley.[1]

Was sich wirklich verändert, ist natürlich unsere Auffassung von uns selbst und unserer Rolle auf der Erde. Doch die vorgeschlagene Namensänderung macht dies auf sehr anschauliche Weise deutlich. »Wir erleben gerade einen dieser kopernikanischen Momente. Wie damals, als wir begriffen, dass sich die Erde um die Sonne dreht, führt eine wissenschaftliche Erkenntnis dazu, dass sich die Sicht der Menschen auf die Dinge fundamental verändert, und zwar weit über die Wissenschaft hinaus«, schrieb ›The Economist‹ in einer Ausgabe von 2011 mit dem Titel »Welcome to the Anthropocene«.[2]

»Es ist inzwischen zu einem politischen Statement geworden. Und genau das wollen viele Menschen«, meint Stan Finney, der ehemalige Vorsitzende der Internationalen Stratigrafischen Kommission, jenes Gremiums, das letztlich über die formale Anerkennung des Anthropozäns abstimmen wird.[3]

Die meisten Geologen würden es zwar vermeiden, die Auswirkungen menschlichen Verhaltens auf die Erde mit einem Werturteil zu belegen, doch wenn der neue Name uns dazu ermutigt, genauer über die dauerhaften Konsequenzen unseres Handelns nachzudenken, kann das ja nur gut sein. »Diese Namensänderung würde betonen, wie groß die Verantwortung ist, die der Menschheit als Hüterin der Erde zukommt«, schrieb Paul Crutzen.[4] Stellen Sie sich vor, welche Veränderungen das Ganze in unserem Mindset und unserem Handeln bewirken würde, und welche Folgen das für die Zukunft unseres Planeten haben könnte.

Öffentliche Bloßstellung

Der Akt der Namensgebung wurde zuweilen als magische Handlung betrachtet, da der Name, den wir einer Person oder Sache verleihen, die Art und Weise formt, wie diese von der Welt gesehen wird. Wir hätten womöglich Schwierigkeiten, einen Kriegsherrn namens Fridolin ernstzunehmen oder einen Chirurgen namens Schnippel. Eine wissenschaftliche Studie in Boston und Chicago hat ergeben, dass fiktive Stellenbewerbungen, die unter »weiß klingenden« Namen abgeschickt wurden, 50 Prozent mehr Rückmeldungen für Einstellungsgespräche erzeugten als »afroamerikanisch klingende Namen«.[5] Andere Untersuchungen kamen zu dem Ergebnis, Menschen mit weniger geläufigen Vornamen werden mit geringerer Wahrscheinlichkeit eingestellt.[6]

Unser Name kann sogar uns selbst auf bizarre Weise beeinflussen. Forschungen eines Teams aus Marketing- und Psychologieprofessoren haben ergeben, dass wir dazu neigen, Marken und Produkte zu bevorzugen, die mit demselben Buchstaben beginnen wie unser Vorname.[7] Einzelne Personen, die gebeten wurden, Schokoriegel nach ihren »Gefühlen« für die jeweiligen Produkte zu bewerten, stuften Marken, die mit demselben Buchstaben begannen wie ihr Name, höher ein als der Gruppendurchschnitt.

Doch die Macht von Namen, Realität zu formen, steigert sich noch einmal, wenn es um die Bezeichnungen von Produkten, Organisationen, Initiativen, Unternehmungen, ja, sogar Gesetzen geht.

Namen, Taktik 1
Mithilfe eines sinnträchtigen Namens überzeugen

Wir hängen im Allgemeinen der Überzeugung an, dass Straftäter, nachdem sie ihre Schuld gegenüber der Gesellschaft gesühnt haben, eine zweite Chance bekommen und wie alle anderen behandelt werden sollten. Doch für Sexualstraftäter in den Vereinigten Staaten gilt das nicht. 1994 vergewaltigte und ermordete ein begnadigter Sexualstraftäter die sieben Jahre alte Megan Kanka. Daraufhin wurde in ihrem Heimatbundesstaat New Jersey mit rasender Geschwindigkeit »Megan's Law« erlassen und umgesetzt, demzufolge die Anwesenheit von hochrisikobehafteten Sexualstraftätern in einer Gemeinde öffentlich bekannt gemacht werden muss. Zwei Jahre später verabschiedete die US-Regierung ein Gesetz nach diesem Vorbild, anschließend auch alle Bundesstaaten in der einen oder anderen Form. Infolgedessen müssen Sexualstraftäter in den USA mit einer dauerhaften gesellschaftlichen Stigmatisierung leben, die sie nicht mehr loswerden. Das macht es ihnen sehr viel schwerer, eine Wohnung zu mieten, einen Job zu finden oder persönliche Beziehungen aufzubauen. Manche sind verbalen und körperlichen Attacken ausgesetzt, andere werden Opfer von Selbstjustiz.

Es ist eine harte Maßnahme gegenüber Individuen, die bereits genug Probleme haben; einige von denen, die sich plötzlich in den einschlägigen Verzeichnissen wiederfanden, waren selbst noch Kinder. Dennoch könnte Megan's Law auf gesellschaftlicher Ebene vielleicht sogar gerechtfertigt sein, würde es effektiv zu einem Rückgang der Sexualstraftaten führen. Dafür gibt es bisher allerdings kaum Belege.

Der allseits hochgeachteten Kinderhilfsorganisation NSPCC zufolge ist die Lage vielmehr so: »Obwohl das Gesetz unter Eltern eine hohe Popularität genießt, gibt es keinerlei Beweise dafür, dass ein offener Zugang zu Sexualstraftäterregistern die Kindessicherheit tatsächlich erhöht. Es existieren keine Belege, dass Megan's Law die Zahl der Wiederholungstaten verringert.«[8] Eine gemeinsame Studie der Rutgers University und der Strafvollzugsbehörden des US-Bundesstaates New Jersey gelangte zu denselben Ergebnissen.[9] Angesichts der Tatsache, dass die überwiegende Mehrheit sexueller Übergriffe auf Minderjährige von Familienmitgliedern oder Verwandten verübt wird, ist dies jedoch keineswegs überraschend. Fremde Personen sind nur in sieben Prozent aller in den

USA bekannt werdenden Fälle beteiligt.[10] Mehr noch, es gibt sogar Belege, dass so mancher Übergriff »wegen der Ängste, die mit der öffentlichen Meldepflicht verbunden sind«,[11] gar nicht erst zur Anzeige kommt. Auch könnte das Gesetz Sexualstraftäter in den Untergrund drängen, was sie nur gefährlicher macht. Dessen ungeachtet sind Anstrengungen, Megan's Law zu modifizieren oder den starken öffentlichen Zuspruch zu diesem Gesetz infrage zu stellen, bislang größtenteils gescheitert.

Wie viel von alldem ist auf den Namen des Gesetzes zurückzuführen? Es fällt äußerst schwer, diesen Namen zu hören und sich nicht sofort das kleine Mädchen und dessen schreckliches Schicksal vorzustellen. Beeinflusst dies unser Vermögen, die Effektivität und Rechtmäßigkeit der Maßnahme zu beurteilen? Könnte es eine Verbindung zwischen der evokativen Benennung und der anhaltenden öffentlichen Unterstützung für die darin vorgesehenen extremeren und stärker bestrafenden Maßnahmen geben?

»Allen, die einen Gesetzentwurf wie den zu Megan's Law ablehnen, wird implizit unterstellt, das Schicksal von Megan, ihrer Familie und/oder anderer, die von einem solchen Verbrechen betroffen sind, sei ihnen gleichgültig«, schreibt Dr. Brian Christopher Jones, Dozent für Staatsrecht, in seiner Promotionsschrift »Vom Unverfänglichen zum Evokativen: Wie die Benennung von Gesetzentwürfen den Politikprozess manipuliert und durchdringt«. Als weiteres Beispiel für einen Gesetzentwurf, dessen bloßer Name Widerspruch unmöglich machte, zitiert er den US PATRIOT Act. Und er fährt fort:

Die Maßnahme wird zu einem Akt des Gedenkens an die Person, deren Name im Titel auftaucht, und hat beträchtliche gesetzliche Auswirkungen. Daher geraten Abgeordnete einer Oppositionsfraktion, die zwar durchaus Sympathien für das Individuum hegen mögen, mit der vorgeschlagenen Gesetzgebung jedoch nicht einverstanden sind, bei der Abstimmung über einen diesbezüglichen Gesetzentwurf in eine äußerst heikle Lage.«[12]

Kein Wunder also, dass Megan's Law, nachdem es mit 418 : 0 Stimmen vom US-Repräsentantenhaus gebilligt wurde, auch im Senat ohne Gegenstimme durchging. So viel Macht hat ein Name.

Improvisierte Namen können gezielt eingesetzt werden, um eine Person oder Sache zu verunglimpfen und scheitern zu lassen. Zu Theresa Mays Flaggschiffen während des Wahlkampfes 2017 gehörte eine Änderung der Politik im Zusammenhang mit der Finanzierung von Sozialleistungen für Erwachsene. Der vorgeschlagenen Neuregelung zufolge sollten Menschen, die auf Staatskosten in ihrem eigenen Zuhause gepflegt wurden, in Zukunft mehr bezahlen, wenn sie über Vermögen – einschließlich ihres Hauses – im Wert von mehr als 100.000 Britischen Pfund verfügten. Allerdings sollten sie nicht zu ihren Lebzeiten zur Kasse gebeten werden. Vielmehr sollte der Staat die Kosten nach ihrem Ableben geltend machen und einen entsprechenden Teil des Erbes beanspruchen. Dieser Politikvorschlag war ein kluger Versuch, die enormen Kostensteigerungen für staatliche Pflegeleistungen aufzufangen, denen sich Großbritannien gegenübersieht, weil unsere Lebenserwartung immer weiter zunimmt. In den Augen mancher war es außerdem ein fairer Vorschlag, denn er verschob die Ausgabenlast für Sozialleistungen weg von jungen Steuerzahlern, die sich ein eigenes Haus erst noch erarbeiten mussten, hin zu diesen älteren Menschen, die bereits von einer massiven Wertsteigerung ihrer Häuser profitiert hatten.

Die Initiative starb an einem Namen. Die oppositionelle Labour Party entstaubte den alten, aber immer noch höchst infektiösen Begriff »Demenzsteuer«, um den neuen Vorschlag zu beschreiben. Aussagen der Alzheimer-Gesellschaft zufolge haben »Menschen mit Demenz« die »höchsten Pflegekosten von allen Gruppen« und müssen die höchsten Eigenbeiträge für ihre Pflege aufbringen. Aus diesem Grund werden Pflegeabgaben auch als »Demenzsteuer« bezeichnet.[13]

Unerheblich, dass viele Menschen, die häusliche Pflege benöti-

gen, keineswegs dement sind. Der Name entfaltete trotzdem genügend Macht, um Mays Politikvorschlag in den Giftschrank zu verbannen. Junge Wähler, die sich doch eigentlich hätten freuen
müssen über eine Politik, die Steuerlasten von ihnen weg verschoben hätte, nahmen stattdessen Theresa May als Monster wahr, das
sich zu einem Angriff auf ihre ohnehin schon gebrechlichen Groß-
eltern bereitmachte. Dieser Politikvorschlag war größtenteils dafür verantwortlich, dass die Conservative Party eine während des
Wahlkampfes durchgeführte, breit angelegte Wählerumfrage verlor. Welche Vorteile es auch immer hätte, ältere Menschen mit
wertvollem Hausbesitz zu bitten, etwas mehr für ihre häusliche
Pflege zu bezahlen – der Name »Demenzsteuer« hat dafür gesorgt,
dass sich kaum ein britischer Politiker jemals wieder trauen wird,
diese Idee wiederzubeleben.

Namen, Taktik 2
Mithilfe eines negativen Spitznamens diffamieren

Google erlebte ein ähnliches Namensdisaster, als der Konzern
seine Datenbrille namens Google Glass auf den Markt brachte. Sie
hat ein vor den Augen positioniertes Display und bietet Nutzern
vollen Internetzugang für unterwegs. So kann man während eines
Spaziergangs auf eine Landkarte sehen; während des Wäsche-
aufhängens E-Mails lesen, ein Video von einer rasanten Fahrt mit
der Achterbahn aufnehmen oder beim Joggen Facebook-Benach-
richtigungen abrufen. Für Technologen und Science-Fiction-Fans
ging mit diesem Wunderding ein lang gehegter Traum in Erfüllung.

Doch Google Glass hatte auch eine weniger angenehme Seite –
»Wink«. Nutzer konnten Fotos machen, indem sie einfach nur
kurz blinzelten. Menschen in unmittelbarer Umgebung fühlten
sich durch die bebrillten, blinzelnden Technikfreaks in ihrer Privatsphäre verletzt. Auf der Supportseite von Google fand sich zu
dem Blinzel-Feature folgende Anleitung:

Benimmregel:
Nutzen Sie Wink nach bestem Wissen und Gewissen. Achten Sie sorgfältig darauf, wem Sie zublinzeln, und seien Sie sich dabei Ihrer Umgebung bewusst. Sie wollen doch schließlich keinen falschen Eindruck erwecken. ☺[14]

Ganz allgemein ermahnte Google die Nutzer von Glass, sich nicht »auf gruselige oder rücksichtslose Weise«[15] zu verhalten und die Privatsphäre anderer Menschen zu respektieren. Doch diese Versuche des Konzerns, bestimmte Benimmregeln durchzusetzen, führten nicht dazu, dass sich die Gemüter derjenigen, die etwas dagegen hatten, ohne ihr Wissen fotografiert oder auf Videos festgehalten zu werden, beruhigten. Andere waren genervt von der lästigen Angewohnheit der Glass-Nutzer, mitten im Gespräch ihre Twitter- oder Facebook-Feeds zu checken. Trug jemand eine solche Brille, war einfach niemals klar ersichtlich, was der- oder diejenige gerade wirklich tat, selbst wenn er oder sie direkt gegenübersaß. Und in vielen Köpfen nahm eine noch dunklere Angst Gestalt an: Wären Glass-Nutzer mithilfe von Gesichtserkennungssoftware in der Lage, wildfremde Menschen zu identifizieren, denen sie auf der Straße begegneten? Was würde das für die kostbare urbane Anonymität bedeuten?

Der Backlash kam in Gestalt eines Namens. Nutzer der neuen Technologie wurden alsbald in Verballhornung des englischen Wortes für »Arschloch« (*asshole*) als »Glassholes« bezeichnet. Der Effekt war verheerend. Wie herrlich es auch sein mochte, E-Mails zu lesen und dabei den Sonnenuntergang zu betrachten, oder ein Image als moderner Tech-Fan zu pflegen, indem man wie ein Cyborg durch die Stadt lief – konnte man es ernsthaft ertragen, einen derartig fiesen Neologismus verpasst zu bekommen und sich so abstempeln zu lassen? Im Januar 2015 sah sich der Konzern, der einen nicht genannten (vermutlich aber riesigen) Betrag in das Projekt investiert hatte, gezwungen, Google Glass vom Markt zu nehmen. Zwar wurde das Produkt 2017 für eine industrielle Nutzung wiederbelebt, doch vor den Augen von Privatkonsumenten dürfte es mit hoher Wahrscheinlichkeit nicht mehr auftauchen.

Einen Namen zu erfinden, um andere öffentlich zu diffamieren, funktioniert allerdings nicht immer. Die demokratische Präsidentschaftskandidatin Hillary Clinton verkündete zwei Monate vor den US-Präsidentschaftswahlen auf einer Benefizveranstaltung: »Grob verallgemeinert: Man könnte die Hälfte der Trump-Unterstützer in ein Behältnis werfen, das ich den Korb der Bedauernswerten nenne. Oder? Rassistisch, sexistisch, homophob, xenophob, islamophob, was immer ihr wollt.«[16] »Bedauernswert« (engl. *deplorable*), ein Begriff, der zuvor bei Lexikografen ein Schattendasein gefristet hatte, wurde zum Etikett, das politisch progressive Kräfte mit Vorliebe allen Unterstützern von Trump aufklebten, die einer irgendwie gearteten autoritären Haltung oder Tendenz verdächtigt wurden.

Doch der Gebrauch dieser Bezeichnung erwies sich für Clinton als Bumerang. Von da an galt sie als elitär und versnobt, weil sie ein gutes Viertel der Wählerschaft mit einem einzigen Satz abqualifiziert hatte. Unterdessen machten sich Trump-Fans den bissigen Ausdruck zu eigen und erschienen auf Wahlkampfveranstaltungen mit T-Shirts und Hüten, auf denen die stolze Botschaft »*I'm a Deplorable*« prangte. Am Vorabend der offiziellen Vereidigung von Trump als Präsident feierten dessen eifrigste Unterstützer in Abendgarderobe auf dem *DeploraBall*, dem »Ball der Bedauernswerten«.

Besonders, schön und einzigartig

Chuck Palahniuks Roman ›Fight Club‹ von 1996 enthält zahlreiche großartige Sätze. Einer davon ist diese wunderbare Breitseite:

> Ihr seid nichts Besonderes … Ihr seid keine wunderschönen, einzigartigen Schneeflocken.

Zwei Jahrzehnte später hat sich *Schneeflocke* zu einem weit verbreiteten Begriff gemausert, der die Geringschätzung für eine ganze Generation angeblich hypersensibler, anspruchsvoller, selbstverliebter junger Menschen (auch Millennials oder Generation Y genannt) ausdrückt. Eine Schneeflocke ist demzufolge ein dünnhäutiges, permanent mit sich selbst beschäftigtes, leicht infantilisiertes Kind der Jahrtausendwende, das sich ständig angegriffen fühlt, statt Verantwortung zu übernehmen. Schneeflocken werden karikiert als unterbeschäftigte Prinzen und Prinzessinnen, die immer noch bei ihren Eltern wohnen, am liebsten Selfies machen, für die kleinste Anstrengung eine Belohnung erwarten und sich in lebhaften Diskussionen oder durch Sichtweisen anderer, die sie nicht teilen, schnell gestresst fühlen. Wie der Schriftsteller Bret Easton Ellis illustriert, der seinen Podcast nutzte, um die »Schneeflöckchen-SJWs« als »wehleidige kleine Narzissten« zu denunzieren[17], ist die Bezeichnung stets abwertend gemeint.

Egal, ob solche Wahrnehmungen der »Generation Schneeflocke« zutreffend oder fair sind, die Bezeichnung hat über das gesamte politische Spektrum hinweg Platz gegriffen. Konservative aus der Breitbart-Schule verspotten Schneeflocken, weil deren Haltung zu Immigrantenrechten oder Klimawandel für sie ein Aufreger ist. Liberale stöhnen über studierende Schneeflocken, die auf ihrem Uni-Campus »sichere Räume« fordern, Alarm auslösen oder sich weigern, Gastdozenten zu tolerieren, die von ihnen ungeliebte Anschauungen vertreten. Irgendwie scheint diese Bezeichnung den Eindruck zu bestätigen, den heutzutage viele ältere Menschen von den jüngsten Erwachsenen in unserer Gesellschaft haben: 2016 kürte das ›Collins Dictionary‹ »Generation Schneeflocke« 2016 zu einem der zehn Wörter des Jahres, und die ›Financial Times‹ führte »Schneeflocke« unter den zwölf prägenden Wörtern des Jahres auf.

Warum konnte sich eine derart verächtliche Bezeichnung so schnell festsetzen? Was lässt uns so schnell bei der Hand sein, eine ganze Generation zu beleidigen? Viele der Menschen, die sich über Schneeflocken lustig machen, haben Kollegen und Familienangehörige, auf die das Profil passt. Woher kommt es, dass wir Älteren plötzlich so gemein sind?

Seien wir mal ehrlich: Wahrscheinlich liegt es daran, dass wir uns bedroht fühlen. Hochgebildete Kommentatoren eines gewissen Alters scheinen nicht nur verblüfft von Ausdrücken wie »Überprüfen Sie Ihre Zugangsberechtigung«, sondern auch entnervt von No-Platforming und Zensur an Universitäten (obwohl das keineswegs etwas Neues ist). Ellis legt in seiner Podcast-Tirade die eigenen Ängste offen: »Diese kleinen, nazistischen Sprachpolizisten haben ein neues Regelwerk entworfen, das vorschreibt, wie Männer und Frauen sich ausdrücken oder nicht ausdrücken sollten.« Damit greift er auf den ersten Zusatzartikel zur Verfassung der USA zurück. Dieser garantiert die Redefreiheit, etwas, das Ellis offenbar durch die von ihm verhöhnten Schneeflocken bedroht sieht. »Wir erleben hier einen wahrhaft autoritären kulturellen Moment«, behauptet er. »Das ist so rückschrittlich und so grauenvoll und so irreal. Wie in einem dystopischen Science-Fiction-Film: Es gibt nur eine Art, sich auszudrücken.«

Angesichts dessen, was sich über weite Strecken der Menschheitsgeschichte hinweg abgespielt hat, sind Befürchtungen, dass unsere Redefreiheit beschnitten werden könnte, gar nicht so unbegründet. Das Recht auf freies Denken und freie Meinungsäußerung ist ein sehr kostbares Gut und für eine demokratische Gesellschaft unverzichtbar. Auch gibt es eine ganze Menge Leute, die ablehnen, was sie als von jugenddominierten Medien gesetzte Standards wahrnehmen: akzeptable Ausdrücke in Sachen Zuwanderung, Rasse, Geschlecht und Sexualität. »Ich darf nicht mehr sagen, was ich denke«, lautet eine weit verbreitete Beschwerde, wo immer progressive Ansichten die Oberhand gewinnen. Es ist natürlich, sich von einer jüngeren Generation, die eine moralische Überlegenheit in Belangen für sich in Anspruch nimmt, bei denen wir bisher unsere eigenen Auffassungen für die allgemein akzeptierte Ansicht hielten, verunsichert zu fühlen.

Also stehen hinter dem viralen Erfolg von *Schneeflocke* mit hoher Wahrscheinlichkeit vor allem Ängste und Ablehnung. Das ist gefährlich, denn es impliziert, dass die Bezeichnung weder als Scherz noch als unbeschwerte Stichelei gemeint ist, sondern als Waffe dient.

Die Konsequenzen könnten ernst sein. Namen haben die Macht, die Trennlinien zwischen einzelnen Gruppen zu vertiefen. Ältere Semester laufen Gefahr, an das Zerrbild von der Schneeflocke zu glauben und es auf alle jungen Menschen anzuwenden. Sie könnten Berichte von sexuellen Übergriffen, wie wir sie jüngst in Hollywood, im britischen Parlament oder anderswo gesehen haben, nur als weitere Manifestation der den Schneeflocken zugeschriebenen Überempfindlichkeit abtun. Unterdessen staut sich in den kampfbereiten Millennials, die schon genug damit zu tun haben, einen Job zu finden, ihre Studiengebühren zurückzuzahlen und sich ein Zuhause zu schaffen, nur weiterer Groll gegenüber dem Rest der Gesellschaft auf. Bewundernswerte Wesenszüge der Generation Y wie Umweltbewusstsein oder Sorge um die gesellschaftliche Inklusion laufen Gefahr, marginalisiert oder von intergenerationellen Animositäten erstickt zu werden. Wollen wir die Kluft zwischen den Jungen und den nicht mehr ganz so Jungen nicht vertiefen, sollten wir versuchen, diese ausdrucksstarke, letztlich aber destruktive Bezeichnung zu vermeiden.

Zähne ziehen

Namen können unabänderlich erscheinen: Ist eine Bezeichnung erst einmal gewählt, dann ist das so – es gibt nur noch eine Wahrheit. Doch außerhalb von Friedhöfen sind Namen keineswegs in Stein gemeißelt. Die Umbenennung von Jakob in »Israel« durch einen Engel ist ein bedeutender Moment in der Genesis. Partner nehmen mit der Eheschließung einen gemeinsamen Familiennamen an, ein machtvolles Statement zu den neuen Lebensumständen und der eingegangenen Bindung. Erwachsene entledigen sich verhasster Vornamen, und Nachnamen werden aus Angst oder des Ruhmes wegen geändert. Ein verärgerter Bankkunde protestierte einmal gegen eine völlig überzogene Gebühr, indem er durch einseitiges Rechtsgeschäft seinen Namen in »Yorkshire Bank plc are Fascist Bastards« änderte; die Bank musste ihm, als sie sein Konto auflöste, einen Scheck auf diesen Namen ausstellen.

Landesbezeichnungen werden geändert, um neu gewonnene Unabhängigkeit oder eine veränderte ideologische Ausrichtung deutlich zu machen. Städte- und Straßennamen werden geändert, um berühmte Menschen zu ehren. Die russische Stadt St. Petersburg wurde im Laufe ihre Geschichte zweimal umbenannt und trägt mittlerweile wieder ihren ursprünglichen Namen. Saigon nahm nach seiner Umbenennung zu Ehren des nordvietnamesischen Anführers, der ihre Eroberung beflügelt hatte, als Ho-Chi-Minh-Stadt einen völlig anderen Charakter an. Die linksgerichtete Stadtregierung von Madrid beschloss 2015, die Namen von 30 Straßen und Plätzen zu ändern, die auf die eine oder andere Weise an den ehemaligen Diktator Franco erinnerten. Zwei Jahre später verkündete Simbabwes Präsident Robert Mugabe die Rückbenennung der Victoria-Fälle in Mosi-oa-Tunya (Rauch, der donnert), um dieses beeindruckende Naturdenkmal von seinem kolonialen Ballast zu befreien. Eine etwas langsamere Entwicklung vollzog sich in Australien, wo der Ayers Rock 1993 zunächst in Ayers Rock/Uluru und 2002 schließlich in Uluru/Ayers Rock umbenannt wurde, um die Rechte des eingeborenen Volkes der Anangu anzuerkennen.

Unternehmen und andere Organisationen werden umbenannt, um ihre Mission zu verdeutlichen oder zu verändern, neue Märkte zu erschließen oder einer unvorteilhaften Assoziation zu entkommen. Die Marke Tokyo Tsushin Kogyo hätte ausländische Kunden komplett überfordert, aber Sony verkaufte sich gut. Die Spastics Society änderte ihren Namen in Scope, als »spastisch« zur Beleidigung wurde. Das altmodische »His Master's Voice« wurde abgekürzt zum hippen Schallplattenlabel HMV. Der Öl- und Gasmulti British Petroleum, der das Licht der Welt als Anglo-Persian Oil Company erblickt hatte, änderte seinen längst schon veralteten Namen in BP, um seine globale Geschäftstätigkeit und Inhaberschaft deutlich zu machen (ein Wechsel, den Barack Obama in einem kurzen Augenblick nationalistischer Selbstvergessenheit kurzerhand unter den Tisch fallen ließ, als eine von »*British* Petroleum« geleaste Ölplattform an der Golfküste der Vereinigten Staaten eine Umweltkatastrophe auslöste).

Wir können unseren eigenen Namen ändern, wir können den Namen unserer Länder, Unternehmen und Städte ändern, und wir können ganz gewiss die Namen von Dingen ändern. Wie wir anhand des Gemüseexperiments in Stanford gesehen haben, können wir sogar die Bedeutung einer Sache ändern und damit auch die Art und Weise, wie Menschen auf sie reagieren, indem wir ihr eine andere Bezeichnung geben.

Namen, Taktik 3
Namen ändern, um Wahrnehmung zu verändern

Der Schwarze Seehecht (engl. Patagonian Toothfish, wörtlich dt. patagonischer Zahnfisch) ist wahrlich kein schönes Tier. Wollte man böswillig sein, könnte man sagen, diese riesige graue Kreatur aus den Tiefen der antarktischen Meere hat ein geradezu monströses Aussehen. In der Tat ergibt das offen stehende, schiefe Maul mit den spitzen Zähnen in Kombination mit den darüber liegenden Glubschaugen einen besonders hässlichen Fisch. Und der (englische) Name verstärkt die unappetitliche Erscheinung noch: Wer will schon einen *Zahn*-Fisch essen?

Die Fischer, die den Schwarzen Seehecht aus dem Wasser holten, zeigten kein großes Interesse an einem solchen Fang. Sein Fleisch ist ölig und fade, und so wurden Exemplare, die sich an Tiefseeleinen verfingen, häufig wieder zurück ins Wasser geworfen. Wozu der Aufwand, einen Fisch mit derart wenig Geschmack anzulanden, auszunehmen und zuzubereiten?

Im Jahr 1977 entdeckte der Fischimporteur Lee Lantz zufällig ein Exemplar von *Dissostichus eleginoides* auf einem Dock im Hafen der chilenischen Küstenstadt Valparaíso. »Der sieht aber interessant aus«, meinte er. »Was zum Teufel ist das?« Die Antwort lautete *bacalao de profundidad* oder »Tiefseedorsch«.

»Niemand weiß was damit anzufangen«, sagte sein chilenischer Partner.

Einige Tage später schlenderte Lantz über einen Fischmarkt in der chilenischen Hauptstadt Santiago und entdeckte einen zweiten. Neugierig geworden, kaufte er ein Filet und briet es. Es hatte tatsächlich kaum Geschmack, doch die Textur war saftig, butterig und zart; das weiße Fleisch zerging fast auf der Zunge. Amerikaner, so Lantz' Überlegungen, wären unter Umständen ein bisschen toleranter als die Verbraucher in Santiago, was den faden Geschmack betraf, dafür aber umso mehr begeistert von der delikaten, öligen Textur. Der fehlende Geschmack könnte vielleicht sogar von Vorteil sein: Dieser Fisch wäre womöglich die perfekte leere Leinwand, auf die die Meisterköche in den USA ihren eigenen Geschmack applizieren konnten, indem sie je nach Gusto Soßen, Kräuter und Gewürze hinzufügten.

Doch der Name ging irgendwie gar nicht. »Tiefseedorsch« klang ziemlich uninspiriert, und wer würde schon einen *Zahn*-Fisch bestellen?

Als er seine erste Ladung Schwarzen Seehecht in die Vereinigten Staaten verschiffte, wog Lantz seine Optionen ab. Die dortigen Lokale verarbeiteten, wie er wusste, sehr gerne Zackenbarsch, also warum nicht diesen hier probieren? Der Name Zackenbarsch bezeichnet mehr als 100 verschiedene Arten, was konnte es da schon ausmachen, noch eine weitere hinzufügen? Das Fleisch des Schwarzen Seehechts war genauso weiß und locker, man würde keine unangenehme Überraschung erleben. Für Lantz war es kein Problem, dass es sich bei *Dissostichus eleginoides* um einen Antarktisdorsch handelte, der mit einem Barsch rein gar nichts zu tun hatte.

Er dachte darüber nach, seine Entdeckung »Südamerikanischen Seebarsch« oder »Pazifischen Seebarsch« zu nennen, doch beides klang zu austauschbar. Dann fiel ihm das Dock in Valparaíso wieder ein, wo er zum ersten Mal auf den Fisch gestoßen war, und er nannte ihn »Chilenischen Seebarsch«. Das klang originell, exotisch und klassisch zugleich. Dieser Name war perfekt.

Weitere siebzehn Jahre sollten vergehen, bis die US-Lebens- und Arzneimittelbehörde FDA ihre Zustimmung erteilte und befand, dass »Chilenischer Seebarsch« ein akzeptabler »alternativer Marktname« für den Schwarzen Seehecht und seinen engen Verwandten, den Riesen-Antarktisdorsch, sei. Doch bis dahin war *Dissostichus eleginoides*, das wenig bekannte und weithin verschmähte Tiefseemonster, schon zu einem Renner auf den Speisekarten der angesagten Restaurants avanciert. Anfangs als billige Alternative zu bereits besser bekannten Weißfischen wie dem Schwarzen Zackenbarsch gut angenommen, kletterte der Chilenische Seebarsch auf der Karriereleiter immer weiter nach oben und wurde in Nobelrestaurants wie dem Aquagrill in New York (mit Miso glasiert) und dem Hakkasan in London (kurzgebraten, in Trüffelsauce) zu einem preisintensiven Dauerbrenner. Die Namensänderung hatte für die Vermarktung des Fisches wahre Wunder bewirkt.

Für den Fisch selbst hatte sie allerdings weniger schöne Konsequenzen. Der Schwarze Seehecht, der den Großteil seiner Existenz auf Erden in Frieden vor sich hingeschwommen war, fand sich plötzlich als bevorzugtes Zielobjekt von Riesentrawlern wieder. Ein einziges dieser Schiffe, ausgerüstet mit Langleinen, die sich unter Wasser über Meilen erstreckten und mit bis zu 15.000 beköderten Haken versehen waren, konnte pro Tag bis zu 20 Tonnen Fisch fangen. Zwar gab es Versuche, die Fangaktivitäten zu regulieren und zu kontrollieren, doch die meisten Schwarzen Seehechte wurden in internationalen Gewässern gefangen, weit außerhalb des Zugriffs der Behörden. Illegaler Fang der Art war gang und gäbe. Um die Jahrtausendwende waren Umweltschützer angesichts der rapiden Abnahme der Bestände derart besorgt, dass sie eine Kampagne mit dem Slogan »Verzichten Sie auf Chilenischen Seebarsch« initiierten und Hunderte von Chefköchen dazu brachten, den Fisch von der Speisekarte zu nehmen.

Der Schwarze Seehecht ist nicht die einzige Fischart, die in einem schwindelerregenden Kreislauf von Entdeckung, weltweiter Popularität, Zusammenbruch der Bestände und Boykottaufrufen durch Umweltschützer geriet. Seeteufel und Kaiserbarsch haben diesen Zyklus ebenfalls durchlaufen. Der Dornhai war einst der häufigste Hai weltweit, doch seine Population ist um geschätzte 95 Prozent zurückgegangen. Was haben diese vier Fischarten gemeinsam? Jede von ihnen gelangte zu neuerlicher Popularität, nachdem ihr [englischer] Name geändert wurde. Aus dem Seeteufel (engl. *goosefish*, wörtlich *Gänsefisch*) wurde ein – leicht verbesserter – *monkfish* (wörtlich *Mönchsfisch*), während »Katzenhai« (engl. *rock salmon*) ein ganzes Stück besser klingt als »Dornhai« (engl. *spiny dogfish*). Und die neue englische Bezeichnung *Orange Roughy* für Granatbarsch klingt tausendmal besser als dessen alter englischer Name *slimehead* (wörtl. Schleimkopf). Alle vier Arten stehen mittlerweile auf der Roten Liste von Greenpeace, die Fische auflistet, deren Verzehr man vermeiden sollte. Die ›Washington Post‹ drückte es 2009 so aus: »Wäre der Schleimkopf immer noch ein Schleimkopf, hätte er dieses Problem nicht.«[18]

Nicht alle veränderten Fischnamen haben negative Folgen. Der Louisiana-Flusskrebs, eine köstliche Spezialität, bekam statt des faulig klingenden *mudbug* (wörtl. Schlammkäfer) das neue Etikett *crawfish* (Flusskrebs) verpasst und wird heute aus nachhaltiger Aufzucht gewonnen. Die Gemeine Goldmakrele (engl. *dolphinfish*) bekam hierzulande ihren hawaiianischen Namen Mahi Mahi, um zu vermeiden, dass verwirrte Kunden bei dem Gedanken, sie würden einen liebenswerten Meeressäuger essen, Magendrücken bekommen. Pilchards haben als Kornische Sardinen eine wahre Renaissance erlebt. Inzwischen werden auch Anstrengungen unternommen, um mithilfe eines geänderten Namens die

Ausbreitung des Asiatischen Karpfens in Nordamerika zu bekämpfen.

Diese großen Süßwasserfische gelten als große Bedrohung für die Ökosysteme von amerikanischen Flüssen wie dem Missouri River und dem Illinois River. Hunderte Millionen Dollar werden in die Hand genommen, um den Asiatischen Karpfen aus den Großen Seen fernzuhalten. In den 1970er-Jahren gezielt eingeführt, haben sich diese Fische in den USA bis an einen Punkt vermehrt, wo sie in diversen wichtigen Wasserstraßen die meisten anderen Arten verdrängt haben. Umweltaktivisten und Fischer möchten sie gleichermaßen dringend wieder loswerden.

Wie wir an dem unglücklichen Beispiel des Schwarzen Seehechts gesehen haben, besteht eine großartige Methode, die Bestände einer Fischart zu vernichten, darin, Restaurantbesuchern von Los Angeles bis Dubai den Mund nach ihnen wässrig zu machen. Leider schmeckt vielen Amerikanern der Asiatische Karpfen nicht, obwohl er nahrhaft ist und in China als Delikatesse gilt. Also hat ein Team um Chefkoch Philippe Parola Anleihe bei der Geschichte des Chilenischen Seebarschs genommen und den Asiatischen Karpfen in »Silverfin«™(dt. Silberflosse) umgetauft. Dieser Name, so ihre Hoffnung, wird bei den amerikanischen Verbrauchern besser ankommen und dazu führen, dass mehr Fischer ihn fangen.

Während Vermarkter Lebensmittel zu kommerziellen Zwecken umbenennen, kann der Name eines Lebensmittels gelegentlich auch zum politischen Kriegsschauplatz werden. Im Ersten Weltkrieg verpassten die US-Soldaten dem Sauerkraut die neue Bezeichnung »*liberty cabbage*« (dt. Freiheitskohl), um der beliebten Beilage den deutschen Beigeschmack zu nehmen. Der US-Kongress unternahm einen ähnlichen Versuch mit »*freedom fries*« (dt. Freiheitspommes), nachdem Frankreich wegen seiner Ablehnung, den Irakkrieg zu unterstützen, in Ungnade gefallen war. Als Karikaturen des Propheten Mohammed in einer dänischen Zeitung erschienen, wurden irakische Bäcker angewiesen, ihre Kopenhagener (*danish pastries*) in »Rosen des Propheten Mohammed« umzubenennen.

Selbst der Asiatische Karpfen machte eine zweite Umbenennung aus politischen Gründen durch: 2015 erteilte der Senat des Bundesstaates Minnesota die Genehmigung, den Fisch »invasiven Karpfen« zu nennen, da die Bezeichnung »asiatisch« für diesen unerwünschten Neuankömmling als beleidigend empfunden wurde.

Das verheerende Häschen

In der Politik können Namensänderungen lebenswichtig sein. Ist ein bestimmtes Thema kontrovers, kann eine effektive Taktik darin bestehen, ein Schlüsselelement der Debatte umzubenennen. Abtreibungsgegner haben schon lange begriffen, dass sie als »Pro-Life«-Aktivisten eine viel größere Zugkraft haben. Ihre Gegner würden es lieber sehen, »Pro-Choice« genannt zu werden als »Pro-Abortion«. Manchmal kann ein sorgfältig gewählter Name eine ganze öffentliche Debatte zugunsten der einen oder anderen Seite entscheiden. Michael Heseltine, ehemaliger britischer Verteidigungsminister, hat einmal behauptet, die Frage nach der Aufrechterhaltung einer atomaren Bewaffnung Großbritanniens wäre endgültig entschieden worden, als seine Propagandaeinheit 1983 beschloss, nicht mehr länger von »allseitiger Abrüstung« zu sprechen – »einem netten, gutgemeinten, harmlosen Wohlfühlding«[19] –, sondern die Minister stattdessen gegen »einseitige Abrüstung« argumentieren zu lassen. »Einseitig« bedeutete, in dieser Sache der Idiot zu sein. »Genau darum ging es eigentlich bei dem ganzen Streit, und diese beiden Worte brachten es perfekt auf den Punkt«, sagte Heseltine.[20]

US-Politikberater Frank Luntz wurde berühmt-berüchtigt für seine Strategie der »umdefinierenden Etiketten« im Sinne republikanischer Politikziele. Er ist übergewichtig, hat ein seltsam jungenhaft wirkendes Gesicht, trägt mit Vorliebe Designer-Sneakers zu Anzügen, und er ist zu einem höchst erfolgreichen, bei Fernsehsendern wie Firmenchefs gleichermaßen gefragten Meinungsforscher und Kommunikator avanciert. Er hat einen Abschluss als Doktor der Politikwissenschaften der Oxford University, behauptet aber: »Ich verstehe einen Scheißdreck von irgendwas, mit einer Ausnahme: Ich weiß ganz genau, was das amerikanische Volk denkt.«[21] Diese Einsicht hat ihn zum Experten in Bezug auf die Frage gemacht, welche Bezeichnungen und Etiketten in der amerikanischen Öffentlichkeit funktionieren.

Hier ein Zitat von seiner Webseite Luntz Global:

> Auf dem Gebiet der Politik hat unser CEO, Dr. Frank Luntz, dazu beigetragen, den Diskurs über zahllose Themen neu zu definieren ... Am bekanntesten ist Luntz dafür, den Amerikanern erklärt zu haben, was die Erbschaftssteuer wirklich ist, nämlich »eine Todessteuer«. Er hat gezeigt, dass Eltern nicht über »Schulgutscheine« streiten, sondern über »Stipendienchancen« diskutieren. Und er hat gezeigt, dass die Amerikaner im eigenen Land keine »Ölbohrungen« wollen, »Energie-Erkundungen« aber sehr wohl.*

Die Erbschaftssteuer war in den USA weit weniger drückend als in den meisten europäischen Ländern. Bis 2017 galt sie überhaupt nur für Besitz im Wert von über fünf Millionen Dollar, das heißt, dass nur ein sehr kleiner Teil der US-Amerikaner sie tatsächlich zu zahlen hatte. Selbst noch um die Jahrtausendwende konnte sich ein Ehepaar mit Vermögenswerten in Höhe von mehr als einer Million Dollar beruhigt zur ewigen Ruhe niederlegen, denn die Regierung hatte keine Möglichkeit, auch nur auf einen einzigen Cent davon Anspruch zu erheben. Dessen ungeachtet war die Steuer den Republikanern schon lange ein Dorn im Auge, und

---

* Abgerufen im Januar 2017. Der Text ist inzwischen entfernt worden.

2017 wurde im Rahmen Steuerreformpläne von Donald Trump ihre Abschaffung auf die Agenda gesetzt.

Politiker, die sich für eine Abschaffung dieser Steuer stark machten, hatten zunächst Schwierigkeiten, die Wähler für das Thema zu interessieren. Verständlicherweise sahen nur wenige Menschen eine größere Notwendigkeit, die Reichen davon zu befreien, am Ende ihres Lebens noch einmal einen Beitrag für die Gesellschaft zu leisten. Den Begriff »Todessteuer« soll ein Aktivist namens Jim Martin geprägt haben, doch es war Frank Luntz, der die Meinungsumfrage durchführte, um überzeugend darzulegen, wie viel stärker die Abneigung der Wähler gegenüber einer »Steuer auf den Tod« ausgeprägt war als gegenüber einer gewöhnlichen »Erbschaftssteuer«. Der neue Name definierte die Steuer moralisch um: Wie kann es angehen, der Tragödie eines Sterbefalls auch noch eine Steuerforderung hinzuzufügen? Zudem suggerierte der neue Name eine Steuer, die jeden treffen könnte, da wir schließlich alle eines Tages sterben müssen. »Alles bloß eine Frage des Marketings«, sagte Martin über die Steuer, die er makabrerweise als »starrste Steuer von allen« bezeichnete.[22]

Für die Zwischenwahlen 1994 platzierte Luntz den neuen Namen gezielt im »Vertrag mit Amerika« und empfahl republikanischen Senatoren und Kongressabgeordneten die Einberufung von Pressekonferenzen »in ihrem örtlichen Leichenschauhaus«, um den Effekt zu verstärken. Bill Clinton versuchte, dieser machtvollen Terminologie etwas entgegenzusetzen, indem er einen prägnanten Namen für seinen eigenen Vorschlag zur Aufhebung der Steuer anbot. Er nannte sie »einen Glücksfall für die Reichen«. Trotz größter Bemühungen des Präsidenten unterstützten 2001 jedoch bereits knapp 80 Prozent der Amerikaner die Abschaffung der »Todessteuer«.

»Sprache ist wie Feuer«, erklärt Frank Luntz. »Abhängig davon, wie du sie benutzt, kann sie dein Haus entweder wärmen oder bis auf die Grundmauern niederbrennen.«[23]

Und er ist imstande, seinen teuflischen Namenszauber mit beinahe allem und jedem zu treiben: »Wollte ich ein Häschen dämonisieren, würde ich ein Wort wie ›Karnickel‹ benutzen«, erklärt er. »Das Karnickel verwüstet Ihren Garten. Das ist eine Sprachpirouette. Ein Häschen ist niedlich; ein Karnickel, das Ihren Garten verwüstet, ist eine Pest.«[24] Luntz hat es nicht nur Ölmultis leichter gemacht, frei draufloszubohren, indem er ihrem Treiben das kühn-patriotische Deckmäntelchen der »Erkundung amerikanischer Energievorkommen« umhängte; er spielte auch eine entscheidende Rolle beim Rückschritt in Sachen nachhaltigerer Energiequellen und Transportmittel. Während der ersten Amtszeit von Präsident George W. Bush riet er den Republikanern, den Begriff »globale Erwärmung« zu vermeiden, denn dieser beschwöre das Bild eines schmelzenden Planeten herauf, der durch die Verfeuerung fossiler Brennstoffe total überhitzt sei. Er empfahl ihnen stattdessen, den etwas harmloser klingenden Begriff »Klimawandel« zu benutzen. Hier ein geleaktes Memo von Luntz aus dem Jahr 2003:

»Klimawandel« ist weniger furchteinflößend als »globale Erwärmung«. Ein Teilnehmer der Fokusgruppe bemerkte: »Klimawandel klingt, als würde man von Pittsburgh nach Fort Lauderdale laufen«. Globale Erwärmung erweckt den Eindruck bevorstehender Katastrophen. Klimawandel suggeriert dagegen eine besser zu kontrollierende und weniger emotionale Herausforderung.[25]

Er hatte recht. Elf Jahre später kam eine von Wissenschaftlern des Yale Project on Climate Change Communications und des George Mason University Center for Climate Change Communications durchgeführte Studie zu dem Ergebnis, dass die Amerikaner »globale Erwärmung« mit einer um 13 Prozent höheren Wahrscheinlichkeit als Bedrohung ansahen als »Klimawandel«. Der Gebrauch des Begriffs Klimawandel lässt offenbar das Engagement in dieser Frage zurückgehen«, so das Fazit der Forscher.[26]

»Mein Job besteht darin, nach Worten Ausschau zu halten, die

Gefühle auslösen«, sagt Luntz. »Wörter kann man in einem Wörterbuch oder in einem Telefonbuch finden, aber Worte, die mit Gefühlen verbunden sind, können Schicksale verändern, können das Leben, wie wir es kennen, verändern. Wir wissen, dass das die Geschichte verändert hat; wir wissen, dass es unser Verhalten verändert hat; wir wissen, dass es einen Krieg auslösen oder beenden kann. Wir wissen, dass Worte und Gefühle, wenn sie zusammenkommen, die mächtigste Kraft sind, die die Menschheit kennt.«[27]

Dinge richtig benennen

Namen sind wichtig. Die Bezeichnungen, die wir Personen, Gesetzen, Konzepten und Dingen geben, die Etiketten, die wir ihnen aufkleben, formen die Art und Weise, wie sie von der Welt gesehen werden und damit auch, wie wir uns ihnen gegenüber verhalten. Der richtige Name kann dazu führen, dass Restaurantbesucher großen Appetit auf einen unbekannten Fisch verspüren; der falsche Name kann Wähler abstumpfen lassen gegenüber einem Thema von weltweiter Bedeutung. Suchen Sie sich einen gefühlsbetonten Namen für einen Diskussionsgegenstand aus, und es könnte sein, dass Sie den Streit gewinnen, noch bevor er überhaupt begonnen hat. Namen sind nicht neutral. Sie haben Macht und erzeugen Resonanz. Sie können Handeln inspirieren, und sie können großen Schaden anrichten. Wenn also der aktuelle Name Ihres Produktes, Ihrer Bewegung oder Ihres Unternehmens nicht das gewünschte Ergebnis produziert – ändern Sie ihn. Ein neuer Name ist eine neue Wahrheit: Führt er zu einer neuen Wahrnehmung der Realität, kann er den entscheidenden Unterschied machen.

Nur, falls Sie sich wundern: Die Tatsache, dass dieses Kapitel eine Geschichte über einen Mann namens Lantz und eine über einen anderen Mann namens Luntz enthält, ist reiner Zufall.
Glaube ich.

In der Praxis
- Wählen Sie Namen für Projekte und Personen sorgfältig aus – sie könnten Einfluss auf deren Zukunftsaussichten haben.
- Verkauft sich ein Produkt oder Konzept nicht gut, versuchen Sie, es umzubenennen.

Doch Vorsicht vor:
- Menschen, die evokative Namen benutzen, um Sie dazu zu bringen, etwas Unangemessenes zu kaufen oder zu wählen oder sich unangemessen zu verhalten.
- Gegnern, die Sie oder Ihr Projekt mit einem abträglichen Spitznamen belegen.
- Irreführern, die die in einer Debatte benutzten Begriffe verändern, um deren Ausgang zu beeinflussen.

IV

Unbekannte Wahrheiten

1 Voraussagen

Sie treffen keine Entscheidungen über Ausgaben
oder Investitionen oder die Einstellung
von Mitarbeitern oder darüber, ob Sie
sich einen Job suchen sollen, wenn Sie
nicht wissen, was passieren wird.
Michael Bloomberg

Präemptiv oder präventiv?

Am Morgen des 5. Juni 1967 hoben beinahe alle verfügbaren Kampfflugzeuge der respekteinflößenden israelischen Luftwaffe (IAF) von ihrem Stützpunkt ab und flogen in niedriger Höhe aufs Mittelmeer hinaus. Dann weiter nach Westen, bis sie Port Said passierten. Dort drehten sie nach Süden Richtung Ägypten ab. Sie wurden nicht erwartet. Zwischen Israel und Ägypten bestand seit der Suez-Krise 1956 ein brüchiger Frieden. Israel hatte Ägypten weder offiziell den Krieg erklärt noch hatten Politiker irgendeinen Hinweis auf ihre Absichten erkennen lassen. Ägypten verfügte zwar über ein Luftverteidigungssystem, doch die Jets der Israelis flogen zu tief, um von dessen Radar erfasst zu werden. Die IAF hatte den Zeitpunkt für ihren Angriff gut gewählt. Die routinemäßigen Kontrollgänge der Ägypter bei Anbruch der Morgendämmerung waren vorüber. Sie donnerten das Niltal hinauf, als die ägyptischen Piloten gerade beim Frühstück saßen.

Die Luftwaffenstützpunkte Ägyptens verfügten nicht über Flugzeugschutzbauten, und die meisten Maschinen parkten auf offenem Feld. Die erste Angriffswelle der IAF nahm elf der Stützpunkte ins Visier, bei denen die israelischen Jets mit eigens dafür entwickelten Bomben die Start- und Landebahnen in eine Kraterlandschaft verwandelten. Außerdem zerstörten sie 189 Flugzeuge. Anschließend kehrten sie auf ihre Luftwaffenbasen zurück, um zu tanken und neue Munition aufzunehmen. Innerhalb von Minuten waren sie wieder in der Luft und erneut auf dem Weg nach Ägypten. Zwei weitere Angriffswellen, und insgesamt 19 ägyptische Luftwaffenstützpunkte waren außer Gefecht, mehr als 300 ägyptische Flugzeuge zerstört. Syrien, Jordanien und der Irak reagierten im Verlauf dieses Morgens auf den Angriff gegen Ägypten, indem sie ihrerseits Kampfjets gegen Ziele in Israel ausschickten. Dies hatte zwar nur geringfügige strategische Auswirkungen, führte aber dazu, dass die israelischen Kampfjets ihre Aufmerksamkeit von Ägypten abzogen und auf die Luftwaffenstützpunkte dieser Länder richteten. Am Ende des Tages hatte Israel alles in allem rund 400 arabische Flugzeuge vernichtet, die totale Lufthoheit in der gesamten Region erlangt und dadurch die Überlegenheit seiner Bodentruppen im darauffolgenden Sechstagekrieg sichergestellt. Die israelischen Verteidigungsstreitkräfte übernahmen die Kontrolle über die Sinai-Halbinsel, den Gazastreifen, das Westjordanland, Ost-Jerusalem und die Golanhöhen, Gebiete, die Israel größtenteils bis zum heutigen Tag besetzt hält.

Es war ein überwältigender Sieg. Doch warum tat Israel das? Warum entschloss sich dieses winzige, allseits von feindselig gesinnten arabischen Staaten umgebene Land, den Frieden zu brechen?

Nach der Suez-Krise hatte Israel zugestimmt, sich aus den besetzten ägyptischen Gebieten auf der Sinai-Halbinsel zurückzuziehen, allerdings unter der Bedingung, dass eine UN-Eingreiftruppe als Puffer zwischen den beiden Staaten installiert würde. Diese blieb zehn Jahre lang vor Ort, sorgte für den Friedenserhalt und garantierte israelischen Schiffen freie Durchfahrt durch die lebenswichtige Straße von Tiran, eine enge Passage zwischen der Sinai-Halbinsel und Saudi-Arabien.

Während dieser Zeit sah sich Israel einem stetig steigenden Druck durch seine Nachbarn ausgesetzt. Die Sowjetunion war Allianzen mit diversen arabischen Staaten eingegangen, denen sie Waffen lieferte und die sie politisch unterstützte. Die palästinensische Befreiungsbewegung wurde gegründet. Paramilitärische arabische Truppen inszenierten Attacken gegen Israel. Dieses übte Vergeltung, indem es Bodentruppen gegen Ziele in Jordanien und Syrien entsandte. Zwischen dem jüdischen Staat und seinen arabischen Nachbarn herrschte Hochspannung.

Am 13. Mai 1967 verlegte Ägypten – damals bekannt unter dem Namen Vereinigte Arabische Republik – eine große Zahl von Truppen auf die Sinai-Halbinsel. Der ägyptische Präsident Gamal Abdel Nasser reagierte damit auf eine sowjetische Falschmeldung über angebliche israelische Truppenbewegungen entlang der syrischen Grenze. Nasser erteilte den an der israelisch-ägyptischen Grenze stationierten UN-Friedenstruppen den Befehl zum Rückzug und sperrte am 22. Mai die Straße von Tiran für israelische Schiffe, wodurch Israel von lebensnotwendigen Öllieferungen abgeschnitten wurde.

Israel schloss aus alledem, dass es angegriffen werden sollte. Die israelische Regierung traf eine Voraussage und handelte entsprechend.

Der Schlag der Luftstreitkräfte gegen Ägypten wird noch heute als das gelungenste Beispiel für einen modernen Präventivkrieg gefeiert – Einsatz offensiver militärischer Mittel als eine Form von Verteidigung im Falle einer unmittelbar bevorstehenden militärischen Bedrohung. An den Plänen für Operation Focus, wie die Aktion genannt wurde, war schon lange gearbeitet worden. Sie gründeten auf umfangreichen Geheimdienstinformationen und einem intensiven Training der Piloten, wurden jedoch erst in die Tat umgesetzt, als Ägypten seine kriegerischen Aktivitäten auf dem Sinai entfaltete.

Präventivschläge sind stets umstritten, weil die moralische Rechtfertigung für ihre Durchführung von einer konkurrierenden

Wahrheit über die Zukunft abhängt. Um zu verhindern, dass es vor der versammelten Weltgemeinschaft als Aggressor verunglimpft würde, musste Israel glaubhaft darstellen, dass Ägypten und dessen Verbündete selbst kurz davorstanden, einen Krieg vom Zaun zu brechen – dass diese Länder die eigentlichen Aggressoren waren, auch wenn Israel mit dem Blutvergießen begonnen hatte.

Nimmt man die bekannten Fakten, ist bis heute unmöglich zu beurteilen, ob diese Voraussage eingetroffen und es zu einem arabischen Angriff gekommen wäre, wenn Israel nicht gehandelt hätte. Es überrascht keineswegs, dass dies von gewissen Kreisen in Zweifel gezogen wurde. Wenn wir die Frage beantworten wollen, ob Israels konkurrierende Wahrheit über die Zukunft glaubhaft und begründet war, können wir nichts tun außer uns die mit den Ereignissen vor dem 5. Juni 1967 in Zusammenhang stehenden Beweise anzusehen und unsere eigenen Schlussfolgerungen daraus zu ziehen. In Ägypten existierten tatsächlich Pläne für eine Invasion in Israel. Aktion »Morgendämmerung« war für den 27. Mai angesetzt gewesen, auf Befehl Nassers jedoch in letzter Minute abgeblasen worden. Hätte Ägypten diesen oder einen ähnlichen Plan wieder aufgenommen, wenn Israel nicht zuerst zugeschlagen hätte? Und wenn nicht 1967, dann womöglich ein oder zwei Jahre später?

Gelegentlich wird ein moralischer Unterschied zwischen Präemptivkrieg und »Präventivkrieg« gemacht. Das berüchtigtste Beispiel dafür ist der Golfkrieg von 2003. Als eine Staatenkoalition unter Führung von George W. Bush und Tony Blair die unglückselige Invasion des Irak vom Zaun brach, dienten als Rechtfertigung angebliche Pläne des Landes, zu einem noch unbekannten Zeitpunkt in der Zukunft Massenvernichtungswaffen gegen Ziele in den USA oder Europa einzusetzen. Viele der anschließenden gegenseitigen Schuldzuweisungen hängten sich an den Falschinformationen auf, die die Bush-Administration und die Regierung Blair in

Bezug auf die Existenz besagter Massenvernichtungswaffen verbreitet hatten: Nach der Invasion wurden im Irak nämlich keine gefunden. Doch es würde mich nicht überraschen zu hören, dass sich George W. Bush wie Tony Blair auch heute noch an ihre »Wahrheit« klammern, die da lautet, Saddam Hussein hätte letztlich ein Ziel im Westen angegriffen, hätten sie ihn nicht beseitigt. Diese Voraussage lässt sich wesentlich schwerer widerlegen als die Behauptung, er hätte Massenvernichtungswaffen besessen.

Der praktische Unterschied zwischen einem Präemptiv- und einem Präventivkrieg liegt im Zeitpunkt. In beiden Fällen erfolgen die militärischen Handlungen, um einen zukünftigen Angriff durch die Gegenseite zu verhindern; Präemptivschläge begegnen einer unmittelbaren Bedrohung, während Präventivschläge von einer weniger klar definierten Attacke zu einem Zeitpunkt ausgehen, der weiter in der Zukunft liegt. Am Ende läuft alles darauf hinaus, wie sicher Sie sich Ihrer Voraussage sind und wie bald diese Ihrer Meinung nach eintreten wird. Dies lässt Irreführern eine ganze Menge Spielraum, um für einen Präemptivkrieg zu argumentieren, selbst wenn sie insgeheim bezweifeln, dass eine kriegerische Handlung des Gegners unmittelbar bevorsteht. Öffentlich zu behaupten, ihrem Land stünde ein feindlicher Angriff bevor, ist nicht unbedingt eine Lüge. Den Eindruck zu erwecken, er stünde in Kürze bevor, kann allerdings grob irreführend sein.

Was die Zukunft bringt

Ist das hier eine wahre Aussage?

Morgen wird die Sonne aufgehen.

Und wie steht es hiermit?

Ich werde eines Tages sterben.

317

Ich vermute mal, Sie haben beide Fragen mit *Ja* beantwortet. Es handelt sich in beiden Fällen um Wahrheiten, die niemand ernsthaft in Frage stellen würde. Wahrer geht es nicht.

Das ist interessant, denn weder bei der einen noch bei der anderen Aussage handelt es sich um eine präzise Tatsache – es ist durchaus vorstellbar, dass die Sonne vor morgen früh explodiert, oder dass irgendeine Art kryogenischer Konservierung Sie bis in alle Ewigkeit am Leben halten könnte. Wir unterstellen, dass diese Aussagen wahr sind, weil unsere Erfahrung besagt, dass die Sonne jeden Tag aufgeht und dass Menschen sterben. Es handelt sich um Voraussagen, die wir wie absolute Wahrheiten behandeln.

Doch wie steht es mit diesen hier?

Der Zug fährt um 20.45 Uhr ab.

Das Schultrimester endet am 15. Dezember.

Millionen Touristen werden im kommenden Jahr Paris besuchen.

Der nächste Film des Studios kommt im September in die Kinos.

Wir werden am 2. Juni heiraten.

Diese Voraussagen dürften sich mit hoher Wahrscheinlichkeit erfüllen. Käme es anders, wären wir nicht allzu geschockt: Ähnliche Voraussagen sind schon früher widerlegt worden. Und doch ist unser Vertrauen auf sie ausreichend groß, um unser Leben um sie herum zu planen und entsprechend dem erwarteten Geschehen zu investieren, Leute einzustellen, umzuziehen, zu wählen, zu studieren, Geld auszugeben und Häuser zu bauen. Tun wir das nicht, geschieht mit ziemlicher Sicherheit etwas Schlechtes: Wir verpassen den Zug; ein Kind steht einsam und verlassen am Schultor; der Partyservice für die Hochzeit taucht nicht auf.

Solche Voraussagen behandeln wir als umsetzbare Wahrheiten.

Landwirte bringen Saatgut aus und versprühen Pestizide; Sportfans kaufen Saisontickets; glückliche Paare bestellen das Aufgebot
und leihen Partyzelte aus; Beherbergungsunternehmen bauen
Hotels; schwangere Frauen kaufen Babywiegen und Kinderwagen.
Alle diese Menschen führen wichtige, kostspielige Handlungen auf
der Grundlage von Voraussagen aus, deren Erfüllung sie ver-
trauensvoll entgegensehen.

Doch bevor solche Voraussagen in Erfüllung gehen, sind es
keine absoluten Wahrheiten. Bis sie eintreten, besteht stets die
Möglichkeit, dass etwas anderes geschieht. Und das wiederum bedeutet, dass es immer möglich ist, *die Voraussage zu treffen*, dass
etwas anderes geschehen könnte, oder, anders ausgedrückt: eine
konkurrierende Wahrheit über die Zukunft anzubieten.

Sorgsam ausgewählte Voraussagen können, ebenso wie alle
anderen konkurrierenden Wahrheiten, genutzt werden, um Menschen zu überzeugen, zu beeinflussen, zu motivieren und zu inspirieren.

Visionäre Führung

Die Geschäftstätigkeit von Atkins, einem weltweit agierenden
technischen Beratungsunternehmen, umfasst Planung, Errichtung
und Projektmanagement von Wolkenkratzern, Autobahnen, Tun-
neln, Flughäfen und vielen anderen Großbauwerken. Atkins war
für einen Teil der Infrastruktur für die Olympischen Sommerspiele
in London 2012 verantwortlich und ist zurzeit am Bau des weltweit größten experimentellen Atomfusionsreaktors sowie an der
Errichtung eines bahnbrechenden Offshore-Windkraftwerks beteiligt. Die Umsetzung derart riesiger Projekte dauert Jahre, oft
sogar Jahrzehnte. Es ist daher keine Überraschung, dass die Füh-
rungsriege von Atkins einen Großteil ihrer Zeit damit verbringt,
über die Zukunft nachzudenken.

Die Bau- und Ingenieurbranche gehört wohl zu den wenigen

Industriezweigen, die bisher noch nicht von der digitalen Revolution aus den Angeln gehoben wurden, und die Frage, die allen Unternehmenschefs in dieser Branche den Schlaf raubt, ist nicht, *ob* dieser Umbruch kommen wird, sondern *wann*. Atkins besteht jetzt seit einem dreiviertel Jahrhundert und möchte noch auf lange Sicht hinaus konkurrenzfähig bleiben. Daher denken die Chefs des Unternehmens viel darüber nach, was sich in Zukunft ändern wird, wo sich neue Chancen auftun könnten und welchen Bedrohungen sich ihr Geschäft unter Umständen stellen muss.

Die rasante Urbanisierung wird städtische und staatliche Regierungen dazu zwingen, angesichts wachsender Einwohnerzahlen kühne Pläne für Energieversorgung, Transport und Wasserversorgung zu entwickeln. Die globale Erwärmung könnte Bauwerke zum Hochwasserschutz notwendig machen. Neue Quellen und Nutzungen von Energie fordern andere Ansätze zur Stromerzeugung und -verteilung. Terrorismus könnte die Eigentümer von Infrastrukturen zwingen, Gebäude und Netzwerke mit Sicherheitssystemen auszurüsten. Am schwersten dürfte Atkins' Vision zufolge jedoch die Tatsache wiegen, dass eine »neue Welle der Digitalisierung« auf ein bereits existierendes Bauerbe treffen und die Branche von Grund auf verändern wird.

Das Unternehmen lud mich ein, den Geschäftsbereich Großbritannien & Europa dabei zu unterstützen, seine 8.500 Mitarbeiter auf diese schöne neue Welt vorzubereiten. Wir legten ein ehrgeiziges Unternehmensziel fest. Es bestand darin, Infrastrukturlösungen und deren Planung neu zu definieren und sich von der digitalen Welle in die Welt der Netzwerke und des Big Data tragen zu lassen. Eine Organisation, die sich ihren guten Ruf aufgebaut hatte, indem sie Stahl, Beton und Glas miteinander kombinierte, musste jetzt ebenso versiert darin werden, Bytes und Algorithmen einzubauen. Automatisiertes Design, Reality Capture mithilfe von Lasern und Drohnen, prädiktive Analyse, Virtual Reality und Navigation durch das Internet der Dinge – all dies musste das Unternehmen zu Kernkompetenzen ausbauen. Gelänge es, die gesamte Organisation hinter dieser neuen Zukunftsvision zu versammeln, dann würde der Name Atkins unserer Prognose zufolge zum Synonym für Infrastruktur von Weltklasse werden. Die Firma genießt bereits heute allerhöchsten Respekt bei ihren Kunden; in Zukunft würde ihr auch die Anerkennung und Wertschätzung einer breiten Öffentlichkeit zuteilwerden.

Diese Analyse wahrscheinlicher Trends, gepaart mit einer Vision für die Zukunft und einem Plan für den Weg dorthin, wirkte auf die Belegschaft von Atkins höchst motivierend. Als ihre Chefs erst einmal all die verschiedenen Möglichkeiten und Ungewissheiten gefiltert und daraus ein klares Statement zu ihren Erwartungen und Absichten destilliert hatten, gelang es ihnen sehr viel besser, die Energie auf koordinierte, konstruktive Weise in die gewünschte Richtung zu lenken. Die Voraussagen ihrer Vorgesetzten führten dazu, dass die Mitarbeiter engagierter waren, sich besser vorbereiteten und effektiver handelten. Als Atkins 2017 von SNC-Lavalin übernommen wurde, hatte diese Zukunftsvision Bestand – sie ist der Leuchtturm, der der Firma nicht nur während des Eigentümerwechsels den Weg wies, sondern auch dafür sorgt, dass sie für das gerüstet ist, was noch kommen mag.

Diese Unternehmensgeschichte ist keineswegs ungewöhnlich. Wenn Sie jemals auf den Gebieten Strategieberatung, Politikentwicklung oder Unternehmensplanung tätig waren, werden Ihnen die wichtigsten Elemente bekannt vorkommen. Es gehört zu den Kernkompetenzen guter Führungsarbeit, voraussagen zu können, was im Umfeld Ihrer Organisation geschehen wird, und eine Zukunftsvision anzubieten, auf die die Menschen hinarbeiten können.

Das eigentlich Interessante an einem solchen Prozess ist jedoch, wie all die Energie, die Investitionen und das Engagement ein- und freigesetzt werden auf der Grundlage von Dingen, die noch gar nicht geschehen sind und womöglich auch niemals geschehen werden. Ich habe Ähnliches 2008 zusammen mit einem anderen

Kunden unternommen, dem Britischen Amt für Gesundheitsschutz. Wir sahen uns die möglichen künftigen Bedrohungen für die öffentliche Gesundheit durch Epidemien, Chemieunfälle, atomare Strahlung und andere große Gefährdungen an und malten uns aus, wie es der Behörde gelingen könnte, sämtliche Regierungsexperten auf all diesen Gebieten zusammenzubringen und so ein neues, landesweites Reaktionsvermögen zu entwickeln, um die Bevölkerung besser schützen zu können. Es war eine sehr inspirierende Vision. Sie begann sich – in Form eines verstärkten Engagements der Mitarbeiter – bereits auszuzahlen, als David Camerons neu gewählte Regierung beschloss, die Behörde abzuschaffen.

Nun, das hatten wir allerdings *nicht* vorausgesehen.

Voraussagen in komplexen Umgebungen wie Bankwesen, öffentliche Dienstleistungen oder Infrastrukturentwicklung sind naturgemäß anfällig für das Unerwartete. Trotzdem müssen wir Voraussagen treffen, wenn wir irgendetwas erreichen wollen. Jede Organisation braucht eine klare Route in Richtung auf ein antizipiertes Ziel und muss wissen, was auf lange Sicht zu erwarten steht. Wir betrachten unsere Voraussagen als qualifizierte Wahrheiten über die Zukunft, die womöglich zu einem späteren Zeitpunkt revidiert werden müssen. Doch ohne sie würden wir ziellos umherirren.

Persuasive Voraussagen

Stellen wir uns doch einmal vor, Sie möchten eine potenzielle neue Mitarbeiterin – ihr Name ist Christine – davon überzeugen, in Ihr Arbeitsteam zu kommen. In diesem Zusammenhang ist über die vorgesehene Entlohnung zu sprechen und Einigung über ihre diversen Aufgaben und Verantwortlichkeiten zu erzielen. Doch was Christine mehr als alles andere interessieren dürfte, ist die Frage, was sie erwartet, wenn sie den Job annimmt. Wie wird es sein, für Sie zu arbeiten? Wie glücklich wird sie in sechs Monaten sein, wenn sie zustimmt? Welche Möglichkeiten wird sie haben und welche neuen Fähigkeiten wird sie entwickeln?

Ihre Entscheidung, die Stelle anzunehmen, hängt aller Wahrscheinlichkeit nach vor allem von solchen Fragen ab. Was also könnten Sie ihr über die Zukunft sagen?

Ihnen kommen ein paar mögliche Antworten in den Sinn:

Sie werden zwei- bis dreimal pro Woche Überstunden machen müssen.

Sie werden mit Jeff zusammenarbeiten. Der Mann ist zwar ein totaler Alptraum, aber wir werden ihn einfach nicht los.

Sie werden unfairen Anwürfen von Kunden ausgesetzt sein, die sich über den Umgang unseres Unternehmens mit Retouren aufregen.

Wir werden Sie mindestens drei Jahre lang nicht befördern können.

Sie wissen, dass alle diese Dinge wahr sind. Doch vielleicht ziehen Sie es vor, keins davon zu erwähnen. Stattdessen richten Sie den Fokus auf andere, gleichermaßen wahre Voraussagen:

Sie werden sich wertvolle Erfahrungen im Umgang mit Kunden aneignen.

Sie werden pro Jahr zwei Wochen Weiterbildung haben, um Ihre formellen Kompetenzen zu schulen.

Sie werden unsere Büros in Paris und Singapur besuchen.

Sie werden innerhalb eines Jahres die Möglichkeit erhalten, zusätzliche Aufgaben zu übernehmen.

Wie die Teilwahrheiten, die wir weiter oben diskutiert haben, können auch Voraussagen mit Bedacht ausgewählt werden, um einen bestimmten Eindruck von der Realität zu vermitteln. Kommunikatoren können bei der Nutzung von Voraussagen auf dieselbe Weise Dinge weglassen und verschleiern. Das ist der Grund, warum Politiker lieber über die Ausgaben reden, die sie tätigen werden, als über die Schulden, die sie aufzuhäufen oder die Steuern, die sie anzuheben gedenken, wenn man sie wählt. Wir alle tun das. Eltern versuchen, ihren Kindern einen bevorstehenden Familienurlaub schmackhaft zu machen, indem sie sonnige Strände und lustige Aktivitäten ausmalen, den langen, ermüdenden Flug oder die Tatsache, dass es vor Ort kein WLAN gibt, jedoch unerwähnt lassen. Ein vollständiges Bild von der Zukunft zu zeichnen, ist noch schwerer, als die Vergangenheit zu beschreiben, daher neigen wir natürlich dazu, uns auf jene Elemente zu konzentrieren, die unsere Agenda voranbringen oder uns helfen, eine Diskussion zu gewinnen.

Stoßen wir auf glaubhafte Voraussagen, die unseren Absichten dienen, spielen wir sie hoch. Voraussagen, die wir für kontraproduktiv halten, erwähnen wir unter Umständen lieber gar nicht. Haben wir die Wahl zwischen einander widersprechenden Voraussagen von gleichermaßen anerkannten Experten, dann ist es nur natürlich, dass wir uns für diejenigen entscheiden oder jene teilen, die unserem Standpunkt am meisten nützen, und die übrigen ignorieren.

Voraussagen, Taktik 1
Selektive Voraussagen

Während des Brexit-Referendums war auf einem sehr einflussreichen »Vote Leave«-Plakat der Austrittsbefürworter zu lesen »TÜRKEI (76 Mio. Einwohner) WIRD MITGLIED DER EU«. Die Bürger eines EU-Staates haben das Recht, in jedem anderen Mitgliedsstaat zu leben und zu arbeiten. Daher mussten die Austrittsaktivisten in Zeiten erhöhter Besorgnis wegen der Instabilität im Nahen Osten und der Zuwanderungswelle gar nicht mehr sagen, um vielen britischen Wählern einen Heidenschreck einzujagen. Doch traf ihre Voraussage zu?

Die Türkei stellte 1987 den Antrag auf Aufnahme in die EWG und hat seit 1999 den Status eines EU-Beitrittskandidaten. Die Förderung ihrer EU-Mitgliedschaft war über lange Zeit offizielle britische Politik. 2017 sagte der britische Premierminister David Cameron vor türkischen Zuhörern: »Ich möchte, dass wir gemeinsam den Weg von Ankara nach Brüssel ebnen.«[1] Zum Zeitpunkt des Referendums brauchte die EU die Unterstützung der Türkei, um die Flüchtlingsströme nach Europa zu kontrollieren, und viele spekulierten, die EU-Mitgliedschaft des Landes könnte letzten Endes der Preis für diese Kooperation sein. War man also gewillt, eine flexible Interpretation auf die Zeitplanung anzuwenden, die die Formulierung »wird Mitglied« implizierte, dann hätte dieses »Türkei wird Mitglied der EU« zu einem in der Zukunft liegenden Zeitpunkt durchaus der Wahrheit entsprechen können.

Andererseits hatte Großbritannien, ähnlich anderen Mitgliedsstaaten, bei der Aufnahme neuer Mitglieder ein Vetorecht. Hätte also die britische Regierung die Türkei im Club nicht haben wollen, hätte diese auch niemals beitreten können (während Großbritannien in der EU geblieben wäre). Und selbst wenn Großbritannien kein Veto eingelegt hätte, hätte Zypern es mit Sicherheit getan, solange das Problem der anhaltenden türkischen Besetzung des Inselnordens nicht gelöst war. Darüber hinaus standen einer türkischen Mitgliedschaft zahlreiche verfahrensbedingte Hürden im Weg, darunter Korruption, mangelnde Pressefreiheit und Menschenrechtsverletzungen, für die es zahlreiche Belege gab. Die Aussage, dass der Beitritt der Türkei eine sehr weit entfernte Möglichkeit war, traf daher genauso zu. Und David Cameron, der zu den Befürwortern eines Verbleibs Großbritanniens in der EU gehörte, erklärte denn auch während der Brexit-Debatte: »Nach dem heutigen Fortschrittstempo werden sie sich

so um das Jahr 3000 herum einem möglichen Beitritt nähern.«[2]
Alles in allem scheint das »Vote Leave«-Plakat also ziemlich irreführend.

Ein großer Teil der Brexit-Debatte kreiste um konkurrierende Voraussagen in Bezug auf die Frage, welche Folgen ein Austritt Großbritanniens aus der EU hätte. Befürworter eines Verbleibs (Remainer) sahen Isolation, wirtschaftliche Verluste, Unsicherheit und Reisebeschränkungen, womöglich vielleicht sogar den Zusammenbruch der europäischen Nachkriegsordnung voraus. Austrittsbefürworter (Brexiteers) prognostizierten eine neue Ära des Welthandels und der ungehemmten Innovationen, ein neues Modell der Kooperation mit unseren europäischen Verbündeten und eine weitaus größere Kontrolle über unser eigenes Schicksal. Zwar übertrieben beide Seiten die potenziellen Gewinne und Verluste für Großbritannien gewaltig, doch handelte es sich bei den meisten Behauptungen im Hinblick darauf, was die Zukunft bringen würde, um glaubhafte Voraussagen, die sich auf diese oder jene Fakten gründeten.

Wird Wasser unser Tod sein?

Der Kampf um konkurrierende Voraussagen wird vielleicht nirgendwo erbitterter ausgetragen als in den Debatten über die globale Erwärmung.

Menschengemachtes Kohlendioxid reichert sich in unserer Atmosphäre an und bildet dort eine unsichtbare Barriere aus Treibhausgas. Sie fängt die Wärme der Sonne ein, die vorher zurück ins All reflektiert wurde. Dieser beobachtbare, messbare Teil der Geschichte von der globalen Erwärmung ist inzwischen weithin anerkannt. Doch der Grund, warum wir versuchen, so tiefgreifende Veränderungen in unserer Art zu reisen, Energie zu erzeugen und unserer Lebensweise insgesamt herbeizuführen, findet sich im zweiten Teil: den Voraussagen darüber, was mit unserem

Klima geschehen und welche verheerenden Auswirkungen solche Entwicklungen haben könnten.

Schätzungen der zwischenstaatlichen Expertengruppe für Klimaänderungen (IPCC) zufolge wird die globale Durchschnittstemperatur in den Jahren 2081–2100 im Jahresmittel um 0,3 °C bis 4,8 °C höher liegen als im Zeitraum 1986–2005.[3] Diese doch recht große Bandbreite ermöglicht Prognosen zu angenehmen wie auch katastrophengeprägten Zukunftsszenarien. Warum eine solche Ungewissheit von Experten?

Kohlendioxid (CO_2) allein wird aller Voraussicht nach nur für einen geringen Teil der Erderwärmung verantwortlich sein. Eine Verdoppelung der CO_2-Konzentrationen in der Atmosphäre könnte laut IPCC den Planeten um etwa 1,2 °C erwärmen. Dies gilt als nicht besonders gefährlich. Voraussagen über einen radikalen Klimawandel hängen von einem zweiten, verstärkend wirkenden Faktor ab – dem wärmenden Effekt einer erhöhten Verdunstung von Wasser in die Atmosphäre.

Wärmere Luft enthält mehr Wasserdampf, wobei die Konzentration mit jedem Grad Celsius um etwa sieben Prozent zunimmt. Ergo würde eine geringfügige CO_2-getriebene Erwärmung zu einer signifikant feuchteren Atmosphäre führen. Da Wasserdampf ein wirksames Treibhausgas ist, könnte sich dadurch die künftige, allein von CO_2 verursachte Erwärmung mehr als verdoppeln.

Zudem entstehen aus Wasserdampf Wolken. Diese tragen nicht nur zur Erwärmung bei, indem sie eine Barriere bilden, die die Abstrahlung von Erdwärme verhindert, sondern haben auch einen kühlenden Effekt, da sie Sonnenlicht zurück ins All reflektieren. Unterm Strich haben Wolken netto einen kühlenden Effekt, aber die unterschiedlichen Wolkenarten wirken sich verschieden aus. In niedriger Höhe ziehende Stratocumuli kühlen den Planten im Allgemeinen ab, während hohe, dünne Cirruswolken ihn erwärmen. Sollte also eine stärkere Verdunstung zur vermehrten Bildung von Stratocumulus-Wolken führen, könnten diese den Verstärkungseffekt von Wasserdampf reduzieren oder sogar aufheben;

eine Zunahme bei den in hohen Schichten ziehenden Wolken könnte ihn dagegen verschlimmern.

Allerdings bedeutet mehr Wasserdampf nicht automatisch mehr Wolken. Forschungsergebnisse deuten darauf hin, dass eine feuchtere, wärmere Atmosphäre letztendlich zu weniger Wolken in hohen und in tiefen Schichten führen könnte (was beunruhigende Auswirkungen auf Niederschlagsmengen und Dürreperioden hätte). Von der veränderlichen Wolkenbilanz wird es also abhängen, ob der Gesamteffekt eine Erwärmung oder eine Abkühlung ist.

Derzeit gehen Wissenschaftler davon aus, dass der auf Wolken zurückzuführende Nettostrahlungseffekt der treibhausgasinduzierten Erwärmung leicht positiv sein und die Auswirkungen der CO_2-Emissionen verstärken wird. Doch obwohl sie ihr Bestes tun, um das künftige Wolkenverhalten modellhaft vorherzusagen, würden die meisten von ihnen einräumen, dass diese Berechnungen noch nicht sehr verlässlich sind. Die Ungewissheit in Bezug auf die Auswirkungen, die sich verändernde Wolkenmuster auf die globalen Temperaturen haben werden, macht langfristige Klimaprognosen äußerst schwierig.

Derartige Unsicherheiten gehören zu den Grundmerkmalen wissenschaftlicher Forschung. Es bedeutet nicht, dass die Geschichte von der globalen Erwärmung unwahr ist; und ebenso wenig bedeutet es, dass wir heute nicht handeln sollten, für den Fall, dass unsere etwas pessimistischeren Prognosen sich als zutreffend herausstellen. Was es aber sehr wohl bedeutet, ist, dass an den beiden extremen Polen dieser Debatte eine Unmenge konkurrierender Wahrheiten umherschwirren können. Und Wissenschaftler, die unablässig danach streben, die Qualität unserer Klimaprognosen zu verbessern, geraten dabei sehr häufig ins Kreuzfeuer.

Sollten sich die Temperaturen auf der Erde tatsächlich substanziell erhöhen, so stimmt doch nicht jeder der Aussage zu, dass eine solche Entwicklung schlecht für uns sein wird. Diese Uneinigkeit ist größtenteils der unvorstellbaren Komplexität der entsprechenden planetenweiten Modellberechnungen geschuldet. Wird es mehr und heftigere Hurrikane geben, wie Harvey, Irma und Maria anscheinend nahelegten? Wird die thermohaline Zirkulation, die als Golfstrom Nordeuropa wärmt, zum Stillstand kommen? Werden schmelzende Permafrostböden große Mengen eingeschlossenes CO_2 freisetzen, das in die Atmosphäre entweicht und die globale Erwärmung anheizt? Werden Dürren und Missernten zu Massenmigration und Krieg führen? Werden die Meeresspiegel steigen und Städte bedrohen? Niemand kann das mit Gewissheit sagen, und daher sind Unmengen von mehr oder weniger glaubhaften Szenarien in Umlauf.

In einem passenden Kontext präsentierte Teilwahrheiten können nützlich sein, um eine gewisse Vorstellung davon zu vermitteln, was die Zukunft bereithalten könnte. Dem Climate Science Special Report (Spezialbericht Klimaforschung, Teil des US National Climate Assessment) 2017 zufolge gibt es »relativ starke Belege«, dass menschengemachte Faktoren zu den Hitzewellen beigetragen haben, die 2003 Europa und 2013 Australien heimsuchten. Ebenso kam der Bericht zu dem Ergebnis, dass manche Sturmarten »Veränderungen [zeigen], die mit dem Klimawandel in Zusammenhang gebracht worden sind«, räumte allerdings ein, dass unser Verständnis von solchen Zusammenhängen noch nicht ausreichend sei. Doch Teilwahrheiten sind von beiden Seiten auch strapaziert worden, um einerseits Ängste zu schüren und andererseits selbstgefällige Zufriedenheit zu verbreiten, was unsere Zukunft betrifft. Hier eine Story von Climatewire, die 2016 im Wissenschaftsmagazin ›Scientific American‹ veröffentlicht wurde und zeigen soll, wie der Klimawandel künftige Konflikte befeuern könnte:

Der anhaltende Konflikt in Syrien hat bisher 470.000 Menschen das Leben gekostet und Millionen heimatlos gemacht. Auch ging ihm in den Jahren 2006 bis 2010 eine ungewöhnlich schwere Dürre voraus. Millionen Bauern zogen in die urbanen Zentren, was den Boden für zivile Konflikte bereitete. Einer Studie zufolge wäre diese Dürre ohne den Klimawandel mit hoher Wahrscheinlichkeit nicht eingetreten.[4]

Die genannten Fakten sind größtenteils korrekt. Der hergestellte kausale Zusammenhang, so würden die meisten Politikexperten protestieren, mit Sicherheit nicht. Der Klimawandel war nicht verantwortlich für den Ausbruch des Bürgerkriegs in Syrien.

Manche Klimaskeptiker haben ein weitaus rosigeres Bild von der Zukunft gezeichnet. »Es werden weniger Leute erfrieren«, schrieb Myron Ebell, der von Donald Trump erkorene Lobbyist, der die Umgestaltung der US-Umweltschutzbehörde leiten soll. Und weiter:

> Das Leben wird vielerorts angenehmer werden. In Saskatoon werden die Temperaturen im Januar vielleicht nicht mehr auf 20 Grad unter Null, sondern nur noch auf 10 Grad unter Null fallen. Ich glaube nicht, dass sich allzu viele Leute beschweren würden, wenn die Winter in Minneapolis künftig eher den Wintern in Kansas City ähnelten ... Für ältere und kranke Menschen ist warmes Wetter definitiv nicht nur gesünder, sondern auch angenehmer.[5]

Da alles ist vermutlich wahr, selbst wenn es auf herzlose Weise die Schicksale von Milliarden Menschen in heißeren Klimazonen ausblendet.

Der Wissenschaftsjournalist Matt Ridley hat auf die neuerdings offenbar vonstattengehende Ergrünung des Planeten – eine beobachtete Zunahme von Pflanzenmaterial in zahlreichen Ökosystemen – hingewiesen und sie als bedeutenden wirtschaftlichen und ökologischen Vorteil höherer CO_2-Konzentrationen bezeichnet.[6] Er stellt fest, dass CO_2 ein lebensnotwendiger Rohstoff für Pflanzen ist: Landwirte erhöhen routinemäßig die CO_2-Konzentration in ihren Gewächshäusern, um das Wachstum von Nutzpflanzen zu stimulieren. Künftig, so behauptet er, würden Landwirtschaftsbetriebe und Regenwälder gleichermaßen von der Zunahme der

CO_2-Konzentration in der Atmosphäre profitieren. Dieser optimistische Ausblick muss allerdings gegen Überlegungen dahingehend abgewogen werden, wie hoch die Wahrscheinlichkeit ist, dass die gestörten Wetterabläufe zu Dürren, Stürmen und Fluten in landwirtschaftlich geprägten Regionen führen und empfindliche natürliche Ökosysteme durcheinanderbringen würden. Hurrikan Maria, der aufgrund des Klimawandels stärker ausgefallen sein könnte, zerstörte im September 2017 auf Puerto Rico beinahe den gesamten Regenwald und vernichtete bis zu 80 Prozent der Ernte.

Alle in diesem Zusammenhang getroffenen Prognosen basieren auf einer Vielzahl aktueller Variablen, und diese wiederum interagieren auf eine höchst komplexe Weise mit anderen Variablen, die wir nicht immer vollständig verstehen. Passt man eine Variable oder Wechselbeziehung auch nur geringfügig an, verändern sich die so getroffenen Voraussagen radikal. Es ist von Nutzen, sich genau anzusehen, was passieren *könnte*, doch nur wenige ernstzunehmende Wissenschaftler würden eine Prognose darüber wagen, was passieren *wird*.

Transformative Prognosen

Das Wetter von morgen ist von den Voraussagen, die wir darüber treffen, unabhängig: Es wird sein, wie es ist, was auch immer die Wetterfrösche gesagt haben. Bringt uns die Angst vor einer globalen Erwärmung dazu, Maßnahmen zur Reduzierung des Kohlendioxidausstoßes oder Geo-Engineering einzuführen, dann werden im Gegensatz dazu die Voraussagen selbst Einfluss auf das Ergebnis genommen haben.

Die Kommunikation einer Voraussage kann sich darauf auswirken, ob und auf welche Weise diese sich erfüllt. Länder, die lautstark einen Krieg prognostizieren, zetteln mit höherer Wahrscheinlichkeit auch einen an. Zentralbanken, die eine bestimmte Inflationsrate anstreben, steuern die Märkte so, dass sie entsprechend agieren, was wiederum ihnen dabei hilft, das gesteckte Ziel zu erreichen. Einflussreiche Analysten, die verkünden, dass ein bestimmtes Börsenunternehmen Pleite gehen wird, beschleunigen unter Umständen dessen Niedergang. Eltern, die die Chancen ihres Kindes, eine Prüfung zu bestehen, kleinreden, tragen womöglich zu dessen Scheitern bei. Dies alles sind *selbsterfüllende* Prophezeiungen.

Im Gegensatz dazu sind *selbstzerstörende Prophezeiungen* solche, die sich eben gerade *nicht* erfüllen, wenn man ihnen gemäß handelt. Rechtzeitige Warnungen vor dem potenziellen Ausmaß eines Ebola-Ausbruchs verbreiteten 2014 genügend Angst, um die internationale Gemeinschaft zum Handeln zu bewegen, wodurch ein Großteil der über eine halbe Million von den Zentren für Krankheitskontrolle und Prävention prognostizierten Krankheitsfälle vermieden werden konnte. Klimaaktivisten hoffen, dass ihre alarmierenden Vorhersagen heute dazu beitragen werden, dass die schlimmsten Zukunftsszenarien tatsächlich verhindert werden können.

Voraussagen, Taktik 2
Voraussagen treffen, um etwas zu verhindern

Bedingte Voraussagen können selbsterfüllend oder selbstzerstörend sein. Ein Satz wie »Wenn du deine Hausaufgaben rechtzeitig fertig hast, gebe ich dir 20 Dollar« dürfte mit hoher Wahrscheinlichkeit zu der besagten Zahlung führen; »Wenn Sie dieses Memo abschicken, sind Sie entlassen«, dürfte eine ausreichend deutliche Warnung sein, um eine Entlassung zu vermeiden.

Handlungsversprechen sind eine Form der Voraussage, die möglicherweise als Wahrheit akzeptiert wird, wenn sie von einer ausreichend vertrauenswürdigen Person oder Organisation kommt. »Ich treffe dich dann also um 19.00 Uhr vor dem Theater«, sagt Ihr Liebster, und aus der Erfahrung heraus wissen Sie, dass das stimmt. »Die EZB wird alles Notwendige tun, um den Euro zu erhalten. Und glauben Sie mir, es wird ausreichen«, verkündete 2012 Mario Draghi, Präsident der Europäischen Zentralbank. Die Glaubwürdigkeit sowohl des Mannes wie auch der Institution reichten tatsächlich aus, um die Märkte zu beruhigen und die Zinsen für Staatsanleihen nach unten zu drücken.[7] Vier Jahre später beschrieb die ›Financial Times‹ diese selbsterfüllende Prophezeiung als »weithin dafür anerkannt, die Eurozone vor dem Abgrund eines möglichen Zusammenbruchs bewahrt zu haben«.[8]

Voraussagen, Taktik 3
Voraussagen treffen, damit etwas passiert

Voraussagen treiben also nicht nur unser Handeln an und liefern die Grundlage für wichtige Entscheidungen, sie zu kommunizieren kann auch die Zukunft verändern, indem es direkt zu ihrer Erfüllung oder ihrer Vereitelung führt. Prognosen, die ausreichend glaubhaft sind, um als Wahrheiten behandelt zu werden, sind mächtige Motivatoren und Gestalter von Realität. Ist mehr als eine glaubhafte Voraussage verfügbar, dann könnte die eine, der wir uns entschließen zuzuhören, auf deren Grundlage wir handeln und die wir teilen, am Ende über unsere Zukunft entscheiden.

Utopie oder Dystopie?

Die Roboter kommen.

Und nicht nur sie. Gepaart mit Big Data, modernsten Sensoren und einem beispiellosen Vernetzungsgrad, wird Künstliche Intelligenz (KI) in naher Zukunft Maschinen hervorbringen, die in der Lage sind, zahlreiche physische und intellektuelle Aufgaben besser zu lösen als wir Menschen. Besser – und viel, viel billiger.

Viele Berufe wird es schon in Kürze nicht mehr geben, wenn Maschinen übernehmen. Wir haben bereits erlebt, wie Robotern vielfältige Aufgaben innerhalb von Herstellungsprozessen übertragen wurden. Auch Kassenpersonal im Einzelhandel, Bankschalterangestellte und Telefondienstmitarbeiter sterben nach und nach aus. Als Nächstes werden LKW- und Taxifahrer verschwinden, die durch selbstfahrende Fahrzeuge ersetzt werden. Allein in den Vereinigten Staaten werden 3,5 Millionen Trucker betroffen sein. Ihnen folgen mit geringem zeitlichem Abstand Wissensarbeiter, die Routineaufgaben erledigen: Buchhalter, Steuerberater und Rechnungsprüfer, Immobilienrechtler, Finanzberichterstatter, Verwaltungskoordinatoren, medizinische Laborassistenten und so weiter. Selbst praktische Berufe wie Koch, Putzkraft oder Friseur werden in dem Maße verloren gehen, wie sich Fingerfertigkeit und Raumwahrnehmung von Robotern verbessern.

Maschinen werden Millionen, vielleicht sogar Milliarden von Menschen überflüssig machen. Die Ungleichheit wird sprunghaft ansteigen.

Da das maschinelle Lernen Computer unweigerlich in die Lage versetzen wird, klüger zu werden, als wir es sind, könnten sie beschließen, die Kontrolle zu übernehmen. »Wir sollten stark restriktive Annahmen in Bezug auf die Obergrenzen, die den künftigen Möglichkeiten künstlicher Intelligenz gesetzt sind, vermeiden«, warnte 2017 eine Gruppe von KI- und Robotikexperten:

Risiken, die sich durch KI-Systeme ergeben, insbesondere Katastrophen- oder Existenzrisiken, müssen Gegenstand von Anstrengungen zur Entwicklung von Planungs- und Eindämmungsmaßnahmen sein, die den erwarteten Auswirkungen angemessen sind ... KI-Systeme, die entworfen werden, um sich auf eine Weise rekursiv selbst zu verbessern oder zu replizieren, die zu Qualitäts- oder Quantitätssprüngen führen könnte, müssen strengsten Sicherheits- und Kontrollmaßnahmen unterworfen werden.[9]

Die Expertenrichtlinien für künftige KI-Forschung stellen für jemanden, der die Kinofilme ›Terminator‹ oder ›Matrix‹ gesehen hat, eine äußerst unzureichende Beruhigung dar. Zu bedenken ist dabei auch, dass ein großer Teil der am weitesten entwickelten Forschungen auf dem Gebiet der Künstlichen Intelligenz und der Robotertechnik gegenwärtig auf militärische Anwendungen ausgerichtet ist. Selbst dann, wenn die Maschinen nicht beschließen sollten, uns auszurotten, könnten wir auf einen Status als Haustiere oder Sklaven reduziert werden.

»Die Entwicklung vollständig künstlicher Intelligenz könnte das Ende der Menschheit besiegeln«, warnte Stephen Hawking.[10]

Michael Vassar, ehemaliger Präsident des Forschungsinstitutes für maschinelle Intelligenz (MIRI), pflichtet ihm bei: »Wird ohne die nötige Vorsicht eine allgemeine künstliche Intelligenz entwickelt, die die des Menschen übertrifft, dann dürfte es so gut wie sicher sein, dass unsere Spezies in sehr kurzer Zeit aussterben wird.«[11]

Es ist vollkommen klar, dass wir alles in unserer Macht Stehende tun müssen, um diese Katastrophe zu verhindern.

Tesla- und SpaceX-Gründer Elon Musk hat die künstliche Intelligenz als »unsere größte existenzielle Bedrohung« bezeichnet. »Mit künstlicher Intelligenz beschwören wir den Teufel herbei«[12], sagte er und plädierte dafür, KI auf nationaler oder internationaler Ebene zu regulieren. Doch er ging noch weiter. Seine furchterregende Vision von der künstlichen Intelligenz ist eine der treibenden Kräfte hinter dem von ihm ins Leben gerufenen Weltraumprogramm: ›Vanity Fair‹ zufolge will er den Mars kolonialisieren, sodass wir »einen Schlupfwinkel [haben], wenn KI aus dem Ruder läuft und sich gegen die Menschheit wendet«.[13]

Neben einer Flucht vor den Maschinen, die schon bald unmöglich sein könnte, hat Musk noch einen zweiten Vorschlag parat. Eine andere Methode, unser Überleben zu sichern, könnte darin bestehen, unsere Kräfte im wahrsten Sinne des Wortes mit den ihren zu vereinen. Diese Cyborg-Option – »irgendeine Form von Verschmelzung biologischer mit maschineller Intelligenz« – verfolgt er bereits: Seine Firma Neuralink soll eine »Nervenschnur« aus »winzigen Gehirnelektroden« entwickeln, »die eines Tages

Gedanken in das menschliche Gehirn hoch- und aus diesem herunterladen könnten«.[14] Musk investiert Unmengen an Zeit, Geld und Reputation in den Versuch, uns davor zu bewahren, dass wir von Maschinen ersetzt oder ausgelöscht werden.

Microsoft-Gründer Bill Gates hat einen alternativen Vorschlag anzubieten, um eine flächendeckende Einführung von Robotern zu verhindern: Wir sollten sie besteuern. »Man sollte bereit sein, das Steuerniveau zu erhöhen, ja sogar die Geschwindigkeit dieser Einführung zu drosseln«, sagte er.[15] Eine andere Methode, um dasselbe Ergebnis zu erreichen, bestünde darin, die Lohnsteuern zu kürzen oder Lohnzuschüsse für den Niedriglohnsektor zur Verfügung zu stellen. So würden Arbeitskräfte in diesen Bereichen in die Lage versetzt, besser mit den Maschinen konkurrieren zu können, und Unternehmen hätten einen geringeren Anreiz, in Automatisierung zu investieren. Gates weiß natürlich, dass eine Besteuerung den Vormarsch der Maschinen nicht auf ewig aufhalten würde, doch könnte ein solches Vorgehen der Menschheit zumindest die nötige Zeit verschaffen, um sich anzupassen und die Fähigkeiten zu entwickeln, die sie brauchte, um in einer von KI beherrschten Welt zu überleben.

Wir sollten von unseren Regierungen fordern, die notwendigen Regularien einzuführen und alle zu besteuern, die die KI vorantreiben oder neue Generationen von Robotern entwickeln. Vielleicht sollten wir dieses Teufelszeug auch ganz und gar verbieten. Oder, wenn es die Regierungen nicht schaffen, Gesetze zu erlassen, die uns vor dem Übel schützen, selbst in Aktion treten. Wir müssen handeln, um die Menschheit zu retten, und zwar sofort.

Unsinn! Reine Panikmache! Diese Sicht auf die Zukunft ist viel zu düster. Ja, Maschinen werden in der Tat viele sich wiederholende, entwürdigende und langweilige Tätigkeiten übernehmen. Und, was ist daran so schlimm? Will denn irgendjemand tatsächlich den ganzen Tag lang tief gebeugt über einer Excel-Tabelle sitzen oder die ganze Nacht über Schlaglöcher reparieren? Sind LKW-

Fahren oder Hamburger-Wenden oder ununterbrochenes Starren auf pathologische Gewebeproben anspruchsvoll genug, um ein komplexes Gehirn zu beschäftigen? Künstliche Intelligenz wird uns von diesen Tätigkeiten befreien, sodass wir uns interessanteren Dingen zuwenden und kreativere Karrieren verfolgen können. In dem Maß, wie alte Arbeitsplätze verloren gehen, werden neue entstehen, auf Gebieten, die wir uns heute noch nicht einmal vorstellen können. Die industrielle Revolution hat keine Massenarbeitslosigkeit erzeugt, und das Computer-Zeitalter ebenso wenig. Jetzt brauchen wir Programmierer und Webdesigner, Immuntherapieforscher, Cyber-Security-Manager und Datenmodellierer – alles Jobs, die durch Technologie geschaffen werden. Allen, die gewillt sind, neue Technologien zu nutzen, um ihre eigenen Fähigkeiten zu erweitern, steht eine strahlende Zukunft bevor.

Und mehr noch. Roboter und künstliche Intelligenz könnten sich womöglich als Retter der Menschheit erweisen. Für einige der hartnäckigsten Probleme, vor denen wir heute stehen, wie etwa die globale Erwärmung oder die explodierenden Pflegekosten für ältere Menschen, könnten Maschinen die Lösung sein. Roboter, die in der Lage sind, lebenswichtige Funktionen zu überwachen, jemanden zu stützen oder zu tragen, oder sogar eine anregende Unterhaltung zu führen, könnten die Lebensqualität von Millionen von alten Menschen verbessern und ihnen ein sehr viel längeres selbstbestimmtes Leben ermöglichen. Teams autonomer Roboter könnten unsere zerbröckelnden Straßen und Gebäude überwachen und reparieren. Drohnenschwärme könnten eine Geo-Engineering-Lösung bieten, die dabei hilft, die steigenden Oberflächentemperaturen auf der Erde in Schach zu halten.

Warum sollten wir Maschinen fürchten, die klüger sind als wir, solange wir sie so programmieren, dass sie unseren Bedürfnissen dienen, und ihnen sagen, was wir wollen? Vielleicht wäre eine uns überlegene Intelligenz ja in der Lage, den arabisch-israelischen Konflikt zu lösen oder Atomkriege zu verhindern oder die Welt von Leid und Krankheiten zu befreien. Klügere Maschinen könnten sich ebenso gütig und liebevoll um uns kümmern, wie wir unsere meistgeliebten Haustiere umsorgen.

Also lasst uns alles dafür tun, was wir nur können, um die Entwicklung der künstlichen Intelligenz zu beschleunigen. Räumen wir den Robotikunternehmen Steuernachlässe ein, geben wir den Uni-Fakultäten, an denen das maschinelle Lernen erforscht wird, staatliche Zuschüsse. Schaffen wir die gesetzgeberischen Hürden für selbstfahrende Fahrzeuge ab und läuten ein Goldenes Zeitalter der Technologie ein!

Welches der beiden Szenarien wird eintreten? Sind die Schwarzseher *Fürsprecher* oder *Fehlinformierer*? Sicher ist auf jeden Fall, dass Roboter im Kommen sind und unsere Welt komplett verändern werden. Noch haben wir keine Ahnung, wie dieser Wandel aussehen wird. Und doch müssen wir uns schon bald entscheiden, wie wir auf dieses bemerkenswerte Phänomen reagieren wollen. Selbst Inaktivität ist eine Form von Reaktion und wird Konsequenzen haben. Wie entscheiden wir, was zu tun ist? Der einzige Weg, diese Fragen zu beantworten, besteht darin, die Zukunft vorauszusagen.

Oder die Voraussage von jemand anderem zu akzeptieren.

Zukunftssicher

Das beschleunigte Tempo technologischer Entwicklungen, globaler Vernetzung und politischer Umbrüche lässt die Zukunft immer schneller auf uns zurollen. In einer zunehmend ungewissen und fragilen Welt ist es schwieriger als jemals zuvor, vorauszusagen, was geschehen wird. Zugleich war die Notwendigkeit zu planen, zu investieren und uns auf eben diese Zukunft vorzubereiten, noch nie so groß wie heute. Prognosen gehören unverzichtbar zum Alltag.

Unternehmen, die sich für eine ungewisse Zukunft wappnen

wollen, nutzen Szenarioplanungen, um zu analysieren, wie sie sich in diversen Situationen schlagen würden. Großbanken müssen heutzutage extreme Finanzierungsbedingungen simulieren, um ihre Bilanzen einem Stresstest zu unterziehen. Institutionen wie Krankenhäuser und Armeen betrachten verschiedene Versionen von der Zukunft, um sicherzustellen, dass sie über die nötigen Ressourcen und Pläne verfügen, mit einer ganzen Reihe möglicherweise eintretender Ereignisse umzugehen. Im Grunde stellen sich alle diese Organisationen konkurrierende Wahrheiten über die Zukunft vor, um die Entscheidungen zu formen, die sie heute treffen.

Wir können von solchen Organisationen lernen. In Zukunft wird es nicht mehr ausreichen, lediglich eine einzige Voraussage zu treffen: Wir werden mit einer Reihe unterschiedlicher, konkurrierender Wahrheiten über die Zukunft jonglieren müssen, um für diejenige gerüstet zu sein, die am Ende eintritt. Dies gilt insbesondere für die Tätigkeiten, die wir künftig verrichten werden und die Ausbildung der dazu benötigten Fähigkeiten. Es gilt aber auch für das Alter, das wir in Zukunft erreichen könnten; die Umgebungen, in denen wir womöglich leben; die Maschinen, die wir in unser Leben integrieren; die Cyber-Bedrohungen, gegen die wir uns verteidigen müssen; die Aktivitäten, die uns möglich werden; und sogar die Wünsche, die wir haben könnten. Sieht so aus, als würden die neuen Technologien alle diese Dinge umgestalten.

Wir können nicht wissen, was die Zukunft bereithält. Doch indem wir eine Reihe konkurrierender Wahrheiten über die Zukunft ernstnehmen, könnte es uns gelingen, sie gerade so zu überleben.

In der Praxis

- Zeichnen Sie ein positives und glaubhaftes Bild von der Zukunft, um Menschen in der Gegenwart zum Handeln zu inspirieren.
- Betrachten Sie eine Reihe konkurrierender Voraussagen, um sicherzugehen, dass Sie für jedes wahrscheinliche Szenario gewappnet sind.
- Macht jemand eine Voraussage, die für sofortiges, fragwürdiges Handeln wirbt, überprüfen Sie die Gültigkeit dieser Voraussage und bedenken Sie alternative Voraussagen.

Doch Vorsicht vor:

- Irreführern, die beunruhigende relevante Voraussagen weglassen, wenn sie Sie zu überzeugen versuchen, etwas Bestimmtes zu tun.
- Menschen, die nur jene Voraussagen teilen und verbreiten, die ihren eigenen Standpunkt in einer Debatte untermauern.

2 Überzeugungen

Wer steht denn an zu behaupten,
er allein habe die Wahrheit gefunden?
Henry Wadsworth Longfellow

Ein Gott mitten unter uns

Das Erste, was die Menschen zu James Warren Jones hinzog, war seine unerschütterliche, lebenslange Überzeugung von der Gleichstellung der Rassen. Aufgewachsen in den 1940er-Jahren in Indiana, war er seiner Zeit voraus. Die Ehe zwischen Schwarzen und Weißen war immer noch gesetzlich verboten, und eine Zeit lang hieß es sogar, in Indiana gäbe es den mächtigsten Ableger des Ku-Klux-Klans in den gesamten Vereinigten Staaten. Eine Kombination aus christlicher Bigotterie und tief verwurzeltem Rassismus hatte in den 1920er-Jahren dazu geführt, dass Klanmitglieder und Pro-Klan-Kandidaten Wahlämter auf allen staatlichen Ebenen besetzen konnten. Jones' Vater galt als Klanmitglied, und Jones sprach oft davon, wie er sich jahrelang weigerte, mit seinem Erzeuger zu reden, nachdem dieser einem schwarzen Freund den Zutritt zu ihrem Haus verboten hatte. Jim Jones' Überzeugungen wichen gefährlich weit von denen seiner Gemeinde ab und machten ihn zum Außenseiter.

Ungeachtet dessen blieb Jones vor Ort. 1955 gründete er die erste gemischtrassige Kirche des Bundesstaates, und er und seine Frau adoptierten als erstes weißes Paar in Indiana ein schwarzes Kind. 1961 wurde er eingeladen, den Vorsitz der Menschenrechtskommission von Indianapolis zu übernehmen, eine Position, die er nutzte, um die Aufhebung der Rassentrennung in einer ganzen Reihe staatlicher und privater Organisationen zu erzwingen. Im Mittelpunkt der fesselnden Predigten des hochcharismatischen Redners stand die Überbrückung der tiefen Kluft zwischen Schwarzen und Weißen. Teri Buford O'Shea, eine ehemalige Anhängerin seiner Bewegung, beschrieb ihn als »leidenschaftlichen Kämpfer für die Integration der Rassen«.[1] Jones' eigenen Verlautbarungen zufolge galt sein Bestreben der Schaffung einer »Regenbogenfamilie«.

Doch die Gleichheit der Rassen war nicht die einzige Überzeugung, die Jim Jones antrieb. Er war außerdem Kommunist, und das zu einer Zeit, in der die meisten US-Amerikaner die bloße Idee des Kommunismus hassten und fürchteten. Jones' Auffassung, dass alle Menschen gleichbehandelt und diejenigen, die der Hilfe bedurften, von jenen unterstützt werden sollten, die über die dazu notwendigen Mittel verfügten, brachte ihn dazu, Suppenküchen, Pflegeheime, ein Waisenhaus und eine Organisation zur Hilfe bei der Arbeitssuche einzurichten. »Die einzige Ethik, durch die wir die Menschheit heute erheben können, ist eine Form von Sozialismus«, predigte er.[2]

Jim Jones' zweifacher Glaube an Rassengleichheit und Sozialismus machte ihn zum Fremden im eigenen Land. Doch die vortrefflichen Werte, die er aus diesen Überzeugungen ableitete, trugen seiner Kirche eine Menge Anhänger ein. Als er den »People's Temple« 1965 nach Kalifornien verlegte, fanden seine Rufe nach Gleichstellung, Sozialismus und politischem Aktivismus bei zahlreichen jungen und altruistisch gesinnten, liberal eingestellten Menschen Gehör. Sie teilten seine Überzeugungen und traten scharenweise seiner Kirche bei.

Was eine inspirierende Geschichte sozialen Fortschritts hätte sein sollen, begann jedoch schiefzulaufen, als Jim Jones seinen Anhängern verkündete, er sei Gott.

Einige von ihnen glaubten ihm.

Jones begann, Menschen zu »heilen«. Dazu hielt er vorgespiegelte Rituale ab, die so kunstvoll und aufwendig inszeniert waren wie Zaubertricks. Es gab Berichte über Einschüchterungen und ausufernde Kontrolle. Viele Anhänger überschrieben Jones ihren gesamten weltlichen Besitz. Manche übertrugen ihm sogar das Sorgerecht für ihre Kinder. Sein Ruhm wuchs dessen ungeachtet weiter, und der People's Temple zog über seine Kirchen in San Francisco und Los Angeles Tausende neue Mitglieder an, viele davon arm und verletzlich, viele davon Afroamerikaner. Jones' Glaubensgemeinschaft entwickelte sich zu einer politischen Kraft, die er nach Belieben mobilisieren konnte, um kalifornische Politiker zu unterstützen oder zu Fall zu bringen.

Doch dann machten zunehmend Gerüchte über sexuellen Missbrauch die Runde. Jones verließ letztendlich Kalifornien und begab sich auf landwirtschaftliche Mission in eine abgelegene Region Guyanas. Dort fanden sich die Hunderte von Menschen, die ihn, inspiriert von seiner Vision einer utopischen Dschungelgemeinschaft, die frei sein würde von jeglicher Diskriminierung aufgrund von Rasse oder Geschlecht, nach Südamerika begleitet hatten, in völliger Isolation und kompletter Abhängigkeit von seinen Informationen und Anweisungen wieder. Jones nutzte seine Macht in vollem Umfang aus. Er forderte sexuelle Dienstleistungen von Männern wie Frauen, ordnete öffentliche Demütigungen an, setzte Dissidenten unter Drogen oder verprügelte sie. Über Lautsprecher waren in der ganzen Siedlung rund um die Uhr Aufzeichnungen seiner Stimme zu hören. Bibeln wurden zerfleddert und als Toilettenpapier benutzt. Familien wurden bewusst auseinandergerissen, Kinder in Reizentzugsboxen gesperrt. In diesem zunehmend irrealen Umfeld, mit Sonnenbrille und Safarianzug auf einem Thron sitzend, fiel Jones einer fortschreitenden Paranoia und geistigen Umnachtung anheim.

»Das Leben ist eine gottverdammte Krankheit«, erklärte er seinen Anhängern. »Und für diese gottverdammte Krankheit gibt es nur eine Heilung. Den Tod.«[3]

Und einige von ihnen glaubten ihm.

Jim Jones begann mit den Proben für einen Massensuizid, indem er seine Anhänger dazu brachte, Getränke zu sich zu nehmen, denen seinen Behauptungen zufolge Gift beigemischt war. Als viele von ihnen seine Anweisungen befolgten, pries er ihre Loyalität.»Jetzt weiß ich, dass ich euch vertrauen kann«, sagte er. Solche Proben fanden alle paar Wochen statt.

Das Ende kam im November 1978, als der Kongressabgeordnete Leo Ryan Jonestown besuchte, im Schlepptau ein Heer von Reportern und Hilfskräften, die den Behauptungen über Missbrauch und Einschüchterung nachgehen sollten. Er selbst sowie drei Journalisten wurden von Jones' Sicherheitsleuten ermordet. Dann rief Jones seine Anhänger im Zentrum der Siedlung zusammen und verkündete ihnen, es sei an der Zeit zu sterben.

Zyanid wurde in pulverisierten Fruchtsaft gemischt – bei dem es sich um Kool-Aid gehandelt haben kann oder auch nicht – und von Hunderten seiner Anhänger aus freien Stücken zu sich genommen. Andere, darunter mehr als 200 Kinder, wurden gezwungen, das Gift zu trinken, bekamen eine tödliche Dosis injiziert oder wurden erschossen. Jones selbst starb an einer Schusswunde, die er sich auch selbst beigebracht haben könnte. Alles in allem begingen in Guyana im Namen der Überzeugungen, die Jones genährt hatte, 918 Menschen Selbstmord oder wurden getötet.

»In der Bibel gibt es eine Stelle, da sagt Jesus den Menschen, sie sollen ihre Familien verlassen und ihm folgen. Jim zitierte sie ziemlich oft«, erinnert sich Teri Buford O'Shea.»Er sagte, er wäre Gandhi, Buddha, Lenin – er sagte, er sei jeder, dessen Rückkehr sich die Menschen jemals gewünscht hätten. Und wir glaubten ihm.«[4]

Wahre Überzeugungen

Wir können uns ziemlich sicher sein, dass Jim Jones weder Gandhi noch Buddha oder Lenin war. Und Gott schon gar nicht. Warum also sollten wir uns in diesem Buch über die Wahrheit mit solchen Lügen beschäftigen?

Erstens, weil Tausende Anhänger von Jim Jones sie nicht als Lügen betrachtet haben. »Wir glaubten ihm«, lautete Teri Buford O'Sheas einfaches Bekenntnis. Für viele Mitglieder des People's Temple war Jones in der Tat ein Gott. Und diese Menschen waren keineswegs dumm. Viele von ihnen verfügten über einen College-Abschluss und hatten Jobs, die ein beträchtliches Maß an Verantwortung mit sich brachten. Viele von ihnen hatten lange und eingehend über das Böse in der Welt nachgedacht und waren zu dem Schluss gekommen, dass der People's Temple einen besseren Weg aufzeigte. Das war ihre Überzeugung. Das war ihre Wahrheit. Und einige von ihnen waren bereit, für diese Wahrheit zu sterben.

Zweitens, weil diese Geschichte von extremen Überzeugungen dabei hilft, einige unserer eigenen Überzeugungen zu erhellen. Jim Jones sicherte sich über viele Jahre die Gefolgschaft von Menschen, indem er Überzeugungen predigte, die viele von uns als wahr ansehen würden: dass alle Rassen gleich sind; dass die, die über die nötigen Mittel verfügen, jenen helfen sollten, die verzweifelt sind und Hilfe brauchen. Wir alle haben Überzeugungen, die sich für uns selbst wie uneingeschränkte Wahrheiten anfühlen.

Eine Überzeugung kann als Vorstellung definiert werden, die jemand für wahr hält und die weder bewiesen noch widerlegt werden kann. Wir können die Überzeugung, dass Jim Jones Gott war, genauso wenig widerlegen, wie wir beweisen können, dass alle Rassen gleich sind. Es handelt sich hier um Dinge, bei denen wir das sehr starke Gefühl haben, dass sie wahr oder falsch sind, doch weder Logik noch Wissenschaft können uns dabei helfen, sie als zutreffend zu bestätigen oder als falsch zu entlarven.

Hier sind einige Überzeugungen, die Sie vielleicht als Wahrheiten ansehen:

Männer und Frauen haben den gleichen Wert.
Bürger sollten loyal gegenüber ihrem Staat sein.

Menschliches Leben ist wertvoller als tierisches Leben.
Wir sind reale, körperliche Wesen, keine computergenerierten
Entitäten in einem simulierten Universum.
Menschen kann man nicht besitzen.

Solche Wahrheiten nehmen tendenziell die Form von metaphysischen, religiösen, moralischen oder ideologischen Überzeugungen an. Wir können sie nicht beweisen, aber das Konzept der Beweisbarkeit ist ja für unsere stärksten Überzeugungen ohnehin vollkommen irrelevant. Künftige Generationen könnten unsere Überzeugungen vielleicht kurios oder lächerlich finden, genau wie wir Heutigen den Glauben an Feen oder das göttliche Recht der Könige, doch für uns sind diese Wahrheiten häufig unverrückbar.

Für praktische Zwecke spielt es keine Rolle, ob wir solche Überzeugungen tatsächlich als *Wahrheiten* bezeichnen, obwohl viele es tun. Mehr als eine Milliarde Menschen sind Mitglieder der Katholischen Kirche, die von den »grundlegenden Wahrheiten des Glaubens« spricht und davon, »Zeugnis von der Wahrheit abzulegen«. Der Erzbischof von Kansas City hat ein Büchlein mit dem Titel »Fünfzig Wahrheiten, die jeder katholische Jugendliche kennen sollte« veröffentlicht. Darin werden Glaubensdinge wie die Erbsünde, die Auferstehung und das Abendmahl behandelt.[5] »Alle Menschen sind ihrerseits verpflichtet, die Wahrheit, besonders in dem, was Gott und seine Kirche angeht, zu suchen«, stellte Papst Paul VI. in seiner Erklärung über die Religionsfreiheit mit dem Titel ›Dignitatis Humanae‹ fest. »Dein Gesetz ist die Wahrheit«, verkündete der Verfasser des 119. Psalms, indem er Gott anspricht. Und Jesus versprach: »Und [ihr] werdet die Wahrheit erkennen, und die Wahrheit wird euch frei machen.« [Johannes 8:32]

Glaube ist nicht beschränkt auf Kulte und Religionen. In einem der vorangegangenen Kapitel habe ich die wissenschaftlichen Belege in Zweifel gezogen, die die Wirksamkeit bestimmter Hygiene-

und Beautyprodukte beweisen sollten. Doch vielleicht geht das am Kern der Sache vorbei. »Um ein Produkt zu bewerben, musst du an dieses Produkt glauben«, erklärte Marcel Bleustein-Blanchet, Gründer des französischen Werbegiganten Publicis. »Um zu überzeugen, musst du selbst überzeugt sein.« Glaube spielt eine große Rolle bei der Vermarktung dieser Produkte und führt dazu, dass Kunden sich in der Tat an ihnen erfreuen, obwohl ihr Effekt nicht unmittelbar zu sehen ist. Ebenso, wie der Placeboeffekt für manche Patienten einen therapeutischen Nutzen hat, wird auch der Glaube daran, dass Sie durch dieses Gesichtsöl auf Karottensamenbasis jünger aussehen werden, Ihnen so viel Produktzufriedenheit und inneres Strahlen vermitteln, wie Sie brauchen, um Ihren Kauf zu rechtfertigen.

Nukleare Abschreckung hängt ebenfalls von Glauben ab. Man lässt uns in dem Glauben, dass die britischen Atomwaffen jederzeit bereit sind, auf Befehl des Premierministers abgefeuert zu werden. Doch nicht einmal er oder sie selbst weiß, ob das wirklich stimmt, welche Versicherungen vonseiten des Verteidigungsministeriums es auch immer geben mag. Über ein Vierteljahrhundert lang hat niemand mehr eine britische Atomwaffe detonieren sehen, also haben wir keine Ahnung, ob sie es noch können. Wir glauben, dass sie funktionieren, und, noch wichtiger, unsere Feinde glauben, dass sie funktionieren. Doch nach allem, was wir und unser Regierungsoberhaupt wissen, könnten diese Sprengköpfe genauso gut mit alten Zeitungen ausgestopft sein. Grundlegende militärische Strategien, ob im Vereinigten Königreich oder anderswo, beruhen auf einem Glauben an die aktuelle atomare Schlagkraft Großbritanniens, den kaum jemand auf den Prüfstand stellen kann.

Ideologien sind Überzeugungen, welches die beste Methode sei, Dinge zu erlangen, die wir alle haben wollen – Frieden, Wohlstand, Sicherheit, Nahrung, Obdach und Würde für uns selbst und unsere Mitbürger. Manche Menschen glauben, der beste Weg, um dieses Ziel zu erreichen, bestünde darin, innerhalb eines gesetzlich vorgegebenen Rahmens, der Eigentumsrechte schützt und Verträgen ihre Geltungskraft verleiht, jeden sein eigenes Ding machen zu lassen. Andere glauben an einen anderen Weg. Sie stellen sich eine kollektive Struktur vor, die die meisten Aktivitäten lenkt und sicherstellt, dass Vermögenswerte angemessen verteilt werden. Wieder andere glauben an die Privilegierung bestimmter sozialer Schichten oder religiöser Gruppen, um das Gute für die gesamte Gesellschaft zu erreichen.

Der Kapitalismus ist dem Ziel, diesen ideologischen Kampf zu gewinnen, bisher am nächsten gekommen. Die meisten Länder haben inzwischen seine primären Elemente angenommen: private Eigentumsrechte, wettbewerbsgeprägte Märkte, freies Wahlrecht und freie Wirtschaft. Doch nach wie vor halten sich große Zweifel, selbst unter seinen treuesten Anhängern. Die verheerenden Folgen der globalen Finanzkrise, die fortschreitende Zerstörung unserer Umwelt, der massenweise Verlust von Arbeitsplätzen in zerrütteten Branchen und die zunehmende Ungleichheit – all das deutet auf strukturelle Fehlstellen im kapitalistischen System hin. Bemerkenswerterweise hielt es Premierministerin Theresa May 2017 für geboten, angesichts einer sprunghaft ansteigenden neuen Begeisterung für marxistische Alternativen, zu deren erklärtem Vorreiter sich Labour-Chef Jeremy Corbyn machte, den Kapitalismus und die freien Märkte zu verteidigen.

Unsere stärksten Überzeugungen bilden ein festes Gerüst für unser Mindset und treiben unser tagtägliches Handeln an. Patrioten zeigen ihre Loyalität gegenüber ihrem Land, indem sie Flaggen schwenken, zum Militär gehen und sogar ihr Leben opfern. Unsere Überzeugungen können uns auf eine Weise dazu bringen, Dinge zu tun, wie es keiner anderen Wahrheit möglich wäre. Wir zweifeln nicht daran, dass sie wahr sind, und handeln entsprechend. Wir mögen schmunzeln angesichts der Vorstellung, wie die Bauern in der Antike um eine gute Ernte zur Göttin Demeter beteten, oder dass die Chinesen von heute »Geistergeld« verbrennen, um ihren Vorfahren im Jenseits ein bisschen Bargeld zukommen zu lassen, doch wir hängen unseren eigenen Überzeugungen genauso selbstverständlich an wie sie den ihren.

Es sind Wahrheiten, die unserer Welt ihr Gesicht geben.

Gemeinsame Überzeugungen

Überzeugungen haben Macht, sie können Menschen dazu bringen, bemerkenswerte Dinge zu tun. Und sie haben noch eine andere grundlegende Funktion: Überzeugungen vereinen Gruppen.

Als Kommunist in Kansas dürfte man sich ziemlich einsam fühlen. Sind Sie also eingefleischter Marxist und treffen in Wichita zufällig auf einen Gleichgesinnten, besteht eine hohe Wahrscheinlichkeit, dass Sie beide sich zusammentun. Die gemeinsame Wahrheit vermittelt nicht nur Geborgenheit, sondern ist auch Bedeutungsquelle für jede zwischenmenschliche Beziehung. Sie deutet darauf hin, dass bestimmte Wertvorstellungen und Wünsche gleichgerichtet sind, und macht Handlungen vorhersagbar. Überzeugungen sind eine Art sozialer Klebstoff, der es einander fremden Menschen ermöglicht, sich in großer Zahl zusammenzuschließen und miteinander zu kooperieren, um Außerordentliches zu erreichen. Weniger schön ist, dass Überzeugungen auch die Kluft zwischen einzelnen Fraktionen vertiefen können, und zwar immer dort, wo Gruppen beginnen, sich in Opposition zu den Überzeugungen einer anderen Gruppe zu definieren. In den USA scheinen Republikaner und Demokraten, auseinandergetrieben durch Überzeugungen, die hartnäckiger und kompromissloser vertreten werden als jemals zuvor, auf einem zunehmend auseinanderlaufenden Kurs unterwegs zu sein.

Doch das Ganze funktioniert auch in umgekehrter Richtung. Sobald wir den Wunsch verspüren, uns einer bestimmten Gruppe anzuschließen, werden wir unsere Überzeugungen aller Voraussicht nach entsprechend anpassen. Um die schlechten Gefühle oder kognitiven Dissonanzen zu vermeiden, die daraus entstehen können, dass wir Überzeugungen vertreten, die denen der anderen Gruppenmitglieder widersprechen, sind wir mit einer wirksamen Fähigkeit ausgestattet: Wir sind in der Lage, unsere Überzeugungen zu verschieben und sie enger an denen der Gruppe auszurichten. Neue Überzeugungen, die innerhalb einer Gruppe entstehen, können über den sich selbst verstärkenden Prozess, der als »Verfügbarkeitskaskade« bekannt ist, schnelle Verbreitung finden. Dabei gewinnt eine bestimmte Idee an Glaubwürdigkeit, indem mehr und mehr Mitglieder der Gruppe sie zum Ausdruck bringen, unabhängig davon, ob sie wirklich an sie glauben oder sich einfach nur einfügen wollen.

Überzeugungen, Taktik 1
Konformität befördern

Demonstriert wurde dies auf eindrucksvolle Weise von den Mitgliedern des People's Temple. Viele von ihnen waren entweder aus Hilfsbedürftigkeit in die Gruppe gekommen oder weil ihnen die Gleichstellung der Rassen am Herzen lag, endeten jedoch als Anhänger der irren Überzeugungen, die Jim Jones propagierte. Ich habe einmal (als neugieriger Atheist) an einem evangelischen Alpha-Glaubenskurs teilgenommen. Dort konnte ich fasziniert beobachten, wie kluge Teilnehmer nach und nach einige der eher unwahrscheinlichen Behauptungen von Alpha anzunehmen begannen – Behauptungen, die sie am Beginn des Kurses leichthin abgelehnt hatten. Dies taten sie offenbar deshalb, weil sie unbedingt Teil eines größeren Projektes werden wollten, das Liebe, Unterstützung und einen Sinn versprach.

Es gibt da ein berühmtes psychologisches Experiment. Eine Versuchsperson wird in einer Gruppe von Menschen platziert, die an einem »Sehtest« teilnehmen und von denen sie glaubt, es handele sich ebenfalls um Versuchspersonen. In Wahrheit sind die anderen Teilnehmer jedoch Komplizen des Versuchsleiters. Der Gruppe werden zwei Karten gezeigt. Die eine zeigt eine einzelne schwarze Linie; auf der anderen befinden sich drei schwarze Linien unterschiedlicher Länge. Der Versuchsleiter bittet die Gruppe zu entscheiden, welche dieser drei Linien dieselbe Länge hat wie die einzelne Linie auf der anderen Karte. Es gibt eine offensichtlich korrekte Antwort, doch unerklärlicherweise wählt der Rest der Gruppe eine andere Linie. Was tut nun die Versuchsperson? Wird sie die Antwort geben, die offensichtlich korrekt ist, oder wird sie sich dem Standpunkt der Gruppe anschließen?

Im Durchschnitt verwirft etwa ein Drittel der Versuchspersonen die Lösung, die ihnen ihr eigener gesunder Menschenverstand nahelegt, und schließt sich der Meinung der Gruppe an. Führt man mehrere Versuche durch, passen sich drei Viertel der Versuchspersonen mindestens einmal an. Bei der anschließenden Befragung geben die Versuchspersonen tendenziell verschiedene Begründungen für ihre Entscheidungen an: Manche sagen, sie wären von ihrer eigenen Entscheidung nicht wirklich überzeugt gewesen, hätten sich aber einfügen wollen; andere sagen, sie wären davon ausgegangen, dass es die Gruppe besser wüsste.

Wenn wir so schnell bereit sind, uns anzupassen, selbst wenn wir deutlich erkennen können, dass wir die »falsche Antwort« wählen, um wie viel leichter ist es dann, unsere Überzeugungen über Dinge anzupassen, die wir nicht sehen oder sicher wissen können? Ihre gesamte Verwandtschaft ist sich darin einig, dass Jesus Gottes Sohn war – mit welcher Begründung würden Sie ihnen widersprechen wollen? Die Glaubensgelehrten, die Ihre Gebetsgruppe leiten, versichern Ihnen, dass das heilige Buch gewaltsames Vorgehen gegenüber Ungläubigen fordert – warum sollten Sie nach einer anderen Interpretation suchen? Ihr ganzes Dorf glaubt, dass kollektives Eigentum die beste Methode sei, um kollektive Zufriedenheit zu erzeugen – wie würden Sie unter diesen Umständen ihren selbstsüchtigen Wunsch verteidigen, all die Nahrungsmittel, die Sie angebaut haben, für sich selbst zu behalten?

Unser Instinkt mag uns sagen, dass wir nicht an etwas glauben sollten, von dem wir niemals wissen werden, ob es wahr ist, doch lasst uns lange genug in einer überzeugten Gruppe leben, und deren Wahrheit wird auch zu unserer Wahrheit werden.

Lassen wir Anzeichen von Widerstand gegen Gruppenüberzeugungen erkennen, gibt es Mittel und Wege, unsere Zweifel zu zerstreuen. In der Popkultur ist dieser Vorgang unter der Bezeichnung »Gehirnwäsche« bekannt geworden. Die Neurowissenschaftlerin Kathleen Taylor hat die wichtigsten Techniken identifiziert, die Kulte wie der People's Temple, moderne Extremistengruppen und die kommunistischen Ideologen des 20. Jahrhunderts in China und Vietnam gemeinsam haben.

Der oder die Betreffende wird isoliert, sodass die einzige Quelle für Informationen und menschliche Wärme überzeugte Anhänger sind. Jim Jones nahm seine Jünger mit in einen einsamen Dschungel in Guyana; religiöse und ideologische Gruppen nutzen Sommercamps, Konvente, Koranschulen und Gulags, um dieselbe Loslösung zu erreichen. Isolation verschafft den Überzeugten die Kontrolle über die konkurrierenden Wahrheiten, die Abweichler hören. Sie sagen ihnen, was wünschenswert ist, legen die Definitionen fest und treffen die Voraussagen. Durch ihre Auswahl konkurrierender Wahrheiten formen sie deren Mindset.

Überzeugungen, Taktik 2
Isolation und Kontrolle

Die Überzeugten stellen die bestehenden Überzeugungen der Person infrage, säen Zweifel in Bezug auf Loyalitäten, die sie immer hochgehalten, oder Versicherungen, denen sie immer geglaubt hat. Sie hinterfragen die Ursache-Wirkungs-Kausalitäten, die der- oder diejenige lange Zeit für gegeben hingenommen hat, und bieten, wenn diese Gewissheiten ins Wanken geraten, ihre eigenen Alternativen an. Beginnt das geistige Bild von der Realität, mit dem sich die Person eingerichtet hatte, zu bröckeln, werfen die Überzeugten ihre absolute Autorität und Expertise in die Waagschale; sie bieten sich als Fels in der Brandung an, Vertreter eines ebenso simplen wie vollständigen Glaubenssystems, das sie nur noch anzunehmen braucht.

Überzeugungen, Taktik 3
Wiederholung

Die Überzeugten wiederholen ihre Kernbotschaften gebetsmühlenartig. Wiederholung verankert neue Überzeugungen tief im Geist der betreffenden Person. Er oder sie wird ermutigt oder gezwungen, diese Kernbotschaften ebenfalls so lange zu wiederholen, bis die Worte in seinem oder ihrem Verstand Wurzeln geschlagen haben. Der ganze Prozess ist von Emotionen durchtränkt: Liebe und Hass, Angst und Wut sind weitaus stärkere Prediger als jedes rationale Argument. Um die neuen Überzeugungen fest zu verankern, muss die Person dazu gebracht werden, sie zutiefst zu empfinden – und vorherige Überzeugungen zu verschmähen. Schauen Sie sich das Video von den Einwohnern von Jonestown an. Es zeigt sie in der Nacht, bevor sie Selbstmord begingen: Sie werden die Verzückung auf ihren todgeweihten Gesichtern sehen und die begeisterte Erregung in ihren Stimmen hören.

Indem sie Menschen isolierten, indem sie die konkurrierenden Wahrheiten kontrollierten, die sie hörten, ihre bestehenden Überzeugungen in Frage stellten, Kernbotschaften ein ums andere Mal wiederholten und ihre Gefühle manipulierten, ist es religiösen und ideologischen Irreführern der schlimmsten Sorte immer wieder gelungen, eine außergewöhnlich starke Kontrolle über die Handlungen anderer zu erlangen.

Unternehmenscredo

Im Gefolge der Finanzkrise von 2008 sowie diversen Skandalen im Bankensektor und den Medien ist viel Anstrengung darauf verwendet worden, die Unternehmenskultur zahlreicher Organisationen zu verändern. Millionen wurden für Weiterbildungskurse und Berater ausgegeben, um Banker, Chefs von Pharmakonzernen und Journalisten ein Verhalten beizubringen, das sich stärker an ethischen Maßstäben orientiert. Kulturwandel ist auch ein grundlegender Bestandteil vieler Programme zur Neustrukturierung von Unternehmen. Für Firmen, die mit Störungen ihrer Betriebsabläufe zu kämpfen haben, ist es häufig dringend notwendig, die Mitarbeiter davon zu überzeugen, dass sie ihr Verhalten ändern müssen, dass sie mehr neue Ideen ausprobieren oder mit anderen Teams zusammenarbeiten müssen.

Culture Change Consultants sind Experten auf diesem Gebiet. Sie wissen schon seit Langem, dass sich eine Verhaltensänderung nicht herbeiführen lässt, indem man die Leute einfach bittet, ihr Verhalten zu ändern. Stattdessen müssen Chefs die Überzeugungen verstehen und verändern, die Verhalten antreiben. Berater vergleichen Organisationskultur gerne mit einem Eisberg: Isolierte Verhaltensweisen sind für jedermann sichtbar, doch bilden sie nur die Spitze einer weitaus größeren, »abgetauchten« Masse von gemeinsamen Überzeugungen der betreffenden Organisation. »Ein Wandel der Unternehmenskultur erfordert daher einen Wandel auf der Überzeugungsebene«, rät das Consultingunternehmen Deloitte.[6]

General Electric (GE) war seit jeher berüchtigt für seine beinharte Kultur des *ranking and yanking*. Das System des sogenannten »Stack Ranking« ist zur Leistungssteigerung gedacht und basiert auf knallharten Leistungsmessungen aller Mitarbeiter. GE nährte unter seinem legendären Boss Jack Welch einen Komplex aus mächtigen Überzeugungen, die sich allesamt darum drehten, dass man sich gegenseitig herausforderte, infrage stellte, die Konfrontation suchte, um so Fehler zu eliminieren und die Qualität zu verbessern. Bob Sutton, Professor für Unternehmenspsychologie an der University of Stanford, kommentierte dieses System, das bei GE viele »grausam« fanden, mit den Worten: »Jack glaubte daran wie an eine Religion.«[7] Zehn Jahre später verschob sich der Fokus unter einem neuen CEO in Richtung Innovation, was zu neuen Unternehmenswerten führte: Vorstellungskraft, Mut und Inklusivität. Mittlerweile hat der Konzern eine andere strategische Ausrichtung und muss seine Unternehmenskultur ein weiteres Mal verändern. Zu diesem Zweck wurde »Die Kultur von GE« eingeführt:

Kunden bestimmen unseren Erfolg
Wir bleiben beweglich, um schnell zu sein
Wir lernen und handeln, um zu gewinnen
Wir stärken und inspirieren einander
Wir liefern Ergebnisse in einer unsicheren Welt[8]

Sollte diese Aufzählung künstlich generierter Unternehmensslogans Ihre Skepsis wecken, dann lohnt es sich zu wissen, dass sie auf der Grundlage einer Mitarbeiterbefragung aufgestellt wurde. Es sind alles Dinge, an die die Belegschaft glauben *will*. Doch sie entsprechen ebenfalls der Unternehmensstrategie.

Nicht alle Überzeugungen sind derart konstruktiv. Hier kommen einige, die normalerwiese in Organisationen fest verankert sind:

Meine harte Arbeit macht am Ende keinen Unterschied
Das Management denkt nur an sich selbst
Kunden sind Idioten und wissen nicht, was sie wollen
Frauen geben keine guten Ingenieure ab

Solche negativen, kontraproduktiven oder destruktiven Überzeugungen demotivieren Mitarbeiter oder führen zu Verhaltensweisen, die der Organisation schaden und ihre Performance schmälern. Wo immer Führungskräfte solche Überzeugungen in ihrer Organisation ausmachen, sollten sie versuchen, sie zu ändern.

Das ist leichter gesagt als getan.

Ein Culture Change Consultant sollte als Erstes versuchen, eine kausale Beziehung zwischen unerwünschten Verhaltensweisen und den diesen zugrunde liegenden Überzeugungen herzustellen. Ein Verständnis der Gründe, aus denen solche Überzeugungen aufgekommen sein, und des Zwecks, dem sie vielleicht einstmals gedient haben könnten, hilft Führungskräften, deren Wahrheit und Wert in der Vergangenheit anzuerkennen, auch wenn sie der Belegschaft vermitteln wollen, dass sie nicht länger gültig oder hilfreich sind. Relevante Anekdoten, die den Schaden illustrieren, den schädliche Überzeugungen angerichtet haben, können unter Umständen hilfreich sein, um ihnen ein Ende zu machen. Einflussnehmer – Kolleginnen und Kollegen, denen die Leute am Kaffeeautomaten zuhören – können gezielt ins Boot geholt werden, um neue, konstruktivere Überzeugungen zu propagieren.

Unternehmensweite Memos, Events und Initiativen werden genutzt, um die neuen Überzeugungen zu wiederholen und zu verstärken. Führungskräfte agieren als Vorbilder, indem sie mit Wort und Tat nicht nur ihre eigene Verpflichtung auf die neuen Überzeugungen demonstrieren, sondern auch, dass sie selbst den alten abgeschworen haben. Mitarbeiter, die ihr Verhalten für alle sichtbar nach den neuen Überzeugungen richten, werden anerkannt und belohnt. Personalchefs wählen Kandidaten aus, die die neuen Überzeugungen teilen oder ihnen zumindest zugänglich sind.

Vielleicht fallen Ihnen an dieser Stelle einige Parallelen auf zwischen dem Ablauf eines Wandlungsprozesses hin zu einer neuen Unternehmenskultur und den von Kathleen Taylor benannten kultischen Gehirnwäschetechniken. Es gibt jedoch einige grundlegende Unterschiede. Mitarbeiter einer Organisation haben die Freiheit, sich diesem Prozess zu verweigern oder das Unternehmen zu verlassen; es gibt keine Isolation; und der Ansatz der Geschäftsführer ist im Allgemeinen ein wohlwollender. Zweifellos sind auch tyrannisch geprägte Unternehmensumfelder vorstellbar, wo Programme zum Kulturwandel an Gehirnwäsche grenzen könnten, doch das meiste, was ich in dieser Richtung gesehen habe, ist ziemlich verträglich. Abgesehen davon ist das Hantieren mit den Überzeugungen anderer Menschen eine delikate Angelegenheit, die mit großer Sorgfalt und Verantwortung angegangen werden muss.

Interpretatoren des Glaubens

Niemand, der die Aufnahmen vom Angriff auf das World Trade Center am 11. September 2001 gesehen, die Geschichte der Kreuzzüge studiert oder die Berichte über die religiös geprägten Auseinandersetzungen in Kaschmir, Myanmar oder Syrien gehört hat, kann die geringsten Zweifel daran hegen, welche Macht religiöse Überzeugungen über das menschliche Handeln haben. Weniger augenfällig, doch sehr viel weiter verbreitet sind allerdings die Akte der Güte, Wohltätigkeit und Vergebung und das verantwortungsvolle Handeln, die von solchen Überzeugungen inspiriert werden. Glaube treibt Handeln an.

Doch während Glaubensgenossen vielleicht einige zentrale Überzeugungen teilen, gehen ihre Auffassungen häufig substanziell auseinander, was Details betrifft. Sie glauben an konkurrierende Wahrheiten über ihre gemeinsame Religion. So sind sich Christen zwar einig über die jungfräuliche Geburt, die Kreuzigung und die Auferstehung Jesu, jedoch nicht über die Transsubstantiation, die Wesensverwandlung von Brot und Wein in den Leib Christi während der heiligen Messe, und das Wesen der Dreieinigkeit. Buddhisten sind sich einig in Bezug auf die Vier Edlen Wahrheiten, die das menschliche Leiden betreffen, nicht jedoch über die beste Methode, das Nirwana zu erreichen. Muslime sind sich einig, dass Mohammed der letzte der Propheten war, jedoch nicht über dessen rechtmäßigen Nachfolger.

Dass das Christentum konkurrierende Wahrheiten erzeugt, ist nicht überraschend, denn die Bibel bietet vier alternative Versionen zum Leben Jesu an, verfasst von unterschiedlichen Menschen zu unterschiedlichen Zeiten für ein unterschiedliches Publikum.

Die Evangelien wollen keine objektive Berichterstattung sein; diese selektiven Berichte – Geschichten – stellen absichtlich verschiedene Ereignisse und verschiedene moralische oder ideologische Glaubenssätze in den Mittelpunkt, die ab und an eben auch miteinander kollidieren. Dem Johannes-Evangelium zufolge behauptet Jesus, Gott zu sein, nicht so in Markus, Lukas und Matthäus. Die Bergpredigt des Matthäus (aus der die meisten unserer christlichen Ideale stammen) wird von Lukas an einen »ebenen Ort« verlegt, und bei Markus und Johannes kommt sie gar nicht vor. Im Markus-Evangelium wird Jesus von Judas mit einem Kuss verraten, nicht jedoch im Johannes-Evangelium; im Matthäus-Evangelium erhängt Judas sich, doch in der (von Lukas verfassten) Apostelgeschichte stirbt er, indem er stürzt, durch den Aufprall entzwei birst und seine Eingeweide herausquellen. Soweit zu den Wahrheiten, die die Evangelien verkünden.

Doch selbst dort, wo es nur eine Version der Ereignisse oder eine moralische Position gibt, die in einer heiligen Schrift vertreten werden soll, bleibt Spielraum für vielfältige Interpretationen, insbesondere im Zusammenhang mit sozialen Fragen oder Technologien, die zum Zeitpunkt der Verfassung des Textes noch nicht existierten. Befürwortet der Koran die Gleichstellung der Geschlechter? Verbietet die Bibel Abtreibungen? Dies sind Fragen, auf die die heiligen Texte keine klaren, eindeutigen Antworten geben. Symbolische oder allegorische Sprache trübt die Sicht im Gewässer der Schriften noch weiter. Doch die Entscheidung, welche Wahrheiten aus einem heiligen Buch zu entnehmen sind, hat einen grundlegenden Einfluss auf die Entscheidungen und Handlungen von Milliarden.

Überzeugungen, Taktik 4
Selektive Interpretation heiliger Texte

Als Mohandas Gandhi im späten 19. Jahrhundert in London Rechtswissenschaften studierte, machte ihn jemand mit der englischen Übersetzung der Bhagavadgita bekannt. Der damals 19-Jährige hatte von dem heiligen Text der Hindus noch nie etwas gehört. Der Mann, der später zum spirituellen Vater eines unabhängigen Indien werden sollte, war als Jugendlicher ein Rebell, der Fleisch aß, Alkohol trank und den Frauen nachstellte. Die Gita, ein Dialog zwischen Prinz Ajuna und Krishna (einer Inkarnation des höchsten Gottes Vishnu), war für ihn eine Offenbarung. Einige ihrer Verse »hinterließen einen tiefen Eindruck in meinem Geist, und sie klingen mir immer noch in den Ohren«, schrieb Gandhi in seiner Autobiografie. Die Gita half ihm, die Unterstützung der Massen für seine Kampagne des gewaltlosen Protests zu gewinnen. »Die Gita ist inzwischen nicht nur meine Bibel oder mein Koran«, sagte er 1934, »sondern sehr viel mehr – sie ist meine Mutter.«[9] Einen beträchtlichen Teil seiner Zeit widmete er ihrer Übersetzung ins Gujarati.

»Der Text aus der Bhagavadgita zeigt mir, wie das ewige Prinzip des Sieges der Liebe über den Hass, der Wahrheit über die Unwahrheit angewendet werden kann und muss«, schrieb er an den Unabhängigkeitskämpfer Bal Gangadhar Tilak.[10]

Dies erscheint auf den ersten Blick wirklich sehr seltsam, denn der Text ist kein pazifistisches Manifest. Im Gegenteil. Er ist über weite Strecken ein bezwingendes Plädoyer für Krieg.

Die Gita spielt in einem Streitwagen, der auf einem Schlachtfeld zwischen zwei Armeen steht. Prinz Arjuna, ein großer Krieger, kann sich nicht so recht entschließen, einen Erbfolgekrieg gegen seine eigene Familie und seine Freunde vom Zaun zu brechen. »Ach! Wir verstricken uns in große Sünde, wenn wir uns dazu bereitfinden, aus Gier nach den Freuden des Königreiches unsere Angehörigen zu töten.«

Krishna argumentiert, dass er es dennoch tun muss: Es ist seine Pflicht als Soldat, und er ist das Instrument von Krishnas tödlichem Willen.

Deshalb erhebe dich und erlange Ehre. Besiege deine Feinde

und genieße das unumstrittene Königreich. Sie sind wahrhaftig bereits durch mich getötet worden;
sei du nur Werkzeug, oh Arjuna.

Es fällt schwer, sich einen machtvolleren Ruf zu den Waffen vorzustellen. Und es funktioniert. Am Ende des Textes hat Arjuna seine Waffen aufgenommen und ist bereit, in eine Schlacht zu ziehen, bei der fast alle Beteiligten ums Leben kommen werden. Es war die Gita, die Robert Oppenheimer zitierte, als er sich an die Detonation der ersten Atombombe in den Wüsten New Mexicos erinnerte: »Nun bin ich der Tod geworden, Zerstörer der Welten.«

Wie konnte Gandhi sie dann aber als einen Text über Wahrheit und Liebe interpretieren? Er betrachtete das Schlachtfeld, den Ort der Handlung, als Metapher für die inneren Kämpfe, die sich in uns allen abspielen. Arjuna muss – nicht im eigentlichen Sinn des Wortes, sondern im übertragenen Sinne – kämpfen, so wie wir alle. Für Gandhi war dieser Kampf ein gewaltfreier Kampf für ein unabhängiges Indien, in dem sich alle Glaubensrichtungen zu Hause fühlen sollten. Die zentrale Botschaft der Gita war nicht eine Botschaft des Krieges, sondern eine Botschaft der Nichtbindung an die Früchte unserer Handlungen. Es ist zwar vollkommen normal, angesichts eines guten Resultats der eigenen Arbeit Freude zu empfinden, die Hauptsache ist jedoch, diese Arbeit gut zu tun, *ohne* sich auf das Ergebnis zu fixieren. Für Gandhi führte dieses Konzept der Nichtbindung logischerweise zum Credo der Gewaltlosigkeit.

Über die Mahabharata, jenes gigantische, bluttriefende Epos, in dem die Gita nur eine kurze Episode darstellt, sagte Gandhi: »Meinen orthodoxen hinduistischen Gegnern gegenüber habe ich stets die Ansicht vertreten, dass dieses Buch geschrieben wurde, um die Sinnlosigkeit von Krieg und Gewalt zu beweisen.«[11]

Es ist keine Überraschung, dass andere die Gita ganz anders interpretiert haben. Männer wie Bal Gangadhar Tilak sahen sie als ausschließlich den Hindus vorbehaltene Schrift an, die die Ausübung von Gewalt im Rahmen eines gerechten Kampfes sanktionierte, ob nun gegen die britische Kolonialmacht oder muslimische Nachbarn. Die Gita war das mit Abstand am weitesten verbreitete Buch unter indischen Freiheitskämpfern, die im frühen 20. Jahrhundert in britischen Gefängnissen saßen. Einer von ihnen war Lala Lajpat Rai. Er schrieb, dass die Aufforderung der Gita, ein Krieger solle »sich bewaffnen und sein Leben aufs Spiel setzen«, die Inder dazu verpflichte, im Kampf gegen die britische Herrschaft ihr Leben zu riskieren.[12] Für solche Männer sanktionierte die Gita die Anwendung von Gewalt, solange jene, die diese Gewalt verübten, nicht nach den »Früchten ihrer Handlungen« strebten.

Heute beziehen die Regierungspartei Bharatiya Janata und andere Verfechter der nationalistisch-fundamentalistischen Hindutva-Ideologie ihre Inspiration und Legitimation aus der Gita. Der Chef der militanten Hindu-Organisation Rashtriya Swayamsevak Sangh hat die indische Bevölkerung erst vor nicht allzu langer Zeit aufgefordert, sie solle die Lehren der Gita »aufsaugen und praktizieren«, um Indien zur führenden Weltmacht zu machen.[13] Premierminister Narendra Modi, jener Mann, der als Ministerpräsident des Bundesstaates Gujarat 2002 offenbar ungerührt zusah, als beinahe tausend Muslime ermordet wurden, sagte, nachdem er seinem japanischen Amtskollegen eine Kopie der Gita überreicht hatte: »Ich glaube nicht, dass ich etwas Wertvolleres zu geben habe, und die Welt kann auch nichts Wertvolleres bekommen als das.«[14]

Jawaharlal Nehru, der erste Premierminister Indiens, bemerkte einmal: »Die Anführer menschlichen Denkens und Handels in der heutigen Zeit – Tilak, Aurobindo Ghose, Gandhi – haben alle über [die Gita] geschrieben, und jeder hat sie auf seine Weise interpretiert. Gandhi ji gründet seinen festen Glauben an Gewaltlosigkeit auf sie; andere nehmen sie als Rechtfertigung für Gewalt und kriegerische Handlungen im Sinne einer gerechten Sache.«[15]

Ein anderer Mann, der eine stärker von Gewalt geprägte Interpretation der Gita lieferte, war Nathuram Godse. Er schrieb:

»Krishna, der Herr, tötete im Krieg und anderweitig viele selbstherrliche und einflussreiche Personen, um die Welt zu einem besseren Ort zu machen. In der *Gita* selbst hat Er Arjuna immer wieder geraten, seine Nächsten und Liebsten zu töten, und am Ende hat er ihn dazu gebracht, es tatsächlich zu tun.«[16] Am 30. Januar 1948 nahm Godse einen halbautomatischen Revolver der Marke Beretta, begab sich in das Birla-Haus in Delhi und feuerte aus kurzer Distanz drei Schüsse ab, die Oberkörper und Bauch einer solchen einflussreichen Person trafen: Mohandas Gandhi. Während seines Prozesses zitierte Godse aus der Gita, und als er hingerichtet wurde, hatte er eine Ausgabe des Buches dabei. Er bezog seine Wahrheiten aus demselben heiligen Text wie jener Mann, den er ermordet hatte, doch sie hätten unterschiedlicher nicht sein können.

»Diese tradierten Texte sprechen nicht mit einer einzelnen Stimme«, bemerkte der Philosoph Kwame Anthony Appiah über die größten Religionen. »Die Meisterschaft im Umgang mit diesen Schriften liegt darin zu wissen, welche Abschnitte man *gründlich* lesen und welche man *überlesen* muss.«[17] Damit beschreibt er genau jene Taktiken des Weglassens und der Selektion, denen wir in Teil eins begegnet sind. Da sich Schriftgelehrte aussuchen können, welche Passagen sie überlesen (weglassen), erzeugen sie unvermeidlicherweise konkurrierende Wahrheiten in Bezug auf das, was ihr heiliges Buch aussagt, und leiten so ihre Anhänger zu unterschiedlichem Handeln an. Selbst wenn man daran glaubt, die Bibel oder der Koran seien Gottes Wort, haben menschliche Vermittler massenhaft Gelegenheit, Seine Botschaft zu gestalten. Gelegentlich sind religiöse Führer sogar verpflichtet, neue Interpretationen zu finden, um die Relevanz ihres Glaubens zu erhalten, nämlich dann, wenn sich gesellschaftliche Konventionen ändern. Die moderne Sicht auf Sklaverei und Homosexualität fordert ein neues Verständnis von Texten wie dem Epheserbrief oder Levitikus, dem 3. Buch Mose.

Das Judentum scheint ab und an konkurrierende Wahrheiten sogar gezielt zu befördern. Wenn im Talmud zwei führende jüdische Rechtsgelehrtenschulen fundamental gegensätzliche Auffassungen vertreten, ertönt im Verlaufe ihres Widerstreits eine »göttliche Stimme« und verkündet: »Diese und jene sind Worte des lebendigen Gottes.« Über diese Passage hat Rabbi Marc D. Angel geschrieben:

> Treten solche Debatten auf, muss eine Regelung gefunden werden, damit die Menschen wissen, was das Gesetz verlangt. Allerdings hat der »Verlierer« nicht wirklich verloren. Seine Meinung wird nach wie vor zitiert und ernst genommen. Sie mag für dieses Mal nicht die Oberhand gewonnen haben, doch ein anderes Mal oder in einem anderen Kontext könnte dies sehr wohl der Fall sein.[18]

Jonathan Sacks, der lange Jahre Oberrabbiner Großbritanniens war, sieht ebenfalls Raum für unterschiedliche Versionen von der Wahrheit:

> Die Wahrheit auf der Welt ist nicht die ganze Wahrheit, und kann sie niemals sein. Sie ist begrenzt, nicht allumfassend; speziell, nicht universell. Wenn zwei Lehrmeinungen einander widersprechen, liegt es nicht unbedingt daran, dass die eine wahr ist und die andere falsch. Es kann sein, und ist häufig in der Tat der Fall, dass jede von ihnen eine unterschiedliche Sicht auf die Realität repräsentiert … Im Himmel gibt es Wahrheit; auf der Erde gibt es Wahrheiten.[19]

Amen.

Das weiß nur Gott allein

Etwas, worauf wir uns im Allgemeinen einigen können, ist die Tatsache, dass die meisten anderen Menschen unrecht haben, was

Religion betrifft. Vielleicht haben wir auch alle unrecht. Sicher ist, dass wir nicht alle recht haben können. Viele dieser Überzeugungen müssen falsch sein. Doch solange wir nicht beweisen können, dass sie falsch sind, bleiben sie für ihre treuen Anhänger zwingende Wahrheiten.

»Jeder Mensch sucht nach der Wahrheit. Doch Gott allein weiß, wer sie gefunden hat«, schrieb Lord Chesterfield 1747 an seinen Sohn, ein Versuch, die brennende Verachtung des Jungen für »die Leichtgläubigkeit und den Aberglauben der Papisten« zu mäßigen.

Manche rivalisierenden Glaubensrichtungen können wir als konkurrierende Wahrheiten anerkennen und respektieren. Das heißt aber nicht, dass wir sie annehmen müssen. Wir haben das Recht, den Versuch zu unternehmen, andere dazu zu bringen, ihre Überzeugungen zu ändern, indem wir ihnen moralische oder rationale Argumente präsentieren, ja sogar an ihre Gefühle appellieren. Wird eine Gesellschaft von einander widersprechenden Überzeugungen auseinandergerissen oder eine Organisation von zerstörerischen Überzeugungen vergiftet, sollten wir es auf jeden Fall versuchen. Solange wir uns davor hüten, bei unseren Angestellten oder sonst jemandem, der unserem Einfluss unterliegt, Gehirnwäsche zu betreiben, kann Missionierung im Dienst der richtigen Ziele ein durchaus wertvolles Unterfangen sein.

In der Praxis

- Möchten Sie negative Verhaltensweisen der Menschen in Ihrem Umfeld verändern, identifizieren Sie die Überzeugungen, die diesem Verhalten zugrunde liegen, und stellen Sie sie infrage.
- Stärken Sie Gruppen und Organisationen, indem Sie positive gemeinsame Überzeugungen etablieren und zelebrieren.

Doch Vorsicht vor:

- Gehirnwäschern, die Menschen isolieren und die konkurrierenden Wahrheiten kontrollieren, die ihnen zugänglich sind.
- Gruppen, die versuchen, Überzeugungen zu formen, indem sie Anpassungsdruck ausüben.
- Irreführern, die versuchen, Sie von einer gefährlichen oder extremen Interpretation eines heiligen Texts zu überzeugen.

Epilog

Abschließende Wahrheiten

Niemand konnte ihn einen Lügner nennen.
Und dies hauptsächlich deswegen,
weil die Lüge in seinem Kopf war,
und jede Wahrheit, die aus seinem Munde kam,
die Farbe der Lüge mit sich trug.
John Steinbeck, *Jenseits von Eden*

Ich habe in diesem Handbuch zur Wahrheit nur sehr wenig dazu gesagt, warum Wahrheit überhaupt eine Rolle spielt. Wenn Sie nicht ohnehin die Wahrheit ihrer Alternative vorziehen, dann hätten Sie sich vermutlich nicht die Mühe gemacht, bis hierher zu lesen. Was ich stattdessen durchgängig deutlich machen wollte, ist die Tatsache, wie wichtig es ist, die *richtige* Wahrheit auszuwählen, zu kommunizieren und zu verinnerlichen.

Wir haben eine alarmierende Anzahl von Methoden untersucht, die Politiker, Marketingexperten, Journalisten, Aktivisten und selbst Staatsbürokraten zur Verfügung stehen, um uns mithilfe der Wahrheit in die Irre zu führen. Es ist an uns, sie dabei zu erwischen, sie deswegen zur Rede zu stellen und uns zu weigern, nach ihrer Pfeife zu tanzen. Irreführende Wahrheiten sind nicht immer offensichtlich. Sie finden sich in Werbematerialien, in Ihrem Twitter-Feed, in Leitartikeln von Zeitschriften, in Klatsch und Tratsch, Büromemos und Flugblättern von Wohltätigkeits-organisationen. Manche sind absichtlich so gestrickt, dass sie direkt ins Auge fallen. »Wir werden regiert, unser Verstand model-liert, unser Geschmack geformt, unsere Ideen uns eingegeben, und zwar größtenteils von Männern, von denen wir noch nie gehört haben«, schrieb 1928 Edward Bernays, einer der Vorreiter ins Sachen Public Relations.

Irreführende Wahrheiten umgeben uns von allen Seiten. Die Checkliste in Anhang 1 hilft Ihnen vielleicht, sie aufzuspüren.

Irreführer sind abhängig von bedingungsloser Akzeptanz. Stel-len wir sie erst einmal infrage, fällt es ihnen sehr schwer, ihr Trei-ben fortzuführen und dabei wahrhaftig zu bleiben. Stellen Sie sie also infrage, wann immer sie können. Fordern Sie Klarstellung und Belege. Lassen Sie keinen Spielraum. Haken Sie nach, wenn Sie den Verdacht hegen, dass etwas weggelassen wird. Sind Zahlen auf irreführende Weise präsentiert worden, postulieren Sie alter-native Interpretationen. Bezweifeln Sie die Relevanz emotional aufgeladener Storys und Bezeichnungen. Hinterfragen Sie, auf welchen moralischen oder glaubensgeprägten Annahmen ein Argument basiert. Fordern Sie eine formale Definition von Be-griffen.

»Ich habe nicht gelogen«, beharrte Rob Ford, der ehemalige Bür-germeister von Toronto, nachdem man ihn des Crack-Konsums überführt hatte, vor einem Saal voller Journalisten. »Sie haben nicht die richtigen Fragen gestellt.«[1]

Wir versuchen, Führungspersönlichkeiten und Kommentato-ren für ihre Lügen zur Verantwortung zu ziehen. Weniger gut sind wir darin, dasselbe bei Irreführern zu tun, wenn deren Aussagen technisch gesehen richtig sind. Gelingt es ihnen zu argumentieren, sie hätten doch bloß die Wahrheit gesagt, neigen wir tendenziell dazu, die Sache ad acta zu legen, und schieben nagende Zweifel, ob der Gerechtigkeit wirklich Genüge getan wurde, beiseite. So be-kommen Irreführer die Chance, immer wieder die gleichen Tricks aus dem Ärmel zu ziehen. Wir sollten das nicht zulassen.

Dabei besteht eine unserer Schwierigkeiten im Fehlen einer gemeinsamen Terminologie, um Irreführer zu entlarven. Behauptet eine Politikerin, die Löhne seien gestiegen, und kann dabei auf eine clevere statistische Interpretation der vorliegenden Fakten verweisen, um sich Deckung zu verschaffen, können wir sie nicht als Lügnerin bezeichnen. Was also sagen wir?

Mein Vorschlag für die sozialen Medien ist der Hashtag **#misleadingtruth**. Benennen wir **irreführende Wahrheiten** laut, wo immer wir ihnen begegnen. Bezeichnen wir die Leute, die sie verbreiten, öffentlich als **Irreführer**.

Sie können irreführende Wahrheiten auch der jeweils wichtigsten relevanten faktencheckenden Organisation übermitteln (siehe Anhang 2). Allerdings werden sie allein uns nicht aus dieser postfaktischen Misere retten; die irreführenden Behauptungen von populären Politikern und Prominenten haben eine weitaus größere Reichweite als die von Faktencheckern verbreiteten Gegenbehauptungen. Dessen ungeachtet bieten diese Organisationen ein nützliches, auf verhältnismäßig objektiven Tatsachen basierendes Fundament, in dem wir unsere gemeinsamen Anstrengungen verankern können, die öffentliche Berichterstattung zu korrigieren und eine zutreffendere Darstellung der Wirklichkeit zu etablieren.

Angesichts zunehmend besser ausgeklügelter personalisierter Massenkommunikationstechnologien ist es politischen Kampagnen, Unternehmen, Aktivisten und selbst ausländischen Desinformationsexperten möglich, bestimmte Gruppen zielgerichtet mit maßgeschneiderten Botschaften zu versorgen, die Medien und Faktencheckern verborgen bleiben. Per E-Mail, Facebook-Feed oder Online-Werbung können selektive Wahrheiten unter die Leute gebracht werden, die der Rest der Bevölkerung niemals zu Gesicht bekommt. Dies senkt das Risiko für Irreführer, entdeckt und öffentlich an den Pranger gestellt zu werden, enorm und erhöht gleichzeitig die Wahrscheinlichkeit, dass sie diesem Verhalten immer stärker frönen. Erhalten Sie eine gezielt für Sie bestimmte

Nachricht, die eine irreführende Wahrheit enthält, machen Sie diese öffentlich. Ansonsten erfahren wir womöglich nie etwas davon, und die Irreführer werden immer dreister werden.

Die beste Waffe gegen irreführende Wahrheiten sind am Ende repräsentativere und vollständigere Wahrheiten. Wir alle müssen die Verantwortung annehmen, Probleme umfassender zu verstehen und die verlässlichsten Daten zu nutzen, die wir finden können, um zu beurteilen, welches die ehrlichsten und relevantesten Wahrheiten sind. Das ist harte Arbeit. Es macht Mühe, über unsere instinktiven Reaktionen auf bestimmte Ereignisse hinauszugehen oder die ersten Behauptungen zu überprüfen, die im Zusammenhang mit einer neuen Schlagzeile in den Raum gestellt werden. Es braucht Disziplin, um Bestätigungsfehler zu vermeiden und einen offenen Geist zu bewahren. Doch in einer fragmentierten, widersprüchlichen Medienlandschaft ist das der einzige Weg, um die ehrlichsten Wahrheiten zu entdecken und zu propagieren.

Unsere Wahrheiten müssen gut recherchiert und einem harten Faktencheck unterzogen worden sein, bevor wir sie irreführenden Wahrheiten entgegensetzen. Sie müssen klar und deutlich ausgesprochen und mit Belegen untermauert werden. Und sie müssen prägnant und kernig sein, um den ganzen Lärm zu übertönen und eine Chance zu haben, weite Verbreitung zu finden. Je mehr von uns diese »wahreren« Wahrheiten teilen, desto größer ist die Wahrscheinlichkeit, dass sie sich in den Köpfen der Menschen festsetzen.

Lassen Sie uns diese Diskussion beenden, indem wir die Irreführer beiseite lassen und uns noch einmal die positiven Aspekte von konkurrierenden Wahrheiten vor Augen führen. Wir haben durch Kooperation Unglaubliches geschafft: Krankheiten ausgerottet, Milliarden von Menschen eine Nahrungsgrundlage gegeben, global agierende Unternehmen aufgebaut, Nationen verteidigt, wundersame Technologien entwickelt, die die Welt vernetzen. All das haben Menschen erreicht, die miteinander kooperierten, und diese Kooperation beruht auf den Ideen, die wir teilen – den Wahrheiten, die wir einander sagen.

Den Menschen, die solche großartigen Leistungen vollbrachten, gelang dies, indem sie ihre Wahrheiten sorgfältig wählten und auf effektive Weise teilten. Sie nutzen inspirierende Voraussagen und Überzeugungen, persuasive Ansichten darüber, was wünschenswert sei, passgenau zugeschnittene Versionen von Geschichte, bezwingende Geschichten, Schilderungen entsetzlicher Bedrohungen und kühne Visionen von neuen gesellschaftlichen Konstrukten, um sich eine Anhängerschaft aufzubauen und Handeln voranzutreiben. Kommunikatoren machen alles möglich.

Die Fähigkeit, die richtigen konkurrierenden Wahrheiten auszuwählen und zu kommunizieren, gehörte schon immer zu den wichtigsten Eigenschaften guter Anführer und Verfechter von Wandlungsprozessen. Doch sie sind genauso von Bedeutung, wenn wir grundlegende Formen von Kooperation innerhalb unserer Familien und am Arbeitsplatz erreichen wollen. Egal wo, die Wahrheit, für die Sie sich entscheiden, sollte selbstverständlich ehrlich sein, zugleich aber auch effektiv.

Manche Wahrheiten sind einfach unmittelbar glaubhafter als andere. Sie *klingen glaubhaft*. Selbst wenn Sie der Meinung sind, Ihre Wahrheit mithilfe von Daten und Logik beweisen zu können – werden Sie überhaupt die Chance dazu bekommen? Während des Brexit-Referendums schien es häufig so, als hätten die Brexiteers, die sich für einen Austritt Großbritanniens aus der EU stark machten, einen besseren Instinkt, genau die Wahrheiten auszuwählen, die beim ersten Hören sofort einen Sinn ergaben, als die Remainer, die für einen Verbleib Großbritanniens in der EU plädierten. Die überzeugendsten konkurrierenden Wahrheiten sind die, die auf den ersten Blick einleuchten.

Auch das Format Ihrer Wahrheit ist wichtig, wenn sie die Menschen erreichen soll. Nutzen Sie einfache Botschaften, überraschende Einsichten, augenfällige Zahlen, fesselnde Geschichten und farbenfrohe Visionen, um bei Ihrem Publikum einen Eindruck zu hinterlassen. Die prägnante Aussage »Frauen in den USA verdienen nur 74 Cent, wo Männer 1 Dollar bekommen« schlägt eine beliebige Anzahl von Reden über Diskriminierung am Arbeitsplatz um Längen. Minimalistische Botschaften geben eingängige Memos ab (insbesondere dann, wenn ein bisschen Alliteration enthalten ist). Versuchen Sie, Ihre Botschaft in einem Format zu präsentieren, das sich mit einem einzigen Blick erfassen lässt.

Per definitionem wird es Alternativen zu Ihrer konkurrierenden Wahrheit geben, und Sie werden unter Umständen auf Widerstände treffen, die in rivalisierenden Wahrheiten begründet sind. Selbst dann, wenn Sie die Macht haben, gültige Wahrheiten zu vertuschen, vielleicht als Rektor oder CEO, ist dies nur selten die klügste Strategie. Ein respektvollerer Ansatz, der die Leute mitnimmt, besteht darin, ein strukturiertes Forum zu schaffen, in dem rivalisierende Wahrheiten offen angesprochen und diskutiert werden können. Nehmen Sie sich Zeit, um zu verdeutlichen, dass Sie einen alternativen Standpunkt verstanden haben, bevor Sie Ihre Gegenargumente anbringen. Ihre konkurrierende Wahrheit sollte aus sich selbst heraus überzeugen.

Botschaften werden beim erstmaligen Hören oder Lesen häufig noch nicht in Gänze verstanden. Sie müssen mehrfach wiederholt werden, um Ansichten zu verändern und neue Mindsets zu etablieren. Wiederholung ist auch eine gute Methode, um rivalisierenden Wahrheiten entgegenzutreten, denn diese greifen in einem kommunikatorischen Vakuum mit höherer Wahrscheinlichkeit Platz. Jenseits von Kulten besteht das Problem mit Wiederholungen allerdings darin, dass sie schnell als Genörgel wahrgenommen werden. Ewige Wiederholung kann auch dazu führen, dass die Menschen sich abwenden oder das Thema ins Lächerliche gezogen wird. Letzteres geschah zum Beispiel, als Theresa May während des Wahlkampfes 2017 den britischen Wählern gebetsmühlenartig »eine starke, stabile Regierung« versprach. Um einen solchen Ausgang zu verhindern, müssen Kommunikatoren immer neue, interessante Wege finden, dasselbe zu sagen.

Wir können uns geschickte Kommunikation in etwa so vorstellen, wie sich ein Komponist seinen »Variationen auf ein Thema« nähert. Er beginnt mit einer kurzen musikalischen Idee, dem Thema eben. Diese Melodie ist in der Regel nicht viel länger als ein paar Minuten. Anschließend spielt er mit dieser Melodie, fügt Noten hinzu, streicht andere weg, variiert den Rhythmus, wechselt in eine andere Tonart oder ein anderes Metrum, führt Ausschmückungen ein, ändert Tempo oder Instrumentation. Jede Variation nimmt einen anderen Charakter an und kann völlig anders klingen als die ursprüngliche Melodie, doch das zugrunde liegende Thema ist stets präsent. Organisationen können denselben Ansatz nutzen: Einigkeit über die Kernwahrheit – das Thema – herstellen und den Menschen anschließend gestatten, diese auf ihre eigene Art auszudrücken, um interessante Variationen zu erzeugen, die das Thema in allen Köpfen bewusst halten.

Wenn Sie so wollen, besteht dieses ganze Buch aus Variationen über ein Thema:

Für gewöhnlich gibt es mehr als einen richtigen Weg, um über etwas zu sprechen. Wir können konkurrierende Wahrheiten auf konstruktive Weise nutzen, um Menschen einzubinden und Handeln anzustoßen. Zugleich sollten wir jedoch vor Kommunikatoren auf der Hut sein, die konkurrierende Wahrheiten benutzen, um uns in die Irre zu führen.

Das ist mein Thema. Ich hoffe, die Variationen darüber haben Ihnen gefallen.

In den kommenden Jahren werden sich konkurrierende Wahrheiten immer stärker ausbreiten. Die Komplexität unserer Umgebungen nimmt mit jeder neuen Verbindung zwischen Menschen und Organisationen zu; subjektive Wahrheiten vervielfältigen sich in dem Maße, wie der Rückzug autoritärer Regierungssysteme mehr Freiheit und Selbstentfaltung zulässt; quasi im Sekundentakt werden neue künstliche Wahrheiten erschaffen; und je weiter wir in die Zukunft blicken oder je öfter wir uns mit immer abstrakteren Konzepten herumschlagen, desto mehr unbekannte Wahrheiten wird es geben.

Wir sollten vor konkurrierenden Wahrheiten keine Angst haben. Unser Fortschreiten hängt vom Wechselspiel der Wahrheiten ab. Wissenschaft, Politik und die Künste florieren, wenn wir eine Dialektik zwischen verschiedenen Wahrheiten zulassen. Wir sollten konkurrierende Wahrheiten als Rohstoff für neues Denken, für Kreativität und Innovation begrüßen. Ja, wir sollten sogar misstrauisch gegenüber all jenen sein, die versuchen, die eine »wahre« Wahrheit zu verfechten und alle anderen zu negieren. Wer braucht schon Konversation, Beurteilung oder Debatte, wenn es nur die eine Wahrheit gibt und alles andere Ketzerei ist?

Unsere Anerkennung der Tatsache, dass vielfältige Wahrheiten nebeneinander existieren können, sollte uns nicht übermäßig misstrauisch gegenüber den Aussagen anderer machen. Wir haben einen allgemeinen Vertrauensverlust erlebt, und dieser hat zur aktuellen postfaktischen Malaise beigetragen. Wir sollten uns vor irreführenden Wahrheiten in Acht nehmen, zugleich jedoch nicht die Motive all derer infrage stellen, die ihre Wahrheiten sorgfältig auswählen. Ich habe in diesem Buch versucht zu illustrieren, wie konkurrierende Wahrheiten auf breiter Front genutzt werden, und zwar sowohl in guter wie in böser Absicht. Ich habe in die vorangegangenen Kapitel zahlreiche meiner eigenen konkurrierenden Wahrheiten eingeflochten: Einige sind offensichtlich, andere subtiler. Keine ist dazu gedacht, meine Leser in die Irre zu führen oder Schaden anzurichten. Ich hoffe wirklich, dass Sie dem, was ich geschrieben habe, zum allergrößten Teil vertrauen können, obwohl ich einräume, dass auch ich meine Wahrheiten sorgfältig ausgewählt habe, um Ihnen einen bestimmten Eindruck von der Realität zu vermitteln.

Die Demokratisierung von Information bringt zugleich Verantwortung und Macht mit sich. In der Vergangenheit haben Autoritäten wie die Kirche oder totalitäre Regime darüber entschieden, was die Wahrheit war. Aufgeklärtere Epochen erlebten, wie Medien, denen sie vertrauten, diese Rolle übernahmen. Doch wir Heutigen sind von so viel mehr Informationen umgeben, die aus so viel mehr Quellen auf uns einströmen. Wir können uns nicht mehr länger nur auf Organisationen und Institutionen verlassen, damit sie die weltweiten Informationen für uns kuratieren und uns sagen, welche Wahrheit von höherer Relevanz ist und welche irreführend. Es gibt keine Torwächter mehr. Das ist nun unsere eigene Aufgabe, und wir müssen unseren Mitmenschen dabei helfen, sich dieser Aufgabe ebenfalls zu stellen. Wir müssen uns stärker bewusst machen, wie die Wahrheiten, die wir hören, unser Mindset formen und dass sie tiefe, unversöhnliche Gräben aufreißen können. Um unseren Echokammern und Filterblasen zu entkommen, sollten wir gezielt nach konkurrierenden Wahrheiten suchen, die unser Mindset und unseren Stammesglauben infrage stellen.

Noch niemals zuvor in der menschlichen Geschichte war es wichtiger, dass jeder und jede Einzelne von uns eine konkurrierende Wahrheit erkennt, wenn wir ihr begegnen. Wir hatten aber auch niemals größere Möglichkeiten, mithilfe der richtigen konkurrierenden Wahrheit einen positiven Unterschied zu machen. Die Werkzeuge, das Wissen, die Kommunikationskanäle und die Zuhörer – das alles ist da. Wir brauchen unsere Wahrheiten nur weise zu wählen und gut zu erzählen.

Dank

Ich bin ein Geschichtenerzähler und Sammler von Ideen, die Einsichten vermitteln können, betreibe aber nur äußerst wenig Grundlagenforschung. Daher schulde ich all den Journalisten, Wissenschaftlern, Historikern, Forschern und Autoren, die sich der schweren Aufgabe gestellt haben, die zahllosen Fakten zu dokumentieren, die ich in diesem Buch erwähne, großen Dank. Entsprechend meiner Medienpräferenzen nahm eine beträchtliche Anzahl der Geschichten in diesem Buch ihren Anfang auf BBC Radio 4 (insbesondere der Sendung ›More or Less‹), im ›Guardian‹, ›The Economist‹, der ›New York Times‹ und der ›Washington Post‹. Daher danke ich allen Programmverantwortlichen, Journalisten und Redakteuren dafür, dass sie die Wahrheiten, auf die ich mich hier stütze, so sorgfältig recherchiert und zugänglich gemacht haben.

Die Idee zu diesem Buch entstand im Rahmen der strategischen Kommunikationsarbeit, die ich über die letzten zehn Jahre hinweg geleistet habe, und die mit The Storytellers begann. Ich danke daher Marcus Hayes, Martin Clarkson, Alison Esse und Chris Spencer, die mir gezeigt haben, dass Vergangenheit, Gegenwart und Zukunft eines Unternehmens mithilfe von nur dreißig Sätzen auf zielführende (wenn auch selektive) Art und Weise dargestellt werden können; außerdem dafür, dass sie mir die Möglichkeit gegeben haben, Erzählungen für einige der interessantesten Organisationen zu entwerfen, die es derzeit auf diesem Planeten gibt. Mein Dank gilt ebenfalls Atkins, Ericsson, den Royal Botanic Gardens, Kew, und der Bank of England, die mir gestattet haben, über sie zu schreiben.

Gute Freunde lasen frühe Entwürfe und gaben mir großartige Ratschläge: Dani Byrne, Becky Carter, Martin Clarkson, Imogen Cleaver, Paul Cleaver, Mel Cochran, Rosemary Macdonald, Malcolm Millar, Bruno Shovelton, Laura Watkins und Andrew Wilson. Zu Dank verpflichtet bin ich ebenfalls Marc Bellemare und Karsten Haustein für ihre Expertenmeinung zur Quinoa-Wirtschaft beziehungsweise zum Klimawandel. Alle eventuell noch vorhandenen Fehler oder irreführenden Wahrheiten gehen auf mein Konto.

Eine Menge Leute waren in der Veröffentlichung von ›Wahrheit‹ involviert oder werden es noch sein. Ich danke ihnen allen, insbesondere jedoch Tracy Behar, Doug Pepper und Doug Young, die gemeinsam diesen Text mit so viel Weisheit, Wohlwollen und Einigkeit lektoriert haben. Und schließlich Euan Thorneycroft, Richard Pine, Hélène Ferey, Jennifer Custer und allen bei A. M. Heath: Danke, dass ihr mich wieder ins Spiel gebracht habt.

Anhang 1

Checkliste »Irreführende Wahrheiten«

Die folgenden Fragen sind dazu gedacht, Unterstützung bei der Beurteilung verdächtiger Aussagen und bei der Entscheidung darüber zu bieten, ob es sich um eine triviale irreführende Wahrheit handelt oder um eine ernstzunehmende. Es ist keine Ankreuzübung. Wir alle müssen unsere eigene Urteilskraft nutzen und ausreichende Recherchen betreiben, um zu einer Schlussfolgerung zu gelangen.

- Ist die Aussage wahr?
- Wird sie die Art und Weise verändern, wie ich Dinge sehe?
- Könnte sie mein Verhalten beeinflussen?
- Welche Agenda haben die Kommunikatoren, und wird diese Aussage ihnen helfen, diese voranzubringen?
- Welche Fakten oder welcher Kontext ist möglicherweise weggelassen worden?
- Wurden Beweise vorgelegt, um die Aussage zu untermauern? Sind diese verlässlich?
- Auf welche Weise könnte eine bestimmte Tatsache oder Zahl noch dargestellt werden? Würde sich dadurch deren Bedeutung verändern?
- Hängt die Aussage von einer subjektiven Beurteilung moralischer Werte, Erwünschtheit oder finanzieller Werte ab?

- Definieren die Kommunikatoren ihre Begriffe genauso, wie ich es tun würde?
- Werde ich beeinflusst von einer/den von ihnen gewählten Bezeichnung/en oder einer gefühlsbetonten Anekdote?
- Hängt die Aussage von einer Voraussage oder einer Überzeugung ab, und falls ja, sind alternative Voraussagen oder Überzeugungen glaubhafter?
- Wäre jemand anders in der Lage, einen anderen, jedoch ebenso wahrhaftigen Eindruck von der Realität zu vermitteln?

Anhang 2

Faktencheckende Organisationen

Weltweit gibt es zahlreiche Organisationen, die daran arbeiten, der Lügenflut unseres postfaktischen Zeitalters, die sich in den öffentlichen Diskurs ergießt, mithilfe fleißiger Überprüfung von angeblichen Fakten die Stirn zu bieten. Einige unter ihnen nehmen sich auch irreführender Wahrheiten an. Vielleicht möchten Sie diese Organisationen unterstützen oder mit ihnen in Kontakt treten, um Vorschläge für irreführende Wahrheiten zu unterbreiten, die untersucht und öffentlich gemacht werden sollten:

- **PolitiFact** in den USA stuft mithilfe seines Truth-O-Meters politische Behauptungen ein, wobei die Beurteilungen von »wahr« bis hin zu »Die Hütte brennt« für die lächerlichsten Falschbehauptungen reichen. Die Organisation bekam für ihre Begleitung der US-Präsidentschaftswahlen 2008 den Pulitzer-Preis. Ihre Ratings »halb wahr« und »überwiegend falsch« würden auf viele irreführende Wahrheiten zutreffen. Besondere Aufmerksamkeit widmet sie Kontext und Begrifflichkeiten. http://politifact.com/

- Der **Washington Post Fact Checker** unterzieht die Aussagen von Politikern gezielt einem »Wahrheitstest«, stellt fehlenden Kontext bereit und definiert »Codewörter«, die Irreführer benutzen, um »die Wahrheit zu verwässern oder zu verschleiern«. Er vergibt »Pinocchios« für irreführende oder Falschaussagen, wobei irreführende Aussagen zwischen einem Pinocchio (»Selektive Wiedergabe der Wahrheit. Einige Auslassungen oder Übertreibungen«) und drei Pinocchios (»Könnte Aussagen enthalten, die technisch betrachtet wahr sind ... allerdings dermaßen aus dem Zusammenhang gerissen, dass sie sehr in die Irre führen«) erhalten. https://washingtonpost.com/news/fact-checker/

- **FactCheck.org** wird vom Annenberg Public Policy Center der University of Pennsylvania betrieben. Die Plattform überprüft die faktische Korrektheit des politischen Diskurses in den USA, wobei der Fokus insbesondere auf Präsidentschafts- und Senatswahlkämpfen liegt. http://factcheck.org/

- **Full Fact** ist eine gemeinnützige Organisation in Großbritannien, die sich zum Ziel gesetzt hat, irreführende oder unbewiesene Behauptungen im Zusammenhang mit den meisten in Großbritannien diskutierten politischen Themen zu korrigieren. Die Plattform stellt neben Schulungstools auch ein Verzeichnis verlässlicher Daten für Großbritannien zur Verfügung. https://fullfact.org/

- **First Draft** ist eine Koalition von Organisationen, darunter Google News Lab, mit dem Ziel, die Standards für die Wiedergabe von Informationen und Augenzeugenaussagen zu verbessern, die aus dem Internet und den sozialen Medien stammen. Sie hat mittlerweile ein Partnernetzwerk aufgebaut, zu dem CNN, BBC, BuzzFeed, Bloomberg und zahlreiche andere Medienorganisationen, akademische Institutionen und NGOs gehören. https://firstdraftnews.com/

- Das **International Fact-Checking Network** (IFCN), gehostet vom Poynter Institute for Media Studies, bietet Hilfestellung und Ressourcen für faktencheckende Organisationen rund um den Globus an. https://poynter.org/channels/fact-checking

- **Snopes.com** widmet sich vor allem der Entlarvung urbaner Legenden, die auf irreführenden Wahrheiten beruhen. http://snopes.com

- **Reality Check** (http://bbc.co.uk/realitycheck) ist ein Angebot der BBC. Der Online-Service widmet sich vorrangig der Untersuchung von Themen, die in Großbritannien von politischem Interesse sind, und stellt objektive Daten und Erkenntnisse bereit. Die Radiosendung ›More or Less‹ wird seit vielen Jahren auf BBC Radio 4 ausgestrahlt und analysiert die in den Nachrichten präsentierten Zahlen mit großer Sorgfalt und viel Humor. Mit besonderer Freude zerpflückt das Team von ›More or Less‹ sogenannte »Zombie-Statistiken« und weist auf irreführende Zahlen hin. http://bbc.co.uk/programmes/b006qsh

- **Les décodeurs** ist die Faktencheck-Abteilung der französischen Zeitung ›Le Monde‹. Ihre Mission besteht darin, Aussagen, Behauptungen und Gerüchte zu verifizieren und Informationen mit dem nötigen Kontext zu versehen. ›Le Monde‹ hat Browser-Erweiterungen entwickelt, die in der Lage sind, windige Online-Geschichten zu identifizieren. http://lemonde.fr/les-decodeurs/

- **Fact Check** ist eine Partnerschaft zwischen der RMIT University in Australien und der ABC, die sich zum Ziel gesetzt hat, Licht in das »Dickicht aus Fake News, eigennütziger Schönfärberei, Fehlinformationen und der guten alten Panikmache« zu bringen. Sie verfügt über mit Experten besetzte Beratungsgremien zu den Themen Klimawandel, Recht und Wirtschaft. http://abc.net.au/news/factcheck

- **CORRECT!V** ist eine gemeinnützige Organisation in Deutschland, die Investigativ-Journalismus zu kontroversen Themen wie TTIP und Flug MH17 betreibt. Außerdem hat sie ein Bildungsprogramm aufgelegt, um der Öffentlichkeit Werkzeuge des investigativen Journalismus an die Hand zu geben. https://correctiv.org/de

- **Faktenfinder** ist ein Angebot des deutschen öffentlich-rechtlichen Fernsehens, in dem aktuelle Meldungen überprüft und Methoden zur eigenen Recherche erläutert werden. https://faktenfinder.tagesschau.de

- **Africa Check** ist eine gemeinnützige Organisation mit Sitz in Johannesburg, die Behauptungen vonseiten öffentlicher Personen in ganz Afrika überprüft. Sie hat auch eine französischsprachige Webseite, die von einem Team in Dakar betrieben wird. http://africacheck.org/

- **Chequeado** ist die führende Faktencheck-Organisation Argentiniens. Sie führte bei Präsidentschaftsdebatten Faktenchecks in Echtzeit durch und hat inzwischen im Kabelfernsehen eine Sendung mit dem Titel ›50 Minutos‹. http://chequeado.com/

Diese Liste stellt nur eine sehr kleine Auswahl dar. Das Duke Reporters' Lab identifizierte 2017 insgesamt 114 Teams in 47 Ländern, die sich mittlerweile dem Faktenchecking widmen. Suchen Sie im Internet nach den Organisationen, die für Sie am relevantesten sind.

Quellenverweise

Um allzu viele hochgestellte Zahlen zu vermeiden und die Ablenkung in Grenzen zu halten, sind im Text nur direkte Zitate sowie kontroverse Fakten auf diese Weise markiert. Andere Quellen sind im Folgenden aufgelistet.

Die wichtigsten Hyperlinks finden sich auch auf www.hector-macdonald.com/truth

Einleitung: Wenn Wahrheiten aufeinanderprallen

Quinoa
http://www.independent.co.uk/life-style/health-and-families/ancient-inca-grain-is-new-health-food-darling-2227055.html
https://www.economist.com/news/finance-and-economics/21699087-fad-andean-staple-has-not-hurt-pooryet-against-grain

Die Philosophie der Wahrheit
Zum Beispiel:
John D. Caputo, *Truth: The Search for Wisdom in the Postmodern Age* (London, Penguin Books 2013).
Blackburn, Simon, *Wahrheit: Ein Wegweiser für Skeptiker.* Aus dem Engl. von Thomas Hetzel (Darmstadt, Primus-Verlag 2005).

Postfaktisches
Zum Beispiel:
Evan Davis, *Post-Truth: Why We Have Reached Peak Bullshit and What We Can Do About It* (London, Little, Brown, 2017).
Matthew D'Ancona, *Post-Truth: The New War on Truth and How to Fight Back* (London, Ebury 2017).

James Ball, *Post-Truth: How Bullshit Conquered the World* (London, Biteback, 2017).
Ari Rabin-Havt mit Media Matters for America, *Die Lügen-AG: Wie eine ganze Industrie »alternative Fakten« schafft und damit unsere Politik beeinflusst.* Übersetzung: Egbert Neumüller, Kulmbach: Plassen Verlag, 2017.

Teilwahrheiten

1 Komplexität

Amazon
https://www.nytimes.com/2014/11/14/technology/amazon-hachette-ebook-dispute.html
http://authorsunited.net/
Brad Stone, *Der Allesverkäufer: Jeff Bezos und das Imperium von Amazon.* Aus dem Engl. von Bernhard Schmid, Frankfurt a. M., New York: Campus-Verlag 2013.
https://www.forbes.com/sites/roberthof/2016/03/22/ten-years-later-amzon-web-services-defies-skeptics/#76f0fd656c44
https://www.srgresearch.com/articles/leading-cloud-providers-continue-run-away-market

Bell Pottinger
https://www.theguardian.com/media/2017/sep/05/bell-pottingersouth-africa-pr-firm
https://citizen.co.za/news/south-africa/1564335/this-is-how-guptas-were-allowed-to-landed-at-waterkloof-airport-report/
https://www.ft.com/content/ce8ddb84-9a01-11e7-a652-cde3f882dd7b
https://www.nytimes.com/2016/03/18/world/africa/south-africa-jacob-zuma-gupta-family.html
https://www.theguardian.com/media/2017/sep/12/bell-pottinger-goes-into-administration

2 Geschichte

Coca-Cola
Mark Pendergrast, *Für Gott, Vaterland und Coca-Cola: Die unautorisierte Geschichte der Coca-Cola-Company.* Aus dem Amerik. von Heike Rosbach, ungekürzte TB-Ausgabe, München: Heyne 1996.
http://www.snopes.com/cokelore/fanta.asp

Peter Barton Hutt, ›The Image and Politics of Coca-Cola: From the Early Years to the Present‹ (Harvard Law School, 2001); https://dash.harvard.edu/handle/1/8852150

Murray J. Eldred, *The Emperors of Coca Cola* (2008).

Oubliance
Mark Greengrass, *France in the Age of Henri IV* (Oxon, Routledge, 1995).
Diane Claire Margolf, *Religion and Royal Justice in Early Modern France: The Paris Chambre de l'édit, 1598–1665.* Kirksville, MO: Truman State University Press, 2003.

Bush, PEPFAR und die Umwelt
https://www.cgdev.org/page/overview-president%E2%80%99s-emergency-plan-aids-relief-pepfar
http://www.telegraph.co.uk/news/worldnews/northamerica/usa/4242376/George-W-Bushs-10-Best-Moments.html
https://www.epa.gov/nepa/what-national-environmental-policy-act

De Gaulle
Timothy Garton Ash, *Freie Welt: Europa, Amerika und die Chance der Krise.* Aus dem Engl. von Susanne Hornfeck und Hans Günter Holl, München, Wien: Hanser 2004.
Denis MacShane, *Heath.* London: Haus 2006.

Ericsson
https://www.rcrwireless.com/20160727/internet-of-things/ericsson-maersk-industrial-internet-of-things-tag31-tag99
https://www.ericsson.com/en/networked-society/innovation/innovations-with-impact
https://www.ericsson.com/en/about-us/history
Alena V. Ledeneva, *Can Russia Modernise?: Sistema, Power Networks and Informal Governance.* Cambridge: Cambridge University Press, 2013.

China
http://www.bbc.co.uk/news/magazine-30810596
http://www.economist.com/node/21534758

3 Kontext

Elmyr de Hory
Clifford Irving, *Gefälscht: Das abenteuerliche Leben des größten Kunstfälschers unserer Zeit.* Aus dem Amerik. von Helga Künzel, Stuttgart: Goverts, 1970.
Stephen Armstrong, *The White Island: The Extraordinary History of the Mediterranean's Capital of Hedonism.* London: Black Swan, 2005.

http://www.nytimes.com/2011/04/08/arts/design/elmyr-de-horys-real-
identity-its-becoming-less-of-a-mystery.html
http://www.intenttodeceive.org/forger-profiles/elmyr-de-hory/the-artifice-
of-elmyr-de-hory/
http://forejustice.org/write/fake.html
Ulrich Kirk, Martin Skov, Oliver Hulme, Mark S. Christensen and Semir
Zeki, ›Modulation of aesthetic value by semantic context: An fMRI study‹,
NeuroImage, 44 (2009).
http://www.sfgate.com/entertainment/article/Master-Con-Artist-Painting-
forger-Elmyr-de-2917456.php

Kultiviertes Fleisch
https://www.economist.com/news/business/21716076-plant-based-meat-
products-have-made-it-menus-and-supermarket-shelves-market
http://www.fao.org/docrep/ARTICLE/WFC/XII/0568-B1.HTM
http://www.theecologist.org/News/news_analysis/1122016/revealed_the_
secret_horror_of_the_worlds_mega_factory_farms.html
http://www.sierraclub.org/michigan/why-are-cafos-bad
http://www.bbc.co.uk/news/science-environment-34540193

4 Zahlen

Arctic National Wildlife Refuge
http://www.nytimes.com/2001/05/01/us/cheney-promotes-increasing-
supply-as-energy-policy.html
http://www.nytimes.com/2002/03/01/opinion/two-thousand-acres.html
http://www.nytimes.com/2005/12/22/politics/senate-rejects-bid-for-
drilling-in-arctic-area.html

BNP Irland
https://www.irishtimes.com/business/economy/ireland-s-gdp-figures-why-
26-economic-growth-is-a-problem-1.2722170
http://www.independent.co.uk/news/business/news/ireland-s-economy-
grows-263-in-2015-as-corporations-flock-to-low-tax-rate-a7133321.html
https://www.irishtimes.com/business/economy/state-s-debt-ratio-falling-
at-fastest-rate-in-the-euro-zone-1.2584911

5 Geschichten

Hurrikan Katrina
http://www.politico.com/story/2012/10/10-facts-about-the-katrina-
response-081957 http://usatoday30.usatoday.com/news/nation/2005-
09-07-firefighters-ga-katrina_x.htm

http://www.nytimes.com/2005/09/28/us/nationalspecial/when-storm-hit-national-guard-was-deluged-too.html
http://news.bbc.co.uk/1/hi/world/americas/4707536.stm
http://www.washingtonpost.com/wp-dyn/content/article/2005/09/15/AR2005091502297.html
http://www.nbcnews.com/id/9323298/#.V5s2QZMrLBI

Nike
https://www.fastcompany.com/38979/nike-story-just-tell-it

Subjektive Wahrheiten

1 Gesellschaftliche Normen

Dissoi Logoi
Der deutsche Wortlaut der Zitate ist der folgenden Quelle entnommen: Alexander Becker/Peter Scholz (Hg.), Dissoi Logoi. Zweierlei Ansichten, Berlin: Akademie-Verlag 2004, S. 57–61 und S. 63.

Moralische Grundlagen
Jonathan Haidt, *The Righteous Mind: Why Good People are Divided by Politics and Religion.* New York: Pantheon, 2012.
https://blogs.scientificamerican.com/guest-blog/jonathan-haidt-the-moral-matrix-breaking-out-of-our-righteous-minds/

Drogen
Tom Feiling, *Cocaine Nation: How the White Trade Took Over the World.* New York: Pegasus, 2010.

Organspende
http://www.bbc.co.uk/programmes/b08nq6fh

Öffentliche Gesundheit
https://medicalxpress.com/news/2011-06-doctors-health-dilemmas.html
Joshua Greene, *Moral Tribes: Emotion, Reason and the Gaps Between Us and Them.* New York: Penguin Press, 2013.

Geschäftsmoral
http://news.bbc.co.uk/1/hi/business/7528463.stm
http://www.bbc.co.uk/news/business-39194395
http://www.bbc.co.uk/news/business-38644114
http://money.cnn.com/2017/08/31/investing/wells-fargo-fake-accounts/index.html

https://www.bloomberg.com/news/articles/2017-10-13/kobe-steel-scam-hits-planes-trains-automobiles-quicktake-q-a-j8pto39q

Los Angeles LGBT Center
http://science.sciencemag.org/content/352/6282/220
http://www.sciencemag.org/news/2016/04/real-time-talking-people-about-gay-and-transgender-issues-can-change-their-prejudices

Aristoteles
Nikomachische Ethik II (um 350 v. Chr.), Kapitel 16, Zweites Buch, Erstes Kapitel. Übersetzt von Olof Gigon, Düsseldorf: Artemis & Winkler Verlag 2001.

2 Erwünschtheit

Adipositas
http://www.who.int/mediacentre/factsheets/fs311/en/
https://www.mckinsey.com/mgi/overview/in-the-news/the-obesity-crisis
Wein-Studie: http://www.caltech.edu/news/wine-study-shows-price-influences-perception-1374
Gemüsenamen-Experiment Stanford: Bradley P. Turnwald, Danielle Z. Boles und Alia J. Crum, »Association Between Indulgent Descriptions and Vegetable Consumption: Twisted Carrots and Dynamite Beets«, *JAMA Internal Medicine*, 177 (8) (August 2017).

Migranten
http://www.independent.co.uk/news/people/katie-hopkins-and-the-sun-editor-reported-to-police-for-incitement-to-racial-hatred-following-10190549.html
TÁRKI Social Research Institute study on Hungarian attitudes:
http://www.tarki.hu/hu/news/2016/kitekint/20160330_refugees.pdf
http://www.bbc.co.uk/news/world-europe-34131911
http://www.dailymail.co.uk/wires/ap/article-3397194/The-Latest-Rights-monitor-Hungary-asylum-seekers-risk.html
http://www.bbc.co.uk/news/world-europe-37310819

3 Finanzieller Wert

Penicillin-Schimmel
http://www.bonhams.com/auctions/23259/lot/1057/
https://www.theguardian.com/education/2017/mar/01/penicillin-mould-created-alexander-fleming-sells-over-14000-bonhams

Seltenheitswerte
https://www.nytimes.com/2016/06/09/theater/hamilton-raises-ticket-prices-the-best-seats-will-now-cost-849.html
http://news.bbc.co.uk/1/hi/entertainment/4623280.stm
https://www.theguardian.com/film/2011/jun/19/marilyn-monroe-dress-debbie-reynolds
http://abcnews.go.com/Business/hostess-twinkies-sell-60-box-ebay/story?id=17739110

Diamanten
Den grundlegenden Artikel zur Vermarktung von Diamanten schrieb Edward Jay Epstein 1982 für *The Atlantic:*
https://www.theatlantic.com/magazine/archive/1982/02/have-you-ever-tried-to-sell-a-diamond/304575/
http://www.capetowndiamondmuseum.org/about-diamonds/south-african-diamond-history/
http://www.nytimes.com/2013/05/05/fashion/weddings/how-americans-learned-to-love-diamonds.html
https://www.washingtonpost.com/opinions/why-a-diamond-is-forever-has-lasted-so-long/2014/02/07/f6adf3f4-8eae-11e3-84e1-27626c5ef5fb_story.html
http://www.debeersgroup.com/content/dam/de-beers/corporate/documents/Reports/Insight/FlashData/Diamond%20Insight%20Flash%20Data%20April%202016.pdf/_jcr_content/renditions/original
https://www.theatlantic.com/international/archive/2015/02/how-an-ad-campaign-invented-the-diamond-engagement-ring/385376/

Preisgestaltung
William Poundstone, *Priceless: The Hidden Psychology of Value.* Oxford: Oneworld, 2010.
Robert H. Frank, *The Economic Naturalist.* London: Virgin Books, 2007.
Tim Harford, *Ökonomics: Warum die Reichen reich sind und die Armen arm und Sie nie einen günstigen Gebrauchtwagen bekommen.* Aus dem Engl. von Elisabeth Liebl, München: Riemann 2006.

Gig Economy
http://www.bbc.co.uk/news/business-11600902
http://theweek.com/articles/631927/inside-japans-booming-rentafriend-industry
http://www.huffingtonpost.com.au/2016/07/04/meet-the-1m-man-who-s-making-a-killing-from-freelancing_a_21423270/

Künstliche Wahrheiten

1 Definitionen

Hungersnot
http://www.un.org/apps/news/story.asp?newsID=39113#.WdofsROPJAa
https://www.theguardian.com/global-development/2017/feb/20/
famine-declared-in-south-sudan
https://www.dec.org.uk/press-release/dec-east-africa-crisis-appeal-reaches-
a-staggering-%C2%A350-million-in-just-3-weeks
http://www.npr.org/sections/parallels/2014/08/27/343758300/when-do-
food-shortages-become-a-famine-theres-a-formula-for-that

Ruanda
https://www.theguardian.com/world/2004/mar/31/usa.rwanda
http://www.bbc.co.uk/news/world-11108059
https://www.theatlantic.com/magazine/archive/2001/09/bystanders-to-
genocide/304571/
https://treaties.un.org/doc/publication/unts/volume%2078/volume-
78-i-1021-english.pdf
https://www.cnbc.com/id/100546207

Monica Lewinsky
http://www.washingtonpost.com/wp-srv/politics/special/clinton/
icreport/6narritiii.htm
http://www.washingtonpost.com/wp-srv/politics/special/clinton/
icreport/7groundsi.htm

Gender
http://www.npr.org/2016/06/17/482480188/neither-male-nor-female-
oregon-resident-legally-recognized-as-third-gender
https://www.americandialect.org/2015-word-of-the-year-is-singular-they
https://www.theguardian.com/society/2015/aug/18/bisexual-british-adults-
define-gay-straight-heterosexual

2 Gesellschaftliche Konstrukte

Ceuta und Melilla
http://www.independent.co.uk/news/world/europe/refugee-crisis-migrants-
ceuta-fence-climb-hundreds-mass-spain-mediterranean-record-deaths-
a7586436.html
http://www.aljazeera.com/indepth/inpictures/2016/01/earning-living-
border-morocco-spanish-enclave-160128090148249.html

https://www.pri.org/stories/2015-05-14/along-morocco-s-border-spanish-enclave-these-women-shoulder-twice-their-weight

Menschenrechte

https://www.libertarianism.org/publications/essays/excursions/jeremy-benthams-attack-natural-rights

https://www.history.org/Almanack/life/politics/varights.cfm

https://www.archives.gov/founding-docs/declaration-transcript

http://www.conseil-constitutionnel.fr/conseil-constitutionnel/english/constitution/declaration-of-human-and-civic-rights-of-26-august-1789.105305.html

http://www.un.org/en/universal-declaration-human-rights/index.html

http://www.dailymail.co.uk/news/article-3201918/One-three-cases-lost-Britain-European-Court-Human-Rights-brought-terrorists-prisoners-criminals.html

Sozialkredit-System in China

https://www.economist.com/news/briefing/21711902-worrying-implications-its-social-credit-project-china-invents-digital-totalitarian

http://www.independent.co.uk/news/world/asia/china-surveillance-big-data-score-censorship-a7375221.html

http://www.bbc.co.uk/news/world-asia-china-34592186

3 Namen

Megan's Law

http://www.nydailynews.com/news/crime/parents-girl-inspired-megan-law-recall-tragedy-article-1.1881551

https://usatoday30.usatoday.com/news/nation/2007-11-18-homeless-offenders_N.html

http://www.cjcj.org/uploads/cjcj/documents/attitudes_towards.pdf

https://www.congress.gov/bill/104th-congress/house-bill/2137/actions

Demenzsteuer

https://www.theguardian.com/commentisfree/2008/jul/13/mentalhealth.health

http://www.telegraph.co.uk/news/2017/05/26/conservative-poll-lead-cut-half-dementia-tax-u-turn/

Schneeflocke

https://www.collinsdictionary.com/word-lovers-blog/new/top-10-collins-words-of-the-year-2016,323,HCB.html

https://www.ft.com/content/65708d48-c394-11e6-9bca-2b93a6856354

Namensänderungen
http://www.telegraph.co.uk/finance/4469961/The-muck-stops-here.html
https://www.ft.com/content/b7bb4a8a-a8d2-11e5-955c-1e1d6de94879
http://www.dailymail.co.uk/news/article-2525775/Mugabe-orders-Victoria-Falls-renamed-smoke-thunders-rid-colonial-history.html
http://www.ntlis.nt.gov.au/placenames/view.jsp?id=10532
https://www.theguardian.com/politics/blog/2010/jun/14/obama-britain-bp-michael-white

Chilenischer Seebarsch
G. Bruce Knecht, *Hooked: Pirates, Poaching, and the Perfect Fish* (Emmaus, PA, Rodale, 2006).
Ralph Keyes, *Unmentionables* (London, John Murray, 2010).
https://www.wsj.com/news/articles/SB114670694136643399
http://news.nationalgeographic.com/news/2002/05/0522_020522_seabass.html
http://www.washingtonpost.com/wp-dyn/content/article/2009/07/30/AR2009073002478.html
http://www.independent.co.uk/life-style/food-and-drink/news/when-is-a-pilchard-not-a-pilchard-when-its-a-sardine-sales-of-the-once-neglected-fish-are-booming-9833601.html
http://usa.chinadaily.com.cn/epaper/2014-10/13/content_18730596.htm
https://cantbeatemeatem.com/2904-2/
http://news.bbc.co.uk/1/hi/world/middle_east/4724656.stm
http://www.twincities.com/2014/04/27/asian-carp-gets-a-name-change-in-minnesota-senate/

Frank Luntz
https://www.theatlantic.com/politics/archive/2014/01/the-agony-of-frank-luntz/282766/
https://www.irs.gov/businesses/small-businesses-self-employed/estate-tax
http://prospect.org/article/meet-mr-death

Unbekannte Wahrheiten

1 Voraussagen

Präemptivkrieg
Priscilla Roberts (ed.), *Arab-Israeli Conflict: The Essential Reference Guide.* Santa Barbara, CA: ABC-CLIO, 2014.

http://news.bbc.co.uk/1/shared/spl/hi/guides/457000/457035/html/
nn1page1.stm
Jean Lartéguy, *The Walls of Israel*. Lanham, MD: Rowman & Littlefield, 2014.
https://history.state.gov/milestones/1961-1968/arab-israeli-war-1967
https://www.foreignpolicyjournal.com/2010/07/04/israels-attack-on-egypt-
in-june-67-was-not-preemptive/
http://www.washingtoninstitute.org/policy-analysis/view/the-six-day-war-
and-its-enduring-legacy

Globale Erwärmung
Der Climate Science Special Report 2017 ist verfügbar auf https://assets.
documentcloud.org/documents/3914641/Draft-of-the-Climate-Science-
Special-Report.pdf
http://e360.yale.edu/features/investigating-the-enigma-of-clouds-and-
climate-change
https://www.ipcc.ch/publications_and_data/ar4/wg1/en/ch8s8-6-3-2.html
https://www.ipcc.ch/pdf/assessment-report/ar5/wg1/WG1AR5_Chapter07_
FINAL.pdf
http://edition.cnn.com/2017/09/15/us/climate-change-hurricanes-harvey-
and-irma/index.html
https://www.nytimes.com/2017/08/07/climate/climate-change-drastic-
warming-trump.html
https://www.nytimes.com/2017/09/24/us/puerto-rico-hurricane-maria-
agriculture-.html

2 Überzeugungen

Jim Jones
Larry D. Barnett, ›Anti-Miscegenation Laws‹, *The Family Life Coordinator*,
13 (4) (Oktober 1964).
http://www.in.gov/library/2848.htm
http://www.nytimes.com/1992/01/05/books/how-the-klan-captured-
indiana.html
Valrie Plaza, *American Mass Murderers*. Lulu.com, 2015.
http://indianapublicmedia.org/momentofindianahistory/jim-jones/
http://www.indystar.com/story/news/history/retroindy/2013/11/18/
peoples-temple/3634925/
http://content.time.com/time/arts/article/0,8599,1859903,00.html
http://www.latimes.com/world/africa/la-me-jonestownarchive19-2003nov
19-story.html

http://people.com/archive/four-years-after-surviving-jonestowns-hell-tim-reiterman-tries-to-explain-how-it-happened-vol-18-no-21/

Gruppenüberzeugungen
https://www.simplypsychology.org/asch-conformity.html
https://www.theguardian.com/world/2005/oct/08/terrorism.
booksonhealth

Bhagavadgita
Der deutsche Wortlaut der Zitate ist der folgenden Quelle entnommen:
http://schriften.yoga-vidya.de/bhagavad-gita/tag/deutsche-ubersetzung
http://www.thehindu.com/opinion/op-ed/gita-gandhi-and-godse/article6835411.ece
https://www.theguardian.com/books/2007/aug/16/fiction
http://www.nybooks.com/articles/2014/12/04/war-and-peace-bhagavad-gita/
M. K. Gandhi, *An Autobiography*. Ahmedabad: Navajivan, 1927–29.
M. V. Kamath, *Gandhi: A Spiritual Journey*. Mumbai: Indus Source, 2007.
http://www.hindustantimes.com/punjab/imbibe-gita-teachings-to-make-india-world-leader-rss-chief/story-IGwO1smUgtPyMZMv1gdWtO.html
https://timesofindia.indiatimes.com/india/Mystery-shrouds-ownership-of-pistol-that-killed-Bapu/articleshow/16633870.cms
http://www.nytimes.com/learning/general/onthisday/big/0130.html#article

Anmerkungen

Einleitung: Wenn Wahrheiten aufeinanderprallen

1 https://www.theguardian.com/lifeandstyle/2007/feb/24/
foodanddrink.recipes
2 http://www.independent.co.uk/life-style/food-and-drink/features/the-
food-fad-that's-starving-bolivia-2248932.html
3 http://www.nytimes.com/2011/03/20/world/americas/20bolivia.html
4 https://www.theguardian.com/commentisfree/2013/jan/16/vegans-
stomach-unpalatable-truth-quinoa
5 http://www.independent.co.uk/life-style/food-and-drink/features/
quinoa-good-for-you-bad-for-bolivians-8675455.html
6 http://www.theglobeandmail.com/life/the-hot-button/the-more-you-
love-quinoa-the-more-you-hurt-peruvians-and-bolivians/
article7409637/
7 http://intent.com/intent/169482/
8 Marc F. Bellemare, Johanna Fajardo-Gonzalez und Seth R. Gitter, ›Foods
and Fads – The Welfare Impacts of Rising Quinoa Prices in Peru‹, *Wor-
king Papers* 2016-06, Towson University, Department of Economics
(2016).
9 http://www.npr.org/sections/thesalt/2016/03/31/472453674/your-
quinoa-habit-really-did-help-perus-poor-but-theres-trouble-ahead
10 http://vegnews.com/articles/page.do?pageId=6345&catId=5
11 https://www.theguardian.com/environment/2013/jan/25/quinoa-
good-evil-complicated
12 http://www.independent.co.uk/life-style/food-and-drink/features/
quinoa-good-for-you-bad-for-bolivians-8675455.html
13 http://vegnews.com/articles/page.do?pageId=6345&catId=5
14 Walter Lippmann, *Die öffentliche Meinung. Wie sie entsteht und manipuliert wird.* Neuausgabe Frankfurt: Westend-Verlag, 2018. Erstausgabe
unter dem Titel *Public Opinion* 1922.

15 http://media.nationalarchives.gov.uk/index.php/king-george-vi-radio-broadcast-3-september-1939/ Dt. Wortlaut: The King's Speech, GB/USA/Austr. 2010

16 http://news.bbc.co.uk/1/hi/uk/6269521.stm

17 http://www.telegraph.co.uk/news/uknews/1539715/Colgate-gets-the-brush-off-for-misleading-ads.html

18 http://www.pbs.org/wgbh/pages/frontline/shows/persuaders/interviews/luntz.html

19 https://dshs.texas.gov/wrtk/

20 https://www.cancer.org/cancer/cancer-causes/medical-treatments/abortion-and-breast-cancer-risk.html

21 https://www.cancer.gov/types/breast/abortion-miscarriage-risk

22 https://www.washingtonpost.com/news/fact-checker/wp/2016/12/14/texas-state-booklet-misleads-women-on-abortions-and-their-risk-of-breast-cancer

23 Evan Davis, *Post-Truth: Why We Have Reached Peak Bullshit and What We Can Do About It.* London: Little, Brown, 2017.

24 Tony Blair, *Mein Weg.* Übertr. aus dem Engl. von Helmut Dierlamm, München: Bertelsmann, 2010 (e-pub) S. 216.

Teilwahrheiten

1 Komplexität

1 http://www.publishersweekly.com/pw/by-topic/industry-news/bookselling/article/62785-is-amazon-really-the-devil.html

2 http://www.independent.co.uk/news/people/profiles/james-daunt-amazon-are-a-ruthless-money-making-devil-the-consumers-enemy-6272351.html

3 http://www.csmonitor.com/Books/chapter-and-verse/2012/0607/Ann-Patchett-calls-out-Amazon

4 http://www.independent.co.uk/arts-entertainment/books/news/amazon-the-darth-vader-of-the-literary-world-is-crushing-small-publishers-former-downing-st-adviser-a6888531.html

5 http://www.authorsunited.net/july/

6 James McConnachie, ›What do we think of Amazon?‹, *The Author*, Winter 2013.

7 https://www.theguardian.com/commentisfree/2014/jun/04/war-on-amazon-publishing-writers

8 https://www.srgresearch.com/articles/leading-cloud-providers-continue-run-away-market

9   https://www.thebureauinvestigates.com/stories/2011-12-07/
    revealed-the-wikipedia-pages-changed-by-bell-pottinger

10 https://press-admin.voteda.org/wp-content/uploads/2017/09/
    Findings-of-Herbert-Smith-Freehills-Review.pdf

11 http://amabhungane.co.za/article/2017-06-06-guptaleaks-how-bell-
    pottinger-sought-to-package-sa-economic-message

12 https://www.nelsonmandela.org/news/entry/transcript-of-nelson-
    mandela-annual-lecture-2015

13 http://amabkungane.co.zo/article/2017-06-06-guptaleaks-how-bell-
    pottinger-sought-to-package-sa-economic-message

14 http://www.thetimes.co.uk/edition/news/450m-lost-over-failed-green-
    power-programme-n7hf0h6ht

15 https://georgewbush-whitehouse.archives.gov/news/releases/2002/10/
    20021007-8.html

16 https://thecaucus.blogs.nytimes.com/2007/07/10/scandal-taints-
    another-giuliani-ally/?mcubz=0&_r=0

17 http://abcnews.go.com/Blotter/DemocraticDebate/story?id=4443788

2 Geschichte

1   https://www.coca-colacompany.com/content/dam/journey/us/en/
    private/fileassets/pdf/2011/05/Coca-Cola_125_years_booklet.pdf

2   Civil War Preservation Trust, *Civil War Sites: The Official Guide to the
    Civil War Discovery Trail* (Guildford, CT, Globe Pequot Press, 2007).

3   https://www.washingtonpost.com/local/education/150-years-later-
    schools-are-still-a-battlefield-for-interpreting-civil-war/2015/07/
    05/e8fbd57e-2001-11e5-bf41-c23f5d3face1_story.html

4   http://www.nytimes.com/2015/10/22/opinion/how-texas-teaches-
    history.html

5   http://www.people-press.org/2011/04/08/civil-war-at-150-still-
    relevant-still-divisive/

6   https://www.washingtonpost.com/local/education/150-years-later-
    schools-are-still-a-battlefield-for-interpreting-civil-war/2015/07/
    05/e8fbd57e-2001-11e5-bf41-c23f5d3face1_story.html

7   http://www.latimes.com/opinion/editorials/la-ed-textbook27jul27-
    story.html

8   http://news.bbc.co.uk/1/hi/8163959.stm

9   http://news.bbc.co.uk/1/hi/world/africa/7831460.stm

10 http://abcnews.go.com/blogs/politics/2013/04/george-w-bushs-
    legacy-on-africa-wins-praise-even-from-foes/

11 http://www.nytimes.com/books/97/04/13/reviews/papers-lessons.html
12 http://www.nytimes.com/2015/04/25/opinion/will-the-vietnam-war-ever-go-away.html
13 http://news.bbc.co.uk/1/hi/world/asia-pacific/716609.stm
14 Ken Hughes, *Fatal Politics: The Nixon Tapes, the Vietnam War and the Casualties of Reelection.* Charlottesville, VA: University of Virginia Press, 2015.
15 http://www.theguardian.com/news/2015/apr/21/40-years-on-from-fall-of-saigon-witnessing-end-of-vietnam-war
16 Walter Lord, *Das Geheimnis von Dünkirchen*, aus dem Amerikanischen von Jürgen Abel, Bern und München: Scherz Verlag, 1. Auflage 1982, S. 316.
17 http://www.bbc.co.uk/history/worldwars/wwtwo/dunkirk_spinning_01.shtml
18 https://theguardian.com/books/2017/jun/03/hilary-mantel-why-i-became-a-historical-novelist

3 Kontext

1 The Infinite Mind, ›Taboos‹ Program Transcript: https://books.google.co.uk/books?id=Z2jn-Txy5xIC&lpg=PA10
2 https://blogs.spectator.co.uk/2014/11/the-tribal-view-of-voters-illustrated-through-downing-streets-cats/
3 https://www.cbsnews.com/news/masterpieces-of-deception-some-fake-art-worth-real-money/
4 https://issuu.com/onview/docs/on_view_04-06.2014?e=1593647/7308241. S. 87.
5 https://www.economist.com/news/business/21716076-plant-based-meat-products-have-made-it-menus-and-supermarket-shelves-market
6 https://www.smithsonianmag.com/smart-news/biotech-company-growing-meatballs-lab-180958051/
7 http://www.nowtolove.com.au/news/latest-news/are-you-for-real-all-men-panel-at-the-global-summit-of-women-6288
8 https://twitter.com/rocio_carvajalc/status/479023547311202305
9 https://twitter.com/KathyLette/status/478980823014576128
10 https://www.globewomen.org/about/aboutus.html
11 http://www.globewomen.org/ENewsletter/Issue%20No.%20CCXIV,%20December%2018,%202013.html
12 https://www.nytimes.com/2016/02/16/us/politics/ted-cruz-ad-goes-after-donald-trumps-stance-on-planned-parenthood.html

4 Zahlen

1   S. Coren und D. F. Halpern, ›Left-handedness: a marker for decreased survival fitness‹, in: *Psychological Bulletin*, 109 (1) (1991).
2   http://www.nytimes.com/1991/04/04/us/being-left-handed-may-be-dangerous-to-life-study-says.html
3   http://www.bbc.co.uk/news/magazine-23988352
4   http://www.bbc.co.uk/news/magazine-19592372
5   http://uk.businessinsider.com/trump-says-94-million-americans-out-of-labor-force-in-speech-to-congress-2017-2?r=US&IR=T
6   https://www.washingtonpost.com/politics/2017/live-updates/trump-white-house/real-time-fact-checking-and-analysis-of-trumps-address-to-congress/fact-check-ninety-four-million-americans-are-out-of-the-labor-force/?utm_term=.54286ee433ca
7   http://www.nbcnews.com/politics/2016-election/trump-says-places-afghanistan-are-safer-u-s-inner-cities-n651651
8   http://www.forbes.com/sites/niallmccarthy/2016/09/08/homicides-in-chicago-eclipse-u-s-death-toll-in-afghanistan-and-iraq-in-fographic/#7fe711792512
9   http://watson.brown.edu/costsofwar/costs/human/civilians/afghan
10 https://blogs.spectator.co.uk/2017/10/theresa-mays-conservative-conference-speech-full-text/
11 http://www.independent.co.uk/news/uk/politics/theresa-may-housing-policy-new-homes-per-year-low-a7982901.html
12 http://www.iihs.org/iihs/topics/t/general-statistics/fatalityfacts/state-by-state-overview
13 http://www.forbes.com/sites/timworstall/2013/07/10/apples-chinese-suicides-and-the-amazing-economics-of-ha-joon-chang/#2c2fd5e36d1c
14 http://www.nsc.org/NSCDocuments_Corporate/Injury-Facts-41.pdf
15 http://edition.cnn.com/2013/04/18/us/u-s-terrorist-attacks-fast-facts/index.html
16 https://www.plannedparenthood.org/files/2114/5089/0863/2014-2015_PPFA_Annual_Report_.pdf
17 https://www.cdc.gov/mmwr/volumes/65/ss/ss6512a1.htm
18 http://www.oecd.org/dac/development-aid-rises-again-in-2016-but-flows-to-poorest-countries-dip.htm and http://election2017.ifs.org.uk/article/the-changing-landscape-of-uk-aid

19 http://www.express.co.uk/news/royal/484893/Proof-our-sovereign-really-is-worth-her-weight-in-gold

20 https://inews.co.uk/essentials/news/doctors-warn-lifesaving-breast-cancer-drug-costing-just-43p-denied-thousands/

21 https://popularresistance.org/when-someone-says-we-cant-afford-free-college-show-them-this/

22 http://www.parliament.uk/business/publications/written-questions-answers-statements/written-question/Lords/2015-12-03/HL4253

23 http://renewcanada.net/2016/federal-government-announces-additional-81-billion-for-infrastructure/

24 https://twitter.com/DanielJHannan/status/608733778995998720

25 https://www.gov.uk/government/news/hm-treasury-analysis-shows-leaving-eu-would-cost-british-households-4300-per-year

26 https://www.childrenwithcancer.org.uk/stories/cancer-cases-in-children-and-young-people-up-40-in-past-16-years/

27 http://www.telegraph.co.uk/science/2016/09/03/modern-life-is-killing-our-children-cancer-rate-in-young-people/

28 http://www.cancerresearchuk.org/about-us/cancer-news/press-release/2015-11-26-childrens-cancer-death-rates-drop-by-a-quarter-in-10-years

29 http://www.bbc.co.uk/programmes/p04kv749

30 http://www.cancerresearchuk.org/health-professional/cancer-statistics/childrens-cancers#heading-Zero

31 Lance Price, *The Spin Doctor's Diary: Inside Number 10 with New Labour* (London, Hodder & Stoughton, 2005).

32 Danny Dorling, Heather Eyre, Ron Johnston and Charles Pattie, ›A Good Place to Bury Bad News?‹: Hiding the Detail in the Geography on the Labour Party's Website‹, *Political Quarterly*, 73 (4) (2002) http://www.dannydorling.org/wp-content/files/dannydorling_publication_id1646.pdf

33 https://qz.com/138458/apple-is-either-terrible-at-designing-charts-or-thinks-you-wont-notice-the-difference/

34 http://www.telegraph.co.uk/news/politics/9819607/Minister-poor-families-are-likely-to-be-obese.html

35 https://www.gov.uk/government/statistics/distribution-of-median-and-mean-income-and-tax-by-age-range-and-gender2010-to-2011

36 http://www.newstatesman.com/2013/05/most-misleading-statistics-all-thanks-simpsons-paradox

37 https://www.ft.com/content/658aba32-41c7-11e6-9b66-0712b3873ae1

38   https://www.jfklibrary.org/Research/Research-Aids/Ready-Reference/
     RFK-Speeches/Remarks-of-Robert-F-Kennedy-at-the-University-of-
     Kansas-March-18-1968.aspx

5 Geschichten

1   Mervyn King, *Das Ende der Alchemie: Banken, Geld und die Zukunft der
    Weltwirtschaft.* Übersetzt von Petra Pyka, München: Finanzbuchverlag
    2017 (ePub), S. 43 und S. 44–54.
2   Nassim Nicholas Taleb, *Der schwarze Schwan: Die Macht höchst un-
    wahrscheinlicher Ereignisse.* Aus dem Englischen von Ingrid Proß-Gill,
    München: Albrecht Knaus Verlag, 3. Auflage 2015, S. 120.
3   Naomi Klein, *Die Schock-Strategie: Der Aufstieg des Katastrophen-Kapi-
    talismus.* Aus dem Engl. übers. von Hartmut Schickert, Michael Bischoff
    und Karl Heinz Siber, Frankfurt am Main: Fischer-Taschenbuch-Verlag
    2009. S. 577 und 587.
4   https://www.theguardian.com/uk-news/2017/mar/28/beyond-the-
    blade-the-truth-about-knife-in-britain
5   https://www.bbc.co.uk/education/guides/zyydjxs/revision/4
6   http://www.independent.co.uk/news/james-purvis-has-lost-his-job-
    and-his-faith-in-politicians-but-hes-hanging-on-to-the-sierra-
    1358104.html

Subjektive Wahrheiten

1 Gesellschaftliche Normen

1   http://www.larouchepub.com/eiw/public/1999/eirv26n07-19990212/
    eirv26n07-19990212_056-stand_by_moral_
    truths_pope_urges.pdf
2   http://www.margaretthatcher.org/document/107246
3   http://www.phlmetropolis.com/santorums-houston-speech.php
4   http://articles.latimes.com/1990-09-06/news/mn-983_1_casual-drug-
    users
5   Julia Buxton, *The Political Economy of Narcotics: Production, Consump-
    tion and Global Markets* (London, Zed Books, 2006).
6   http://query.nytimes.com/mem/archive-free/pdf?res=9901E5D61F3BE
    633A2575BC0A9649C946596D6CF
7   David F. Musto, *The American Disease: Origins of Narcotic Control* (New
    York, OUP, 1999).

8   Stephen R. Kandall, *Substance and Shadow: Women and Addiction in the United States* (Cambridge, MA, Harvard University Press, 1999).

9   Timothy Alton Hickman, *The Secret Leprosy of Modern Days: Narcotic Addiction and Cultural Crisis in the United States*, 1870–1920 (Amherst, MA, University of Massachusetts Press, 2007).

10 Susan L. Speaker, ›»The Struggle of Mankind Against Its Deadliest Foe«: Themes of Counter-subversion in Anti-narcotic Campaigns, 1920–1940‹, *Journal of Social History*, 34 (3) (2001).

11 http://www.theguardian.com/society/2016/mar/08/nancy-reagan-drugs-just-say-no-dare-program-opioid-epidemic

12 https://harpers.org/archive/2016/04/legalize-it-all/

13 https://www.theguardian.com/us-news/2017/may/12/jeff-sessions-prison-sentences-obama-criminal-justice

14 http://abcnews.go.com/ABC_Univision/Politics/obama-drug-czar-treatment-arrests-time/story?id=19033234

15 *Soldaten im Feuer: Gedanken zur Gefechtsführung im nächsten Krieg*/von S. L. A. Marshall, Oberst in der Armee der USA und beauftragter Bearbeiter der Ereignisse auf dem europäischen Kriegsschauplatz, übersetzt von Rudolf C. Vetter, Frauenfeld: Verlag Huber & Co., 1966.

16 Peter Kilner, ›»Military Leaders‹ Obligation to Justify Killing in War«, *Military Review*, 82 (2) (2002).

17 John Stuart Mill, *Über die Freiheit*. Übersetzt von Bruno Lemke; mit Anhang und Nachwort herausgegeben von Bernd Gräfrath, Stuttgart: Reclam 2016, S. 19.

18 http://www.nytimes.com/2013/02/03/opinion/sunday/why-police-officers-lie-under-oath.html

19 https://www.youtube.com/watch?v=BmXWQm3d2Lw

20 http://www.nytimes.com/2012/03/14/opinion/why-i-am-leaving-goldman-sachs.html

21 http://www.theguardian.com/sustainable-business/2016/jan/18/big-banks-problem-ethics-morality-davos

22 https://www.theguardian.com/culture/culture-cuts-blog/2011/feb/15/arts-funding-arts-policy

2 Erwünschtheit

1   http://www.ft.com/cms/s/0/cb58980a-218b-11e5-ab0f-6bb9974f25d0.html

2   Yuval Noah Harari, *Eine kurze Geschichte der Menschheit*. Aus dem Engl. von Jürgen Neubauer, 22. Auflage, Pantheon-Ausgabe März 2015, S. 104.

3 Rajagopal Raghunathan, Rebecca Walker Naylor and Wayne D. Hoyer, ›The Unhealthy = Tasty Intuition and its Effects on Taste Inferences, Enjoyment, and Choice of Food Products‹, *Journal of Marketing*, 70 (4) (2006).

4 http://www.caltech.edu/news/wine-study-shows-price-influences-perception-1374

5 Andrew S. Hanks, David Just and Adam Brumberg, ›Marketing Vegetables: Leveraging Branded Media to Increase Vegetable Uptake in Elementary Schools‹ (10. Dezember 2015). https://ssrn.com/abstract=2701890

6 Brian Wansink, David R. Just, Collin R. Payne and Matthew Z. Klinger, ›Attractive names sustain increased vegetable intake in schools‹, *Preventative Medicine*, 55 (4) (2012). https://www.ncbi.nlm.nih.gov/pubmed/22846502

7 https://www.theguardian.com/lifeandstyle/2016/jan/05/diet-detox-art-healthy-eating

8 https://www.theguardian.com/careers/2016/feb/11/why-i-love-my-job-from-flexible-working-to-chilled-out-bosses

9 https://www.glassdoor.com/Reviews/Employee-Review-Aspen-Valley-Hospital-RVW10555388.htm

10 https://www.glassdoor.ie/Reviews/Employee-Review-NBCUniversal-RVW11687972.htm

11 https://sliwinski.com/5-loves/

12 http://www.gallup.com/poll/165269/worldwide-employees-engaged-work.aspx

13 https://www.theguardian.com/sustainable-business/2014/nov/05/society-business-fixation-profit-maximisation-fiduciary-duty

14 http://www.tarki.hu/hu/news/2016/kitekint/20160330_refugees.pdf

15 http://www.bbc.co.uk/news/world-europe-37310819

3 Finanzieller Wert

1 https://www.theatlantic.com/magazine/archive/1982/02/have-you-ever-tried-to-sell-a-diamond/304575/

Künstliche Wahrheiten

1 Definitionen

1 http://www.bbc.co.uk/news/world-us-canada-14199080

2 Ebd.
3 http://www.theguardian.com/global-development-professionals-network/2014/aug/04/south-sudan-famine-malnutrition
4 Ebd.
5 https://www.theatlantic.com/magazine/archive/2001/09/bystanders-to-genocide/304571/
6 https://www.theatlantic.com/magazine/archive/2001/09/bystanders-to-genocide/304571/
7 https://www.unilever.co.uk/brands/our-brands/sure.html accessed 8/10/17
8 http://abcnews.go.com/Business/dannon-settles-lawsuit/story?id=9950269
9 http://nypost.com/2003/06/20/suit-poland-spring-from-dubious-source/
10 https://www.theguardian.com/uk/2004/mar/19/foodanddrink
11 http://adage.com/article/cmo-strategy/sierra-mist-changing/301864/
12 George Orwell, *Politics and the English Language* (1946). http://www.orwell.ru/library/essays/politics/english/e_polit/
13 http://england.shelter.org.uk/news/november_2013/80,000_children_facing_homelessness_this_christmas
14 https://england.shelter.org.uk/donate/hiddenhomeless
15 http://slate.com/articles/news_and_politics/chatterbox/1998/09/bill_clinton_and_the_meaning_of_is.html
16 Lance Price, *The Spin Doctor's Diary: Inside Number 10 with New Labour* (London, Hodder & Stoughton, 2005).
17 http://www.cbsnews.com/news/poll-womens-movement-worthwhile/
18 http://www.theguardian.com/theobserver/2013/jun/30/susan-sarandon-q-and-a
19 https://www.facebook.com/WomenAgainstFeminism/info/accessed 8/10/17
20 http://www.huffingtonpost.com/joan-williams/feminism_b_1878213.html
21 http://www.elleuk.com/life-and-culture/news/a23534/david-cameron-afraid-feminist-shirt-meaning/
22 http://www.independent.co.uk/voices/comment/feminists-should-weep-at-the-death-of-margaret-thatcher-and-why-would-that-be-exactly-8567202.html
23 https://www.instagram.com/p/2WJAqmwzOQ/

2 Gesellschaftliche Konstrukte

1 Yuval Noah Harari, *Eine kurze Geschichte der Menschheit*. Aus dem Englischen von Jürgen Neubauer, München: Pantheon 2015.
2 http://www.standard.co.uk/news/politics/eu-referendum-what-is-the-eu-trends-on-google-hours-after-brexit-result-announced-a3280581.html
3 http://www.un.org/ga/search/view_doc.asp?symbol=A/HRC/32/L.20
4 http://www.express.co.uk/comment/expresscomment/414006/This-human-rights-ruling-flies-in-the-face-of-UK-justice
5 http://www.bbc.co.uk/news/world-asia-china-34592186

3 Namen

1 https://www.theguardian.com/environment/2016/aug/29/declare-anthropocene-epoch-experts-urge-geological-congress-human-impact-earth
2 http://www.economist.com/node/18744401
3 http://www.nature.com/news/anthropocene-the-human-age-1.17085
4 http://e360.yale.edu/feature/living_in_the_anthropocene_toward_a_new_global_ethos/2363/
5 https://www.aeaweb.org/articles?id=10.1257/0002828042002561
6 http://www.emeraldinsight.com/doi/abs/10.1108/02683940810849648
7 https://insight.kellogg.northwestern.edu/article/name-letter_branding
8 Kate Fitch, ›Megan's Law: Does it protect children? (2) An updated review of evidence on the impact of community notification as legislated for by Megan's Law in the United States‹ (NSPCC, 2006).
9 http://www.nj.com/news/index.ssf/2009/02/study_finds_megans_law_fails_t_1.html
10 https://www.bjs.gov/content/pub/pdf/saycrle.pdf
11 Kate Fitch, a. a. O.
12 Brian Christopher Jones, ›From the Innocuous to the Evocative: How Bill Naming Manipulates and Informs the Policy Process‹, available at https://dspace.stir.ac.uk/bitstream/1893/9206/1/Thesis%20Examination%20Copy%20-%20New%20-%20Final.pdf
13 Alzheimer's Society, ›The Dementia Tax 2011‹, Juni 2011.
14 https://support.google.com/glass/answer/4347178?hl=en-GB accessed 8/10/17
15 https://sites.google.com/site/glasscomms/glass-explorers

16 https://www.ft.com/content/af01ff78-c394-11e6-9bca-2b93a6856
354

17 http://www.independent.co.uk/arts-entertainment/read-bret-easton-
ellis-excoriating-monologue-on-social-justice-warriors-and-political-
correctness-a7170101.html

18 http://www.washingtonpost.com/wp-dyn/content/article/2009/07/
30/AR2009073002478.html?sid=ST2009073002982

19 http://www.telegraph.co.uk/news/politics/ukip/10656533/
Ukip-should-be-dismissed-as-a-modern-day-CND-says-Lord-
Heseltine.html

20 David Fairhall, *Common Ground: The Story of Greenham* (London, IB
Tauris, 2006).

21 https://www.theatlantic.com/politics/archive/2014/01/the-agony-of-
frank-luntz/282766/

22 http://prospect.org/article/meet-mr-death

23 Frank Luntz, *Words that Work: It's Not What You Say, It's What People
Hear* (New York, Hyperion, 2007).

24 http://www.nytimes.com/2009/05/24/magazine/24wwln-q4-t.html

25 Steven Poole, *Unspeak* (London, Little, Brown, 2006).

26 https://www.theguardian.com/environment/2014/may/27/
americans-climate-change-global-warming-yale-report

27 http://www.pbs.org/wgbh/pages/frontline/shows/persuaders/
interviews/luntz.html

Unbekannte Wahrheiten

1 Voraussagen

1 https://www.ft.com/content/d646b090-9207-311c-bdd1-fca78e6dd03e

2 https://www.theguardian.com/politics/2016/may/22/david-cameron-
defence-minister-penny-mordaunt-lying-turkey-joining-eu

3 http://www.ipcc.ch/pdf/assessment-report/ar5/wg1/WG1AR5_SPM_
FINAL.pdf

4 https://www.scientificamerican.com/article/10-ways-climate-science-
has-advanced-since-an-inconvenient-truth/

5 https://www.forbes.com/forbes/2006/1225/038.html

6 https://www.thegwpf.org/matt-ridley-global-warming-versus-global-
greening/

7 https://www.ecb.europa.eu/press/key/date/2012/html/sp120726.
en.html

8   https://www.ft.com/content/45de9cca-fda7-3191-ae70-ca5daa2273ee
9   https://futureoflife.org/ai-principles/
10   http://www.bbc.co.uk/news/technology-30290540
11   http://www.huffingtonpost.com/entry/humankinds-greatest-threat-may-not-be-global-warming_us_59935cdde4b0afd94eb3f597
12   https://www.theguardian.com/technology/2014/oct/27/elon-musk-artificial-intelligence-ai-biggest-existential-threat
13   http://www.vanityfair.com/news/2017/03/elon-musk-billion-dollar-crusade-to-stop-ai-space-x
14   http://www.vanityfair.com/news/2017/04/elon-musk-is-seriously-starting-a-telepathy-company
15   https://qz.com/911968/bill-gates-the-robot-that-takes-your-job-should-pay-taxes/

2 Überzeugungen

1   https://www.theatlantic.com/national/archive/2011/11/drinking-the-kool-aid-a-survivor-remembers-jim-jones/248723/
2   http://edition.cnn.com/2008/US/11/13/jonestown.jim.jones/index.html
3   Ebd.
4   https://www.theatlantic.com/national/archive/2011/11/drinking-the-kool-aid-a-survivor-remembers-jim-jones/248723/
5   https://www.forbes.com/forbes/2006/1225/038.html
6   https://www2.deloitte.com/us/en/pages/finance/articles/cfo-insights-culture-shift-beliefs-behaviors-outcomes.html
7   https://www.theatlantic.com/politics/archive/2015/08/how-millennials-forced-ge-to-scrap-performance-reviews/432585/
8   https://www.ge.com/de/karriere/unsere-kultur
9   M. V. Kamath, Gandhi: *A Spiritual Journey* (Mumbai, Indus Source, 2007).
10   http://thehindu.com/opinion/op-ed/gita-gandhi-and-godse/article6835411.ece
11   https://theguardian.com/books/2007/aug/16/fiction
12   http://nybooks.com/articles/2014/12/04/war-and-peace-bhagavad-gita/
13   http://www.hindustantimes.com/punjab/imbibe-gita-teachings-to-make-india-world-leader-rss-chief/story-IGwO1smUgt-PyMZMv1gdWtO.html
14   http://timesofindia.indiatimes.com/india/Narendra-Modi-gifts-Gita-to-Japanese-emperor-takes-a-dig-at-secular-friends/articleshow/41530900.cms

15 http://thehindu.com/opinion/op-ed/gita-gandhi-and-godse/
    article6835411.ece
16 http://nybooks.com/articles/2014/12/04/war-and-peace-bhagavad-gita/
17 http://downloads.bbc.co.uk/radio4/transcripts/2016_reith1_
    Appiah_Mistaken_Identies_Creed.pdf
18 https://www.jewishideas.org/healthy-and-unhealthy-
    controversythoughts-parashat-korach-june-25-2011
19 Jonathan Sacks, *Wie wir den Krieg der Kulturen noch vermeiden können.*
    Aus dem Englischen von Bernardin Schellenberger, Gütersloh: Güters-
    loher Verlagshaus 2007

Epilog: Abschließende Wahrheiten

1 http://www.cbc.ca/news/canada/toronto/rob-ford-s-crack-use-in-his-
   own-words-1.2415605

Namens-, Länder- und Ortsregister